中ロ経済論

国境地域から見る北東アジアの新展開

大津定美／松野周治／堀江典生 編著

ミネルヴァ書房

はじめに

　『中ロ経済論』と名づけられた本書は，必ずしも中国とロシアの経済を概観する教科書ではない。書名に中国とロシアの頭文字を並べた理由は，中国とロシアとが国境を挟んで対峙し交流する関係をあらわそうとしてのことである。わたしたちの狙いは，多くの読者の方々に，陸上国境をはさんで対峙する2つの大国の経済連携を，地方の生き生きとした姿を描きながら紹介し，その姿のなかに私たちが見据えるべき北東アジアの経済連携のあり方を考察しようとするものである。

　北東アジアの経済連携は，環日本海経済圏構想から始まり，経済環境や政治環境が大きく変化するなかで，いまだに十分な進展を見ていないのが実情である。この地域の多国間協力や経済統合を夢見ることは，もちろん重要なことである。しかし，多国間協力や経済統合といった華やかな言葉だけでは，現実を何も言い表すことができてこなかったことを真摯に反省する必要がある。ロシアには資源があり，中国・北朝鮮には労働力があり，日本や韓国には技術と資本がある。そうした資源賦存状況を効果的に活用し，この地域の水平もしくは垂直的な経済連携を進展させるといった環日本海経済圏構想の夢が，豆満江開発の夢とともに，いまだうつろな姿であることは，その夢の正当性如何にかかわらず，私たちが組み立ててきた地域経済連携のロジックがあまりに稚拙すぎたのではないかという反省を促している。この地域の観察に欠けていたものは，そうした反省力とともに，経済連携の主体間がどのように具体的な連携を生み出すのか，国と国とではなく地方と地方がどのように経済的につながっていくのかを，現場で丹念に探っていく姿勢であったのではないだろうか。「あるべき姿」と「そこにある姿」の間で苦悶してきた北東アジアでは，あるべき姿を無理やり「そこにある姿」に押し込めようとするのではなく，もう一度「そこにある姿」を見つめ直し，「あるべき姿」を描いていく作業も必要であると私たちは考えてきた。

　こうした点を踏まえて，私たちは中ロ国境地域での現地調査を重視し，ロシ

アと中国との間で勃興する地方間経済連携を考察してきた。その具体的な観察事例から北東アジア地域の経済連携のあり方を探ろうとしてきた。それゆえ，本書は，ロシアと中国という二大国の経済を概観するのではなく，中ロの地方経済連携にとって不可欠な要素の観察を積み上げた構成をなしている。本書は，大きく3部構成となっている。

第Ⅰ部は，「北東アジアの中の中ロ経済連携」と題している。私たちの北東アジア観察への基本姿勢を示すとともに，この地域を学ぼうとする読者に，中ロ経済連携の基本的な枠組み，歴史，地域開発の課題，経済連携の展望を示し，総論的な内容にしている。

第Ⅰ部第1章は，本書の導入章としての役割をもつ。この章は，本書の基本視角を示すことを目的としているが，本章以降の各章でそれぞれの論者は，あらかじめ本章で示した基本視角を念頭において論じているわけではない。つまり，本書の執筆者全員の北東アジアおよび中ロ経済連携に関する共通した理解をもっているわけではない。それでも本章は，導入章として私たちの最大公約数としての本書の視点を提示する内容とするように心がけた。

1980年代後半から90年代にかけて，特に日本海側自治体において熱っぽく語られてきた環日本海経済圏構想をいま語る者は少ない。日本海側自治体の夢を担ったはずの環日本海経済圏構想という夢は，その十分な検証と反省が行われないままである。環日本海という言葉が北東アジアや東アジアに変わろうとも，環日本海経済圏構想で私たちが直面した課題は，今もそのまま残っている。本章では，環日本海経済圏構想と言われた夢の検証を行い，その夢のなかから救い出されるべき二国間地方経済交流の重要性を中ロ二国間地方経済交流に見いだそうとしている。

第Ⅰ部第2章は，北東アジアにおける多国間協力による北東アジア地域開発の成果と限界について，特に「図們江地域開発計画」に焦点を当てながら論じている。まず，北東アジアにおいて90年代に提起された「局地経済圏構想」の背景とその具体的試みについて概説している。華南経済圏のような活発な経済圏を形成しようとする試みは，北東アジアにおいても90年代に入って活発化することになった。その経済圏の中核プロジェクトとして期待されたのが，中・朝・露三国国境に跨る「図們江地域開発計画」であった。しかし，国連開発計画のイニシアティブの下で，多国間協力を実現することによって越境地域開発

を実現しようとしたこの試みは，人々の期待の高まりとは裏腹に，この地域の特殊性を乗り越えることはできなかった。その乗り越えの難しさの理由を，90年代の北東アジア地域開発の成果と限界を考察することで明らかにしようとしている。

第Ⅰ部第3章は，中ロ経済連携の担い手たる中国東北地域とロシア極東地域の地域経済発展の課題と戦略について概観している。中国のなかの東北地域経済の位置づけ，ロシア連邦における極東地域経済の位置づけが明確にされ，それぞれの国にとって「周辺」に位置づけられる両地域が，北東アジア諸国との経済連携のなかにいかなる地域経済発展の契機を見いだし，いかなる戦略をたて，どのような課題に直面しているかが明らかになろう。

第Ⅰ部第1章から3章までは，北東アジア，特に中ロ経済連携を中心に論じてきたが，第4章では北東アジアと世界市場との結びつきをWTO加盟という広い視点から考察している。北東アジアが世界市場との結びつきを強めるうえで，ロシアのWTO加盟は不可欠な条件である。北東アジアの地域連携の遅れとその原因，ロシアのWTO加盟交渉の経緯とメリット・デメリットの評価，中ロ経済関係の増強が北東アジア全体の地域統合にどのようにつながるか，その可能性を検討している。

第Ⅱ部は，「中ロ経済関係最前線」と題されているが，中ロ経済関係において考慮すべき貿易関係，エネルギー協力，移民問題，科学技術交流ほか，中ロ経済連携や北東アジアをテーマにした各論で構成されている。

第Ⅱ部第5章は，中ロ間の貿易，投資，エネルギー協力について概観している。本章によって，現在の中ロ経済関係の基本的特徴を理解することができるだろう。ただし，「中国から見た中ロ経済関係」というタイトルが示すように，本章は中国から見た視角を特徴としている。北東アジアにおける中ロ両国は互いに重要な貿易パートナーであり，両国のエネルギー協力は中ロ経済協力の重要な柱である。中国はロシアとの経済協力の強化を通じて，輸出市場の多様化と経済発展に必要な原材料，エネルギーの確保に成功し，同時に，地域レベルにおいても，中ロの経済協力が今後の中国東北地方の発展の梃子になると期待されている。しかしながら，ロシアには中国の経済的拡張や人口圧力を脅威とする考えが根強く残っており，中ロ経済関係をどのようにして相互信頼に基づく互恵的なものとしていくかについて課題が残っていることを指摘している。

第Ⅱ部第6章は，国境貿易の実態に迫る。中ロ貿易のマクロデータは容易に手に入れることができるし，それによって中ロ間の貿易の全体像を簡単に知ることができる。しかし，貿易は，陸や空や河川・海洋を通じて形成されているという当たり前の事実を，データによって確認しようとすると，これは非常に骨の折れる仕事になる。どのようなルートを通って実際の貿易がなされているのか，そのそれぞれの税関ごとのウエイトの変化はどうなっているのかを調べるために税関ごとの膨大な数におよぶ貿易額，重量，出入国者数に関する資料から集めて全体像を明らかにしなければならないのだ。本章は，陸上ルートに焦点を当てて，ルート別，税関別の中ロ貿易の変化を分析している。満州里，綏芬河，モンゴル経由といった鉄道ルートの取扱量の近年の拡大，それ以外の東寧，コルガス，琿春といったルートの重量は少ないが，付加価値率が高い貿易など，マクロデータでは観察できない国境貿易の姿が披露されている。

第Ⅱ部第7章は，近年注目されている中国のエネルギー需要の問題を論じている。

中国の経済成長は，改革・開放政策を採用した1978年から2006年までの年平均伸び率は9.8％と，この時期世界で最も高い経済成長率を記録した。工業化の進展とともにエネルギー需要が拡大し，自国生産分だけでは間に合わなくなり，原油と製品油を中心に海外への依存度が高まっている。中国ばかりでなく日本や韓国も輸入原油・製品油の供給先を中東中心から段階的にロシアへシフトしていかざるをえない。同時に，省エネルギーや環境問題に対しても北東アジア各国が協力し，北東アジアの地域安全保障の確保につなげていく必要がある。本章は，中国のエネルギー需給の特徴，原油供給国多角化の実情を丹念に追い，省エネや環境問題の実態をとらえ，北東アジアにおけるエネルギー協力の未来としてロシアをエネルギー供給源とした北東アジアの多国間協力に基づくエネルギー安定供給体制を確立の必要性を論じている。

第Ⅱ部第8章は，中ロ移民問題を論じている。ロシアは中国と4300キロにもおよぶ陸上国境線を共有している。中国からの不法移民は，ロシアの脅威として語られることが多いが，ロシアの出入国管理や移民政策がどのような管理を行っているのか，中国側の正規労務輸出はどのように行われているのか，そうした基本的な両国の管理のあり方を冷静にとらえることなくしては，越境する人々をむやみに脅え，外国人労働者の権利や彼らを暖かく迎え入れる受入態勢

そのものを後回しにすることになる。本章では，ロシアの外国人労働者受け入れ制度や中国の労務輸出の制度を詳しく解説するとともに，中国からの労務輸出がロシア極東地域にとって無尽蔵でないこと，ロシアにおける不法外国人就労がロシアの手間のかかる厳格な許認可制度による場合があること，ロシア極東と中国東北部との間の人の移動は必ずしも中国からロシアへの一方的な移動でないことなどを明らかにし，両国が中国人労働者の受入体制と送出体制の整備に努力する必要があるとしている。

第Ⅱ部第9章は，ロシアへの外国資本の直接投資，特にロシア極東地域への直接投資の展望を論じている。外国からの直接投資は，ロシアの市場経済化にとって必須条件であるという定説がある。しかし，実際には，これまで外国からの直接投資は，ロシアの経済成長にそれほど貢献してきたわけではない。ロシアへの直接投資は，限られた地域にしか行われず，それは資源の豊かな地域に偏っており，ロシアの地域格差を生み出す原因にもなっている。極東はロシア連邦のなかで，領土，天然資源賦存量，ともに3分の1を占めるが，外資が魅力を感じるのはやはり天然資源を有するサハリン州，サハ共和国，ハバロフスク地方に限られている状況である。その結果，直接投資は，ロシア極東にとって補助的な投資源泉の役割しか担っていない。ロシア極東地域が，北東アジアの経済連携の仲間入りが十分に果たせていない状況を，直接投資の観点から説明している。

第Ⅱ部第10章は，ロシアの中国向け木材輸出を論じている。ロシアは我が国にとっても重要な木材供給源であるが，ロシアの北東アジア向け木材製品輸出の最大の需要者は，中国である。木材といっても，ロシアから輸出されるのはパルプ製品を除き大半が未加工の丸太であり，ロシア国内での加工・付加価値化は遅れている。本章は，ロシアの森林資源伐採から輸出ルートをたどり，中ロの輸出入業者を経て，どのように加工・消費されているかを，違法な森林資源輸出問題やその対策などにも言及しつつ，たどる小論である。

第Ⅱ部第11章は，ロシアと国境を接し，ロシアとの経済交流や科学技術交流に地域経済発展の糸口を見いだそうとしている黒龍江省の姿を描いている。黒龍江省という国境地域の一行政区分からみた中ロ経済連携・技術協力の展望は，この地域の並々ならぬロシアとの経済交流・技術交流への意欲とロシアとのそうした交流を地域経済発展につなげようとする努力を表している。本章から，

中国の一地方の地域経済連携強化の試みを観察することができるだろう。

第Ⅱ部第12章は，第Ⅰ部第2章の続編としての位置を占めている。ここでは，2000年以降，北東アジアの新しい動きとして，二国間経済連携が進展していることに着目して，その現状について分析している。北東アジアで拡大している二国間経済連携を牽引しているのは，モメンタムとしては中ロ経済連携であり，ボリュームとしては韓中経済連携である。しかし今，これに加えて，朝鮮半島での南北経済交流が注目されている。本章は，北東アジアで最大の量的拡大を見せている韓中経済連携，朝鮮半島を中心とした二国間経済連携の質的変化を明らかにし，北東アジアの二国間経済連携が新しい段階へと入っていることを論じている。

第Ⅱ部最後の第13章は，ロシアのWTO加盟が北東アジア地域経済に与える影響を予測している。北東アジアの貿易構造を概観するとともに，多様な経済政策の効果分析に非常に広い範囲で活用されている計算可能一般均衡（CGE）モデルを活用してロシアがWTOに加盟した場合の関税引き下げ効果，サービス障壁撤廃効果，最恵国待遇効果を計算し，ロシアのWTO加盟効果と周辺諸国に与える影響について4つのシナリオを描いている。結果は，ロシアに大きな経済効果を与え，日本や韓国にはさほど利益をもたらすものではないとしている点は興味深い。

さて第Ⅲ部は，本書のひとつの特徴をなしている。私たち研究グループは現場をつぶさに観察し，その成果を私たちの地域研究に還元させることを非常に重視していた。私たちが本書を企画したときには，すでに私たちは現地調査の生き生きとした姿を残すために現地調査レポートを執筆していた。執筆者それぞれが，現地調査やこれまでの研究蓄積をもとに第Ⅰ部と第Ⅱ部を執筆してきたが，この2部に及ぶ原稿だけでは私たちが実際にみてきた国境地域の姿を語り尽くせないように思われた。中ロ経済関係を学ぼうとする読者のみなさんと，その現場での体験を共有する方法として，私たちは現地調査レポートをそのまま第Ⅲ部として掲載することにした。

一読しておわかりのように，同じ時期に同じものをみているのにもかかわらず，その描き方や感じ方は執筆者によって一様ではなかった。それこそ社会科学の現地調査の醍醐味である。私たちは無理矢理重複部分などを修正するのではなく，そのまま読者に提示することで，現地調査で垣間見ることができた生

き生きとした国境地域の姿を読者のみなさんと共有したいと願っている。

　本書は，当初専門書を目指していたが，中ロ経済関係を広範に読み解く大学教科書が見あたらず，また，大学での講義で大学生諸君が現地調査の話を興味深そうに聴く姿を目にし，研究者のみならず学生諸君にも読者を広げる大学教科書としての性格をもつように構成を練ってきた。中ロ両国経済や北東アジア，および世界の経済事情にかかわる講義などでご利用頂ければ幸いである。中ロ経済連携の多岐にわたる分野を網羅する本書であるがゆえに，講義等で利用できる章を選択していただくのも，本書の利用の仕方である。一般読者の方々にとって，中ロ経済連携になじみがなければ，第Ⅲ部から読み始め，まずは中ロ国境地域の生き生きとした姿を実感して頂き，第Ⅰ部に読み進んで頂いてもよいだろう。どのような本書の利用の仕方であれ，本書の現地調査に根ざした研究成果が，日本海を隔てた対岸の中ロ経済の新たな潮流を理解する一助になれば，編者にとってこれ以上の喜びはない。

　本書に結論は用意していない。「あるべき姿」と「そこにある姿」の間で苦悶してきた北東アジアでは，あるべき姿を無理やり「そこにある姿」に押し込めようとするのではなく，もう一度「そこにある姿」を見つめ直し，「あるべき姿」を描いていく作業も必要であると冒頭で述べた。しかし，多くの著者の協力のもとにできあがった本書の最後に，本書の総括として「あるべき姿」を明示することはあえてしなかった。本書のそれぞれの章に「そこにある姿」を確認し，「あるべき姿」の断片を見いだし，読者にその総括をお願いしたい。これが，大学教科書として私たちが提示する読者への課題である。

　本書の企画・構成は，編者により行われ，具体的な編集作業では，第Ⅰ部を堀江典生，第Ⅱ部を大津定美，第Ⅲ部を松野周治が分担した。本書は，大津定美を研究代表者とする科学研究費補助金基盤研究B「北東アジア諸国の経済連携強化と地域開発――中国・ロシアのWTO加盟と極東地域の雇用創出・ソーシャルネット構築の課題」（平成16〜18年度）の研究成果である。また，堀江典生を研究代表者とする科学研究費補助金基盤研究B「ロシアにおける外国人労働者管理と国内労働市場の変化」（平成18〜20年度）の研究成果の一部でもある。ほとんどの執筆者は，これらふたつの研究グループのメンバーであるが，ほかにも多くの研究協力者によって本書は生まれた。福井県立大学のアンドレイ・ベロフ氏（第Ⅱ部第9章），ロシア科学アカデミー太平洋地理学研究所のアレク

セイ・ランキン氏（第Ⅱ部第10章），黒龍江大学ロシア研究所の李伝勲氏（第Ⅱ部第11章），韓国・釜慶大学校の高鍾煥氏（第Ⅱ部第13章），京都大学大学院生の表正賢氏（第Ⅱ部第13章）は，快く本書に論考を提供していただいた。北海道大学の森永貴子氏には，第Ⅱ部第10章の翻訳を手伝っていただいた。また，第Ⅱ部第11章は，中国語論文の翻訳であるが，大阪産業大学院生の申雪梅氏，孫蓮葉氏に翻訳をお願いし，それをもとに東北大学東北アジア研究センターの徳田由佳子氏に中国語からの翻訳ではわかりにくいロシア側の技術協力関連部分の訳語校正をお願いした。これら本書の完成にご尽力いただいたこれらの方々に記して感謝したい。

　本書に提出された各章の論文は，すでに平成19年度中に提出されていたものばかりで，遅々として編集作業が進まなかったのはすべて編者の責任である。ただ，本書は現地調査による生き生きとした地方の姿を重視し，特に各著者の強い要請がない限りは私たちが現地調査などの結果をまとめた平成19年（2007年）を視軸として残した。そのため，情勢の変化や新しい統計事実など，アップデートすべきところもあるだろうが，ご寛恕願いたい。編者の怠慢にも忍耐強く対応してくださり，本書の完成にご尽力くださったミネルヴァ書房編集部の冨永雅史氏・東 寿浩氏にも心から感謝したい。

編 者 一 同

中ロ経済論
――国境地域から見る北東アジアの新展開――

目 次

はじめに

第Ⅰ部　北東アジアのなかの中ロ経済連携

第1章　北東アジアのなかの中ロ経済 ……………………堀江典生…3
——反省と展望——

 1　北東アジアにおけるロシア極東と中国東北地方 ……………… 3
 2　環日本海地域経済圏——期待と挫折 …………………………… 4
  （1）環日本海経済圏構想の期待　4
  （2）環日本海経済圏構想の挫折と教訓　6
 3　ロシア極東地域と中国東北地方 ………………………………… 8
  （1）中ソ経済連携から中ロ経済連携へ——中ロ経済再結合　8
  （2）衰退するロシア極東地域　10
  （3）勢いのある中国東北地方　14
 4　国境地域からの経済連携 ………………………………………16

第2章　1990年代北東アジアの経済協力の試み ……… 坂田幹男…21

 1　北東アジアの多様性 ……………………………………………21
 2　北東アジアの地殻変動と局地経済圏構想 ……………………22
  （1）北東アジアの黎明　22
  （2）局地経済圏構想の浮上　24
 3　多国間協力の試み——図們江地域開発計画 …………………25
  （1）多国間協力の導入　25
  （2）図們江地域開発計画の推移　27
 4　1990年代経済協力の成果と教訓 ………………………………30
  （1）1990年代北東アジアの現実　30
  （2）過渡期としての1990年代　34
  （3）1990年代の教訓　35

第3章　国境周辺の地域経済と発展計画……松野周治・雲　和広…39
　　　——中国東北とロシア極東——

　1　なぜ国境周辺の地域開発をとりあげるか……………………………39
　2　中国東北地域経済の課題と振興戦略…………………………………40
　　（1）中ロ・中朝国境地域の開発計画と多国間協力構想　40
　　（2）中国経済における東北の位置　41
　　（3）東北振興戦略　43
　　（4）東北地域内の格差　47
　　（5）東北振興戦略の成果と課題　50
　3　ロシアの地域動態概観と極東経済………………………………………52
　　（1）ソ連の地域開発政策と体制転換　52
　　（2）地域格差の拡大とロシア極東　54
　　（3）経済の回復と対外経済関係　55
　　（4）北東アジアにおけるロシア極東の位置　56
　4　ロシア極東経済と日本……………………………………………………57
　　（1）ロシア極東の対アジア貿易　57
　　（2）資源産業に依拠するロシア極東　59
　5　ロシア極東の展望と課題
　　　——日本，そしてロシア中央政府の政策とのかかわりで…………59
　　（1）ロシア極東地域の制約条件　59
　　（2）連邦政府の姿勢　60
　　（3）ウラジオストク開発？　61

第4章　北東アジアの経済連携強化……………………………大津定美…65
　　　——ロシアWTO問題と「アジア共同体論」——

　1　北東アジアの経済連携の可能性
　　　——アジアにおける「南北逆格差」………………………………………65
　　（1）北東アジアの経済協力は遅れている　65
　　（2）北東アジア域内貿易　67
　　（3）目覚しいロシアの経済成長　69
　2　ロシア極東の現状…………………………………………………………70
　　（1）対外貿易の好調と制約条件　70
　　（2）貿易と人の移動の加速——国境貿易とシャトル・レーダー　71
　3　ロシアのWTO加盟問題…………………………………………………72

（1）加盟交渉の経過と2006年の状況　　73
　　（2）WTO 加盟のメリット　　74
　　（3）WTO 加盟のデメリットと住民の反応　　76
　　（4）ロシア極東とWTO　　77
　4　北東アジア地域連携のフォルムと推進力
　　　　──グローバリゼーションのなかで……………………………78
　　（1）9・11以後の国際環境の変化と北東アジア連携強化の新たな芽　　78
　　（2）国際地域統合のモデル　　79
　　（3）地域主義とWTO──2国間か多国間か　　81

第Ⅱ部　中ロ経済関係最前線

第5章　中国からみた中ロ経済関係……………………馬　紅梅…87
　1　貿易の発展とその問題点……………………………………87
　　（1）貿易の発展　　87
　　（2）貿易の構造　　91
　2　貿易総額と「非合法的な貿易慣行」………………………94
　3　投資分野の協力………………………………………………99
　4　エネルギー協力………………………………………………103
　　（1）石油とパイプライン　　103
　　（2）天然ガスの協力　　105
　　（3）電力協力　　107
　5　中ロ経済関係の展望…………………………………………109

第6章　中ロ国境貿易の地域特徴………………………大西　広…113
　1　中ロ貿易の全体的特徴………………………………………113
　2　陸上輸送における各税関の相対的なウエイト……………115
　3　金額／重量比の特徴…………………………………………121
　4　輸出入比率の特徴……………………………………………122
　5　今後の展望……………………………………………………123

第7章　中国のエネルギー需要増加とロシアへの依存……横田高明…125

1. エネルギーとは何か…………………………………………………125
2. 中国のエネルギー需給の特徴………………………………………126
3. 中国の原油・製品油輸入量増加と供給国多角化…………………128
4. 中国の石油輸出削減と輸入インフラ整備…………………………133
5. 中国の省エネルギー政策と海外展開………………………………137
6. 中国の環境問題の現状と対策………………………………………140
7. 北東アジアのエネルギー安全保障と多国間協力…………………143

第8章　ロシアの外国人労働移民管理と中ロ労働力移動……堀江典生…147

1. 移民受け入れ大国ロシア……………………………………………147
   - （1）広大なロシアの移民管理　147
   - （2）正規外国人労働者への着目　149
2. ロシアの正規外国人労働者の受け入れ……………………………150
   - （1）ロシアで働くための12のステップ　150
   - （2）煩雑な手続きの背景　152
3. 中国からみた対ロ労務輸出…………………………………………154
   - （1）ロシア極東地域に不可欠な中国人労働者　154
   - （2）中国の対ロ労務輸出の仕組み　156
4. 中国人労働者のロシア極東への供給に関する若干の不安要素…160
   - （1）中国人労働者にとってロシア労働市場は魅力があるか？　160
   - （2）ロシアと競合する日本と韓国の労働市場　160
   - （3）観光ビザによるビジネスは誰のせい？　162
   - （4）ロシアから中国への人の移動　163
5. ロシアの外国人労働者管理とロシア極東…………………………164

第9章　ロシア極東地域と外国直接投資……アンドレイ・ベロフ…167

1. 研究文献にみるロシアのFDIの諸問題……………………………167
2. 国際統計にみる国際FDI市場におけるロシアの位置………………169
3. ロシアの統計でみるFDI………………………………………………171
4. ロシア連邦極東管区におけるFDI……………………………………175

⑤　連邦政府および地方政府の対FDI政策･････････････････････178

第10章　ロシア極東および東シベリアからの
　　　　　中国向け木材輸出･････････････アレクセイ・ランキン…183
　　１　ロシアによる対中国木材輸出の現状･･････････････････････183
　　　（１）製品別・主要税関別にみた中国・香港向け木材製品の輸出　183
　　　（２）ロシアの中国向け林業製品と丸太輸出　184
　　２　輸出入業者と最終仕向け地････････････････････････････187
　　　（１）主要輸出業者・仲介業者　187
　　　（２）中国の主要最終消費者と主要目的地　188
　　３　国境貿易・不正輸出と対策････････････････････････････189
　　　（１）ロシア側国境における輸出業務　189
　　　（２）輸出貿易にかかわる主な違法行為　192
　　　（３）輸出規則および合法的収益向上に向けたロシア政府の政策　192
　　４　ロシア極東木材輸出の展望････････････････････････････193

第11章　黒龍江省の対ロシア経済協力と科学技術協力
　　　　　･･李　傳勛…195
　　１　対ロシア経済協力･･････････････････････････････････195
　　２　経済・貿易協力における問題･･････････････････････････196
　　　（１）貿易面での諸問題　196
　　　（２）経済協力面での諸問題　197
　　３　黒龍江省の発展と対ロシア経済，貿易協力の計画と見通し･････198
　　４　中ロ科学技術協力発展の歩み･･････････････････････････201
　　５　黒龍江省の対ロシア科学技術協力の現状と推進措置････････203

第12章　北東アジアの経済連携と朝鮮半島･････････････坂田幹男…209
　　１　拡大する北東アジアの二国間経済連携･････････････････209
　　２　北東アジアにおける韓国のプレゼンス･････････････････211
　　　（１）韓中経済連携の進展　211
　　　（２）韓中経済連携のジレンマ　217

　　　　（3）韓ロ経済連携の現状と課題　219
　　3　南北経済交流の現状と展望 ……………………………………… 222
　　　　（1）南北経済交流の第三段階とジレンマ　222
　　　　（2）南北経済交流の展望　225
　　4　中朝経済協力の現状と行方 ……………………………………… 228
　　　　（1）中朝経済協力の現状　228
　　　　（2）中朝貿易と南北経済交流の相関関係　230
　　　　（3）中朝経済協力の行方　233
　　5　朝ロ経済協力の現状と行方 ……………………………………… 234
　　　　（1）朝ロ経済協力の現状　234
　　　　（2）朝ロ関係変化の兆し　236
　　6　今後の展望 ………………………………………………………… 237

第13章　ロシアWTO加盟の経済効果を予測する
　　　　　　　　　………………………… 高　鍾煥・表　正賢・大西　広 … 241
　　1　はじめに——研究の背景 ………………………………………… 241
　　2　ロシアの経済構造と貿易の概観 ………………………………… 243
　　3　計算に使用したモデル …………………………………………… 248
　　4　ロシアのWTO加盟に関するシナリオ ………………………… 250
　　5　ロシアのWTO加盟の経済的効果 ……………………………… 253
　　6　おわりに …………………………………………………………… 261

　　　　　　　　　第Ⅲ部　中ロ国境貿易の現場

第14章　中ロ国境をゆく ……………………………………… 堀江典生 … 267
　　　　——組織化される国境貿易——
　　1　旅のはじまり ……………………………………………………… 267
　　2　綏芬河税関と東寧税関 …………………………………………… 268
　　3　巨大な東寧互市貿易区 …………………………………………… 270
　　4　物流組織化としてのトラック輸送ターミナル ………………… 272

  ⑤　中口国境を越える……………………………………………273
  ⑥　中国人市場の街ウスリースクにて………………………275
  ⑦　旅の終わりに………………………………………………277

第15章　中口国境貿易の盛況と拡大する明暗………大津定美…281

  ①　綏芬河の繁栄とグロデコヴォの沈滞……………………281
  ②　開放と関係改善……………………………………………282
   （1）中口国境確定　282
   （2）中口の対比——あまりにも大きな違いは？　283
   （3）綏芬河　283
  ③　国境を越える物資と商品…………………………………285
   （1）担ぎ屋貿易　285
   （2）密輸とヤミ取引　286
   （3）木材不法伐採　288
   （4）熊掌の密輸　289
   （5）中口貿易の全体動向　290
   （6）担ぎ屋貿易の終焉？　290
  ④　中口国境を越える人々……………………………………292
   （1）観　光　292
   （2）労務輸出　293
   （3）軋　轢　295
   （4）新たな動き　296

第16章　中国東北地域とロシア・北朝鮮国境地域の経済・
    貿易・人の移動………………………………横田髙明…299

  ①　地域研究と北東アジア……………………………………299
  ②　板門店と朝鮮半島経済協力の現状………………………299
  ③　中国延辺と北朝鮮・ロシア沿海地方との貿易・人の往来…301
  ④　外資系企業と輸送ルート…………………………………303
  ⑤　中国黒龍江省国境地域の経済と貿易動向………………305
  ⑥　変貌する国境の町の経済活動……………………………307
  ⑦　国境の運び屋と中国人マーケット………………………309
  ⑧　ウラジオストクからフェリーとバスを乗り継いで中国延辺へ…………311

第17章　国境を越えた経済交流活性化の新たな試みと課題
　……………………………………………………松野周治…315
　　——2006年夏，綏芬河・東寧・琿春——

- ① 中ロ・中朝ロ国境経済交流調査の目的と日程 ………………… 315
- ② 綏芬河——中ロ国境貿易の大動脈における大規模プロジェクトの試み …… 316
- ③ 東寧——大規模投資の空転とさらなる新規プロジェクト ……………… 318
- ④ 琿春——日本資本の進出と物流ルート問題 ………………………… 321

第18章　北東アジア国境地域点描 ……………………大西　広…325
　　——満州里と開城——

- ① 満洲里の様子 ……………………………………………………… 325
- ② 「北朝鮮国内の韓国」開城工業団地訪問記 ……………………… 328

索　引　332

中ロ国境地域とその周辺

第Ⅰ部

北東アジアのなかの中ロ経済連携

第1章
北東アジアのなかの中ロ経済
―― 反省と展望 ――

堀 江 典 生

1 北東アジアにおけるロシア極東と中国東北地方

　私たちが普段，新聞や雑誌などで目にする北東アジア経済の話題は，日中関係，日韓関係，日ロ関係など，私たちの日本を中心とした国際経済関係に偏りがちである。こうした記事だけでは，躍動する北東アジア経済が私たちを中心に回っているかのように錯覚してしまう。もちろん，北東アジアの国家間経済連携において，日中韓の関係は最も規模も大きく，北東アジアの経済を左右する最も重要なリンクである。しかし，私たちはあえて私たちの日本が直接的に介在していない中ロ二国間経済連携，特に中ロ地域間経済連携に焦点を当てている。中ロ地域間経済関係が北東アジア経済の中心だというつもりはない。しかし，本書第Ⅰ部第2章において展開されるように，多国間協力という枠組みがこれまでは必ずしも成功してこなかった北東アジアにおいて，私たちがあらためて議論の出発点とすべきなのは，二国間経済連携であり，なかでも国境地域における国際的な地方間経済連携である。

　私たちが着目している中ロ地方間経済連携は，中国東北地方（黒龍江省，吉林省，遼寧省）とロシア極東地域との間の経済連携，特に陸上国境を経由した経済連携である。そのなかでも，中国側では黒龍江省と吉林省はロシアとの間に陸上国境をもち，ロシアとの国境貿易を地域経済発展の梃子にしており，また，ロシア極東地域側では，沿海地方，ハバロフスク地方，ユダヤ人自治州，アムール州，チタ州などロシア極東南部地域が中国との国境を介して経済連携を深めている。これらの地域は，隣に北朝鮮との国境をにらみ，海を隔てて日本の日本海沿岸地域へとつながる。

　これらの地域や地方は，いずれもそれぞれが属する国民国家の「周辺」地域

であり，その経済連携も現在のところ東アジアの「中心」にはなりえない。また歴史・政治・文化・制度など多岐にわたる「特殊性」を有していると言われ，こうした「周辺性」と「特殊性」を乗り越えることが，北東アジアが地域統合に不利な条件を克服し国際分業に参画する唯一の方法であるとされる（加藤，2005）。一足飛びにはいかないこの「乗り越え」準備は，二国間経済連携にこそあり，その二国間連携において地方が抱える様々な課題の試行錯誤による克服こそが，国際分業への参画の第一歩である。この地域の躍動は，今後の東アジア共同体の胎動のなかで重要な役割を果たす。

　本章は，本書全体の導入の役割を果たす。そのため，まず北東アジアにおいて日本が描いてきた夢，つまり，環日本海経済圏の夢の検証から始める。いまでこそ環日本海経済圏という言葉をもって当該地域の国際協力のあり方を論じることは少なくなったものの，1990年代の環日本海ブームは私たちに多くの課題を残していった。その課題の確認が，本章の1つめの役割である。もう1つの役割は，中ロ二国間経済連携を歴史的に振り返ることである。後の各章で展開される様々な現在の諸問題の理解を助けるだろう。また，環日本海経済圏構想と中ロ二国間経済連携の歴史的な考察から，私たちは現在の中ロ経済関係がなぜいま注目されるべきなのかが理解されよう。

② 環日本海地域経済圏——期待と挫折

（1）環日本海経済圏構想の期待

　北東アジアという枠組みのなかでの中ロ間地域経済連携を語る前に，私たちは環日本海地域経済圏の歴史について述べておかなければならない。それは，日本海経済圏構想が，第1に，我が国から北東アジアに向けて提唱された構想であったこと，第2に，冷戦によって制限されていた北東アジアの経済交流を本格的に活性化させようとする構想であったこと，第3に，国家間の経済交流ではなく北東アジアに内包されている各国地方間の協力が目指され，地方の視点が重視されていたことから，この構想の歴史と現実を顧みることなしに，中ロ間地域経済連携の意義を語ることはできないからである。

　環日本海という枠組みでの経済交流への期待は，古くからある。若月章は，1964年に『世界』で掲載された中薗英助の「日本海時代」のルポルタージュを

その端緒としている（若月，1992，44～45頁）。日本海を巡る経済圏構想の原点を，1968年に『コリア評論』に掲載された福島正光の「日本海経済圏の提唱——平和と繁栄の第三の道」に求めることもできよう。こうした端緒的な動きに反応して，日本海側地域は日本海側の繁栄の可能性に活気づく。1972年に日本海七大学研究会が設立され，その共同研究の成果が74年に日本海七大学研究会編『環日本海構想と地域開発』（日本経済新聞社）として発表されている。ここでは，日本の日本海側地域が対岸の旧ソ連，中国，韓国，北朝鮮との貿易・資源開発・学術などの分野で交流を活発化させるという「環日本海」開発構想が打ち出されている。地方のローカル・イニシアティブとして日本海対岸諸国との交流を視野に入れた点で先駆的であった。ただし，日本海七大学研究会の着眼点は，あくまで日本の日本海沿岸地域の地域開発であり，日本海対岸を含む環日本海地域の開発はその延長線上にあるにすぎなかった。

　日本と並んで環日本海経済圏（東北アジア経済圏）に着目していたのは，中国であった。78年からの対外改革開放政策の流れで，吉林省が図們江の航行権回復と琿春地域の開発に取り組もうとするプロジェクトを原点とし（張，1994，61頁），国際間地域協力への夢を描いていった。

　83年に涂照彦が「環日本海国際経済圏の形成に向かって——上越新幹線の開通によせて」と題する調査研究を新潟大学『経済学年報』（第8号）に発表した。涂照彦はこの論文のなかで，上述の日本海七大学研究会編『環日本海構想と地域開発』は日本の地域開発に着眼した構想であり，自らの国際社会を形成する「国際経済圏」と区別している。[1]

　こうした日本海側の対岸諸国との交流への期待感は，「裏日本」と揶揄された当時の日本の日本海沿岸地域が，太平洋を介して世界との経済連携を深めるのではなく，日本海を介して世界との経済連携を深めることで，地域開発を行い，太平洋沿岸地域にキャッチアップしようとする切望が根底にあった。ただし，当時の日本海は，まだ厚い鉄のカーテンに遮られ，本格的な経済交流の実現には遠かった。

　本格的な経済交流の実現を本格的に期待させ，環日本海経済圏に大きな期待を日本海沿岸地域だけでなく日本海沿岸諸国全体に抱かせた契機は，ゴルバチョフ政権の登場と彼の「ウラジオストク演説」それに続く「クラスノヤルスク演説」であった。

90年5月15日に『日本経済新聞』に「環日本海経済圏・自治体主導で始動」との記事が掲載されたが、これは北海道をはじめ、新潟・青森・石川・兵庫・大分などから続々とその年首長および調査団・視察団のソ連訪問実施・計画が相次ぎ、そのほか地方自治体レベルでの中国・韓国への視察団も計画されていたことによる。

91年に環日本海経済圏構想の期待を論じた一般書籍が相次いで刊行されたのは、そうした機運のなかであった。特にこの年、ゴルバチョフ大統領が来日した年でもあり、新しい日ソ関係の構築に大きな期待があった。小川和男・村上隆『めざめる「ソ連極東」——日本の果たす役割』(日本経済新聞社)、小川和男・小牧輝夫編『環日本海経済圏——北東アジア・シベリア時代の幕開け』(日本経済新聞社)、中野謙二『北東アジアの新風——環日本海時代の原点をさぐる』(情報企画出版)、藤間丈夫『動き始めた環日本海経済圏——21世紀の巨大市場』(創知社)など(2)、これらに共通する環日本海経済圏構想の基礎認識は、ロシアの資源、中国・北朝鮮の労働力、日本および韓国の資本・技術の経済的相互補完関係に着目した互恵的な経済協力であり、21世紀の巨大市場出現に対する期待であった。(3)

(2) 環日本海経済圏構想の挫折と教訓

その各国生産要素の相互補完関係による互恵的な経済協力の象徴的な事業として浮かび上がっていたのが、図們江地域開発であった。この開発がどのように生まれ、どのように進行し、いかなる課題を生み出したかは、第Ⅱ部第3章を参照されたい。各国生産要素の相互補完関係による互恵的な経済協力は、図們江地域開発の多国間経済協力の枠組みとして計画に反映され、骨抜きにされ、そして現実との乖離を深めていった。各国生産要素の相互補完性は、ロシアの資源、中国・北朝鮮の労働力、日本および韓国の資本・技術の結合をどこで行うのかという現実的な問いに答えることはできなかったと言える。図們江のように中国・ロシア・北朝鮮3国の国境を接する地域における局所的な開発においてさえ、どこで各国の生産要素を組み合わせるのかという地理的問いに、各国は綱引きの後、各国領土内での独自開発に引きこもり、多国間経済協力や各国生産要素の相互補完性を具体的に地図の上で実現させることの難しさを露呈させるのみであった。

ロシアはロシアで資源の提供者としての地位だけで甘んじるのではなく，各国生産要素の相互補完性を最大限に生かした自国領土内での開発を求め，中国は中国で労働力の他国への提供者としてではなく，各国の比較優位要素を自国に引き込み自国領土内での開発を望む。人・モノ・資本の移動を制限する国境は，この地域における各国生産要素の相互補完性という経済合理性にいまだ深くくさびを打つ強力な遮蔽である。この国境は，地理的な意味でも，歴史的な意味でも，文化的な意味でも，民族的な意味でも，この地域の「周辺性」や「特殊性」を象徴するものであるとするならば，本来この地域が抱える「周辺性」や「特殊性」の乗り越え（坂田，2001）なくして多国間経済協力は成り立たないことを，80年代から現在に至るまでの北東アジアの国際協力の試行錯誤は物語っていると言える。

多国間協力や各国生産要素の相互補完性を重視する環日本海経済圏構想は，ローカル・イニシアティブのもとに多国間協力を進め，従来の先進国－途上国間に見られるような垂直分業ではなく，水平的国際分業を目指す夢であった（李鋼哲，2001）。また，国際協力といっても，従来のように国家がその協力の中心となるのではなく，各国内の地方がそのローカルなイニシアティブのもとに国際協力・開発を進めるという国際協力の「ローカリゼーション」を標榜し，国家間経済交流の枠組みではなく地方間経済交流を第一義としていた（小川，1995，本多・韓・凌・坂田，1995）。経済圏の形成に先立って，地方同士の交流が目的意識的に図られていった例は環日本海経済圏構想までなかった（坂田，1996）。環日本海経済圏構想には，そうした斬新な夢が込められていた。

私たちは，これまで述べてきた環日本海経済圏構想の経験から何を学べるであろうか。環日本海経済圏という言葉そのものがすでに語られなくなっている現在において，それが北東アジアや東アジアという枠組みで語られようとも，突きつけられている課題はまだそのまま残っている。それは，国境をまたいで信頼とともに地域全体のために互いが協力することはできるかという課題である。国境を挟んだ二国間の信頼と強調さえもままならない現在において，多国間協力という理念への道のりは遠く，二国間地方経済交流という足下から出発しなければならない現在の北東アジアの現状を私たちはしっかり認識する必要がある。私たちが特に本書において着目した中ロ国境地域における地方間経済交流は，地域共同体形成に先立つ北東アジア発展の基礎なのである。

3 ロシア極東地域と中国東北地方

すでに述べたように，1986年7月の「ウラジオストク演説」は，環日本海経済圏への夢をふくらませる大きな事件であった。中ロ関係改善の兆しは，ソ連のブレジネフ書記長が1983年3月にタシケントにおいて対中関係の改善の意向を表明したことに始まる。外務次官級レベルで1982年10月から始まった中ソ関係正常化は，ゴルバチョフ書記長が登場するまでは，それほど大きな進展は示さなかった。「ウラジオストク演説」は，中ソ関係正常化にとって大きな転機となり，また，現在の中ロ経済関係の基礎を生み出した契機であった。

ソ連側の中ソ経済関係正常化への意思表示を受け入れるだけの条件は，中国側にもあった。1979年に始まる中国の改革開放政策がそれである。再開した中ソ経済連携も，1991年のソ連崩壊，新生ロシアの市場経済化などにより紆余曲折しながら中ロ経済連携として進展していく。ここでは，ソ連時代から現在に至るまでの中ソ・中ロ経済連携を歴史的に振り返る。

（1） 中ソ経済連携から中ロ経済連携へ——中ロ経済再結合

戦前においても中国東北地方とロシア極東地域の貿易は重要であった。1924～25年時点でも，ロシア極東地域の輸入の65.9％が中国からの輸入であり，ロシア極東地域の輸出の30.8％は中国向けであったことから（Larin, 2005, p.306），1920年代中国とソ連時代の極東地域との貿易は両地方にとって重要なものであった。

戦時中の貿易の衰退から回復するのは，1950年代になってからである。1958年に全ソ消費協同組合中央連合会を通じて中ソ間での貿易を行うよう閣議決定され，両地域の貿易は急増したが，1964年に中ソ対立が決定的になり，1965年以降両国間の国境貿易は急激に縮小し，1969年についに国境貿易が禁止された（村上，1995，97～98頁）。1969年は，ダマンスキー島で中ソ武力衝突が生じた年である。ここから長きにわたり国境貿易は消滅することになった。両国の国家間貿易も，1970年代は年間数億ルーブル程度と低迷した。

中ソ国境貿易が再開されたのは1983年になってからである。1982年にソ連第一外国貿易次官と中国対外貿易次官との間で交わされた文章では，①ソ連の外

国貿易公団「ダリイントルグ」(極東貿易事務所)と中国黒龍江省対外貿易公司,内蒙古対外貿易公司が貿易業務を行うこと,②ソ連側ではグロデコヴォ,ザバイカルスク,中国側では綏芬河,満州里を交易拠点とすること,③決済はスイス・フラン建てで行うこと,とされた(中野,1991,182頁)。

こうして1983年から中ソ国境貿易は再開されはしたが,本格的な国境貿易拡大がみられたのは,中国側黒龍江省で国境貿易地区(密山・虎林・饒河・蘿北・漠河・嘉蔭の6都市)が指定された1988年からである(西村,1994,67頁)。同時に,この時期,国境貿易を一元管理していたソ連の外国貿易公団「ダリイントルグ」(極東貿易事務所)を通さない直接取引が急増していた。国境貿易地区の指定やソ連側の貿易一元管理の終焉を契機に,中ソ貿易は急速に活性化する。1991年には「ダリイントルグ」扱いの国境貿易は事実上ゼロとなった(村上,1995,100頁)。両国間の中央集権的に国家が介在した貿易は,1992年から1993年頃には全体の一割程度となり,ほとんどが民間による貿易に変貌した(Larin, 2006, p.92)。国境に限らず貿易の脱中央集権化の急速な進展が行われたのである。また,すでに述べたように,中ソ国境貿易が再開されてからの中ソ貿易の国際決済は「スイス・フラン」という「観念通貨」による計算値で処理されていたが,1991年になってその「観念通貨」をドル決済とした(Larin, 2006, p.29)。ただし,ドル決済といっても帳簿上の年末一括精算である清算勘定方式は続いていたため(今村,2004,282頁),ドルは単にスイス・フランに代わる「観念通貨」になったにすぎない。ロシア市場経済化初期の対中貿易は,いまだバーター貿易を中心としていた。1993年の対中輸出額の48%,対中輸入の80%はバーター貿易であった(Larin, 2006, p.92)。ロシアの市場経済化は,中国の対ロシア貿易を加速化させ,1991年と比較すると1993年の両国貿易額は倍増したが,中ソ貿易が現実の通貨決済(ドル決済)となるのは,バーター貿易を解消する1995年になってからである(今村,2004,282頁,Larin, 2006, p.95)。

こうして,ロシア経済と中国経済は再結合し,中ソ経済連携から中ロ経済連携へとロシアの市場経済化を契機に新たな段階に入っていった。ただし,中ロ経済連携が現在のような活況に満ちたものとなるのは,90年代のロシア経済の低迷を乗り越え,21世紀になってからのことである。中ロ間輸出入総額は1993年76億8000万ドルをピークして1994年の50億8000万ドルを下限にして推移し,

1993年ピークを凌駕するのは，2000年（80億ドル）になってからである。2000年以降，両国間貿易は急成長し，2005年現在で291億ドルに達している。90年代の中ロ貿易は，主に国境貿易にかかわる様々な政策の調整期にあったといえる。バーター貿易からハード・カレンシーによる貿易への移行，中国，特に黒龍江省の対外開放の進展，ロシア側の関税率の変更や原材料輸出に関する規制，輸出許可制・数量割当などに関する諸措置など政策調整に揺れた。また，国境税関の貨物通過許容量の限界などインフラ整備もなかなか進まなかった。それでも，中国東北地方，特に黒龍江省は，ロシアとの国境貿易を地域経済発展の突破口とし，ロシア極東にとって中国は生活基礎財を提供してくれる地域経済にとって不可欠な貿易相手となった。

（2）衰退するロシア極東地域

当時，ロシアは急速な市場経済化のなかにあった。計画経済の不効率な運営による巨額の財政赤字を受け継いだロシアにおいて，市場経済化に伴い発露するインフレへの対策は，マクロ安定化政策の最重要課題であった。そのため，税収を期待できない状況のなか，積極的な緊縮財政が行われた。同時に，公定価格の引き上げや公共投資・補助金の削減を通じて財政負担を軽減し，インフレ圧力となる貨幣供給の抑制を実施した。インフレ退治は1996年までにほぼ成功を収めることになるが，財政赤字解消は2000年までかかった。また，財政赤字を短期国債乱発によって補ってきたつけは，1998年のロシア金融危機を引き起こす原因にもなった。

貿易自由化は，主に輸入の自由化が積極的に行われ，旧ソ連時代に長蛇の行列を生み出した物不足は解消されたものの，安価な輸入品がロシア市場を席巻し，ロシアの工業に大きなダメージを与えた。ロシアは一挙にその工業力を削がれ，市場経済化による工業疲弊は，ロシア金融危機までに工業生産を半減させ，いまだ十分な回復には至っていない。

こうしたロシア国内経済の条件のもと，ロシア極東地域において，当初大きな打撃となったのは，価格自由化に伴う消費財・生産財の価格上昇とその輸送コストの大幅な上昇である。旧ソ連内の他地域からの消費財の移入，生産財や原材料の移出を行っていたロシア極東にとって，価格の自由化と輸送コストの上昇は，旧ソ連内他地域との経済連携を分断させ，貿易自由化に伴い旧ソ連以

外の地域からの消費財が大量に流入してくるようになった。同時に，自らの工業基盤の維持に不可欠な生産財も旧ソ連以外の地域からの輸入に頼らざるをえなくなった。こうした条件のもとに，中ロ国境地域の経済再結合が生じた。大量の安価な中国製品がロシア極東地域市場を席巻した。

中ロ国境の貿易が脱中央集権化していったことは，同時に，非組織化された貿易の増加を生み出した。国境地域での非組織化された貿易は，主に担ぎ屋貿易に代表される。担ぎ屋貿易は，ロシア税関においても捕捉されず，また，持ち込まれる荷物は一人当たり50kg（2006年からは35kg）が非課税であった。

同時に，貿易だけでなく，人の交流も活発化する。特に，中国人労働者および非正規移民のロシア極東への流入は，90年代初めの中国の安価で決して質が良かったとは言えない中国製品の流入と合わせて，中国のロシア極東地域への経済的拡張を不安視する論調が煽られた。俗に言う「黄禍論」である。中国の対ソ労務輸出そのものが再開されたのは，1988年2月からである。同年，黒龍江省綏芬河の農民67人がソ連沿海地方において農業に従事し，黒龍江省黒河の建設労働者55人がブラゴベシチェンスクの病院およびホテルの建設を請け負った（中野，1991，183〜184頁）。また同年に黒龍江省からロシアへの観光旅行（黒河－ブラゴベシシェンスク1日ツアー）も始まっている。

1994年に中ロ国境の入国管理強化（ここでようやく国境沿いの出入国地点に出入国管理所が設置された）と中国人移民へのビザ制度の導入により，公式統計として中国人移民数が把握できるようになった。ただし，この公式統計が表す中国人移民数は，「氷山の一角」であるとの見方は，途絶えることがなかった。1993〜94年時の新聞は，ロシア極東地域の不法移民数を40万人から200万人とする様々な推測をかき立てた。1993年から95年の間に，地方紙・全国紙で150以上の中国人移民による脅威と中国人移民のロシア極東への流入に関する記事が載ったという報告もある。ロシア極東地域に根強い「中国脅威論」もしくは「黄禍論」は，整備途上のロシアの入国管理体制と一貫しない政府の移民政策とが相まって，誇張された議論となった。

こうしたロシア極東地域の対中貿易および労働力移動に対する疑心暗鬼は，ロシア極東が市場経済化のなかで露呈させた地域の脆弱性によるところが大きい。

中ソ経済連関の再結合からソ連崩壊後の中ロ経済連携強化に至るなかで，ロ

シア極東地域が直面した問題は，経済発展ではなく衰退であった。これは，国境貿易により発展していく中国東北地方の黒龍江省とは対照的な姿であった。中ロ国境貿易が盛んになってもロシア極東地域の国境沿いの地域は，同じように発展したのではなく，逆に衰退を見せるのである。この違いはどのようにして生じたのだろうか。それは，ロシア極東地域が，1992年に始まる新生ロシアの市場経済化のなかで，旧ソ連計画経済に由来する多くの固有の負の遺産と直面することになったからである。

　第1に，ロシア極東地域は地域経済としての自律性を旧ソ連時代から持っていなかったことに由来する。極東地域は，住民の生活を支える衣食，そして地域生産を支える資本財を域外に依存している。一方，極東地域の資源は，域内での利用・加工は進まず，もっぱら域外へ移出・輸出される。ロシア極東においては，域内の有効な生産と消費の環が分断され，自律性を失っている。特に，旧ソ連時代は，旧ソ連国内の産業連関を前提に，国民経済の生産と消費の環の一端を形成していたものの，市場経済化以降のロシア極東地域は，国民経済の生産と消費の環からも逸脱し，ますますロシアを含む旧ソ連諸国との相互依存関係を脆弱化させ，諸外国への依存を高めていった。輸（移）出構造において，1992年に6.6％にしかすぎなかった旧ソ連諸国以外への輸出シェアは，2002年には全体の83.7％も占めロシア他地域向け移出を大幅に凌駕した。輸（移）入構造においても，1992年に13.9％にすぎなかった旧ソ連諸国以外からの輸入は，2002年には全体の49.6％も占めるようになった（平泉，2006）。そうした自律性の欠如から，ロシア極東は独特のハイコスト経済という性格をもち（堀江，1997），軽工業品，食品など基礎生活にかかわる商品で中国からの輸入品に対抗できる生産力を維持し得なかった。

　第2に，旧ソ連時代政策的誘導のもとロシア・ヨーロッパ部からシベリア・極東地域への人口移動が生じていたが，政策的誘因がなくなると西から東への人の流れは逆転し，特にロシア極東は深刻な人口減少を経験した（雲，2003）。旧ソ連時代，シベリア・極東地域の開発のため，政策的な人口配置が行われた。優先的な財政投資，優先的な消費財供給などにより，辺境としてのシベリア・極東地域の人口増加と生活環境の維持が図られた。1991年まではロシア極東も人口増加を記録していたが，ソ連崩壊とともに人口減少が著しい地域と化した。自然人口減少はロシア全体の特徴でもあるが，それ以上にロシア極東地域の特

徴となったのは，人口流出に伴う人口減少であった。1980年代末800万人いた極東地域の人口は，現在では660万人程度となり，市場経済化以降100万人以上の人口減少を経験している。人口流出に歯止めがかからず，2026年に極東地域の人口は585万人にまで減少するという予測もある。

こうした2つのロシア極東地域固有の要因は，ロシア極東地域の基本性格であり，ロシア極東地域を「空白地帯化」させる根拠になるものと考えられる。そして現在においても，ロシア極東地域のこうした基本性格そのものは，現在においてもいまだ維持されていると言ってよい。ただし，1998年の金融危機以降のロシアの高度成長のなかで，ロシア極東地域が同じような高度成長の波にのって新たな地域の方向性を見いだしつつあるのか，そして，90年代前半とは比べものにならないほどアジア太平洋地域の諸国との貿易関係を発展させた現在において，90年代とは異なるロシア地域経済の展望が開けたのかどうかは，検討すべき点である。これについては，第Ⅰ部第3章と第Ⅱ部第9章で検討されているので参照されたい。

2012年にウラジオストクで開催されるアジア太平洋経済協力（APEC）サミットに向け，ロシア政府は本格的な極東開発を開始するとしている。沿海地方ダルキン知事は，このサミットに向けた準備として58億ドルが必要であるとしている。経済発展貿易省も，今後6年間に極東開発のために3580億ルーブル（約140億1000万ドル）の予算を約束している。幾度となく約束され果たされなかった市場経済化以降のロシア極東開発である。極東開発には，人口減少のなか，社会的インフラ・工業基盤の抜本的な改善が求められ，持続的で大規模な公共投資を余儀なくされる。ウラジオストクのロシア島のリゾート化計画，ウラジオストクと近隣都市を結ぶ高速鉄道計画，ウラジオストク空港の近代化計画など，サミットに向けた開発計画は現在のロシアの繁栄を地方でも映し出すショーケースにはなるだろうが，これらの開発がロシア極東の将来に見合ったものであるかの検証は十分ではないし，祭り騒ぎの終わったサミット後の極東開発こそが本当の正念場であると言える。サミットに伴い連発される様々な約束が守られるかどうか，ロシア極東地方の地方自治体や住民，そして近隣諸国も注目しなければならない。

ロシア極東地域は，市場経済化により北東アジア諸国との経済連携を強めた。特に，中国との経済連携の強まりは，政治的な連携の強まりとともに，近年の

特筆すべき現象である。軍需産業部門の中国への輸出に支えられ，機械工業の輸出は大きく躍進しているものの，非軍需産業としての輸出品は，いまだ原材料・非加工品もしくは最も単純な加工を施しただけの加工品の輸出が中心である。中国東北地方の黒龍江省など国境地域にとって，ロシアからの輸入品は，中国全体に必要な燃料・原材料であるか，省内で加工し再輸出する原材料であり，いわば省内の一般消費者にとってロシアにほしいものはない。これは，日本や韓国においても同じことである。逆に，ロシアにとって中国からの輸入品は，消費財工業品や食料品に代表されるように，ロシア極東地域の住民の生活にとって不可欠な商品であり，日本や韓国から輸入される商品は，ロシア極東地域の原材料・天然資源など一次産品生産の維持にとって不可欠な機械設備や輸送機器である。ロシアが旧ソ連時代にロシア・ヨーロッパ部にとって資源供給基地であったのと同様に，現在もロシア極東地域は資源供給基地であり続けており，その供給先が北東アジア諸国へと変わったにすぎない。ロシア極東は，今も極度に他地域に依存した脆弱な経済構造を抱えている。

（3） 勢いのある中国東北地方

中国の対外開放政策は，開放地域を限定し，第二国境と呼ばれる境界線によって仕切られた経済特区の設置により始まった。1979年に広東省深圳，珠海，汕頭，福建省厦門の4経済特区が設置され，試験的な実施が開始された。これらの経済特区は香港，マカオ，台湾との経済連携を目的とし，華南に集中していた。

対外開放政策の第2段階として，中国は対外開放地域を華南から沿海地域全体に拡大させた。1984年に14の沿海港湾都市（北海，湛江，広州，福州，温州，寧波，上海，南通，連雲港，青島，煙台，天津，秦皇島，大連）を対外開放都市とし，経済特区並みの優遇措置を講じた経済・技術開発区が設置された。1985年には，広州を中心とした珠江デルタ，上海を中心とした長江デルタ，厦門を中心とした福建南部デルタといった3デルタが，1988年にはさらに山東半島・遼東半島が対外開放を果たした。

対外開放政策の第3段階は，全方位多元的開放として特徴づけられ，本書の対象である中ロ国境間の二国間連携に直接かかわる対外開放の時期である。全方位とは，従来の沿海地域のみならず，沿江（長江沿岸地域）・沿辺（国境地

域)・内陸部の開放を指し，多元的とは東西南北の対東アジア・対中央アジア・対東南アジア・対ロシア開放を意味する。この対外開放政策の新段階は，1990年の浦東開発促進の大号令を起点とし，1992年の鄧小平の南巡講話により本格化することとなった。浦東開発は，天安門事件以降停滞気味であった改革開放政策を活性化させ，長江デルタ地域の発展に寄与するばかりでなく，長江沿岸地域の発展に寄与すると考えられた。また，ロシアとの国境都市である黒河，満州里，綏芬河，琿春を対外開放都市とし，ロシアと国境を接する黒龍江省の省都ハルピン，吉林省の省都長春が開放都市並みの政策をとることができるようになった。

　このように中ロ経済連携が，中国の改革開放政策の一環として，1992年以降国策として本格化し始めたことは中国東北地方にとって大きな意味を持っていた。中国東北地方，特にロシアに国境を接する黒龍江省と吉林省は，中国の穀物供給地（食糧の宝庫）としての顔と旧態依然とした国有企業中心の重化学工業集積地としての顔をもっていた。改革・開放政策が実施されて以来，中国沿海地域は農業においては郷鎮企業を中心とする農村開発の進展，工業においては外資導入による海外市場向け工業部門が成立・発展した。しかし，中国東北地方においては，農村開発は遅々として進まず，伝統的工業部門の国際競争力向上もまた遅れ，1980年代に地域経済の停滞が深刻化していった。こうした東北地方の経済停滞を生み出す構造問題を「東北現象」と呼ぶ。大連港をはじめとする整備された港をもち，日本や韓国から積極的な投資を引きつけてきた遼寧省は別として，ロシアとの国境を有する黒龍江省と吉林省にとって，中ロ経済連携は東北現象の克服に不可欠な開放政策の一つであった。黒龍江省は，黒龍江省以南の中国各地方との経済連関を深めながら，ロシア（北）に向かって対外開放政策をするという「南聯北開」戦略をとった。中ロ国境を介した貿易に黒龍江省は経済活性化の命運をかけている。

　こうした黒龍江省の動きをさらに勢いづけたのは，2003年秋に発表された「東北等老工業基地振興戦略」（東北振興）であった。この東北振興の内容は，第1に，国有資産管理体制と国有企業改革を推し進めるとともに，非公有企業の発展を促進し，東北地方に新たな経済システムと経済メカニズムを定着させることにあった。第2に，比較優位産業および地域の基幹産業の発展，さらにサービス産業などの発展により産業構造を高度化させることであった。第3に，

対内・対外開放を進め，周辺国との経済連携・国内他地域との経済連携をさらに深めることを目的としていた。第4に，雇用拡大と社会保障制度の整備を目的としていた（加藤，2005）。黒龍江省は，この東北振興の勢いそのまま，ロシア国境沿いの諸都市の発展を促し，対ロ貿易を梃子としたロシアとの経済連携，国内他地域との経済連携を深め，産業高度化を図っている。

ロシアとの国境地域も限定され，また独自に日本海に出る道筋を見いだせない吉林省，日本海に面し，日本・韓国だけでなくアジア太平洋地域との経済連携を模索できる遼寧省とは異なり，黒龍江省は貿易面では強く対ロ貿易，特に国境貿易に依存する経済となっている。中国商務年鑑によれば，2004年の黒龍江省の対外輸出総額の約6割がロシアへの輸出であり，輸入総額の約54％がロシアからの輸入である。国境貿易は，黒龍江省の対外貿易額の約4割を占める。貿易だけでなく，労務輸出においても黒龍江省のロシア依存は大きい。黒龍江省の対外労務輸出の79％はロシアであり，そのうち73％はロシア極東の4つの州や地方に集中している（林，2005，71～72頁）。黒龍江省は，ロシアとの経済連携，特にロシア極東との経済連携を梃子にして発展しているものの，その過度なロシア依存もまた不安要素となる特徴であるといえる。

4 国境地域からの経済連携

現在のロシア極東地域の対外経済産業は，5つのクラスターによって構成されているという。第1のクラスターは，林業複合体，第2のクラスターは漁業・魚加工業，第3のクラスターは燃料・エネルギー複合体，第4のクラスターとして鉱物採掘複合体，第5に運輸複合体である。これら5つのクラスターでロシア極東地域におけるサービス輸出を含む全輸出の79.3％を占めるという（Bystritskii/ Zausaev, 2006, p. 21）。これら5つのクラスターは，国境貿易において中国と密接につながり，中国東北地方の発展に寄与している。

中国東北地方は，ロシアのそうした5つのクラスターを通じて原材料・エネルギーを取り込み，高付加価値化してロシア極東地域のほか，日本・ロシア・東北地方以外の中国他地域へと輸出・移出を行っている。こうしたロシア極東と中国東北地方の国境を通じた経済連携が，中国東北地方の経済発展を推進していることは確かである。中国東北地方の諸工業が品質の向上などによりしっ

かりと日本や韓国の市場を獲得できるようになり，日本や韓国の投資がこの国境地域にまで及ぶようになれば，まさに環日本海経済圏構想で夢描いた地域間交流を軸とした日中韓ロの相互依存性を体現することになるかもしれない。

ただし，国境貿易を梃子にした中国東北地方の発展とは裏腹に，ロシア極東経済の低迷が続く状態は，この国境地域の経済連携の不安材料となる。

第1に，ロシア極東地域の人口減少が続くことで，中国東北地方の諸産業にとっての重要な消費市場が縮小していくことである。ロシア極東という消費市場の縮小は，中国東北地方にとっても好ましいことではない。

第2に，北東アジアの資源供給基地としての役割をロシア極東地域が担うにしても，その資源供給がロシア極東地域経済をどれほど潤すのかについては，疑問が残るということである。まず，付加価値の低い原材料を輸出し，付加価値の高いその加工品を輸入しているようでは，ロシア極東経済の発展は望めない。これは，途上国と先進国との間に見られる垂直的国際貿易でしかない。また，木材や鉱物資源など資源をもつロシア極東北部が潤っても，それが南部住民にまで潤いをもたらすだけの産業連関があるのかは疑問である。

第3に，中国東北地方の発展に伴う所得水準の向上は，ロシア極東地域が不安とともに不可欠と考える中国人労働者にロシアでの就労するインセンティブを低下させ，ロシア極東地域の労働力不足が顕在化する可能性もある。

これら3つの懸念が現実化するとき，ロシア極東地域が「空白地帯化」するばかりでなく，中国国境地域もまた発展の梃子を失うことになる。中ロ国境における経済連携は，両岸の均整のとれた経済発展なしに持続的にはなれない。

中ロ国境貿易は，長い反目の時代を経て，中ソ対立の溶解から中ロ経済が再結合し，担ぎ屋貿易というプリミティブな貿易から組織化された貿易へと変貌している。中国東北地方とロシア極東地域の間で見られる経済発展速度の違いは，対外開放にまじめに取り組んできた中国の姿勢と無作為を放置し，大量の中国製品と労働力の流入に防御姿勢しかとれていないロシアとの差でもある。中ロ国境貿易をどのように地域経済の発展の梃子にするのか，その課題はとうの昔にロシア側に突きつけられている課題である。ロシア極東地域が，2012年のウラジオストクのAPECサミット開催準備に伴う開発計画を梃子にこの課題にどれほど真剣に取り組めるのか，ロシアの今後のロシア極東開発に対する長期的な態度と戦略こそ，この国境地域の地方間経済連携を北東アジアの経済

連携の礎にすることができる。

●注
（1） 涂・金（1991）も参照してほしい。
（2） 他にもこの年には，板橋（1991），「環日本海社会党フォーラム」中央実行委員会編（1991）などがある。
（3） ロシアの資源，中国・北朝鮮の労働力，日本および韓国の資本・技術の経済的相互補完関係を環日本海経済圏構想の骨子として論調の形成には，小川和男氏の功績が大きい。ただし，小川氏は環日本海経済圏のこうした相互補完関係を垂直的分業としてとらえていた。小川・小牧編（1991，3頁）を参照。後述するように，後に多くの環日本海論者が，小川の環日本海地域における生産要素の相互補完性に依拠しながらも，先進国日本や韓国が主導する垂直的分業ではなく，水平的分業を目指した。

●参考文献
板橋守邦（1991）『北方領土と日本海経済圏』東洋経済新報社。
今村弘子（2004）「北東アジアと中国」加藤弘之・上原一慶編『中国経済論』ミネルヴァ書房。
小川和男・小牧輝夫編（1991）『環日本海経済圏──北東アジア・シベリア時代の幕開け』日本経済新聞社。
小川和男・村上隆（1991）『めざめる「ソ連極東」──日本の果たす役割』日本経済新聞社。
小川雄平（1995）「オルタナティブとしての『地域間経済交流』──『東アジア経済圏』と『環日本海経済圏』の相克」小川雄平・木幡伸二編『環日本海経済・最前線』日本評論社。
大津定美編（2005）『北東アジアにおける国際労働移動と地域経済開発』ミネルヴァ書房。
加藤弘之（2005）「中国東北地域の開発と北東アジア」大津定美編『北東アジアにおける国際労働移動と地域経済開発』ミネルヴァ書房。
「環日本海社会党フォーラム」中央実行委員会編（1991）『環日本海新時代』現代書館。
雲和広（2003）『ソ連・ロシアにおける地域開発と人口移動──経済地理学的アプローチ』大学教育出版。

坂田幹男（1996）「『局地経済圏』とアジア経済」本多健吉・坂田幹男編『アジア経済を学ぶ人のために』世界思想社。
―――（2001）『北東アジア経済論』ミネルヴァ書房。
張国良（1994）「環日本海経済圏の国際協力と地域競合――中国東北地方に視点を据えて」新潟大学大学院現代社会文化研究科環日本海研究室『環日本海研究年報』創刊号。
涂照彦（1983）「環日本海国際経済圏の形成に向かって――上越新幹線の開通によせて」新潟大学『経済学年報』第8号。
―――・金泳鎬（1991）「東アジア経済圏と『環日本海』――その世界史的意義を探る」『経済評論』9月号。
中薗英助（1964）「ルポルタージュ・日本海時代」『世界』3月号。
中野謙二（1991）『北東アジアの新風――環日本海時代の原点をさぐる』情報企画出版。
西村成雄（1994）「中国東北からみた『環日本海経済圏』」日本海学術交流シンポジウム実行委員会編『環日本海交流の政治経済学』桂書房。
平泉秀樹（2006）「市場化過程におけるロシア極東地域の貿易構造の変化」『ロシア東欧貿易調査月報』9～10月号。
福島正光（1968）「日本海経済圏の提唱――平和と繁栄の第三の道」『コリア評論』6月号。
藤間丈夫（1991）『動き始めた環日本海経済圏――21世紀の巨大市場』創知社。
堀江典生（1997）「ロシア極東経済発展再考」『世界経済評論』1月号。
本多健吉・韓羲泳・凌星光・坂田幹男（1995）『北東アジア経済圏の形成――環日本海経済交流』新評論。
村上隆（1995）「中ロ国境貿易の現状と問題点」小川雄平・木幡伸二編『環日本海経済・最前線』日本評論社。
李鋼哲（2001）「北東アジア経済協力の現状と21世紀の展望――図們江デルタ地域における国際開発協力」平川均・石川幸一編『新・東アジア経済論――グローバル化と模索する東アジア』ミネルヴァ書房。
林家彬（2005）「黒龍江省の対ロ経済交流および地域経済開発」大津定美編『北東アジアにおける国際労働移動と地域経済開発』ミネルヴァ書房。
若月章（1992）「環日本海をめぐる構想の歴史」多賀秀敏編『国境を越える実験――環日本海の構想』有信堂。
Bystritskii, S. P./ Zausaev, V. K. (2006), Institutsional'nye faktory razvitiia vneshneekonomicheskogo kompleksa na Dal'nem Vostoke, *Aziatsko-Tikhookeanskii Region*, No. 1 (13).（ロシア語）

Larin, V. L. (2005), Rossiisko-kitaiskie prigranichnye I regional'nye sviazi, ed. V. I. Shabalin, *Russiia i Kitai: sotrudnichestvo v usloviiakh globalizatsii*, Moscow: Institute of Far East RAS.（ロシア語）

――― (2006), V teni prosnuvshegosia drakona: Rossiisko-kitaiskie otonosheniia na rubezhe *XX-XXI vekov*, Vladivostok: Dal'nauka.（ロシア語）

第2章
1990年代北東アジアの経済協力の試み

坂 田 幹 男

1 北東アジアの多様性

　北東アジアは，歴史的，地理的，政治的，経済的，文化的にみてきわめて特殊な地域である（坂田，2001）。そのため，北東アジアは，1980年代までは国際政治学の独壇場で，経済的分析の対象外におかれていた。
　北東アジアの最大の特徴は，戦前，この地域が支配と被支配の関係におかれ，戦後は世界的冷戦構造の最前線に位置していたという点である。その結果，北東アジアは，イデオロギー対立，分断国家，領土問題（国境紛争），民族問題など，20世紀のあらゆる対立要因を孕むことになった。すなわち，戦前戦後を通じて，この地域は最も厳しい政治的状況下におかれていたのである。これらは，今日においてもなお，一掃されているわけではない。
　さらに，北東アジアは，構成単位として国家（日本・韓国・北朝鮮・モンゴル）と国家を構成する一部地域（中国東北地区・ロシア極東地域）が混在していることも状況を複雑にしている。北東アジアでは，国家間関係だけでなく，中央と地方，換言すれば中心と周辺という国内的従属構造の問題が複雑に絡んでくるのである。この点では，東南アジアとは決定的に異なる。
　また，政治・経済制度においても多様性が強い。社会主義崩壊後のロシア・モンゴルは，「移行経済」という範疇で分析できるとしても，北朝鮮の経済制度は必ずしも明確ではない。そもそも，「国民経済」という概念があてはまるか否かについても議論がある。中国の主張する「社会主義市場経済」についても，「移行経済」という範疇に入るか否かについて見解が分かれる。韓国では，市場経済に占める財閥の影響は絶大であり，依然として所有と経営の分離が課題となっている。

加えて，北東アジアには，経済規模や経済力においても，他の地域にはみられない圧倒的な格差が横たわっている。しかし，それは単なる低開発の問題ではない。この地域には，圧倒的な経済格差と同時に生産技術体系の蓄積がある。ロシア極東地域は，旧ソ連時代には，先端的な軍需産業の集積地であった。中国東北地区も，社会主義計画経済期には，国営企業を中心とした重工業の主要な集積地であった。北朝鮮には，軍需技術に偏っているとはいえ，高度な技術体系がある。それゆえ，著しい格差の縮小には，外国資本と現地の低賃金労働の結合といった単純な図式ではなく，この生産技術体系の再生・利用といった側面（たとえば，軍需産業の民需への転換）が重要な課題となる（特にロシアや北朝鮮はこうした志向が強い）。

　文化的にも，ロシア極東やモンゴルを考えると，この地域は「儒教文化圏」としては括れない。儒教文化圏とみなされている日韓中の間でも，儒教の受容のしかたには大きな差異がある。

　このように北東アジアには，他の地域にはみられない特徴がある。しかし，このような特殊性や多様性に彩られた地域にも，多国間協力という新しい枠組みを利用して，活気ある局地的な経済圏を構想する試みが，1990年代初頭から始まることになる。それは壮大な実験であったといっても過言ではない。しかし，残念ながらこの試みは，今なお現実のものとすることができずに，厳しい対応を余儀なくされている。にもかかわらず，90年代の試みと現状の間には，決定的な違いがある。北東アジアでは今，二国間経済連携が急速に進展し，この地域の経済地図が大きく塗り替えられようとしている。

　以下では，90年代の北東アジアでの経済協力の具体化として取り組まれた「図們江地域開発計画」を中心として，その問題点と課題を整理し，現状を取り上げる第Ⅱ部第12章への導入編としたい。

② 北東アジアの地殻変動と局地経済圏構想

（1）北東アジアの黎明

　世界的な冷戦構造の最前線に位置していた北東アジアにも，1980年代末以降，ようやく変化の兆しがみえ始めてきた。

　85年3月に登場したゴルバチョフ書記長が進めたペレストロイカは，30年近

くに及んだ中ソの激しい対立を和解へと劇的に方向転換させることになった。86年7月のウラジオストク演説（ゴルバチョフ書記長は，この演説のなかで，アフガニスタンからのソ連軍の撤退を表明すると同時に，ソ連を「アジア太平洋国家」の一員であると規定し，ウラジオストク港の近い将来の開放と中国を含む東アジア諸国との関係改善の意志を明確にした），88年9月のクラスノヤルスク演説（この演説では，アジア・太平洋地域での安全保障問題をさらに前進させるための提案を行うとともに，韓国との関係改善への意志と極東地域における経済特別区設置の意向を表明した）と，相次ぐソ連の政策転換の表明によって，中ソ関係は大きく好転し，89年5月，ついに30年ぶりの中ソ首脳会談が実現した。ゴルバチョフ書記長は，最大の懸案事項となっていた中ソ国境確定作業にはいることを確認し，友好関係構築に向けた努力を表明した。これによって，中ソは新しい時代に入っていった。

　クラスノヤルスク演説によって正常化への道が拓かれた韓ソ関係は，89年4月には貿易事務所の相互開設にまでこぎ着け，90年9月には一気に国交樹立にまで進展した。国交樹立に当たって，韓国は30億ドルの借款供与を表明した。91年12月のソ連崩壊は，移行経済を模索する新生ロシア，なかんずく極東地域に対して韓国が果たしうる経済的役割を増大させるかにみえた。

　韓ソ関係の樹立と歩調を合わせるかのように，90年10月には韓中間でも貿易事務所の相互開設が合意され，経済交流拡大の道が拓かれた。さらに，両国は，大方の予想を超えて92年8月には電撃的な国交樹立へと至り，以後，韓中経済交流がめざましい勢いで拡大していった。

　北東アジアで最大の緊張をもたらしていた朝鮮半島にも，80年代末から新しい動きがみられるようになった。88年2月に就任した韓国の盧泰愚大統領は，軍事クーデターによって政権を掌握した朴正煕—全斗煥に繋がる職業軍人出身でありながらも，初めての公正な選挙によって選ばれた大統領として，歴代大統領がなしえなかった大胆な政策を実行に移していった。盧泰愚大統領は，合法的政権としてのイメージを全面に掲げ，国内的には一連の民主化政策を推し進める一方，88年7月，大統領特別宣言を発して，社会主義諸国との関係改善を積極的に進めるとともに，対北朝鮮に対しても優遇措置を講じて経済交流を呼びかけた（この時の主たる内容は，南北交易を民族内部の交易と見なしてこれを容認し，関税を免除するというものであった。盧泰愚大統領は，10月には「南北間物資交流に関する基本指針」を発表して南北間での経済交流への具体的道筋を明らかにし，翌

89年2月には「南北交流協力に関する特別法」を制定して法整備をはかっていった。この間の経緯について詳しくは，坂田，2001，参照）。

　南北経済交流は翌89年から始まり，これに呼応して90年9月からは南北高位級会談（首相会談）が開始され，91年12月には，当時としては画期的な成果と評価された「南北間の和解と不可侵および交流・協力に関する合意書」（南北基本合意書）が署名された。さらに南北政府は，92年1月には，「朝鮮半島の非核化に関する共同宣言」にも正式署名し，朝鮮半島の緊張は一気に和解に向けて動き出したようにみえた。

　相次ぐ計画経済の失敗と深刻な経済危機に直面していた北朝鮮も，91年末には，初めて「経済特区」の導入に踏み切った。12月に政務院決定された「羅津・先鋒自由経済貿易地帯」は，明らかに中国の「経済特区」を模倣したものであり，北朝鮮もついに部分的な対外開放の道に踏み出したものと思われた。北朝鮮の政府高官も，北東アジアの開発に関する国際会議に積極的に参加し，この経済特区をアピールした。この年の9月には，第46回国連総会において北朝鮮と韓国は同時に国連加盟を承認された[1]。

　こうして，北東アジアでも，80年代末から90年代初頭にかけて，戦後世界経済を律してきた冷戦構造が急速に溶解し，ようやく新しい時代を迎え始めたという実感が多くの人々によって共有されるようになった。

（2）　局地経済圏構想の浮上

　北東アジアでのこのような地殻変動に伴って，この地域でも「局地経済圏」の形成がにわかに現実味をもって語られるようになった。

　「局地経済圏」という用語は，共同体内分業の結果として封建社会の末期に現れ，統一的な国内市場の形成への橋渡しの役割を果たした局地的な市場圏をさすものとして，日本では大塚久雄によって用いられた「局地的市場圏」という用語に由来している。封建社会を律していた「経済外的強制」が弛緩するのに伴って，「局地的市場圏」が生成・発展していったように，東アジアを律していた冷戦という枠組みが溶解していくに伴って，国境を跨いで潜在的に存在していた経済的補完関係が顕在化しつつ活発な経済圏の形成に向かっていったのが「局地経済圏」の起源であると考えられる。

　1980年代の中国の改革・開放政策の結果として顕在化していった「華南経済

圏」や，カンボジア和平の実現の結果として注目を集めるようになった東南アジアの局地経済圏構想に触発されて，北東アジアでも同様の経済圏を展望する議論が，この地域での政治状況の変化を反映して活発に議論されるようになった。

なるほどこの地域には，中国の豊富な労働力，ロシア極東の天然資源，日本・韓国の資本と技術など，地球上のどの地域をも上回る強い経済的補完関係が潜在しており，「残された最後のニューフロンティア」という期待もあながち的はずれではなかった。これに北朝鮮が加われば，天然の良港といわれた羅津港や清津港を利用した物流の大動脈が形成され，朝鮮半島を経由したユーラシア・ランドブリッジも夢ではなくなる。

しかし，このような経済圏は，経済的補完関係によって自生的に結びつく可能性を秘めていたとしても，それが開花するためには政治状況の変化だけでは十分ではなく，インフラをはじめとした経済環境や外国企業の投資活動を保障する制度面での環境整備など，多国間での目的意識的な政策協調が必要となる。こうして，「北東アジア経済圏」，「環日本海経済圏」といった局地的経済圏構想では，「多国間協力」の必要性が痛感され，それに基づく大規模な開発計画が構想されるようになった。

③ 多国間協力の試み——図們江地域開発計画

（1） 多国間協力の導入

多国間協力に基づいて，北東アジアでの地域開発を進めようという試みは，国連開発計画（UNDP）がイニシアティブをとって進めている「図們江地域開発計画」がその代表的なものである。

図們江地域開発構想は，冷戦構造の溶解の兆しがみえ始めた1980年代後半に，中国吉林省の地域開発計画の一環として提唱されたことに端を発している。中国では，南部沿海地域を中心に80年代に相次いで対外開放地域が制定され，委託加工取引や外資導入を通じてめざましい発展を遂げていった。しかし，社会主義計画経済期には重工業の中心地域として発展してきた東北地区，なかでも吉林省は，市場経済の導入以降は「東北現象」と呼ばれる極端な地盤沈下に直面していた。こうした事態に危機感を募らせていた内陸省である吉林省は，日

本海への自前の出口として，図們江に着目したのである。

　吉林省は，80年代末から図們江（朝鮮名：豆満江）河口の独自調査を行い，90年7月，米国ハワイ東西センターと中国アジア太平洋協会の共同主催で開催された「北東アジア経済発展国際会議」（吉林省長春市）の席上，吉林省科学技術委員会の丁士晟主任によって「ウラジオストク・図們江河口・清津・ゴールデンデルタ開発構想」として提案された。
(2)

　中朝ロ三国と国境を接する図們江河口流域を，ロシア・北朝鮮だけでなく関心をもつすべての国の協力によって大々的に開発しようという吉林省の構想は，UNDPへの強い働きかけによって，UNDP第5次事業計画（1992～96年）の中心的プロジェクトとして採用されることになった。

　UNDPは，91年8月20日から9月21までのわずか1カ月という短期間での可能性調査の後に，『図們江地域開発調査報告書』（1991年10月）なるものを発表し，この地域は「世界的な貿易形態の見地からみると，計り知れない可能性を秘めている」との認識から，この計画が実行に移されれば，「図們江デルタ地帯が将来の香港，シンガポール，ロッテルダムになり，中継貿易と関連産業が発達した地域になる可能性がある」とまでもちあげた。さらに，同報告書では，これまでその可能性が実現されなかった主要因は，地域開発の前提条件が中朝ロ三カ国の協力にあったからであり，「現在の状況は，この協力を実現する絶好の機会である」との認識を示した。

　いうまでもなく，この計画が世界的な関心を集めたのは，国連のイニシアティブによる多国間協力の枠組みを利用した新しい開発方式の試みであるという理由以外に，北朝鮮という依然として独自の道を歩む国が重要な位置を占めていたことにもよる。この計画が突破口となって，北朝鮮の対外開放が進めば，北東アジア地域の安定と経済的浮上が一気に加速されると期待されたのである。実際，北朝鮮も，この計画に対して前向きの姿勢を示した。

　北朝鮮は，84年に中国の「合弁法」を模した「合営法」を制定し，共同出資・共同経営・共同分配・共同責任を原則として外資導入を図ろうとしたが，現実には在日本朝鮮人総連合会系の民族資本が進出したのみで「朝・朝合弁」と揶揄される貧弱な成果しか得られなかった。このような現実を前にして，80年代末頃からは中国の「経済特区」に類した対外開放地域の設置を検討し始めていた。中国式の改革・開放路線とは一線を画しながらも，経済的には部分的

な対外開放を模索せざるを得ない段階に直面していたのである。

　北朝鮮がこのような対外開放地域設置への方向を明確にしたのは，吉林省の提起を受けて UNDP のイニシアティブのもとで進められようとしていた「図們江地域開発計画」が契機となったことは疑いない。だが，一般には，同計画と連動して設置が決定されたとみられている「羅津・先鋒自由経済貿易地帯」は，実は北朝鮮の独自色の強いものであり，同計画への北朝鮮の参加表明は，かねてより金日成指導下で準備されていた北朝鮮の対外開放政策を公表しアピールする好機として利用されたに過ぎなかった。

　図們江地域開発は，「各国がそれぞれ特区をつくって管理し，調整する。われわれの案が最も合理的だと思う。……三つの意見を合わせて一つの貿易地帯をつくるのは難しいと思う」。これは，図們江開発と関連して開催された「平壌国際会議」（北東アジア経済フォーラム：1992年4月）の際の記者会見の場での，北朝鮮の金達玄対外経済委員会委員長・副総理（当時）の発言である（朝鮮問題研究所編，1993）。ここには，北朝鮮の独自色が強くにじみ出ている。金達玄副総理は，当時積極的な改革推進派と目されていた人物であり，その指導者にしてのこの発言の重みは，当時ほとんど顧みられることはなかった。しかし，このことは，同計画の具体化に向けた会議の場で次第に鮮明になってくる。

（2）　図們江地域開発計画の推移

　図們江地域開発計画は，UNDP のイニシアティブのもとで正式にスタートすることとなり，1992年2月には第1回計画管理委員会（ソウル）が開催され，分野別の専門家会議を設置して具体案を作成することなどが合意された。しかし，その後の度重なる計画管理委員会と専門家会議の開催にもかかわらず，UNDP と吉林省が描いた当初の青写真は，次々と換骨奪胎させられていった。

　図們江河口から中国領最端の防川までの15kmの区間を浚渫して，防川に「国際自由貿易港」を建設したいという吉林省の悲願は，図們江の自然条件によって早々と破綻した。図們江は，38年に防川周辺で勃発した日ソの武力衝突事件（張鼓峰事件）によって封鎖され，以後今日まで中国の航行権は回復されていない。そのため，図們江は至る所で土砂が堆積し，特に河口近辺には堆積した土砂によって無数の中州が形成されている。防川に国際的な河港を建設するためには，堆積した土砂の大規模な浚渫を必要とし，しかも上流からの土砂

の流入に対応するためには継続して浚渫を行わなければならないことが判明した。これらの浚渫には当初の見積もりを大きく超える膨大な経費が予想された。さらに，図們江は年に数カ月間（短くても3カ月以上）凍結するため利用不能となる。わずか1カ月という短期間でのUNDPの可能成調査の杜撰さが改めて浮き彫りにされた。さらに北朝鮮は，この会議でも，図們江の航行権さえ認めようとはしなかった。

中朝ロ三国に跨る図們江デルタ地域約1000km^{2}を国際共同管理のもとにおいて多国間協力の下で開発しようという案は，「領土に対する国家主権」を強く主張し，「各国は独自に開発する」という北朝鮮の立場によって，共同管理の具体的な方法を検討する以前に挫折した。

図們江デルタ地域の開発主体として提案された「図們江地域開発株式会社」設立案は，開発会社の理事会の構成と株式の分配方法をめぐって，開発会社の運営（理事会）から韓国を排除しようとする北朝鮮と，拠出資金に応じた株式の配分と運営参加を要求する韓国が鋭く対立した。

ロシアも，この計画には終始消極的であった。新生ロシア政府は当初，極東の地で行われようとしている図們江デルタ地域開発計画についてはまったく無知で，計画の存在さえ知らなかった。おそらく，中央政府にとって，最初に考慮されたことは，この計画が沿海地方に与える影響である。中央からの自立志向を強める沿海地方が，極東の地で対外関係を強化しようとすることの意味を考えたに違いない。ロシアが計画管理委員会の正式メンバーになったのは92年10月の第2回会議からであり，中央政府はこの計画に対して終始懐疑的であった。

図們江河口を管理する沿海地方も，図們江デルタ地域よりもウラジオストク・ナホトカ周辺の開発に関心が強く，図們江河口地域の開発はむしろ競争上障害になりかねないとさえ考えた。ロシア極東地域にとっては，中朝ロ三国の国境地帯を開発するよりも，商業港としての高い潜在力を備えているウラジオストク港やナホトカ港を中心として開発する方がはるかにメリットは大きい。図們江流域地帯を中心に開発が進められることになれば，外国資本にとってウラジオストクやナホトカへの投資価値は半減してしまうことにもなりかねない。そのため，中央政府も地方政府も，吉林省の主導で進められていた図們江開発計画には消極的にならざるを得なかった。図們江に接する三国国境地帯周辺を

管理している沿海地方ハサン地区のメルニチェンコ行政長官（当時）は，図們江開発に必要な資金を北朝鮮とロシア極東の港湾施設の改修・拡充に充てる方が効率的であり，河口を浚渫すると海水が河に逆流して環境破壊を招く，などの理由から「ロシア側は図們江開発の必要性は感じていない」とまで言い切った（『日本経済新聞』1994年7月19日）。

　民族問題に敏感な中国政府は，図們江河口地域が延辺朝鮮族自治州に属することから，韓国・北朝鮮が参加する図們江開発には優先順位を置かなかった。中国政府は，92年1月の鄧小平の「南巡講話」以降，沿海地域への外資導入に熱心であった。さらに，東北地区を構成する遼寧省・吉林省・黒龍江省の間でも，三者三様の思惑が働いた。大連・営口・丹東などの良港を有し，鉄道を通じて内陸部とつながっている遼寧省と，海への出口をふさがれた吉林省とでは，インフラストラクチャーの面で決定的な開きがあった。ロシアと3000kmもの国境線で接する黒龍江省は，ロシアとの国境貿易に活路をみいだし，図們江地域開発には関心を示さなかった。中国東北地区は，沿海地域・内陸地域・国境地域という条件のまったく異なる3つの省から構成されているために，中国政府の統一的な地域開発戦略の確定が最も困難な地域であった。

　日本政府もまた，この計画には当初から消極的であった。ロシアとの領土問題や北朝鮮との国交樹立交渉を抱える日本政府にとって，この計画においてイニシアティブを発揮する決断はとてもできなかった。UNDPの強い要請にもかかわらず，日本政府は，この計画管理委員会に対して途中から外務省の職員をオブザーバーとして派遣したのみで，求められた資金協力にも冷淡であった。

　結局，計画管理委員会は，95年12月の第6回会議において，3つの合意書——①「図們江地域開発調整委員会」の設立に関する合意書（中国・北朝鮮・ロシアの3カ国で調印），②「図們江経済開発地域および北東アジアの開発のための諮問委員会」の設立に関する合意書（中国・北朝鮮・ロシア・韓国・モンゴルの5カ国で調印），③図們江経済開発地域および北東アジアの開発における環境問題に関する覚書（中国・北朝鮮・ロシア・韓国・モンゴルの5カ国で調印）——を調印して解散した（坂田，1995）。

　「計画管理委員会」が「調整委員会」（3カ国）と「諮問委員会」（5カ国）に機能分化されたことにより，この計画における韓国とモンゴルの役割は著しく後退した。実質的な決定権は完全に「調整委員会」の手に委ねられ，「諮問委

員会」の役割は著しく後退したのである。

　96年4月に北京で開かれた第1回調整委員会および諮問委員会では，北京に両委員会の常設事務局として「図們江書記局」を設置することが決定されたのみで，その後の会議でも特筆すべき進展はみられなかった。99年6月にウランバートルで開催された第4回会議には，北朝鮮は出席さえしなかった。北朝鮮は，「羅津・先鋒自由経済貿易地帯」という名称から，「自由」という文字を削除し，同地帯から韓国企業を締め出した（北朝鮮がこの時期，韓国企業を締め出した理由は定かではないが，当時北朝鮮は，韓国企業の直接投資に対してはきわめて慎重な態度をとっており，管理上の問題と関係があると思われる。98年の現代グループ総帥の鄭周永名誉会長が訪朝した際，北朝鮮側は韓国企業の直接投資を西海岸側に特区を設置して受け入れる方策に同意したが，当時からすでに韓国企業の直接投資は羅津・先鋒以外の別の地域で1カ所に集中させようとしていた節がある。なお，この時の同意が，後に開城工業団地へと繋がっていく）。

　現在進められているのは，各国はまず自国領土内の対象地域を独自に開発し，後に必要な調整を行うという計画当初からの北朝鮮の立場を踏襲したものであり，UNDPの当初の青写真からはかけ離れたものである。結局のところ，図們江地域開発計画は，「協力を実現する絶好の機会」とはならなかったのである（坂田，2001）。

④　1990年代経済協力の成果と教訓

（1）　1990年代北東アジアの現実

　1990年代の北東アジアにおける「局地経済圏」構想には，多くの教訓が残されている。何よりも重要なことは，筆者も含めて，大方の研究者が，構想と現実の乖離に鈍感すぎたことである。図們江地域開発計画を含めた北東アジアにおける局地経済圏構想は，それが語られ始めた90年代初頭から，すでに現実との乖離が進行していたのである。しかし当時は，構想実現への期待が大きかったために，現状分析には強いバイアスが働き，客観的な分析が十分ではなかった。90年代後半には，この乖離はますます進行していったにもかかわらず，多国間協力に基づく大規模開発に望みをつなぐ議論が主流を占めた。90年代後半には，図們江開発計画の最大のネックと考えられた開発資金問題など，北東ア

ジアでの開発プロジェクトを資金的に支援する目的から，多国間協力と民間協力に基づく「北東アジア開発銀行」構想が打ち出されていく(3)。

　しかし現実には，90年代の北東アジアには依然として多くの不安定要因（障害）が残されていた。最大の不安定要因は，対外開放を拒み続け，伝統的外交手法に固執する北朝鮮の動向であった。この懸念は，93年に現実のものとなった。かねてより指摘されていた北朝鮮の核開発疑惑が，国際原子力機関（IAEA）の査察によって「確信」へと変わり（IAEAと北朝鮮の保障措置協定に基づいてIAEAが行うことになった査察に際して，北朝鮮が原子炉関連の核心施設への査察を拒否したことによって，核兵器に直結するプルトニウム製造の疑いが濃厚となり，IAEA理事会はただちに特別査察を求める緊急決議案を可決した），米朝関係が悪化するなかで，北朝鮮は核不拡散条約（NPT）からの脱退を宣言すると同時に，「準戦時体制」に突入した。93年から94年にかけて，北東アジアは一転して「戦争の危機」に直面したのである（実際アメリカは，北朝鮮の核施設に対する空爆を検討した）。

　北朝鮮の核開発疑惑は，94年10月の米朝枠組み合意によってひとまず回避されたが，多くの重要な問題を先送りしたことによって後に火種を残すことになった（「枠組み合意」は，北朝鮮の黒煙減速炉を中心とした原子力施設を凍結・解体する見返りとして，軽水炉2基を提供するという米朝合意を基本としたものである。これを受けて，95年3月に日・米・韓3国により，朝鮮半島エネルギー開発機構〔KEDO〕の設立協定が署名された。しかし，軽水炉本体の設置までに行うことになっていた北朝鮮の核施設の査察方式・モニタリングなどについては，曖昧なまま残されていた）。

　北朝鮮の核開発疑惑以外にも，90年代の北東アジアは幾度かの危機的状況に直面した。96年9月には，北朝鮮が初めて設置した「経済特区」（羅津・先鋒自由経済貿易地帯）での大規模な国際投資・ビジネスフォーラムが開催された矢先に，韓国東海岸（江陵市）への北朝鮮潜水艦進入事件が勃発した。大規模な軍隊を動員して行われた北朝鮮逃亡兵士の捜索の模様を伝えるニュース映像が全世界に配信され，韓国の経済協力ムードは一掃された。この事件は，アメリカの仲裁による北朝鮮の「深い遺憾の意」の表明によってひとまず終息したが，97年末には今度は韓国が未曾有の経済危機に直面した。この経済危機によって，韓国が北東アジアで進めていた経済協力は大きく後退した。

　他方，北朝鮮の経済は，この間，大量の餓死者を出すほどまで極度に悪化し

ていった。初の南北首脳会談を直前にした金日成主席の突然の死（1994年7月）は，北朝鮮の対外開放を大きく後退させ，96年からは「苦難の行軍」と呼ばれる人海戦術と突撃戦が繰り返されることになった（金日成は，死の直前まで，「羅津・先鋒自由経済貿易地帯」の開発に期待を寄せ，「羅津・先鋒自由経済貿易地帯をりっぱに開発することは，我が国の経済発展においてきわめて重要な意義をもつということができる」，「今からでもわれわれが主人となって，羅津・先鋒自由経済貿易地帯開発事業を力強く推進しなければならない」と関係者に檄を飛ばしていた）。水害と干ばつという自然災害が集中したとはいえ，90年代の北朝鮮経済はどん底の状態まで落ち込んでいった。

　逆説的ではあるが，世界的な冷戦構造のもとでほとんど埋もれていた北朝鮮の異質性が，冷戦構造の溶解によって逆にクローズアップされることになったというのは，何とも皮肉な現実であった（冷戦時代の北朝鮮研究は，様々なバイアスによって，その真の姿をとらえにくい状況にあったことはやむを得なかったとしても，その影響を払拭するには時間がかかった。結果として，北朝鮮の特殊な体制に対する認識は十分ではなかった。今日でも，統計資料をまったく公表していない北朝鮮の経済研究は，多くの制約に直面している）。

　ロシア極東地域の混乱も，90年代の動向を左右した不安定要因の一つである。ソ連邦の崩壊によって混乱の局に達した極東地域は，エリツィン時代，相次いで経済的権限の強化を要求し，地方の自立性を強化しようとした。ロシア極東地域が，韓国・日本を含む北東アジア地域との連携を深めようとしたのも，そうした試みの一環であった。北東アジア経済圏構想とロシア極東地域の自立性の追求とは，表裏の関係にあった。

　しかし，プーチン大統領登場以降（1999年末），中央と地方の関係は大きく変化していった。プーチン大統領は，「強いロシア」の復活を目指して，中央と地方の関係の再構築に乗り出していった。手始めとして行われたのが，連邦憲法および連邦法と地方の法令とを合致させる試みであった。これまで，地方の首長が交付した政令や地方の議会で採択された法の内，20％が連邦憲法や連邦法と矛盾し，しかもこれに対して裁判所が違憲判決を出したとしても十分な強制力を持たないという「法的無秩序の状況」があった（堀内，2008）。プーチン政権は，以後矢継ぎ早に中央と地方の関係を再構築するための政策を打ち出していった。このような中央と地方の再編成課程の下で，ロシア極東地域には，

かつてのような独自性を追求する姿勢はみられなくなった。

　筆者は，かつて，北東アジア地域の特殊性の一つとして，この地域には国家（日本・韓国・北朝鮮・モンゴル）と国家の一部を構成する地方（ロシア極東地域・中国東北地区など）が混在していることを指摘し，AFTA（ASEAN自由貿易地域）のような，国家次元での地域統合の可能性を展望することが出来ないことを指摘した（坂田，2001）。そのことは，中央政府と地方政府の間には，「国益」と「地域開発」の間の矛盾という問題が常に内在していることを意味する。換言すれば，国境を跨いだ地域開発の具体化が，国益の追求とトレード・オフの関係になることもあり得るということを意味している。ロシア極東地域は，豊富な天然資源が存在しているがために，中央政府の思惑が強く働き，中央からのコントロールが強化されざるを得なかったのである。

　さらに，先に指摘した中国政府の図們江地域開発に対する冷ややかな態度も教訓として活かされなければならない。中国政府にとって，開発戦略上における東北地区の位置づけとしては，中ロ関係，中朝関係という複雑な政治問題が絡んでくるうえに，中国朝鮮族の動向という民族問題まで内包しているために，特別な配慮を必要とするものであった。韓国政府が98年8月に，これまで規制の多かった在外同胞の法的地位に関する法律の改正を発表し（通称「在外同胞特例法」），韓国籍のまま外国で生活している同胞と外国籍同胞（中国朝鮮族など）に対して，韓国内での経済活動について一定の内国民待遇を与えようとする姿勢を示したとき，さらに在外同胞の基本的権利の明確化を謳った議員立法（在外同法基本法）が国会に提出されたとき，民族問題の火種となることをおそれた中国政府は内政干渉に当たるとして激しく反発した[4]。中国政府にとっては，中国朝鮮族のコリアン・アイデンティティーの高揚は，なんとしても避けなければならない課題であった[5]。

　結局のところ，多国間協力の枠組みを前提とした大規模な開発計画は，北東アジアに潜在的に存在するにすぎない経済的補完関係を重視するあまり，この地域の特殊性をあまりにも軽視していたといわざるを得ない。国連のイニシアティブと多国間協力を前提とした「図們江地域開発計画」のような開発方式は，たしかにこれまでにない新しい試みとして注目されるが，肝心の多国間協力の枠組みを可能にするような条件がまったく考慮されていなかった。このような条件は，冷戦構造の溶解という国際政治状況の変化だけで直ちに生みだされる

ものではない。近代以降の度重なる不幸な歴史によって，北東アジアにはそれぞれの間に強い不信感が蓄積されていたのである。

(2) 過渡期としての1990年代

　北東アジアでの局地経済圏形成にとって，1990年代は依然として厳しい現実が続いていたが，この地域での開発への取り組みはけして否定的なものばかりではない。

　図們江地域開発計画が契機となって，将来的な北東アジアでのグランドデザインを描こうとする試みが始まり，北東アジアでの安定的なエネルギー供給の方策や，輸送回廊の構築，インフラ整備の方策へと各国の関心が広がっていった。併せて，シベリア・ランドブリッジ，チャイナ・ランドブリッジといったヨーロッパとアジアを陸路で結ぶ陸上輸送網（ユーラシア・ランドブリッジ）への期待が広がり，海上輸送網の構築や港湾整備が急がれることになった。

　こうして，日本や韓国では，地方港や地方空港の相次ぐ北東アジア航路の開設によって，北東アジアへの物的・人的アクセスは90年代には格段に整備された。釜山港をハブ港として，日本海沿岸の地方港と結ぶ「ハブ＆スポーク」ネットワークが，韓国の船会社を中心として形成されていった。その結果，日本海側の港湾を通じた物流は，この間大きく増大した（たとえば，北陸三県の港湾＝伏木港・金沢港・敦賀港の国際コンテナ貨物取扱総量は，1994年の1万6829TEUから2000年の5万101TEUへ，3倍近く増大した）。日本の地方空港も，相次いで韓国路線・中国路線・ロシア極東路線を開設し，環日本海地域の人的交流は飛躍的に増大した（たとえば，富山空港は，1993年ソウル路線，94年ウラジオストク路線，98年大連路線を相次いで開設した）。

　また，90年代に具体化していった地方間交流のなかには，いくつかの画期的なものも含まれている。特に，日本海沿岸の地方自治体が中心となって進めた交流は，産・官・学の連携を促し，経済交流拡大への基盤整備がはかられた。なかでも，地方自治体が相次いで設立したシンクタンクは，知的インフラの整備に繋がり，ほとんど空白に近かったこの地域の調査・研究は飛躍的に進んでいった。併せて，この時期，グローカライゼイション（Glocalization）という潮流が各地で形成され，国境を越えた友好交流など実体を伴った運動へと広がっていった（グローカライゼイションという造語は，グローバリゼイションとローカ

リゼイションを合成したものである。地方が抱える国際化と地方の活性化という今日的課題を同時に取り組もうとすれば，地方からの国際化，すなわち国境を越えた地方間交流という方向性が必然的に追求されることになる。このような，グローバルにしてローカルな交流こそ，環日本海圏交流が担った課題であった。坂田，2001)。

国境を越えた地方間での経済交流の実績という点では，日本海沿岸地域でもいくつかの先駆的な事例はみられるものの，おしなべて低調であったことは否めない。しかし，黄海を取り巻く北部九州，韓国・中国の沿海部では，「環黄海経済圏」が実態をもった経済圏として発展していった。91年に開催された「環黄海六都市会議」(北九州市・下関市・釜山市・仁川市・大連市・青島市）は，その後福岡市，韓国の蔚山市，中国の天津市，煙台市が加わり（東アジア都市会議への拡大)，今日では「東アジア経済交流推進機構」として発展し，経済交流の拡大に取り組んでいる。

そのほかにも，大学や研究機関が中心となって進めた学術交流ネットワークや，コリアン・ネットワーク形成に向けた取り組みなど，この地域でのソフト・インフラの構築は飛躍的に進んだ。この時期に築かれた国際的な学術ネットワークや研究ネットワークは，21世紀に入って重要な役割を果たすことになる。北東アジアの経済連携にとって，90年代はまさに過渡期であったといえよう。

(3)　1990年代の教訓

世界的な冷戦構造が溶解したとはいえ，1990年代の北東アジアは新しい平和と安定の枠組みを模索する過渡期にあった。この過渡期においては，図們江地域開発計画のような多国間協力を前提とした開発アプローチを導入することは難しいといわざるを得ない。したがって，新しい枠組みがその輪郭を明らかにするまでは，現実的なアプローチを多方面から積み上げていく地道な努力が要請される。

したがって，北東アジアでの課題は，多様なアプローチをいかに結合させていくかという点にある。多国間協力という枠組みは，確かに強力な磁場になりうるが，それを可能にするような条件をどのように整えていくかということは，多国間協力という結果以上に重要な課題である。現状では，多国間協力の枠組みにとらわれることなく，地方間であれ国家間であれ，相互の信頼関係に基づ

いた経済交流の積み重ね以外に道はない。

　その意味で，第Ⅱ部第12章でみるように，近年北東アジアで急速に進展している二国間経済連携は，新しい可能性を秘めた動きとして注目される。今後，北東アジアの二国間経済連携が進展して相互の信頼関係が醸成されるようになれば，国境を跨いだ地方間での経済交流も活発に行われるようになり，「北東アジア経済圏」と呼ばれるにふさわしい活発な経済圏が出現することになり，多国間協力に基づく様々なプロジェクト実現の基盤も出来上がることになろう。

■ ■ ■

●注
（1）　この時期，戦後処理が唯一棚上げされていた日朝間でも変化がみえ始めた。1990年9月，自民党の金丸信副総理と社会党の田辺誠副委員長を代表とする両党代表団が北朝鮮を訪問し，朝鮮労働党との間で，「三党共同宣言」を発表し，それを受けて90年11月から日朝国交正常化予備交渉が開始された。3度の予備交渉の後，91年1月には第1回国交正常化交渉が実現した。正常化交渉は，92年11月まで8回重ねられたが，拉致問題や核査察問題などで対立が深まり，第8回交渉をもって中断することになった。その後，再会されるのは2000年4月のことであるが，新たにミサイル問題が加わり（1998年8月の新型運搬ロケット・テポドン1号の発射実験），10月の第11回交渉を最後に再び長い中断に入った。
（2）　吉林省の提案は，中国の敬信，ロシアのポシェト，北朝鮮の羅津を結ぶ「小三角地帯」（約1000km^2）を「図們江国際自由貿易区」としてまず共同開発し，次に，延吉・ウラジオストク・清津を結ぶ「大三角地帯」（約1万km^2）を「図們江経済開発区」として開発し，将来的には「北東アジア開発区」へと拡大・発展させていこうという「三段階構想」であった。UNDPも基本的にこの構想を踏襲した。
（3）　「北東アジア開発銀行」構想は，1997年8月に開かれた第7回北東アジア経済フォーラム・ウランバートル会議の席上，スタンリー・カッツ・米国東西センター上級各員研究員をリーダーとする研究スタッフによって提案されたものである。しかし，多国間協力を前提とするこのような構想は，図們江地域開発計画と同様隘路に直面している。詳しくは，環日本海学会編（2006），参照。
（4）　中国の反発だけでなく，在日コリアンのなかにも，韓国籍を有し外国で暮らす在外国民と，中国の朝鮮族のような「外国人」とを同等に扱うことに対する不満

も根強かった。こうした内外からの批判によって,「在外同胞基本法」は廃案に追い込まれ,「在外同胞特例法」はその対象から中国の朝鮮族などの外国籍取得者を除外して制定された。詳しくは,坂田,2001,参照。
(5) 韓国は,延辺朝鮮族自治州の州都である延吉市にソウルからの定期直行便の開設を要求していた。延吉市は,檀君神話で知られ朝鮮族発祥の地といわれる白頭山への玄関口であり,韓中国交樹立以降多くの韓国人が観光に訪れている。韓国人と朝鮮族との交流が始まってから,この地域では多くの社会問題が噴出することになった。韓国政府の定期直行便開設の要請にもかかわらず,中国政府はなかなかそれに応じず,韓国では中国政府の姿勢に不満の声が強かった(チャーター便の運行は観光シーズンに限って実施されていた)。延吉空港は2005年に国際空港に格上げされ,ソウル・延吉間の定期直行便も06年になってようやく開設された。2009年5月現在,ソウル・延吉間は週19便が運行されている(運行便数は季節によって異なる)。

●参考文献
小川雄平(2006)『東アジア地中海経済圏』九州大学出版会。
環日本海学会編(2006)『北東アジア事典』世界書院。
坂田幹男(1995)「図們江地域開発計画の現状と展望」坂田幹男ほか編『北東アジア経済圏の形成』新評論。
─── (2000)『北東アジア経済入門』(坂田幹男ほか編)クレイン。
─── (2001)『北東アジア経済論』ミネルヴァ書房。
─── (2004)「北東アジア経済圏の現実と鍵を握る朝鮮半島情勢」世界経済研究協会『世界経済評論』第48巻第2号。
朝鮮問題研究所編(1993)『月間朝鮮資料』新年特別号,朝鮮問題研究所。
福井県立大学北東アジア研究会編(1998)『北東アジアの未来像』新評論。
堀内賢志(2008)『ロシア極東地域の国際協力と地方政府』国際書院。

第3章
国境周辺の地域経済と発展計画
――中国東北とロシア極東――

松野周治・雲　和広

①　なぜ国境周辺の地域開発をとりあげるか

　19世紀後半以降，北東アジアで進行した帝国主義勢力圏の拡大と各国・地域における国民国家形成の試みは，通貨統一（宗主国通貨圏への包摂や国民通貨の形成）や，統一的関税圏の形成（内国関税の撤廃その他）などを通じて，かつて分断されていた諸地域を商品，労働力，資本が自由に移動できる経済圏あるいは国民経済として編成していく過程であった。その結果，経済圏と国民経済の内部で経済交流が飛躍的に増大するとともに，外部に向かっての経済活動（対外貿易，資本輸出，移民など）も拡大し，こうした過程を通じて新たな生産力の発展が実現された。

　このように，19世紀後半以降，北東アジアにおいて国家の枠を越えた経済交流が拡大した。しかし，交流の拡大は，しばしば戦争と帝国主義的支配を伴うとともに，経済圏や国民経済の周縁地域において，従来存在しなかった地域の分断を生み出し，交流を阻害することも少なくなかった。たとえば，1930年代半ば，日本が中国東北部を帝国経済圏に包摂することによって，旧ソ連と中国東北の国境は日ソ軍事力対峙の最前線となった。日本の敗戦後も，経済建設を支える社会主義路線をめぐって中ソが対立し，1950年代末からから約30年に亘って同様の緊張状態が続いた。その結果，かつて存在した国境を越える大規模な経済交流（19世紀後半，中国東北からのロシア向け食料輸出，1920年代にピークを迎えた中国東北の大豆のソ連経由世界市場向け輸出，1950年代のソ連から中国への機械輸出など）は長期にわたって阻害された。また，第二次世界大戦後の中国，北朝鮮（朝鮮民主主義人民共和国），韓国，日本，ソ連の間での，国民経済建設および経済復興戦略の相違は，戦前に存在していた地域内の経済交流（貿易，投

資，労働力移動）を中断するとともに，北朝鮮と韓国のように国家の人為的分断を新たに生み出し，国境あるいは境界線の周辺地域の経済発展を阻害した。

1970年代初めの日中国交正常化，70年代末からの中国における改革開放政策の展開，20世紀末の冷戦体制解体とそれを受けての中韓国交回復，中ロ国境交渉の妥結と両国の協力体制樹立，南北朝鮮の和解と協力の進展などに示されるように，北東アジア地域における国境を越えた経済交流の拡大を阻害する政治的要因は，この間縮小している。その結果，従来相対的に発展が遅れていた，それぞれの国境周辺地域を開発する課題が提起され，中国東北の中ロ国境地域や，北朝鮮と韓国の境界地域（開城工業団地その他）などで実践されている。それらは，20世紀をつうじた各国・地域の経済発展を背景にしたものであり，北東アジア地域の経済協力を新たな段階に到達させる可能性を持っている。

本書の課題に沿って，中ロ国境地域に焦点を当てながら，中ロ双方における地域開発政策の展開を検討し，国境を越える経済交流の新たな発展を展望するとともに，その意義を考えてみたい。

２　中国東北地域経済の課題と振興戦略

（１）　中ロ・中朝国境地域の開発計画と多国間協力構想

中国東北の中ロおよび中朝国境地域では，国境を越える地域協力を通じた経済発展の実現を目指し，この間，多国間協力による地域開発計画が提唱されるとともに，経済合作区，輸出加工区，互市貿易区などが設置された。中国吉林省が国連開発計画（UNDP）とともに提唱した図們江地域開発構想（1990年，91年），吉林省延辺朝鮮族自治州での開発区設置（1992年琿春辺境経済合作区，2000年琿春輸出加工区，01年琿春中ロ互市貿易区など）などであり，税関施設整備，中ロ協力による鉄道建設（1999年琿春―カムショーバヤ開通）などのインフラ整備も進められた。吉林省以外でも，黒龍江省における綏芬河辺境経済合作区（1992年），遼寧省における丹東辺境経済合作区（1990年）などが設置され，国内外の資本誘致が進められた。しかし，ソ連解体後の市場経済への移行過程におけるロシア経済の混乱と縮小，北朝鮮の経済危機と対外緊張などを背景に，当初期待されたような多国間経済協力，国際連携による地域開発は進展していない（李，2003）。また，辺境経済合作区等も，物流や市場などの課題に直面し，

中国他地域の経済開発区等と比べて発展が遅れてきた。

ただし，この数年，新たな変化が生まれている。2003年初め，「東北アジア時代」とそのなかでのハブ国家建設を基本方針とする盧武鉉政権が韓国で発足し，金大中前政権の基本政策を継承して南北経済交流を拡大（開城工業団地建設，北朝鮮の鉱山資源開発その他）するとともに，北東アジア経済圏の金融や物流ハブ都市の建設を試みている（仁川，釜山，光陽の経済自由区域認定，仁川・松島情報化新都市建設，釜山新港建設の進展など）。2002年7月の経済措置以降の北朝鮮における市場経済導入の試みと開城，金剛山特区の設定，新義州特区の試み，ロシアにおける資源価格の上昇などを背景としたここ数年の経済成長なども，北東アジア地域協力を促進する重要な要素である。そして，こうした北東アジアの変化のなかで，中国において，新たな地域発展戦略である「東北等老工業基地振興戦略」（以後「中国東北振興戦略」）が提起され，実行されている。

（2）　中国経済における東北の位置

第二次世界大戦前，中国の鉱工業生産，特に鉄鋼や石炭を中心とした重工業生産において，東北の占める地位はきわめて大きかった。1936年，東北は中国全体の鋼鉄の83％，銑鉄の78％，鉄鉱石の57％，石炭の30％，発電量の44％を生産していたと推計されている（Chang, 1969, p.100）。戦後の混乱期ならびに内戦期の破壊，ソ連による機械の解体と輸送等による損害があったものの，第一次5カ年計画期の重点投資とソ連からの援助などを経て，東北の重工業は復活するとともに発展した。そして，戦前の，日本帝国主義経済圏ならびに戦争経済のなかの東北という役割は，冷戦体制下の米国ならびにソ連との対立という準戦時体制のなかで，中国経済全体の重工業化を推し進める「根拠地」に変化した。東北は国家財政を通じて，また，技術者・管理人員の派遣，各種投資財の供給などを通じて「三線建設」など，他地域の重工業建設に貢献している。たとえば，東北最大の工業都市である瀋陽は，1949年以降の約40年間に，①全市工業企業から国家への330億元に上る利潤上納（国家の工業投資総額の4倍余），②13.5万人の技術スタッフ，管理幹部，技能労働者等の派遣，③金属切削旋盤，工業・農業用ポンプ，変圧器，ガス圧縮機などの供給等において中国全体に貢献したとされている（瀋陽統計局，1989，3～4，17～19頁）。

しかし，1970年代末以降，中国の対外開放政策ならびに市場経済化が進展す

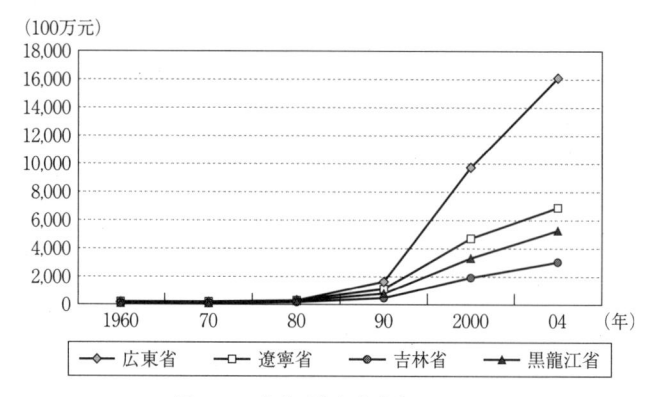

(100万元)
18,000
16,000
14,000
12,000
10,000
8,000
6,000
4,000
2,000
0
1960　70　80　90　2000　04　(年)

◇ 広東省　□ 遼寧省　● 吉林省　▲ 黒龍江省

図 3-1　東北三省と広東省の GDP
出所：国家統計局国民経済総合統計司編『新中国五十五年統計資料匯編』中国統計出版社，2005年，より作成。

るなかで，東北は中国経済に占める地位を低下させた。中国の改革開放政策の拠点となった広東省と，東北三省のなかで最も工業化が進んだ遼寧省を比較すると，1960年時点で遼寧省の GDP（1億5810万元）は広東省（7280万元）の2倍以上，1980年でも上回っていた（2億8100万元と2億4960万元）が，1980年代に逆転し，1990年には遼寧省の10億6270万元に対して広東省は15億5900万元と約1.5倍となった。その差はその後さらに拡大し，2004年時点で遼寧省の GDP（68億7270万元）は，広東省（160億3950万元）の2分の1以下となっている（図3-1）。

東北では市場経済化に対応した経営革新が遅れるとともに，社会経済構造改革が容易でなかった。その背景には，東北が国有大型重工業企業を中心に発展してきたという歴史事情が存在している。投資規模が比較的小さく，かつ輸出を通じた利益回収が容易な軽工業と比べて，重工業では，外国資本導入や，技術改造，経営改革などが困難である。また，中国独特の「単位」社会制度の下，社会保障や教育なども担う大規模国有企業の改革には一定の時間が必要であった。その結果，東北では，広東や，上海などと比べて対外開放が時間的に遅れるとともに，外資導入や民営企業の発展も限定的であった。さらに，かつて東北の重工業を支えてきた鉄鉱石，石炭，石油などの諸資源が枯渇し，資源産出地域の経済を悪化させるとともに，東北重工業の立地上の優位性を縮小した。これらの結果，各省間で若干の差があるものの，東北の工業企業の経済効率は

表3-1　東北工業企業の主要経済指標（2004年）

（全国平均＝100）

	A	B	C	D
全　国	100.0	100.0	100.0	100.0
遼　寧	80.8	65.3	77.7	62.8
吉　林	83.4	78.7	76.7	72.5
黒龍江	76.0	246.1	62.2	201.6
広　東	128.7	102.7	146.6	931.4
江　蘇	126.3	87.2	136.3	907.3

注：A：総資産当たり生産額，B：固定資産（原価）当たり生産額，
　　C：総資産当たり利潤，D：固定資産額（原価）当たり利潤。
出所：『中国統計年鑑』2006年版，2006年，より計算。

低く，企業資産（総額並びに固定資産原価）当たりの生産額，利潤額は全国平均を下回っており，広東省，江蘇省との差はさらに大きい（表3-1）。なお，黒龍江省の固定資産原価あたりの生産額および利潤は全国平均を上回っているが，大慶油田の存在がその背景にあると思われる。

1970年代末以降，二十数年にわたる改革開放政策の進展のなかで，広東省，上海，浙江省，北京，天津，山東省などで，中国国内資本の蓄積が進行した。他方，2001年のWTO加盟によって中国経済の対外開放が深化し，国際経済の厳しい競争的環境に直面せざるを得なくなっている。こうした状況の下で，経済効率の低さや国有企業改革の遅れという東北経済の局面を打開しようとしているのが，東北振興戦略である。

（3）　東北振興戦略

東北振興戦略は，2003年秋に正式に決定され（共産党中央・国務院「東北地区等老工業基地振興戦略の実施に関する若干の意見」2003年10月），2004年から全面的に実施されている。同戦略は，深圳経済特区設置など1980年代の改革開放政策，1990年代の上海浦東開発，2000年以降の西部大開発に続く，新たな地域発展戦略として胡錦涛政権によって提起されたものである。2003年12月には，国務院に東北地区等老工業基地振興指導委員会（「小組」）が設置された。その委員は下記の通りであり，国家の重要戦略としての位置づけを示している（国務院文件・国辦［2003］28号「国務院振興東北等老工業基地領導小組的決定」2003年12月2日，「国務院振興東北等老工業基地領導小組員調整」振興東北網，2003年12月8日，その他）[1]。

温家宝（国務院総理・責任者），黄菊（同副総理・副責任者），曽培炎（同），馬凱

(国家発展改革委員会主任)。教育部，科学技術部，国防科学技術工業委員会，財政部，中央人事部，労働・社会保障部，国土資源部，建設部，鉄道部，交通部，情報産業部，水利部，農業部，商務部，文化部，中国人民銀行，国有資産監督管理委員会の各部長，主任，行長。税務総局，質量監督検査検疫総局，環境保護局，ラジオ・映画・テレビ総局，林業局，外国人専門家局の各局長，中国科学院副院長，銀行監督管理委員会主席，全国総工会（労働組合）副主席，国家発展改革委員会副主任。

「2004年振興東北地区等老工業基地工作要点」（2004年4月26日，国務院辦公庁，国辦発［2004］39号）によると，同戦略は，国家目標である「小康社会」（まずまずの生活を民衆に保障する社会）の全面的建設の「全局面に対する考察から生まれた重大な戦略的政策決定」であり，要点は8項目である（振興東北網，2004年5月8日）。

1．体制と機構の刷新。改革開放，市場機構依存，自力更生の精神を基礎に，国有経済の戦略的調整を進め，国有資産管理体制を強化し，国有企業改革を深化する。民営経済の発展を図るとともに，政府の役割を見直す。
2．産業構造の調整と改善，高度化。食糧総合生産能力の向上を通じて現代的農業を発展させる。そのために，黒龍江，吉林両省で農業税の減免税措置を試験的に導入する。鉄鋼，自動車，石油化学，機械設備製造など重点産業の戦略的再編を推進するとともに，ハイテク産業を発展させる。金融サービス，情報サービスなどサービス業の近代化や観光インフラの建設を通じて観光業を発展させる。阜新など資源涸渇都市において代替産業を発展させる。生態環境保護と水資源の持続的利用を図る。
3．インフラ建設の加速。幹線国道を完成するとともに，農村道路，対華北地区ならびに国境地域の鉄道，港湾，税関を建設する。東北電力網と華北，内蒙古東部地区との連携を強化し，石油，石炭などエネルギー開発を進める。河川管理，農業灌漑等を改善する。
4．国内外に対する開放の拡大。対外開放を金融，保険，商業，貿易，観光などにも拡大するとともに，東北の地理的優位性を発揮してロシア，北朝鮮，韓国，日本など周辺国家との経済・貿易協力を拡大する。地域

の封鎖性を打破し，国内他地域の民営企業や国有大中型企業を東北老工業基地の資産再編に参加させる。
5．就業政策ならびに社会保障の確実な実行。国有大中型企業における付属事業の整理と余剰人員再配置，ならびに軍事工業や石炭産業などの失業者の再就職活動をさらに進める。遼寧省で実施された都市部における社会保障システム構築の試行を吉林，黒龍江省に拡大する。
6．科学技術教育と文化事業の発展。高等教育機関の集中という優位性を基礎に，「産学研」（企業・教育機関・研究機関）結合の強化を通じて，知的財産権を有する基幹技術や独自ブランドを開発する。中等教育，高等教育における職業教育を発展させるとともに，継続教育その他を通じて産業構造の高度化を支える人材を育成する。
7．関連政策措置の迅速な発表。老工業基地改造のための投資の審査手続き簡素化（発展改革委員会），新規購入先進機械設備の増値税控除や所得税改革（財政部や税務総局），銀行不良債権処理などの措置を早急に実施する。
8．各組織の指導性と協力の強化。東北三省の人民政府が東北振興戦略において指導性を発揮するとともに，責任を明確にする。第11次５カ年計画の作成と結合して各省の経済建設，インフラ整備，人材育成の重要計画を制定する。

こうした東北振興戦略の課題は次の３つにまとめることができる（金・安，2004など）。

第１に，中国国内の地域間格差の是正である。かつて中国経済の発展を支えた東北地域がこの間の改革開放政策の展開過程で，広東，上海，北京・天津などに比べて経済成長において大きく立ち遅れてきた。こうした状況に歯止めをかけ，中国経済の持続的成長に不可欠な社会的安定を実現する。

第２に，この間推進されてきた経済改革の深化と徹底である。東北経済の発展において中心的役割を果たしてきた国有大中型重化学工業企業は，過剰人員や重い社会負担など，様々な困難に直面しながら，経営改革ならびに資本再編を遂行している。東北振興戦略はそうした改革を支援し，中国全体の経済改革をいわば完成段階に引き上げる役割が期待されている。

表3-2 東北における国有企業の比重
（工業，2004年）　　（単位：％）

	総資産	従業員	利潤
全　　国	42.2	22.0	40.7
遼　　寧	53.8	34.1	56.9
吉　　林	67.4	48.4	66.1
黒 龍 江	67.6	50.6	96.7
広　　東	24.2	5.6	23.5
江　　蘇	21.5	9.3	19.5

注：国有企業＝国有企業＋国有控股（株式支配）企業
出所：『中国統計年鑑』2005年版および2006年版より計算。

　第3に，東北の資源依存型経済構造を改革することである。大慶，遼河などの石油，撫順，阜新などの石炭，鞍山の鉄鉱など，豊富な資源の開発を通じて東北経済は1世紀にわたる経済成長を遂げてきた。しかし，開発のピークが過ぎ，資源枯渇という現状に直面するなかで，新たな地域経済の発展構造を実現することが急務になっている。

　以上の課題を達成するうえで，国有企業改革は重要な位置を占めている。1970年代末からの中国経済改革・開放政策のなかで，国有企業改革は一貫して重要な課題であったが，地方への権限委譲や裁量権拡大のなかで国有企業数はかえって増大した。1990年代後半以降「抓大放小」（民営企業への売却等を通じて中小国有企業の所有ならびに経営から撤退する一方で，諸資源を重要産業の大型国有企業に集中し，その再建と発展を図る）政策を展開している。しかし，国有企業は，引き続き重要な役割を果たし，東北3省では，特にその傾向が強かった。その背景には，第2次世界大戦前の中国東北では日本を中心とした外国資本投資が大規模になされ，それらが戦後国有化されたこと，また，1950年代前半に，旧ソ連の援助で，東北で国有重化学工業の復興と新たな拡大がなされたという歴史的経緯も存在した。

　それらの結果，生産額，企業資産，利潤，従業員いずれの指標においても東北経済における国有企業の比重は全国平均を上回っていた（表3-2）。

　東北振興戦略の展開のなかで，国有企業改革が深化し，地方国有企業（省・市等地方政府管轄下の国有企業）を中心に制度改革（会社化，民営化など）が進められている。2005年末段階，遼寧省の国有中小企業の80％近く，吉林省の省政府所属国有企業の80％，黒龍江省の大部分の国有企業で制度改革が完了したこ

とが報告されている。そのなかでは，遼寧特鋼集団と黒龍江北満特鋼株式有限会社の合併による国内最大規模の特殊鋼生産企業，東北特鋼集団の誕生（2004年），中央管轄国有企業である鞍鋼（鞍山製鉄）集団と，地方国有企業である本鋼（本溪湖製鉄）集団の合併など，省や所属を超えた企業再編や，トヨタと長春の一汽（第一自動車）との提携拡大，米国企業によるハルビンビール会社の買収，黒龍江炭鉱集団への韓国，日本資本の出資など，外国資本の参入も生まれている（武，2006，19頁）。ただし，制度改革において単なる会社化にとどまらず，所有権の多元化（民営化）をいっそう進めること，特に，地方国有企業にとどまらず，各業種において支配的地位を占めている中央管轄の大型国有企業において所有権改革を進めること，ならびに金融システム改革（国有銀行による国有企業貸付の不良債権の処理）など，依然として多くの課題が残されている。

（4） 東北地域内の格差

東北振興戦略の重要課題の一つとして，東北内の地域格差の縮小がある。相対的に発展が遅れながら，1990年代には中朝ロ3国の国境を越えた「図們江開発計画」で注目された吉林省延辺朝鮮族自治州と，優れた港湾機能等を有し，東北三省の対外窓口として発展が著しい遼寧省大連市を，2004年8月並びに9月に訪問した（松野・中川・裴，2005，松野・曹・小島，2005）。また，2006年8月にも延辺朝鮮族自治州琿春市および，大連市を訪問した。両地域を対比することによって地域格差の現状と格差縮小のための課題について検討したい。

ⓐ 吉林省延辺朝鮮族自治州

延辺はその地理的優位性を生かして中朝，中ロ国境貿易を拡大するために，税関の建設整備，高速道路の建設，経済開発区設立など，インフラストラクチュアの整備を積極的に進めている。その結果，中朝貿易の一定の回復は見られるものの，中ロ貿易については多くの問題を残している。中ロ協力によって，ロシアの港に通じる鉄道建設がなされ，また，琿春に中ロ貨物積み替え駅ならびに施設が建設されたものの，ほとんど利用されていない。2004年9月の訪問時，同積み替え駅にロシア産の原木が積み上げられていたが，それは北朝鮮からの労働力輸出の対価としてロシアから北朝鮮が受け取り，北朝鮮の中国に対する支払いに当てられたものであった。また，中ロ互市貿易区についても，

2004年4月から実施されたロシア側の関税引上げならびに無税輸入枠の制限引き下げなどにより，入境するロシア人の数が大きく減少していた。中ロ国境貿易については黒龍江省の綏芬河や東寧，黒河ルートが発展し，琿春ルートとの差が拡大している。延辺を制約する要因の究明とその克服，貿易を支えるソフト，ハード両面のインフラ整備が課題であった。

延吉には経済開発区，琿春には経済合作区と輸出加工区などがあり，現地資本ならびに中国各地の資本，外国資本の受入を積極的に推進している。ただし，図們で木材加工をしている韓国企業からは，物流インフラの整備が課題として挙げられた。原木がロシアから運ばれる際，吉林省が建設に参加したロシアのカムショーバヤ―琿春の鉄道ルートではなく，ウスリースク―綏芬河―琿春というルートが使われていた。その理由は，前者では貨物の管理ができないからである。輸出においても，琿春―カムショーバヤ―ザルビノ―束草（韓国）と，琿春―大連の2つのルートがあるが，後者はコストが高いものの，定時性というから後者が選ばれていた。現地市場である東北地域の規模は小さく，大市場である上海等での販売については物流コストの点から不可能という答えがなされた。延吉開発区では韓国資本の投資は見られるものの，2004年秋時点の日本企業投資は3社にとどまり，そのうち1社（醬油製造）は現地企業による買収，別の1社（煎餅製造）も市場開拓で苦戦していた。

他方，延辺において注目されるのは，海外への大量の労働力輸出である。2003年には，延べ1万4900人が，韓国，アメリカ，サイパン，日本，ロシア，リビア，シンガポール，イスラエル，北朝鮮等の二十数カ国・地区に，延辺対外経済貿易合作局と韓国の派遣業者や日本の自治体との連携・協力などを通じて派遣され，漁業，建築，機械加工，運輸，服飾加工，海上運輸，農業，林業等で主として単純労働に従事している。その結果，同年の海外からの個人送金額は延辺自治州の財政収入の2.5倍に相当する6.5億ドルにも達している。ただ，問題はそうした巨額の資金が，製造業など長期的視野での生産的事業に投資されていないことである。個人消費以外は飲食業を中心とする短期的事業が拡大し，市内の賑わいを作り出しているものの，地域内の自律的経済循環を拡大するという課題が残っている。

これらの課題を抱えているが，延辺地域の発展の可能性について現在，新たな動きが生まれている。2005年秋，湖北省や上海をベースに欧米および日本向

けアパレル生産と輸出を展開していた日本企業が，上海地域の賃金上昇等を背景に，琿春に新規に投資し，生産を開始し，順調に事業を拡大している。現時点では，同社の製品は大連経由で輸出しているが，琿春市，ロシア，韓国，日本の自治体，関連運輸会社と協力して日本海物流ルート開拓に向けて尽力している。基本合意はすでになされており，実行されれば琿春の物流インフラが大きく改善されることになる。⁽⁵⁾

さらに，琿春から北朝鮮の羅津港を経由する日本海ルートの開拓の可能性が存在する。中朝合作で北朝鮮の羅津港を開発する事業である。報道によれば，2005年7月，琿春市東林経貿有限公司・琿春辺境経済合作区保税有限公司と羅先市人民委員会経済合作社が「羅先国際物流合営公司」を設立し，琿春の圏河税関から羅津までの道路（約70km）を改修するとともに，羅津港に第4埠頭を新設するとのことである。資本金6090万ユーロ，中朝折半で，中国側は資金と設備・建築材料，北朝鮮側は，道路，港湾を現物出資する。「公司」は，見返りに第3埠頭（既存）ならびに第4埠頭を50年無償で使用する。なお，港湾開発だけでなく，工業の発展でも中朝が協力し，羅津港付近に工業開発区を設置することが計画されている。⁽⁶⁾こうした中朝の協力に日本や韓国の経済協力を加え，北東アジア地域の調和の取れた発展戦略を樹立し，実行することが望まれる。

ⓑ 遼寧省大連市

大連では，一つの中心（国際運輸センター）と4つの基地（石油化学，機械設備製造，船舶製造，電子情報ソフトの4産業拠点）の建設計画が打ち立てられている。中国東北の対外窓口，ならびに環渤海地域の物流ハブ港としての大連の役割をさらに強化することが計画され，経済技術開発区に建設された大窯湾新港（シンガポールとの合弁でターミナル会社を運営）の機能強化，鉱石，原油，食糧の専用港区建設などが進められている。また，製造業では，遼寧省や他省の石油資源を背景にした石油化学，約50％の全国シェアを占めているディーゼル機関車をはじめとする機械設備製造，中国最大の造船企業を有する船舶製造，日本向けソフトウェア開発や情報サービスのアウトソーシング業務を中心に年々50％の成長率で拡大している電子情報ソフトの4産業をグローバル経済のなかで発展させる重点産業として育成しようとしている。国家ソフトウェア産業基地（中国全体で11ヵ所）ならびに国家ソフトウェア輸出基地（同5ヵ所）の一つとし

て認定されている大連ソフトウェアパーク（1988年建設開始，3 km²）には現在385社（2007年8月）以上の企業と，IT人材育成機関が進出しているが，旅順地域に向けて拡大をすすめる第2期計画（4 km²）が2003年にスタートしている。

また，大連保税区ならびに輸出加工区，港湾を結合して発展させる「区港連動」計画が作成されている。「区港連動」の試験地域として中国では8つの都市が選ばれた（大連，上海・外高橋，青島，天津，寧波，張家港，アモイ，深圳，2004年11月）が，大連ではその一つとしてコンテナ中継運輸区，倉庫中継運輸区，臨港加工区，冷蔵区，自動車保税区，海上鉄道運輸区などで構成される保税物流園区が計画され建設が進められている。グローバル経済化のなかで製造業と物流の両方を，港湾機能の高度化と結合させることによって発展させようという計画である。

このように，大連はハード，ソフト両面で産業を発展させるとともに，港湾機能を高度化し，北東アジアの地域経済協力の発展のなかで，大きな役割を果たしつつ，みずからを強化しようとしている。

以上，延辺朝鮮族自治州と大連市を取り上げ，東北振興戦略を背景にした両地域の発展政策と経済状況を見てきた。同戦略の下で両地域の国内総生産は，2003年から2008年にかけて，延辺が171.7億元から379.6億元へ，大連が1632.6億元から3858.2億元へ，5年間でそれぞれ，2.2倍と2.4倍に増大している。また，一人当たりGDPも延辺が7853元から1万7357元へ，大連が2万9206元から6万3198元へ，ともに2.2倍化している(7)。このように両地域で経済の高成長が達成され，その結果，大連の一人当たりGDPは，2008年に米ドル換算で約9100ドルと，中進国の水準に達しつつある。しかし，両地域の一人当たりGDPの格差は，2003年の2万1353元から2008年の4万5841元へ2倍以上拡大している。延辺地域が大連との格差を縮小するためには，前述の国際協力による中ロ，中朝の物流ルート整備など，地域の経済社会発展をささえるインフラ建設が必要である。

（5） 東北振興戦略の成果と課題

2006年12月1日開催された東北老工業基地振興状況報告会において，国務院東北振興弁公室・張国宝主任は東北振興戦略の3年間の政策展開とその成果に

ついて次のように述べている（張，2006）。

　　①黒龍江省，吉林両省における農業税全額免除。食糧生産補助金として2004，2005年に中央財政より合計240億元を支出した。②黒龍江省，吉林省において都市部の社会保障体系を試験的に構築する活動を進め，老齢年金構築，国有企業レイオフ労働者の雇用関係解消補償金への補助として中央財政より2004，2005年度合計で55億元を支出した。③2004年7月より，8業種において増値税（付加価値税）を生産型から消費型に改革し，2006年上半期までに93.5億元に上る減税あるいは税還付を実施した。また，工業企業における固定資産投資（有形，無形）の減価償却期限の短縮や衰退期の鉱山等に対する資源税の課税標準額を削減した。④国有企業の破産（2004，2005の2年間で122企業）。⑤中央企業からの社会業務分離（学校運営，警察業務などを地方政府に移管）。⑥国有商業銀行が保有する不良資産3110億元を2005年末までに処理。⑦工場等労働者大規模集団問題解決のための活動が始まった。⑧企業の長期に亘る税滞納問題解決の取組みが進展している。

こうした政策の展開により，いくつかの大きな成果が達成されている。
　第1，東北経済が高成長軌道に入った。①経済成長率が増大し，全国平均との差が徐々に縮小している。2003年，04年，05年における東北三省（遼寧省，吉林省，黒龍江省）総生産額の成長率は，それぞれ，10.8，12.3，12％に達し，全国各省・地区加重平均成長率との差は，1.3，1.1，0.88と毎年縮小した。②食糧生産は過去最高を連年更新している。2005年の東北三省食糧生産総量は1586億斤（約793万トン）と，大豊収年の2004年をさらに38億斤上回った。③固定資産投資額が著しく増大している。2003年の東北三省固定資産投資の増大率は全国平均より6.9％低い水準であったが，2004年，2005年の投資増大率は全国平均よりそれぞれ5.9および12.1％高い，33.5および39.3％に達した。④個人所得の増大も順調であり，2005年における遼寧省，吉林省，黒龍江省の都市住民の平均可処分所得は前年比12.8，10.8，10.7％増大し，全国の都市住民平均9.6％と比べて，それぞれ3.2，1.2，1.1％上回った。農民平均純収入もそれぞれ，7.3，8.8，7.2％増大し，全国平均（6.2％）を上回った。

第2,企業制度改革や合併（鞍山製鉄所と本溪湖など），株式会社化など国有企業改革が進展するとともに,非国有経済が急速に発展するなど,経済体制改革が進展している。

第3,外資の利用（2005年の対東北三省外国直接投資実際利用額57億ドル）や,外国企業の買収など,対外経済開放が新段階に達している。

第4,既存大企業の技術改造プロジェクトにより,工業の構造改革が進展し,受注が増加している。

第5,資源依存型都市における経済の持続可能な発展を実現するための活動が展開されており,阜新では3年間で13.1万人の再就職を実現した。

第6,東北東部縦貫鉄道,ハルビン－大連旅客専用線などの鉄道建設,道路港湾整備,原子力発電所などインフラ建設が加速している。

第7,遼寧省に続いて他の2省でも都市社会保障制度の試験的構築がなされた。また,2005年東北三省で240万の就業が新たに作り出され,失業者の再就職活動が着実に前進している。

ただし,東北振興戦略はなお,次のような深刻な課題に直面している。①体制改革への姿勢,思考が不十分である。②企業の自主革新能力が不足している。③国有企業になお巨額の不良資産が存在している。④資源依存型都市の経済転換任務が継続している。⑤過剰労働力問題への対処,社会保障制度整備の課題が継続している。

こうした課題を解決するために,張主任は諸方策を提示しており,その第1にあげられているのが,改革ならびに対外開放のさらなる前進である。具体的内容として,大連の大窯湾保税港建設と並んで,沿海延辺（国境周辺）開放と図們江流域国際協力を前進させ,東北沿海経済ベルトの経済成長拠点を創出することを提起している。国境を越える国際協力による経済発展戦略が改めて強調されており,中国東北は,ロシアをはじめ,北東アジアの国・地域との協力を強化・拡大するなかで,地域経済発展の新たな段階への到達を目指している。

３ ロシアの地域動態概観と極東経済

(1) ソ連の地域開発政策と体制転換

元来,旧ソ連においては地域間の経済格差は政策的に抑えられるような施策

(各地域経済指標の変動係数)

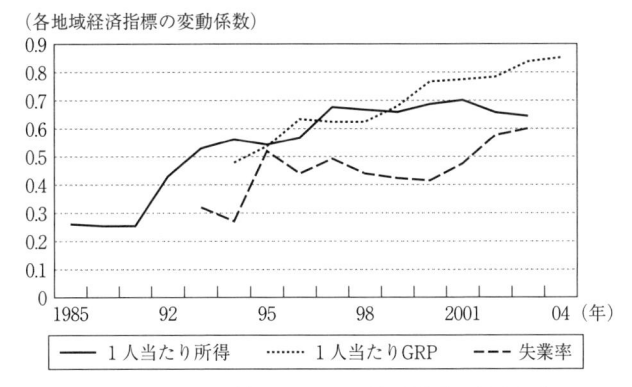

図3-2　ソ連崩壊後における地域経済格差の拡大傾向
出所：ロシア連邦国家統計委員会／同統計局『ロシアの地域』各年版より算出。変動係数が大きいほど格差も大きい。

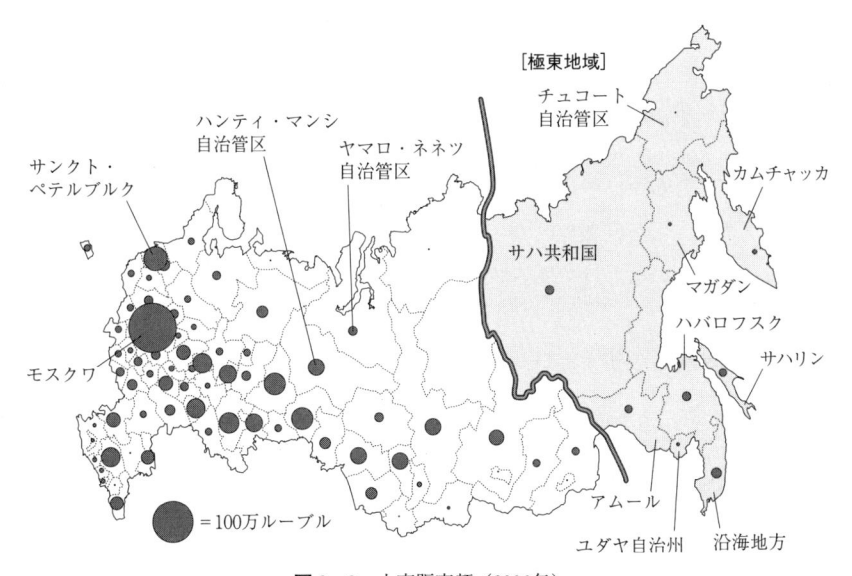

図3-3　小売販売額（2006年）
注：1ルーブル＝5円（2007年）。
出所：ロシア統計局Webサイトのデータより作成。

が採られていた。旧ソ連の人口は，対全国面積比で3分の1以下にすぎない欧州地域にその3分の2以上が集中し，インフラストラクチャーの整備もそれらヨーロッパロシア地域が他地域に比べてはるかに進んでいた。とはいえ旧ソ連では辺境地域を開発すべく，たとえば北極に近い地域には大都市の2倍以上の

高い賃金を設定するなどといった開発誘因が与えられていたのである。

だが旧社会主義政権の崩壊後，そうした政策は有名無実化し，体制転換下ロシアの地域経済格差は一貫して拡大傾向を見せた（図3-2）。辺境地域では給料の遅配・インフラの欠如といった条件によって大量の人口が流出し，一方モスクワ・ペテルブルクなどの大都市部にヒトとモノと富とが集中していったのである。2007年3月におけるロシアの一人当たり月平均所得は1万1000ルーブル弱（5万5000円程度）であるが，他方モスクワの同じ数字は3万ルーブル弱（15万円程度）に達している。

首都モスクワやその周囲に経済活動が集まってくることは市場経済化の当初から予想されていた。大きな人口を抱えていたモスクワを中心とする大都市部は，その高所得によってさらに国内の地域格差を拡大させた。つまり「ヒトの分布」以上に「市場の分布」は偏りを見せる（図3-3）。モスクワ市の人口は全国人口の7％程度にすぎないが，同時にモスクワにおける小売市場の大きさは全国規模の20％以上を占めるのである（2006年）。これは日本でも10％の人口を有するにすぎない東京都の小売販売額が全国のそれの30％を占めているのと同様であり，ロシアにおいても行政機能・巨大企業の中枢管理機能・整備されたインフラといった好条件の整っている首都モスクワ周辺部に一層の経済集積が進んでいるというわけである。

（2）　地域格差の拡大とロシア極東

首都圏以外にも，ロシアの天然ガスの8割を産出するヤマロ・ネネツ自治管区や同じく石油の5割を生産しているハンティ・マンシ自治管区など，石油・天然ガスそして稀少非鉄金属等を産出する地域は，そうした資源の国際価格上昇と軌を一にして力強い成長を見せていることが知られる。

他方そうしたモスクワ周辺部や天然資源産出地の隆盛とは裏腹に，シベリア・極東のうち資源を産出しない地域の沈滞は深刻であった。極東に含まれる地域（州）の多くにおいては連邦崩壊後に大量の人口流出が生じた（表3-3）。なかには1992年より続く自然減（死亡率が出生率を上回っている状態）と相まって，人口が旧ソ連崩壊時の2分の1以下に，果ては3分の1以下にまで縮小した地域もある。こうした地域においては経済の停滞はもとより，地域の社会生活可能性そのものが危機に瀕しているのである。以下ではこうした極東の情勢を見

表3-3 ロシアおよびロシア極東地域における人口

(年初, 単位：1千人)

	1990	1992	1994	1996	1998	2000	2002	2004	2006
ロシア連邦	147,665	148,515	148,356	148,292	147,802	146,890	145,649	144,168	142,754
うち極東連邦管区	8,045	8,012	7,714	7,360	7,137	6,913	6,743	6,634	6,547
サハ共和国	1,111	1,100	1,065	1,020	995	963	951	949	950
沿海地方	2,297	2,315	2,284	2,242	2,192	2,141	2,086	2,051	2,020
ハバロフスク地方	1,620	1,624	1,591	1,544	1,510	1,474	1,446	1,427	1,412
アムール州	1,055	1,049	1,018	986	962	936	911	894	881
カムチャッカ州	477	476	440	406	388	372	362	355	349
マガダン州	390	365	300	240	221	202	187	178	172
サハリン州	714	714	689	630	596	569	552	538	526
ユダヤ自治州	218	220	216	207	202	195	192	190	187
チュコート自治管区	162	148	111	84	72	62	55	51	51

出所：ロシア連邦国家統計委員会／同統計局『ロシアの地域』各年版より。各地域は図3-3参照。

てみることとする。

かつて優遇措置をもってしてでも極東・シベリアで開発が進められた背景として，軍事的・政治的な理由を挙げることができる。旧ソ連にとって，対峙していた米国は北極圏を挟んだ隣国であり，極東地域においてある程度開発を行い軍事的拠点を設けることには合理性があったと考えられる。だが経済自由化後はこうした状況が一変した。政府からの補助金が大幅に削減され，消費財の優先的供給といった開発誘因もカットされた。生産面についても，鉄道料金の上昇により，それまで欧州部へ供給していた極東の生産物に対する需要が無くなった。こうした地域から大量の人口流出が生じたこと自体は，旧ソ連時代の開発政策がついえたことの当然の帰結と言えよう。

（3） 経済の回復と対外経済関係

さてこのように旧ソ連崩壊後きわめて深刻な経済状況が続いていた極東地域であるが，市場経済移行の開始から7年の過ぎた1999年以降は肯定的側面も見られるようになった。1998年の金融危機後に底を打った経済規模は1999年以降持続的に回復しており（図3-4），極東もロシア平均値を下回るものの回復傾向にあることは看取できる。人口流出は依然続いたが，その規模は90年代に比して圧倒的に小さくなった。

こうした肯定的側面に寄与した要因の1つは，極東地域の対外経済関係の拡

(1998年＝100とした指数)

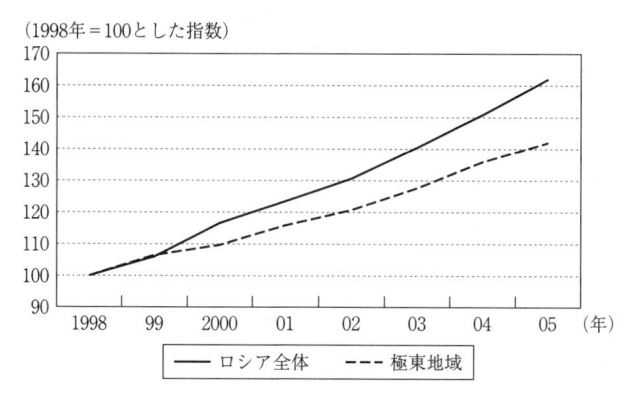

図3-4 ロシアおよび極東の国内総生産／地域総生産の推移
出所：ロシア連邦国家統計委員会／ロシア連邦統計局『ロシアの地域』各年版より作成。

大である。鉄道料金の急騰によって国内（欧州部）市場を失った極東のいくつかの産業は，対外経済関係を強化させた。実際，極東地域の貿易高はソ連崩壊直後の1992年から見ると3倍以上に拡大した（図3-5）。

（4） 北東アジアにおけるロシア極東の位置

北東アジア地域の資源・労働・資本の立地から見てロシア極東に期待されるのは資源供給地としての側面である。日本・韓国・中国への水産物輸出，中国・日本への木材輸出，日本への石炭輸出そしてサハリンプロジェクトによる石油・天然ガスの日本・米国等への輸出が盛んに行われているが，これはその方向性に沿ったものではある。だがその規模は，輸出入の総額でロシア全体の5％を下回るものにすぎない。極東の人口規模は2000年以降700万人を切っており（表3-3），それが今後拡大していくとは考えにくい。したがってその市場規模もきわめて限定されたものとなることは自明である。

資源開発，そしてそこからの収益が地域に与える影響は，資源の偏在やそれら部門の他産業との連関の狭さといった側面を考えれば限定的なものである。むしろ極東で広範に見られ，取りざたされたのはロシアと中国とを主に結ぶ「担ぎ屋貿易」の隆盛であった。

「担ぎ屋貿易」は，ロシアでは旅行者が携行品として品物をロシアに搬入する場合，重量で50kgまでは関税がかからないという制度を利用して，中国等

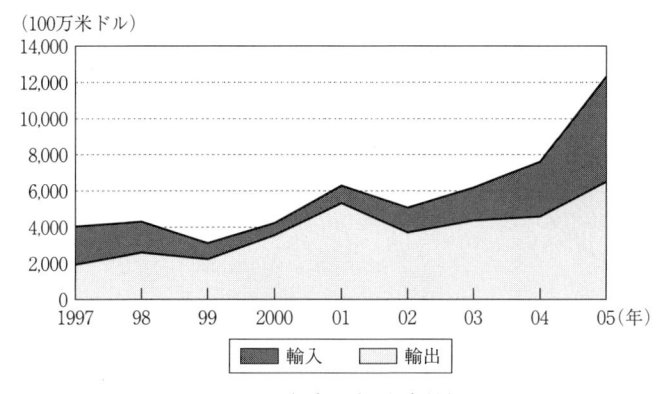

図 3-5 極東地域の総貿易額
出所:ロシア連邦国家統計委員会『ロシアの地域』各年版より作成。

の安価な消費財を大量に仕入れて利ざやを稼ぐ,といった形態で行われた(ただし2006年以降に法改正がなされ,非課税の条件は厳しくなった)。それは欧州地域から消費財を購入しようにもその輸送費を負担することができなくなった極東の住民にとって,安価なモノを購入する選択肢の幅を広げたという意味で肯定的に評価することができよう。

人口の流出と自然減とを見せる極東地域は労働力の不足も足下に抱えており,その対応として中国や北朝鮮の労働力を一時的に輸入する「クオータ(割当)制」を実施している。実際,ウラジオストクなど極東の都市を歩くと,道路工事や建築に勤しんでいるロシア語の通じないアジア系労働者が目につく。こうした微視的な点では「草の根」的国際化が進んでいると見る向きもあろう。外国人労働力の招聘は2006年以降においても現地政府により大きく告知されており,周辺国の豊富な労働力を利用して社会基盤の維持を図ろうとしている一定の傾向を伺うことができよう。

4 ロシア極東経済と日本

(1) ロシア極東の対アジア貿易

旧ソ連崩壊後,ロシア人が日本海沿岸諸県から大量の日本製中古車を搬出していることがメディアで取りざたされた。これは「担ぎ屋貿易」の一形態であったが,そうした統計上でとらえることのできない非公式な関係の拡大から新

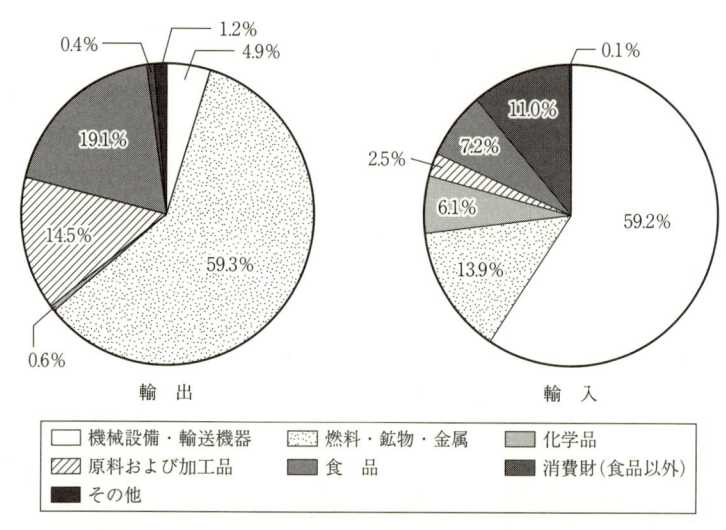

図 3-6 ロシア極東における金額基準貿易品目構成（2005年）
出所：JETRO 資料より作成。

　生ロシア極東地域と日本とのつながりは始まった。極東地域の道路を走る自動車の 9 割近くが日本車だと言われることがあるが，これはあながち的はずれとは言えない。極東の最大都市ウラジオストク（人口63万）では「……幼稚園」や「……通運」のミニバスそしてトラックも，塗装もそのままに数多く走っている。

　さて公式統計により貿易関係を見てみると，ロシアのなかでは極東地域は日本との関係が強い。日本が開発を支援したサハ共和国の石炭は多くが日本向けに輸出されている。極東第 1 位・第 2 位の人口規模を有するハバロフスク地方・沿海地方，そしてサハ共和国（第 3 位）に次ぐアムール州といった諸地域は，木材（全地域）あるいは水産物（除アムール州）を日本向けに輸出する。カムチャッカ，マガダンといった辺境地域にとっても，日本は主要な水産物の輸出仕向地となっている。さらに近年メディアにも取り上げられることが増えたサハリンにおけるエネルギー資源も順調に輸出を拡大させている。極東には一定の機械産業が成り立っているが，その主要なモノは戦闘機生産などの軍需部門であり，輸出は中国等途上国向けを中心として行われている。消費財生産は低調であり，また気候の厳しさから農業生産は発達していない。極東の現状は

こうした産業構造に規定される側面があることに留意せねばならない（図3-6）。

（2） 資源産業に依拠するロシア極東

他方極東地域の輸入はと言えば，機械設備・輸送機械そして消費財が過半を占め，主要な輸入相手は隣接する中国そして日本・韓国・アメリカとなっている。さらに対外経済関係において着目すべき直接投資・融資等外国投資については日本はこれまでほぼ毎年，金額ベースで極東に対するそれの20～30％を占めていた。これはほとんどがサハリンの石油・天然ガス開発プロジェクトにかかわっている。ところが2004年以降，日本の投資額のシェアは激減している。これはサハリンプロジェクトに対する投資がシェルの本拠オランダからのものとして計上されるようになったことによるものと考えられる。イギリス・オランダを中心とする「欧州」によるものがロシア極東に対する全海外投資のうち60％以上にのぼるが，これもサハリン開発の主導的企業ロイヤルダッチシェルによるものが大きい。

5 ロシア極東の展望と課題——日本，そしてロシア中央政府の政策とのかかわりで

（1） ロシア極東地域の制約条件

以上のように，極東における日本のプレゼンスは確かに高いと言える。しかしながら，それが日本経済，あるいは日ロの経済関係にどれほどのインパクトを与えるものであるか，という側面を見れば甚だ心許ないものがある。そもそも極東は人口規模でロシア全体（1億4300万）の5％を下回っている（650万強）。先に言及した輸出入額のみならず，極東に対する外国投資も対ロシアの全外国投資のうち，たかだか5％にすぎないのである。さらにその投資対象は50～90％がエネルギーの採掘と非鉄金属・木材であり，ロシアにとっては産業連関の裾野が限られ，幅広い影響を持ちにくいことを再度指摘しておかねばならない。日本にとっては，ロシア極東は人口規模では九州の半分以下・あるいは550万人の兵庫県を100万人ばかり上回っているにすぎない地域であり，かつ1カ月当たり平均所得でようやく5万円を超えた（2007年3月）当該地域の有する意味はいかにも限定的である。しかももしサービス網を張り巡らせるとすれ

ばそのカバーすべき面積は広大なものとなってしまうことを考え合わせると，日本企業の進出が進まないのも理由なきことではない。消費市場としては規模が限られ，他方生産基地とするには中国に比べて賃金水準が高く労働力のプールが小さいという事実がある。地場の製造業の発達が遅れている点も勘案せねばならない。

　豊富に存在する資源の利用にも問題は残されている。資源を採掘したとしても，その搬出にかかわるインフラストラクチャーの整備が遅れているのである。外国資本の導入を主張する声もあるが，そもそも経済支援のような形をとらずに収益性の見込み難いインフラ部門への外資参入を図ることには困難があると言うべきであろう。

　確かに，体制転換に伴う急激な経済状況悪化の時期はすぎた。とはいえそれは今後の極東経済の持続的拡大が続くことを意味するものではないのである。昨今におけるエネルギー関連の国際市況に応じた資源開発を期待することは可能ではあろう。だがロシア極東地域の抱える様々な問題点を勘案すると，中央政府の極東開発政策の根本的転換や日ロ・中ロ間におけるエネルギー連関の急速な深化といった政治的環境の大きな変化がないならば，その開発の進展は今後の課題と見るべきかもしれない。

（2）　連邦政府の姿勢

　今後の地域経済動態の趨勢を考えるうえで，政策面において注目すべきは2005年1月26日の決議によって設置された「ロシア連邦地域発展省」による「地域の社会・経済発展戦略コンセプト」である。この文書において，ロシア連邦地域発展省は特定地域の集中的な発展を意図することを明示的に記述したのである。成長のコアたりうる地域に対する重点的な資源配分を行うことを旨とするものであり，もはや言うまでもないことであるが最初に触れた旧ソ連時代の地域間平準化を指針とする開発政策とは根本的な相違を見せている。

　極東地域に密接に関連する開発計画として旧ソ連崩壊後，これまで「極東・ザバイカル地域の長期発展プログラム」等多数の同様の「プログラム」あるいは「コンセプト」が策定されたが，それらの多くは予定された財政資金の投下が半分にも遠く満たない等，財源不足を主要な要因として実体を伴うことなく推移してきたことは様々に指摘されてきた。

だがこのロシア連邦地域発展省による「地域の社会・経済発展戦略コンセプト」に関しては，すでに実際の政策と軌を一にするものであると言うことができる。たとえばすでに，これと一致する形で中央政府の支出計画は作成されている。各地域への財源委譲を進めると共に中央からの支援を削減していることが示されているのである。こうした趨勢に先だつものとして指摘すべきなのは，1997年から立案が進められていた極北地域からの転出を促す「極北地域リストラクチャリングプログラム」である。これはいくつかの都市を選定し，それについて住民を流出させ，長期的にはその都市の閉鎖そのものを視野に入れた計画である。対象地域の1つとなった極東の辺境マガダン州第2の都市ススマンにおいては着実に成果を収め，社会基盤維持に高コストを要する地域の人口を減少させることに成功していることが報告されている（The World Bank, 2004, Thompson, 2004）。このプログラムは次のような観点から正当化されている。すなわち，たとえば100万人が立地する地域についても100人しか立地していない地域についても，生活を送るうえで最低限必要なインフラというものは存在する。だが整備したインフラは，そののちの維持費用を随伴する。そうであれば，過疎の進んだ都市の住民がより集積の進んだ地域に移転することを促し，やがては当該過疎都市を閉鎖することが国家全体の効率性を高めうる，という考え方である。

　また2005年7月に採択され11月に地域指定が行われた「特別経済区について」の連邦法は，かつて20あまりも採択され，ロシア北西部のカリーニンラード州等を除きほとんどの事例で実際的な意味を伴わなかったエリツィン時代の「経済特区」（岩崎・菅沼, 2004）とは異なり，その指定地域の数も絞りかつモスクワ周辺等産業基盤がすでにある程度以上存在する地域を対象としている。これら一連の動きは相互に整合的であり，一貫した方針があらわになっていると言える。

（3）　ウラジオストク開発？

　さりながらそうした視点から見ると，2012年におけるAPECC首脳会談開催の名乗りと共に計画されているウラジオストクのインフラ整備をはじめとした極東の開発計画をどう見るべきか，ということが問われよう。天然資源産出・搬出地域の産業基盤を整備することそのものは，それに依る成長を見てき

たロシアとしては当然のことであり十分に正当化が可能なものであろう。しかしながらそれを越え，極東に産業基盤を構築する，あるいはソ連崩壊後数百万人規模で生じた人口減を反転させより多くのヒトを引きつけるための社会基盤整備を行う，ということになるとそれはまた別物である。

　有り体に言えば，それはソ連時代の辺境開発政策に相通じるものがある。Hill and Gaddy（2003）が喝破したように，辺境地域における社会基盤維持負担は旧ソ連において「呪い」とさえ言いうるものであった。中国からの人口圧力に対抗する，という意味づけが行われるものとも想定し得るが，極北地域維持のための社会的コストを再度拡大することに，東西冷戦ほどには安全保障上の意義を有しない地域開発がどういう視点から合理性を主張できるのか，という疑問を覚えないではいられない。先に触れたとおり，ソ連崩壊後の極東開発計画は軒並み画餅に終わったと言ってよいものであった。今回の極東開発構想がどれほどの実効性を有するものとなるか，注視していく必要があろう。

●注
(1)　現在の委員構成も，副組長が李克強（国務院副総理）1名となったこと，外交部長が加わったことを除いては，国務院の機構再編を反映した部局の統合や名称変更はあるものの，基本的に変化がない（2008年6月5日，国務院弁公庁通知，振興東北網，2008年12月5日）。
(2)　延辺の中朝貿易貨物量（圏河税関）は1998年の4万1387トンをボトムとして，99年以降増大し，2004年には13万9497トンに達している（李燦雨，松野ほか，2006所収，37頁）。国境貿易額も1998年の3163万ドルが2004年には2億1582万ドルに増大している（林今淑，同，54頁）。
(3)　琿春の対ロ出入国者数は，2003年の21.6万人から2004年17.1万人，2005年14.2万人に減少した（本書第6章，116〜119頁，表6-1）。
(4)　2005年の対ロ貿易貨物量は，琿春の9.0万トンに対し，綏芬河は770万トン，東寧27.7万トン，黒河30.7万トンであった（同）。
(5)　2009年6月29日より，ロシアのトロイツァ（旧ザルビノ），韓国の束草と新潟（週2回入港）を結ぶ定期国際貨客フェリーが運行することとなった（『日本経済新聞』2009年5月26日）。

（6）「新浪網」http://finance.sina.com.cn/j/20050926/1422199294.shtml。2006年8月,琿春市政府におけるヒアリングで内容を確認した。ただし,合意は実行されていない。
（7） 吉林省統計局編『吉林統計年鑑2004』中国統計出版社,2004年,遼寧省統計局編『遼寧統計年鑑2004』中国統計出版社,2004年,延辺朝鮮族自治州政府門戸網http://www.yanbian.gov.cn, 2008年大連市国民経済和社会発展統計公報,大連統計信息網（公衆版）http://www.stats.dl.gov.cn。
（8） 最新版の極東・ザバイカル開発プログラムに関する評価については,雲和広「ロシア極東ザバイカル地域開発と人口動態」『極東・東シベリアに関する調査』外務省委託調査報告書,2008年3月,141～152頁を参照されたい。

●参考文献

李燦雨（2003）『図們江地域開発10年——その評価と課題』ERINAブックレット vol.2, 環日本海経済研究所。
岩崎一郎・菅沼桂子（2004）『ロシアにおける外国直接投資の立地選択』Hitotsubashi Institute of Economic Research Discussion Paper A-445.
大津定美編（2005）『北東アジアにおける国際労働移動と地域経済開発』ミネルヴァ書房。
———・吉井昌彦編（2004）『ロシア・東欧経済論』ミネルヴァ書房。
金鳳徳・安崗（2004）「中国東北的振興與東北亜経済合作」『立命館国際地域研究』第22号。
雲和広（1998）「連邦解体と地域経済」小野堅・岡本武・溝端佐登史編『ロシア経済』世界思想社。
———（2003）『ソ連・ロシアにおける地域開発と人口移動——経済地理学的アプローチ』大学教育出版。
瀋陽統計局（1989）『人民瀋陽四十年 1949-1989』中国統計出版社。
振興東北網 http://chinaeast.xinhuanet.com/
張国宝（2006）「国務院振興東北弁主任張国宝作振興東北情況報告」振興東北網, http://chinaeast.xinhuanet.com/2006-12/01/content_8668519.htm。
武士国（2006）「中国東北振興戦略の進展と日中経済協力の展望」『ERINA REPORT』69号。
二村秀彦・金野雄五・杉浦史和・大坪祐介（2002）『ロシア経済10年の軌跡』ミネルヴァ書房。
松野周治・中川涼司・裴光雄（2005）「2004年延辺調査並びにワークショップ報告」『立命館国際地域研究』23号。

松野周治・曹瑞林・小島宏（2005）「大連における東北アジア国際物流シンポジウムと経済調査について」『立命館国際地域研究』23号。
松野周治・徐勝・夏剛編（2006）『東北アジア共同体への道――現状と課題』文眞堂。
Chang, J. K. (1969), *Industrial Development in Pre-Communist China*, Aldine Publishing Co.
Hill, F. and C. G. Gaddy (2003), *Siberian Curse: How Communist Planners Left Russia Out in the Cold*, Brookings Institution Press.
Kumo, K. (2007), Inter-regional Migration in Russia: Using an Origin-to-Destination Matrix, *Post-Communist Economies*, vol. 19, no. 2.
The World Bank (2004), *From Transition to Development: A Country Economic Memorandum for the Russian Federation*, Moscow, the World Bank, Draft.
Thompson, N. (2004), Migration and Resettlement in Chukotka: A Research Note, *Eurasian Geography and Economics*, vol. 45, No. 1.

付記

本章 [1]〜[2] は松野，[3]〜[5] は雲が執筆した。なお，雲執筆部分は『えーじぇっく・れぽーと』（北陸 AJEC）第44号に掲載されたものの改稿であり，平成18年度全国銀行学術研究振興財団研究助成による成果の一部である。

第4章
北東アジアの経済連携強化
―― ロシアWTO問題と「アジア共同体論」――

大 津 定 美

1 北東アジアの経済連携の可能性――アジアにおける「南北逆格差」

(1) 北東アジアの経済協力は遅れている

　まず確認しておかねばならないのは，北東アジア地域は大きな潜在力を持っているにもかかわらず，世界市場への統合度合いという観点からは，「最も遅れた」部分であること，とりわけ最近の東南アジアの地域連携の躍進ぶりと比較すると，そのコントラストはあまりにも大きいという事実だ。シベリアや極東でロシアがもつエネルギー資源の絶大な役割には疑問の余地がない。中国は長年に及ぶ「高度経済成長」で貿易額でも日本を追い越して世界第2の貿易大国になった。また，2001年WTO加入を果たしてからすでに7年，その「移行期間」も終わり，名実ともに世界経済の一大アクターとなろうとしている。韓国や日本も長期不況を脱して再び成長軌道への回帰が歓迎され始めている。こうして21世紀に入って，北東アジアは地域間の経済連携を強めて，東南アジアや東アジアでの進展，いわゆる「ASEAN＋3」構想の磁力に引かれて，持てる潜在力の発揮に向けて走り出す基盤が固められつつあるように見える。そのこと自体は歓迎されるべきことである。1980年代のいわゆる「環日本海経済圏構想」の挫折（第2章参照）いらい久々の春風が吹き始めたといえよう。

　しかし，中国やロシアのマクロ経済動向だけでなく，ロシア極東や中国東北の実情，また朝鮮半島の緊張激化という国際関係の「逆風」を見ると，こうした期待はどれだけ現実性を持っているのか，数々の疑問が湧いてくる。北東アジアのこうした「遅れ」については多言を要しない（大津，2005，はじめに）。

　次章で見られるように，最近中ロ間貿易の急成長が注目を集めているが，その貿易形態は，バーター取引（特に兵器の輸出入）や担ぎ屋（シャトル・トレー

ダー）を含めた国境貿易（中国では辺境貿易）がなお幅を利かせている。この地域の貿易に長年の経験のある日本の業者の多くは北東アジアを「無法地帯」とする見方が大勢をしめる。木材や海産物の「やみ取引額」は「公式の貿易統計」と同じくらいかそれを陵駕する（本書，第Ⅲ部第15章③参照）。ウスリータイガーや熊の密猟と密輸出などは世界の自然保護団体が強い警告を発している。さらに暴力団やマフィアが絡んだ麻薬や覚醒剤，女性の人身売買，などは国際刑事事件を多数引き起こしている。こうした「非正常」な国際取引が横行している状況では，ロシアや中国がWTOメンバーとなろうがなるまいが，つまりモスクワや北京の中央政府が国際経済組織に市場経済のプレーヤーとして仲間入りを承認されても，ロシア極東や中国東北は別だ，と言わざるをえない状況が牢固として見られる。

　もちろんロシアの経済発展貿易省のゲルマン・グレフ大臣（当時）もロシアと中国の「灰色貿易」の深刻さを嘆いている。要するに，この地域には国際貿易の通常のルールがなお育っていない。貿易取引の決済についても，中ロ間のコルレス（銀行間決済）はなお確立していない。日本や韓国とロシアとは，モスクワを介して，若干行われているが，現地金融機関との間のコルレスはなお時間がかかる。直接投資も微弱でFTAの模索も見えない。2国間の関係がこうであるから，ましてやASEANなどに見る多国間の経済協力や連携の制度化は遠い先の話だ，と言わざるをえない面がある。

　こうした違い，「南北逆格差」が生まれた大きな理由の一つとしては，いうまでもなく「外資の浸透」の差がある。東南アジアでは1960年代から米欧の多国籍企業が入り，またNIESの台頭があり，日本資本の大規模な進出があった。つまり，外資による「原始的蓄積」が行われ，かなりの程度強権的な政治によって支えられた「開発独裁」のもとで，1970〜80年代の工業化が進行した。これがベースになって国境の壁を越えた地域経済連携の芽が育ってきたのである。

　北東アジアではこうした外資の浸透がないか，あってもきわめて弱い。韓国や日本の資本が中国東北地方に大きな投資を行ってきたことは事実である。特に遼寧省が大きく，吉林省がこれに次ぐ。しかし黒龍江省はきわめて少ない。ロシア極東については外資の進出はほとんどないといってよい。サハリンが例外的に大きい。直接投資の規模をロシアの州や共和国など地方単位で見ると，

サハリンは，モスクワ市・モスクワ州（この2つで半分を占める）に次いで，第3位である（ターラ，2006，555頁）。しかしその投資活動は，産業レベルでも企業経営レベルでも，東南アジア諸国への外資の影響力とは比較にならない。

　インフラについてもそうだ。ロシア極東では，バイカル湖以東をハバロフスクまで貫通するのはシベリア鉄道だけで，高速自動車道路はない。2年前にやっとブラゴヴェシチェンスクからハバロフスクへいたる「簡易高速道路」が完成したばかりだ。中国の黒龍江省は，松花江流域が広大な氾濫原となっており，物流・交通の便はなお育っていない。また，中国とロシアの国境線になっているアムール川（黒龍江）とウスリー川には国境を跨ぐ橋は一つも掛けられていない。両国間の物流は主に鉄道と船に担われているが，大型貨物船は航行困難である。つまり地域の経済連携に何よりも欠かせない物流，それを支えるインフラがほとんどできていない。こうしたところでは，国境にリンクした地域的な産業集積は育ちにくい。

　これに対して東南アジアでは，たとえばメコン川流域開発の国際協力事業が進んでおり，GMS（Greater Mekong Sub-region）プログラムが着々と進んでいる。地域の電力資源開発と南北経済回廊や東西経済回廊の建設という形で，国境を越えた大型交通インフラの整備が目指されてきた。2006年末にはメコンを跨ぐ国際架橋が完成し，ベトナムのダナンからラオス・タイを経て，西のミャンマーのモーラミャインにいたる東西経済回廊・輸送道路網が貫通した。

　北東アジアでは，中ロの間での初めての国際架橋としては，アムール川を挟んで指呼の間にあるブラゴヴェシチェンスクと黒河，この両市を結ぶ橋の建設計画が1990年代半ばから存在するが，主にロシア側の理由で実現していない。図們江開発の計画挫折が大きく響いていると推測される。とはいえ，上記のGMSの計画スタートは1992年であるから，それが最初の10年の第1期計画がほぼ成功裏に進んだ（西澤・北原，2004，244頁）のと比較すると，北東アジアの開発の初期条件が弱体であるだけでなく，構想推進のスピード自体も蝸牛の歩みのようにスローなことに驚く。

（2）北東アジア域内貿易

　しかし，こうした遅れや障壁にもかかわらず，北東アジア地域の貿易額は21世紀に入って急速に増大している。その規模を概観すると，この地域の輸出が

表4-1 北東アジア域内貿易と域内依存率（2001～04年）

	2001	2002	2003	2004
域内貿易総額億ドル	2,005	2,274	2,950	3,844
同対前年伸び率	－0.35％	13.40％	29.70％	30.30％
域内依存率（輸出）	26％	27％	29％	29％
域内依存率（輸入）	22％	22％	24％	24％

出所：『ERINA情報』No. EJ-0602, の付表2001-2004各表から，筆者作成。

　世界輸出に占める割合では，2001年に14.4％であったのが，2004年には16.9％に成長した（『ERINA情報』No. EJ-0602, 2006年9月による）。これは域外との取引を含めた数字だが，域内の取引も増大している。

　表4-1に見られるように，北東アジア諸国の域内貿易は2001年の2005億ドルから2004年の3844億ドルに，実に91.7％と倍増に近い。

　また，この地域の諸国間の対外貿易の規模はどの程度か。それを北東アジアを構成する6カ国と2つの地域に限り，その相互の貿易量をマトリックスという形で表現することが可能ではあるが，ロシアについては極東の比率を確定するのが困難という限界がある。とはいえ，域内諸国貿易の相互依存度が上昇しているのは明らかで，それは何よりも，中国の輸出・輸入が急増し，またロシアのそれも急増していることによる（第Ⅱ部第5章参照）。そのなかで特に中ロ間の貿易の顕著な増加が大きく貢献していることに注目すべきである。

　2000年から2004年までの5年間で中ロ貿易の年平均増加率は33.1％に達し，貿易総額は2000年の80億ドルから2004年の212億3000万ドルに増加した。さらに2005年には，中ロ貿易総額は291億ドル，中国の輸入額は158億ドル，輸出額は133億ドルとなった。

　同年のロシアの対外取引全体は2780億ドルで，そのなかで対中国が占める比重は，輸出で6.2％，輸入で5.7％と，ドイツやイタリアについで大きな相手国となりつつある。ロシアと中国の貿易高の約3分の1は地域および国境貿易だ。2004～06年の期間にその貿易高は44％増加し，102億8000万ドルに達した。当初のロシアの木材輸出，中国の消費物資の輸出という構図は薄れ，貿易品目は徐々に広がっている。現在の重要品目としては，鉄鋼，セルロース，化学産業製品などがある（『ノボスチ通信』2006年9月15日）。

表4-2 ロシアの外国貿易（CIS諸国を除く，1992～2006年）（単位：10億ドル）

	1992	1993	1994	1995	1996	1997	1998	1999
輸 出	42.4	44.3	49.2	63.7	69.2	68.4	57.6	62.2
輸 入	37.0	26.8	28.3	33.2	31.5	38.8	32.3	21.9
総 額	79.4	71.1	77.5	96.9	100.7	107.2	89.9	84.1
収 支	5.4	17.5	20.9	30.5	37.7	29.6	25.3	40.3

	2000	2001	2002	2003	2004	2005	2006	2007
輸 出	89.3	85.4	91.0	113.2	152.2	208.8	258.9	299.9
輸 入	22.3	30.7	36.0	44.2	57.9	79.6	115.4	169.9
総 額	111.6	116.1	127.0	157.4	210.1	288.4	374.3	469.8
収 支	67.0	54.7	55.0	69.0	94.4	129.2	143.5	130.0

注：数字はロシア連邦国家関税委員会統計による，価額と輸出はFOB，輸入はCIF。
出所：ロシア連邦統計庁『数字で見るロシア』2000, 2008各年，
　　　およびhttp://www.gks.ru/free_doc/2007/b07_11/25-03.htm

（3） 目覚しいロシアの経済成長

北東アジア貿易のこうした回復に貢献しているのは，中国の成長持続と最近のロシア経済の好調である。1990年代の「転換ショック」とその後の不況で「貧困ロシア」のイメージが続いたが，1998年の金融危機を経て，99年からプラス成長に転じ，2003～04年は7％台の成長率を維持するに至った。ロシアはまさに「失われた90年代」を回復すべく，「消費大国ロシア」のイメージを打ち出している。プーチン大統領はこうした「成長と安定」をバックに，2006年5月には「G8サミット」を古都サンクト・ペテルブルグで主宰するまでになった。

ロシアの貿易の動向を，対CIS諸国を除いた数字で見ると，表4-2のようになっている。2000年以後総額で1000億ドルを超え，2007年にはさらにその4倍以上の急増を示している。

ロシアの経済成長の大きな要因は貿易，特に輸出の拡大にあり，とりわけ石油・ガスなどエネルギー資源の国際価格の上昇による収入増が貢献していることは周知の事実である（輸出の半分以上を占める）。貿易の成長で，財政収支も2002年から黒字に転じ，エネルギーによる収入増をもとに設定した「安定化基金」も積みあがってきた。2006年には外貨準備高は記録的な3000億ドルに達し，中国・日本に続く世界で第3位の規模となった。長く返済が危ぶまれてきた対外債務，とりわけ公的債務（パリクラブ）の前倒し返済も2006年8月に決定し

た。こうしてロシアのマクロ経済の好調は明らかである。

2 ロシア極東の現状

(1) 対外貿易の好調と制約条件

こうしたマクロ経済の好調と成長の波はロシア極東にもようやく及びはじめた。極東の旧来型工業生産の回復はなお微々たるものであるが，極東全体の対外輸出は1999年の25億ドルから2004年には倍増の50億ドル近くになった（ソ連崩壊直後の1992年から見ると3倍以上に拡大した）。これにはサハリン大陸棚における石油・ガスの生産と輸出開始（2002年から）が大きく貢献しており，当面の主要輸出相手である日本や韓国だけでなく，近い将来には米国や中国をも視野に入れた，一大ビジネスに成長しつつある。さらに，2003年になって俄かに脚光を浴びはじめた「東シベリア油田からのパイプライン建設」問題は（第Ⅱ部第5章，第7章を参照），中国と日本が競うなどの局面も現れて，中・長期的な北東アジアのエネルギー安全保障を左右する戦略的な意義を持ちはじめた。とはいえ，建設投資資金と労働力調達はなお未解決部分が多く，今後も目が離せないトピックスになっている（伊藤，2007）。

また，ロシア極東の地域開発には，労働力不足やインフラ未整備など積年の難題が多く横たわっており，ロシア極東の「内発的要因」だけでは今後の急速な進展は望めない。社会主義時代には主に軍事的な要請から中央政府は，この地域に多大の資金と人材の投入を行い，その維持に莫大なコストを掛けてきた。しかし，ソ連崩壊で中央との経済連携を絶たれ，90年代はまさに「どん底」の生活を強いられた。いかに極東を立て直すか。地域の行政・学界・産業界は，総合的な開発方針は「中央の決意しだい」とモスクワに訴え続けてきた。そうした強い要望もあって，中央政府は，国家プログラムの形で「極東ザバイカル経済社会発展計画」(1996年，同2010年までの改訂版2002年) などの開発プログラムを提示してきた。しかし，モスクワの目は西に向けられており，人材も資金提供もプログラムでの約束は「一貫して未達成」だ（大津，2005，第2章参照）。

開発には何よりも外資との連携が不可欠である。外資の誘致に成功しているのは，日本からの製材関連事業を除けば，サハリン大陸棚の石油・ガス開発だけであろう。政府も地方行政もことあるごとに「外国資本の誘致」を叫んでい

るが，ロシア極東が，サハリン以外に西側諸国からの外資をひきつける魅力を備えることができるかどうかが問題だ。しかも，2006年夏からの「サハリン2事件」は，今後さらに外資への魅力を乏しいものにする恐れがある。これは，パイプライン建設が環境破壊につながることを理由に政府が100％外資のサハリンエナジー社の事業展開に圧力をかけたもので，結果としてロシア側企業・ガスプロムが株式の半数以上（50％＋1株）を買収するという「一大介入」を行った。これは，2004～05年にロシア西欧部でのウクライナ・白ロシアへのガス供給停止事件がショックを与えたと同様に，極東でも今後の西側資本のロシア投資への警戒感を一層強めることになった一件だった。「世界最大の外貨保有国」となった中国も，海外への投資を拡大しつつあり，ロシアにも出始めているが，まだ件数も投資規模も小さい（大津, 2005, 4～5頁）。この点も，東南アジアと大きく異なるところである。

それだけではない。極東に住むロシア人自身が極東を捨てる，その動きが衰えない。極東の人口はこの15年で100万人以上減った（大津, 2004）。人口減少がこのまま続けば，生産要素としての人手不足だけでなく，市場規模自体の収縮に導かざるをえない。こうした「負の要因」を前にして，なお北東アジアの胎動を感じ取ることができるかどうか，疑問が頭をもちあげる。

（2） 貿易と人の移動の加速──国境貿易とシャトル・レーダー

北東アジアの経済連携につながるもう一つの目立った動きは，中ロ国境貿易の盛況と国境を越える人々の流れ──労働移民の激増である（第Ⅱ部の第5章，第6章，第8章に詳説）。まずいわゆるシャトル・トレーダーの奔流がある。1990年代初めソ連崩壊でロシア経済が大混乱し，ロシア人買出し部隊が日用品を求めてどっと国境を越えた。西側ではポーランドへ，南ではトルコへ，そして極東では中国へ。そしてさらに中国人が大量の商品を担いでロシアの各地に行商に出掛け，瞬く間に中国人バザールが雨後の筍のように誕生した。ウラジオストクやハバロフスクなどの主要・中核都市にはもちろん，中国との国境に近いブラゴヴェシチェンスクやウスリースクには「極東最大」のバザールができあがった。これはしかし，ロシア側では公式の貿易統計にはカウントされない「隠れた貿易」である。このシャトル貿易に従事する中国人，ロシア人の数は，正確には分からない。公式の「出入国統計」では，観光客・就学生・ビジ

ネスなど公式の移動者が記録されるだけで，繰り返し出入国する「担ぎ屋」は把握されない（大津，2004）。ロシア側での推計では，自営の商業活動に従事する中国人は50万人とか100万人とか言われる（大津，2005）。いずれにしろ，この大群は，北東アジアの経済相互依存をモノとヒトの流れで表現する有力な証左といえる。[1]

さらに，労務契約による外国人労働者が多数ロシアで働く。その背景にはもちろんロシアの経済混乱だけでなく，ロシアの人口不足と中国の人口過剰という構造的な非対称があることはいうまでもない。極東の人手不足には，社会主義時代から，ウクライナなど旧ソ連共和国からも，さらにはヴェトナムや北朝鮮など「友邦」からの「労務輸出」という国際協力が機能してきた。連邦崩壊後も，それは続き，特に従来はなかった中国との「労務契約」で，農業や建設などの分野で就労者を受け入れた。これは公式の「出稼ぎ労働者」であり，90年代を通して極東では約5～6万人が働いた（大津，2005，第7，11，12の各章）。しかし，こうした「補完的移民」も2000年代に入って，減少しつつある。中国や東南アジアでの成長と所得上昇によって，出稼ぎ労働市場としてのロシアが魅力を失いつつあるのだ。

それだけではない。1990年代後半には，極東における中国人のプレゼンスのあまりの大きさに，ロシアの地域住民が脅威を感じ排外主義的な感情や行動が見られるまでなった（大津，2000）。それはいわゆる「不法滞在者」や外国人による犯罪の増加などの事実もかかわっている。しかし，より多く注目すべきは，極東からのロシア人（だけでなく旧ソ連構成共和国からの「旧ソ連人」）の流出と労働力供給の減少が止まらないという現実に対して，外国人労働力は極東経済の維持にかなりの貢献をしていることを忘れてはならない（大津，2004）。

③　ロシアのWTO加盟問題

ロシアのWTOへの加盟が国際経済の関心を呼んできた。たしかに，社会主義体制崩壊後混乱を続けていたロシアがWTOメンバーになることは，エネルギー問題や安全保障問題の観点からも軽視できない。中国はすでに加盟後5年が経過し，「移行期間」も終わりに近づいた。北東アジアの2大国が世界経済への本格的統合過程に入る。それは，1990年代のロシアの経済危機と混乱

から見ると，北東アジア発展への展望という点からきわめて大きな変化を意味していることは間違いない。しかし，この変化はモスクワや北京にとっては大きな変化であろうが，両国の「辺境部分」が主要な構成要素である北東アジアにとってはどうであろうか。これら地域が貿易取引の国際スタンダードに適合可能な条件を熟成させたかどうか，「辺境地域」の産業が強力な外資との競争に十分対応できるかどうか，これら地域の旧来の農業や小商業などが破壊されてしまうのではないか。多くの難題を抱えながら，加盟交渉は進んできた。

(1) 加盟交渉の経過と2006年の状況

2006年に入ってロシアの正式加盟がにわかに具体的な日程に上ってきた。ロシアは急進経済改革が開始された翌年の1993年にWTOへの加盟申請を行った。WTOのロシア加盟に関する作業部会は1993年6月16日に結成され，以後部会は10回以上繰り返され，そのつど報告書が作成される（最近の改訂版は2004年10月）。他方，加盟に関する2国間交渉も粘り強く繰り返され，第29回目は2005年10月である（以上2005年末現在）[2]。

ロシアが交渉を開始した時期には，かつてのGATT体制にひびが入り，新たにWTOに衣替えが志向されている時期であった。しかもそのWTO自体も間もなく種々の機能不全に陥り，特にウルグアイ・ラウンドからドーハ・ラウンドにかけて，既加盟国同士の間で多くの難問を抱え，重要議題について合意達成ができずに，「流会」となる（1999年シアトル）などのケースも出るような状況にあった。しかも，ロシアの経済混乱がなお収まらず，1998年には通貨信用危機が発生，ロシア中銀はデフォルトを出してしまうような状況のなかで，多くの既加盟国が疑問をさしはさむなかで進められた。

ところが，99年からロシア経済が成長を開始した。中ロの貿易も好転し始め，さらに9・11以後ロシアを取り巻く国際環境は激変した。特にロシアのWTO加盟に難色を示してきたアメリカの対ロシア政策が大きく変わり，また石油価格の上昇によってロシアの国際収支も財政も好転してきた。こうして2004年にはEUとの長く難航していた協議も最終決着をみ，「ロシアWTO加盟間近」という状況になっていた。それからでもなお，2国間交渉でいくつかの紆余曲折があった。しかし，2006年9月13日の議会でゲルマン・グレフ経済発展貿易相が「2国間交渉はほとんど終了，北米とコスタリカ，モルドバとの合意が残

っているだけで，大きな問題はすでに解決済みである。2国間交渉は，希望を表明した国と行うのがルールで，その数は59カ国（現在の全メンバー149カ国）に上ったが，主要な国との交渉は終わった」と報告した。⁽³⁾

　この議会報告を裏づけるように，APEC閣僚会議がヴェトナムのハイノで開かれたのと並行して，切れ掛かっているかに懸念されたアメリカとの「2国間交渉」が再開され，ついに最後の米国とのプロトコルにサイン，最終合意が達成された。こうした「急転回」の裏に何があったか，ブッシュとプーチンが1週間に2度もモスクワのブヌコヴォ空港で密かに会う，というほど強い政治の介入で実現した経緯を『ロシア新聞』（2006年11月20日）は興味深く伝えている。とはいえ，56カ国との2国間協議に6年を費やした国際経済協議のプロセスがこれでほぼ終結した。

　2007年に入って，WTO加盟交渉のロシア側団長マキシム・メドヴェトコフ氏の06年交渉回顧談が伝えられた。「11月にすべての2国間交渉が妥結した。特に2003年から開始された米国との交渉は，米国の影響力が大きいだけに難航したが，ついにプロトコルにサインできた。これで作業委員会との最後の直接交渉に入るが，多角交渉での重要な問題が10から15のテーマがなお残っている。最も大きなものとしては知的財産権保護の問題がある。他には税関行政（WTOのノルマにあわせる）ともうひとつは徴税率，これは財務省と話し合う必要がある。WTOには7月に正式な加盟が総会で承認され，それをロシア議会で批准すれば，発効は08年1月からとなる予定だ」（『ロシア新聞』2007年1月9日）。

（2）　WTO加盟のメリット

　ところで，そもそもロシアにとってWTOに加盟する必要はどこにあるのか，そのメリットとデメリットはどう評価されるのか。まずは，メリットから検討してみよう。

　社会主義時代のソ連の外国貿易への依存率はきわめて低いのが特徴だった。ロシア時代になって，外国貿易がもつ意味は日ごとに増している。現在すでにGDPの3分の1は外国貿易にたよっている。外国貿易はロシア企業にとって新たな販売市場を作り出している，つまり新たな雇用機会と追加的な所得を，市民，企業，政府予算に作り出しているのである。

外国貿易が発展し，ロシアの世界市場と結びつきが強まると，一つのパラドックスが生まれる。ロシアの外国との取引は増加する，しかし貿易のルールはロシア抜きで決められていく。だから，ロシアのWTO加盟の基本的な利点は，多国間取引システムの形成への参加，同じ土俵で自分の利益を主張する可能性が生まれることである。これは政府の公式の説明である。

第2は，重要な外国市場へのロシア商品の流入制限の撤廃，これも大きな特典である。現在この制限（アンチダンピングやその補償措置）のために，ロシアは毎年25億ドルを失っている。WTOの措置なしではこの撤廃はできない。輸出相手の多角化のためには，外国市場への接近に対する種々の障害を取り除かねばならない。特に新たなハイテク商品の場合はそうだ。WTOに加盟すれば，他の国に，貿易政策の変更，関税の引き下げ，農産物への補助金削減，他の障害を取り除くよう，要求することができる。

第3に，WTOは外国資本のロシアへの投資誘因を引き上げるための効果的な手段なのである。国際的な慣行で取引が行われると，外国の資金が入り，自国資金も動く。中国ではそうなっており，ロシアでもそうなる。

ではデメリットとして上げられているものは何か。企業レベルではありうる，しかし制度上のリスクではない。ロシアの関税義務では，市場保護のガードラインの急激な引き下げはない，また，もしあった場合に備えて，保険システムを用意している。

第1は通関の管理・行政機構の改善である。これは関税の徴収率改善に，輸入品関税の低い場合にも，最低限の保護は用意してある。

第2は一定の市場では，輸入品がロシア経済のある部門に損失をもたらした場合には，選択的な保護システムを発動する。

第3に，経済の競争力引き上げのために，技術的管理システムの改革の実施，工業品輸出支援プログラム，ハイテク生産開発（経済特別区含めて），投資誘致，特定部門のリストラと再開発，などである（以上はグレフ大臣の議会での公式説明による）。

中国は2001年に加盟を果たし，2006年にはすでに5年の移行期間が終わり，グローバル・エコノミーの一翼を担うまでに成長している。ロシアもその後を追って加盟を果たさねばならない。しかし，ヤミ業者の声は表には出ないが，繊維産業や自動車，また銀行や信用など，国際競争力の弱い分野からの「時期

尚早」論や「原則反対」論などもきわめて強い。特に極東では日本車（中古車を含む）の輸入規制強化に対する市民や業者の反対は強く，これがWTO加盟反対の隠然たる圧力となっている。こうした反対論への説得に向け，ロシア政府は，地域公聴会を2002年から各地で開始，地域の産業界や住民へのPRに努めてきた。
(4)

　加盟が発効すると，海外の品質のより良いかつ安価な家電製品などが流入する。また，アメリカ側は牛肉のロシア市場への供給条件に満足している。ロシアの国内はどうなるか。前記メドヴェトコフの記者会見記事によると，アメリカとの交渉の主な成果は，輸入関税は加盟と同時はそれほど引き下げなくともよいこと，移行期間は現在の成長軌道を考慮して適合可能なように設定する，関税率自由化プログラムの枠に，いわゆる15以上ある"関税イニシアティヴ"には立たなくともよい，という立場は堅持した（『ロシア新聞』2007年1月9日）。

（3）　WTO加盟のデメリットと住民の反応

　ロシア社会意識調査基金によると，ロシア人の約半数はWTOを知らない，だが，3分の1はロシアの加盟を支持している。他の回答は，「よく知っている」は21％，「少しは知っている」は29％，「回答なし」が6％。

　46％がWTOの存在を知らないという回答だが，これは前回調査（2004年）の55％より低くなった。その背景には2006年5月のサンクト・ペテルブルグでの「G8サミット」が開かれ，そのときにWTO加盟問題が大きく話題になったことが関係している，と専門家は見ている。

　加盟はロシアにとって「よくない」が16％，「よい」が29％。ただし後者の「よい」は2004年調査では41％であったのと比較すると，3割以上減少した（調査は2006年7月22～23日実施，100カ所で，1500人に聞き取り〔《RIA Novosti》www.rian.ru　2006年7月27日〕）。

　極東ロシアの状況の一例をアムール州に見よう。農民はWTO加盟を恐れている。農民は，地元産品の市場での価格はすでに外国産よりも高くついていることを知っている。他方で，産物で外国に売れるものはなく，WTO加盟後は野菜や穀物の値段はもっと高くなるのではないかと恐れている（《Amur Info》www.amurinfo.ru　2006年12月12日）。

　厳冬の12月にもかからず，温室では胡瓜が育っている。2カ所の温室で，寒

期に緑葉野菜を育てようと決めた。植えたのは11月7日。年明けには何トンも送り出せると生産者は期待している。暗い話（WTO）はしたくないし，考えたくない。冬に胡瓜を植える決心をしたのは利益を考えてのこと。ここには温室は6棟あり，これを寒期に暖めるには何百万ルーブルもかかってしまう。その結果値段もうなぎのぼりだ。ここの胡瓜はキロ130ルーブリもする。物の品質，我々が責任持つのはこれだけだ。香りと味，ともかく美味しいの，と自慢するのはタチヤナ・モロゼヴァさん（ハウス管理主任農業技師）。

正直なところWTO加盟後，地元の農業者に何を作付けせよと勧めるのか，難しい。アムール州はWTO問題に何の準備もできていない。地域の努力で一人当たり農産物を何トンも出せる条件があれば，受け入れられよう。「我々の穀物と引き換えに，西欧諸国が家畜を育てるなど，種々のやり方で生産を統合することも可能になるかもしれない。たとえばこちらは穀物を出し，向こうは牛肉や豚肉を出すなどはできないか，とゲンナージ・イワノフ市議会農業政策委員会議長は考える。

しかし実際には西欧と自由な交換をすることはアムール州農民にはできない。当地の市場で売られているもので，地元産は40％にすぎない。穀物生産は1991年と比較して75％も減ってしまった。今年はある経営者は穀物をアルタイ地方から買った。アムール州の農産物で競争力があるのはジャガイモだけ。地元の人だけでなく隣の地域からもこれを買いに来る。しかし，これを国際的な流通ネットにのせるなどほとんど不可能だ（《Amur Info》www.amurinfo.ru 2006年12月12日）。

（4） ロシア極東とWTO

産業の競争力や品質問題だけでなく，極東ロシアでは，貿易制度やルールの国際標準化に関して，特殊な問題が伏在する。長年続きほぼ制度化した感さえある「ヤミ取引」をどうとらえるかという問題だ。

1節で見たように中ロ貿易は急増している。これは公式の貿易統計だ。上述の担ぎ屋やヤミ取引の増加をも含めて考えると，実際の規模はさらに大きくなる。そこで持ち上がる問題の一つは，担ぎ屋やヤミ取引をどう評価し位置づけるかだ。というのは，経済連携の強化を中ロ国境間の経済関係強化だけでなく，それ以外の諸国とりわけアジア太平洋諸国や南アジア諸地域とのより開かれた

関係の構築を視野に入れるとき，闇経済や灰色貿易という慣行は，地域経済との統合にとっては大きな障害になりかねない。極東地域では，担ぎ屋貿易は体制転換期の特殊な一時的形態であり，ヤミ取引も社会主義時代から根強く存在するロシアの悪習とはいえ，一定の役割を果たしてきた，それを直ちに根絶するのも困難だ，と「リベラル」に構えるのか。それとも体制の安定と持続的成長をバックに対外開放をいっそう進めるためにはブレーキとなるから，これを力ずくでも排除するという「急進改革」が必要と見るか，で分かれてくる。

海外ではロシア税関は「灰色貿易」で名高い。極東の貿易実務に明るい日本の業者のあいだでは，ロシアだけでく中国も，双方とも「無法地帯」に近いとの見方が大勢を占める。

その汚名を拭うためにロシア政府は改革に乗り出した。WTO加盟を世界経済への仲間入り切符と見なす政府，特にグレフ氏が率いる経済発展貿易省はことのほか熱心で，加盟交渉の遂行に多大の努力を傾注してきた。プーチン大統領も「今日のWTOは世界貿易の発展を促す機関だ。それは一種の『品質保証』のようなもので，これによって投資にとって好都合な条件ができ，わが国に対する信頼度向上につながる」（2006年7月）などと，機会あるごとに説いてきた。政府はWTO加盟によって世界経済との統合を一層強化する道を邁進していることは明らかだ。しかし，それが極東地域経済にはどのような影響を与えるのであろうか。

このように，北東アジアは，特にロシア極東側からみた現状は，ロシアのWTO加盟が今後の経済連携強化に直ちにリンクするとは思えない面が多い。地域は明らかに大きなジレンマのなかにある。

④ 北東アジア地域連携のフォルムと推進力――グローバリゼーションのなかで

（1） 9・11以後の国際環境の変化と北東アジア連携強化の新たな芽

1990年代はユーラシア大陸の西と中央・東では，逆のプロセスが進行した。西欧ではECがEUに成長し，地域統合がいっそう進んだ（2007年にはついに27カ国が加盟）のに対して，東欧とソ連では社会主義の崩壊で統合の解体が進み30以上の新たな独立国家が生まれた。統合と解体が時を同じくして進んだということは実に世界史上稀な出来事といえる。

21世紀に入って，北東アジアにおける経済連携に対して大きな影響を与えているのは，2001年9月11日の事件であり，北朝鮮の核実験問題である。これらは直接には国際政治・軍事・外交の問題であるが，同時に北東アジアにおける新たな地域連携の芽を生んでいる。ひとつは，北朝鮮問題を巡る「6カ国協議」であり，今ひとつはロシア・中国を核として中央アジア諸国が手を結びつつある「上海協力機構（SCO）」である。直接には外交問題が主題であるとはいえ，経済の面でも地域連携につながる問題を含んでいる。前者では食糧・エネルギー援助であり，後者ではエネルギー安全保障が議題としての比重を増している。とはいえ前者は「地域の安定」を担保するために「強いられた連携」という性格が強く，後者も，アメリカの一極支配への抵抗という国際政治力学に基づく「戦略的連携」である。これらも多国間の「地域連携」の一つではあろうが，なお意義は限定されており，経済連携への制度化には時間がかかろう。

振り返ってみると，世界の貿易・通商は，第二次世界大戦後，戦前の「ブロック経済」がもたらした弊害を教訓に，自由化をモットーにGATT（その後のWTO）やIMFなどの国際機構の枠で発展してきた。その原理は，加盟国のなかでの相互に無差別主義で国際分業の利益を極大化させ，それ以外の国々は加盟国となることによる利益を求めて努力する，という「市場主義」であった。ところがこれと並行して，いくつかの隣接諸国が地域の共同利益を求め，関税や種々の規制など「通商上の障壁」や人の移動を域内で自由化する「地域統合主義」が台頭してきた。ECやさらに統合を強めたEUはその典型であり，90年代には北アメリカのNAFTAや東南アジアのASEANなども成長を遂げている。

（2）　国際地域統合のモデル

ここであらためて，国際地域経済協力のモデルないし推進力を考えてみる。北東アジアではどのような地域経済協力が望ましいのかを探るためである。

統合のモデルないし理論としてはB・バラッサ「地域統合の5段階論」がよく知られている（バラッサ，1963）。それによると，①まず特定の2国間ないし地域の自由貿易協定FTA（関税の引き下げなどによる自由化の推進），②域内の関税同盟（1968年EECがその例），③財・労働力などの自由移動を含む共同市場の形成（1993年EU），④経済政策の同調も図る「経済同盟」，⑤そして一国と

同レベルになる完全な経済統合，がある。さらにこうした統合を機能させるためには，為替の自由化問題があり，地域統合の見地からは「最適通貨圏（OCA）[5]」の構想もある。

実際にEUは，地域経済統合の長い歴史を持っており，その発展もマンデルの理論に添う形で進んできた。また，通貨についてもついに99年から域内の共通通貨ユーロ発行（現金は2002年から）にまで至っている。北米では，無差別な自由化を標榜してきたアメリカが中心になって，1992年にNAFTAを締結し世界を驚かせたが，それ以来，国際地域連携の強化に向けた動きは一層活発になった。

アジアでも，東南アジアの地域連携としてはASEANが1967年に結成されたが，当初は経済連携としてよりは，北のソ連・中国からの「共産主義の脅威」に対抗する政治・外交上の協力関係が狙いであった。それが明示的に「経済連携」を目指すことになったのは，70年代の「NICsの成功」と80年代からの日本の資本浸透が顕著になってからである（西沢ほか，2004）。その後ASEANの域内貿易が高まり，97年の通貨危機で一旦は低下したが，「V字型回復」で持続的な成長に入り，さらに中国がASEANとFTAを締結（2002年，発効は03年11月）したことにより，アジアでの地域連携EPAへの動きが活発になってきた。さらに，同じ年のASEAN結成30周年記念，12月開催の首脳会議に，日・韓・中の3首脳を招待，通貨危機に対する政策協力がテーマとなった。これが「ASEAN＋3」のはじまりで，現在ではこれをベースとした「東アジア共同体」が目指されるまでになっている。

その研究・協議機関としての東アジア共同体評議会が「東アジア経済統合の3段階論」を打ち出している。それによると，

  第1段階，東アジア経済連携協定（EPA）を設立し，モノ・ヒト・カネ（投資）・情報が自由に移動する統一市場を実現する。
  第2段階，関税同盟。
  第3段階，金融制度など経済制度の統一，共通マクロ経済政策，単一通貨を含む経済統合へ発展させる。

とされている。

ここでいう東アジアとは ASEAN 10カ国＋3（＋台湾，香港）の15カ国を意味している。その中心にあるのは ASEAN で2020年までに「経済共同体」を実現する，というまでになっている。

この東アジア共同体には北東アジアは明示的には含まれていない。とはいえ，中国は東南アジアや東アジアとの連携強化を強力に推進しており，2001年には WTO に正式に加盟した。また，ロシアも上に見たように WTO 加盟を鋭意推進しており，2006年末にはアメリカとの2国間交渉も締結した。こうして，国としては，つまり北京政府とモスクワ政府は世界経済への統合を目指しこれを実現しつつある（2007年初め現在）が，北東アジア地域での地域連携に向けた具体策はまだ見えていない。つまり，上で見た，第1段階がなお明確な目標とはなりえていない。

しかし，国家レベル・中央政府の明確な政策方針とはなりえていないが，学術団体や業界団体も含めて，種々のフォーラムやシンポジウムの形で，交流が続けられている。日本では新潟の ERINA をベースとした「北東アジア経済会議」，中国の吉林省における「北東アジア会議」，ロシアでも「極東経済フォーラム」などがあり，経済連携を進めるための様々な議論が展開されている。そうした議論にも注目する必要がある。

（3） 地域主義と WTO ―― 2国間か多国間か

北東アジアがそのもてるポテンシャルを発揮するためには，構成諸国・諸地域が国境の壁を低くして，分業と比較優位を生かして，生産・流通・消費の構造を強化し，そしてヒト・モノ・カネのより一層の移動を可能にするシステムを創らねばならない。特に中ロの国境を接する地域の連携，朝鮮半島や日本を含めた経済循環の活性化を計ることが肝要である。特に東アジアが中国の高成長が牽引車となって，世界の新たな成長の局を形成しつつあり，ロシアの成長がその推進力をパワーアップしている。ここで，注目すべきは，こうした地域統合の推進力になっているのは，「多角的協力関係」ではなく「2国間関係」であるということだ。

地域主義の考え方は，多角的な協調を基本とする「自由貿易体制」の GATT・WTO の思想とは，反するものである。WTO は加盟国相互の間の自由貿易が基本であり，相互に無差別・最恵国待遇を求める。それこそが自由貿

易の推進力であり，このルールを守らないものに対しては厳しい制裁措置を課する。そうした強制力を持たせる。その変わり「関税率」など貿易政策において自主権を一部移譲しなければならない，というものである。

これに対して，最近新たな潮流になりつつある「地域統合」は2国間で締結される「自由貿易協定FTA (Free Trade Agreement)」やそれを複数の国や地域に拡大する「地域連携EPA (Economic Partnership Area)」を基にしており，それ以外の諸国や域外の地域に対しては「差別的な」関税や貿易政策をとってもよいという「自分勝手」な協定である。とはいえその効果として，関税撤廃だけでなく，直接投資や国内改革を促進する効果も期待されている。

こうした地域主義が台頭してきたのは，GATT／WTOの体制が厳しすぎて，特に発展段階の異なる途上国に対しては国際貿易の利点を十分に生かしきれない不満があり，先進国同士でも国内にある農業など遅れた部分を抱える国では，「原則どおり」にいかない面が多く残されており，閣僚会議での議決が合意できないなどのケースが増えてきた。そこで1995年には新たにWTOを立ち上げ，従来の困難を克服しようとしたが，スムーズに行かず，特に1999年のシアトル会議ではそれが表面化し，決裂・流会となってしまった。しかし，WTOはFTAや地域統合の動きを否定するのではなく，自由貿易の原則を守ることを条件にWTO事務局への通報を前提として，これらを容認する傾向にある。WTOに通報された地域貿易協定は1990年には31件であったが，2006年6月現在，185件という多数に上っている（日本外務省経済局）。

ところで，北東アジアはこうした東南アジアや東アジアの成長循環に仲間入りすることができるのかどうか，北東アジアの国際経済関係は地域主義でいくのか，それともWTOで行くのか，またどちらの利益が大きいのか。これを改めて検討しなければならない。

日本政府は，経済の国際化は「多国間協議」方式中心で，したがって既存の組織であるWTOを重視する政策を取った。他方EUはいうに及ばず，北米やメキシコのNAFTAなどは，WTOのメンバーでありながら，原理的には異なる部分がある「地域統合」を現実に足早に進めてきた。これに対して，日本は，FTAや地域連携を積極的に求める政策を回避してきた結果，アジアにおける地域連携でのイニシアティヴをとるうえで大きく遅れてきた。この反省の上に立って，日本も東アジア統合に向けた具体的なプロセスを検討すべき段

階に来ていることは明らかで，そのさい北東アジアの地域連携を如何に視野に入れていくべきかも問われてくる。

●注
（1）　ロシア政府は，2002年に移民諸法を導入したが，問題点が多かった。その失敗を糊塗する形で，2007年1月から新たな移民制度を導入する。その一つに，外国人のバザール（ロシア語でルイノック）での仕事を禁止する法が施行され，当然極東においても，上述の中国人露店商が追い出される。この乱暴ともいえる措置に，中国人業者は「ロシアビジネス」に見切りをつけて帰国準備にかかり，12月末には，時ならぬ「閉店バーゲンセール」が各地で始まり，ロシア人住民は殺到した（『ロシア新聞』2006年12月25日）。安価な日用品の購買者として，また担ぎ屋としての雇用機会を，極東住民は失うことに繋がる。今後のこの動向は注意深く見つめる必要がある。
（2）　加盟交渉は，WTO内部に新規加盟申請国との間に一般的な加盟条件を検討する「作業部会」を設け，特定重要問題については関連する既存メンバー各国との「2国間交渉」の2本立てによって，合意を一つずつ積み重ねていくことによって行われる。後からの参加者はそれだけ多くの時間と費用が掛る破目になる（田村，2001）。
（3）　その直前の8月半ばの新聞には「ブッシュのナイフ」「鶏肉最後通牒」というヘッドラインが飛びかい，アメリカとのWTO加盟2国間交渉が突然中断されるという，ロシアにとって不愉快なハプニングが報道された。ロシアは2003年後半から肉類の輸入割当制（国別原則）を採用，アメリカやEUはこれに満足，しかし第2の輸出国であるアルゼンチンなどは不満，これにロシアの鶏肉業者が強く反対（この業界は連帯が強く，競争相手との戦いは辞さない構え）している。「もしロシアがこれまでの合意を遵守しないなら，加盟交渉にかんするアメリカとの2国間合意締結への深刻な影響は免れない」と米国代表は警告した（『ロシア新聞』2006年8月24日）。今年こそはと公言してきた政府の立場も危ういと受け取られた。
（4）　これまで5年間に，ロシアの54の地域で約200回のセミナーや円卓会議をWTOと国内市場の保護をテーマに実施してきた。企業とは何百回とコンサルティングを実施し，いくつかの地方政府は，WTO構成員という条件に適応するための地域独自のプログラムを採択しているところもある，と政府は説明している

(http://www.economy.gov.ru/wps/portal/!ut/p/)。
（5） OCAとは，為替の変動相場制の優位性でなく，固定相場制（共通通貨の導入含め）を一定の経済群内で維持し，財・サービスの貿易，資金移動，労働移動などで密接に結びついており，マクロ経済の動きが連動しているような経済群を意味し，すでに9カ国はOCAとしての条件を満たしているが，中国と他の低所得諸国は条件を満たしていない。

●参考文献

伊藤庄一（2007）「岐路に立つ太平洋パイプライン構想——第二部：プロジェクトの実現性と北東アジア地域協力に向けた課題」ERINA REPORT Vol.73。
浦田秀次郎・日本経済研究センター（2004）『アジアFTAの時代』日本経済新聞社。
大津定美（2000）「中国人のロシア極東への流入は脅威か——北東アジア国際労働移動の一側面」神戸大学国際協力研究科『国際協力論集』。
―――・吉井昌彦編（2004）『ロシア・東欧経済論』ミネルヴァ書房。
―――編（2005）『北東アジアにおける国際労働移動と地域開発』ミネルヴァ書房。
環日本海学会編（2006）『北東アジア事典』国際書院。
田村次朗（2001）『WTOガイドブック』弘文堂。
ターラ，デーヴィッド編（2006）『貿易政策とロシアのWTO加盟——ロシア・CIA諸国にとっての意義』世界銀行（原書ロシア語 Дэвид Г. Таррa, Ред. *Торговая политика и значение вступления в ВТО для России и стран СНГ: Руководство,* Всемирный Банк, 2006)。
西澤信善・北原淳編（2004）『アジア経済論』ミネルヴァ書房。
二村秀彦・今野雄五・杉浦史和・大坪佑介（2002）『ロシア経済10年の軌跡』ミネルヴァ書房。
バラッサ，B.（1963）『経済統合の理論』中島正信訳，ダイヤモンド社。
平泉秀樹（2005）『東北アジア地域における経済の構造変化と人口変動』アジア経済研究所。
ベロフ，アンドレイ（2004）「ロシア極東の経済発展」大津定美・吉井昌彦編『ロシア・東欧経済論』ミネルヴァ書房。
モトリチ，E.（2005）「極東ロシアにおける外国人労働力」大津定美編『北東アジアにおける国際労働移動と地域開発』ミネルヴァ書房。
「北東アジア諸国の貿易マトリックスの分析」（『ERINA情報』No.EJ-0602）2006年9月。

第Ⅱ部
中ロ経済関係最前線

第5章
中国からみた中ロ経済関係

馬　紅梅

1　貿易の発展とその問題点

　中ソ関係は20年以上にわたる対立のあと，1980年代後半になって徐々に改善し，1990年代に入ると完全に好転し，両国間の政治，経済，軍事関係は拡大してきた。1996年4月に中ロ両国は「戦略的協力パートナーシップ」を締結し，2001年7月には中国の江沢民国家主席とロシアのプーチン大統領がモスクワで中ロ善隣友好協力条約に調印した。2004年10月のプーチン大統領の訪中において，懸案であった国境画定交渉が最終的に妥結し，広範な分野における二国間協力の方向を定めた「行動計画」が署名された。その後中ロ関係は良好な発展振りを見せている。

　中ロの経済貿易関係の発展は両国の政治協力に比較して遅れていると評価されている。そのように評価されるにしても，中ロ間の経済関係は緊密化しつつあり，二国間関係の重要部分になってきている。本章では，中ロ経済関係（貿易，投資とエネルギー協力）を概観し，中国側の考えを取り上げ，中ロ経済関係の主な特徴と問題点を明らかにする。本章の構成は以下の通りである。第1節では，中ロ貿易の発展を概観し，その問題点を指摘する。第2節では投資分野における協力を，第3節では，エネルギー分野における協力を取り上げる。

（1）　貿易の発展

　中ソ国境貿易は1957年に始まり，69年の「珍宝島事件」（ソ連側の呼称は「ダマンスキー島事件」）で中断した。80年代に入ると中ソ関係の改善に伴い，国境貿易がまた再開された。1983年から黒龍江省，内モンゴル自治区の対ソ国境貿易が再開され，また85年に新疆ウイグル自治区においても対ソ国境貿易が再開

され，中ソ国境地帯のほぼ全域で正式の地方貿易が行われることとなった。中ソ間の経済貿易関係は，ソ連第一副首相アルヒポフの訪中において，1985年上半期に1986〜90年の長期経済貿易協定を結ぶことで一致し，中ソの経済貿易関係は大幅に改善された。

中口経済貿易関係は，1991年のロシア建国以降，上昇，停滞，再上昇の過程を経てきた。1992年12月に中口間観光団体のビザ相互免除の協定が結ばれた。それに伴い，個人が商品を携帯し，国境を行き来して販売するいわゆる担ぎ屋の「シャトル（往来）貿易」が盛んになった。貿易の拡大に寄与した要因の一つは1991年12月のソ連の崩壊である。ソ連の崩壊によって中央政府からの補助金と供給が途絶え，ロシア極東地域の人々は危機的な状況を脱出するために，国境の向こう側に眼を向けた。それで極東地域はますます中国商品に依存するようになった。中ソ貿易は1988年には輸出入併せて約29億ドルであったのが，1992年には約66億ドルへと飛躍した。外貨不足に悩む両国にとって好ましいバーター取引が主流であった。中口貿易の約半分は，いわゆる「国境貿易」（辺境貿易）であり，中国の東北三省や内モンゴル自治区，とりわけ黒龍江省，ロシア極東地方の地域住民の生活水準改善に寄与している。

黒龍江省は，北は黒龍江（アムール川），東は烏蘇里江（ウスリー川）を境にロシアと国境を接しており，黒河市，綏芬河市などにおいてロシアとの国境貿易がさかんになっている。海への出口のない黒龍江省にとってロシアとの経済協力は非常に重要である。省政府と地方都市政府も対策を講じて，ロシアとの交流を促進してきた。国境貿易をはじめとする対ロ経済交流は，黒龍江省国境地域のインフラ整備促進の大きな要因となったばかりでなく，国境地域の地域経済の振興にも大きく寄与した。

ロシア極東地域の人々は，最初のころは貿易の拡大を歓迎していた。しかし，劣悪商品の氾濫や犯罪活動の急増が，現地の人々の反感を買うこととなった。ロシアの研究者によると，犯罪活動は1992年にピークに達し，それは中国人流入の急増によるものとされていたが，実際には中国人も犯罪活動の被害者であった。中国商人も玉石混淆で，悪徳商人もいれば，まともな商人もいた。まともな商人はロシアとの貿易に対する不満を綴っている。たとえば，不安定な経済環境と腐敗の蔓延などである。

1994年に入ると国境貿易は減少に転じた。その理由は国境管理の強化である。

80年代末から90年代初頭にかけて，国境貿易の自由化は無秩序と混乱を招いた。詐欺行為，劣悪商品の横行そして犯罪率の上昇などに対処するため，93年にロシア政府は国境管理を強化したのである。ロシア政府は，94年には中国政府との合意により，正式な国境チェックポイントを設置することとし，同年1月28日には中国人のロシア入国者に対するビザ取得制度を導入した。そのため，ロシア極東へ渡る中国人の数は大幅に減少した。94年の中ロ貿易高は前年度の76.8億ドルから50.8億ドルへ，36.5％も急減した。国境貿易（シャトル貿易を含む）は中ロ貿易

表5-1 中ロ貿易額（1992~2005年）
（単位：10億ドル）

年度	輸出	輸入	合計
1992	2,336	3,526	5,862
1993	2,691	4,988	7,679
1994	1,581	3,495	5,076
1995	1,665	3,798	5,463
1996	1,693	5,153	6,846
1997	2,032	4,086	6,118
1998	1,839	3,641	5,480
1999	1,497	4,222	5,72
2000	2,233	5,770	8,003
2001	2,710	7,959	10,669
2002	3,521	8,407	11,928
2003	6,030	9,728	15,758
2004	9,098	12,127	21,225
2005	13,211	15,889	29,110

出所：中国海関統計。

の3分の1ないし2分の1を占めており，主に人的往来によってなされていた。表5-1に示すように95年には貿易は回復傾向を見せ，54.6億ドルに達した。96年には68.5億ドルにまで回復したが，しかし，まだ93年の水準には達していない。96年12月の中ロ首相会談の際には，2000年までに200億ドルにまで拡大すると宣言された。しかし，ロシアが国境を越える際の諸手続きを簡素化しなかったこともあり，貿易の拡大は顕著にはならなかった。もともと人口減少と輸送費用の高騰などの原因があり，ロシア極東地域との貿易増の見込みは少なかったのである。さらに97年と98年のアジア通貨金融危機とロシアの経済危機により，貿易額はまた減少に転じた。99年初頭に官僚レベルで貿易促進の会合が開かれ，それにより貿易の円滑化を図る措置がとられ，中ロ経済関係の強化はますます重要な戦略的意味を持つようになってきた。双方の努力により貿易額は99年からやっと安定成長に転じてきた。プーチン大統領就任後，ロシア経済が徐々に回復し，貿易のさらなる拡大に繋がったのである。

中国東北地方にとって，東北アジア諸国との経済連繋が，今後の経済発展にとっての重要な鍵と認識されている。重厚長大型の国有企業経済下にある東北地方は，企業改革，対外開放や市場経済化への対応が遅れ，沿海地域との経済格差が拡大した。2001年に中央政府が東北地方の経済再生のために「東北振興

策」を決定し支援するとともに，東北各省政府も国有企業改革の深化と，内外から技術・資金の取り込みを計るなどの経済改革に着手した。地域経済開発の観点から見れば，中ロ協力は中国側にとって有益である。東北各省政府，地方政府，特に黒龍江省政府は様々な政策を打ち出し，民間企業の対ロ経済貿易協力を援助している。

中ロの貿易関係は急速に深まってきている。過去の5年間，中ロ貿易は年に20％の割合で拡大している。2005年の貿易は2004年に比較して37.1％増加し，291億ドルに達した。2005年におけるロシアは中国の第8位の貿易相手国である。中国の欧州諸国における貿易パートナーとしてのロシアは，ドイツに次いで第2位となっている（第3位はイギリス）。輸出入額は中国とアメリカ，あるいは中国と日本と比較すると8分の1ないし10分の1にすぎないが，米中貿易，日中貿易には直接投資がらみの輸出入および加工貿易が含まれているのに対して，中ロ双方への投資は微々たるものなので，中ロ貿易は「普通」貿易，あるいは「純粋」貿易と言えよう。

ただし，貿易高の増加を額面どおりに受け取るわけにはいかない。なぜかといえば，2005年の中ロ貿易高の急増は，世界市場におけるロシアの主要輸出品目の価格高騰によるものであるからである。たとえば，2005年のロシアの対中原油輸出は1200万トンで，前年度と比べ13.2％の増加にすぎないが，金額上では62％の増加となっている。原油の金額増加は中ロ貿易高増加の半分に寄与した。ほかのロシアの対中輸出品目も似た趨勢を呈している。石油製品の対中輸出は量的には4％しか増加していないにもかかわらず，金額的には36.6％の増加である。塩化カルシウムの輸出は量的にはわずか0.4％の増加であるが，金額的には31％も増加している。ロシアの対中輸出は世界市場の資源価格と連動しているので，エネルギーや資源の価格の高値維持がロシア側の関心事である。一方，世界市場における原材料価格の高騰は，中国市場の拡大が原因とされる。中国の旺盛な需要に伴って資源価格は一段と高騰し，ロシア経済にも多くの利益をもたらしている。

しかし，経済協力の一部の分野においては，双方の利益の不一致も指摘されている。黒龍江大学のロシア研究所の所長である李（2003）によると，国境貿易区の開設はその一例である。中国地方政府は中ロ国境貿易区の開設が自国の食品，日用消費品，軽工業品の購買を促進し，当地の経済に活力を与え，住民

の雇用拡大と租税収入の増加をもたらすとして，それを奨励する政策を採用した。しかし，ロシア側はこの旅行を通して商品を輸入する貿易を非組織貿易と呼び，それが税収の流失を引き起こすだけではなく，税関の監視と管理を逃れた品質の悪い商品がロシア側の市場に影響を与える，と考えている。同時にこのような貿易のやり方はロシア極東には合わない，とも見なしている。なぜならば極東の主要商品は，木材，冷凍魚，化学工業製品，金属といった生産資材であるため，国境貿易区での展示即売や，国境地域住民の持ち運びには無理があるからである。そのため，中国側には黒河，綏芬河，満州里，琿春など多くの貿易区が開設されているが，ロシア側はそれにみあう貿易区を1カ所も開設していない。

　両国政府は2005年11月に「2010年までの中口経済貿易協力綱要に関する覚書」に署名した。綱要は2010年までに両国の貿易総額を600〜800億ドルにするとの目標を掲げている。貿易目標を設定し，政府間文書の形で確認したことは，経済関係の強化に向けた両国政府の意欲を物語っているといえよう。また2007年3月のプーチン大統領と胡錦濤国家主席との首脳会談の共同声明において，ロシア極東と中国東北部の地域間貿易経済協力が盛り込まれた。いかにして相互利益に基づく経済協力関係が構築されるかが，今後の課題である。

（2）　貿易の構造

　中口双方ともに貿易の拡大を歓迎している。しかし，ロシア側には貿易構造に対する不満がある。ロシアの対中輸出の主要品目はエネルギーや木材などの天然資源である。石油と石油関連製品は対中輸出の半分を占め，さらに木材は25％を占めている。一方，機械は対中輸出の1.2％にすぎない。このアンバランスがロシア側の不満の根源となっているのである。しかし，このロシア側の言い分には説得力がない。なぜならば，2005年におけるロシアの世界への総輸出において，石油と石油関連製品は64.3％を占め，木材とパルプは20.4％を占めている。そして機械と輸送機械はただの1.0％にすぎないのである。ロシアの対中機械類輸出はInternational Trade Centre（ITC）の貿易統計HS（Harmonized System）コードでいうHS84分類の機械に集中しており，主な品目は原子炉，ボイラー，機械器具とその部品である。結論として，ロシアの対中輸出構造はロシアの世界貿易市場におけるプロフィール，すなわち，原材料

と半製品の輸出国というプロフィールに一致しており，ロシア側の不満には正当性がないといわざるを得ない。

　一方，中国の対ロ輸出は表5-2からも明らかなように，消費財が中心となっている。中国の対ロ輸出はまだ中国の世界への輸出プロフィールと一致していないものの，それに近づきつつある。2005年における輸出品の56％は繊維，繊維製品，革製品と靴類であり，中国は世界的に繊維とその関連製品の輸出大国と認められている。実際，繊維とその関連製品は中国の輸出のなかで16.9％を占めている。　工業化が進むにつれ，中国の輸出構造は徐々に改善されてきている。2005年の中国最大の輸出品目は　機械と器械設備（電気製品を含む）であり，輸出総額の46.2％である。　2005年のハイテク製品（中国ではよく使われている貿易用語で，パソコン，電器製品，電気通信機器，航空製品など）は31.8％上昇し，中国輸出総額の28.6％を占めている。中国では機械設備，家電製品あるいは化学製品が生産できるだけでなく，世界市場へ輸出することもできるまでになった。しかし，中国の対ロ輸出のなかで，ハイテク品目は16.7％にすぎず，中国の対外輸出における割合より遥かに低い。中国の対ロ輸出は付加価値の低い分野に集中しているのである。しかし，ハイテク製品の対ロ輸出は，2005年に60％も上昇した。中国の対外貿易の専門家や政府関係者は，ロシアの経済回復と消費者購買力の向上の結果と判断し，ロシアを有望な輸出市場として注目している。

　中国の輸入を見ると，金額ベースでトップ10品目のなかで急増したのは，鉱物資源と石油である。2005年に中国の鉄鉱石，くず鉄それに灰類の輸入は50.6％も増加した。石油と関連製品に対する中国の需要は，今後さらに増大するに間違いない。

　表5-2と表5-3からうかがわれるように，中ロの相互貿易は世界市場におけるプロフィールに近づいてきている。輸出入品目の両国の将来の需要から見れば，この傾向はますます強まるだろう。

　中ロ首脳会談や政府レベルの協議において，ロシア側は再三にわたり，機械電機製品の輸入拡大を求めてきた。中国側から見れば，「不均衡な貿易構造」は，政府間の取り決めで解決できないし，そういう手段で解決されるべきではない。ロシアの対中工業製品の輸出低迷の原因はその競争力の低さにある。これについては中国側もロシアの学者も同じ意見である。ソ連崩壊後のロシア経

表5-2 中国の対ロ輸出商品構造

(単位:%)

商品名(HS分類番号)	2000	2001	2002	2003	2004	2005
皮革製品(42)	20.5	19.8	14.2	15.8	13.2	9.1
毛皮製品(43)	1.8	2.4	2.2	5.9	13.3	12.9
アパレル(メリヤス)(61)	10.9	7.0	7.8	8.6	9.1	8.1
アパレル(その他)(62)	15.4	12.5	12.5	13.4	8.0	12.4
紡績繊維(63)	1.9	3.0	1.6	3.3	3.3	4.3
靴 類(64)	15.5	14.9	14.7	9.2	6.5	8.8
機 械(84)	2.7	3.7	5.7	6.0	6.2	6.5
電気機械(85)	4.1	5.9	8.9	9.2	9.7	10.2

出所:中国海関統計,筆者の計算。

表5-3 中国の輸入品目構造

(単位:%)

商品名(HS分類番号)	2000	2001	2002	2003	2004	2005
海産品(3)	6.5	6.3	7.5	6.5	6.4	6.9
燃料/エネルギー製品(27)	14.9	9.9	14.4	20.8	34.5	41.6
肥 料(31)	10.6	7.6	10.5	6.7	7.9	8.2
木材,パルプと紙製品(44)	7.5	7.7	12.8	10.5	11.9	11.4
鋼 材(72)	15.0	14.9	11.6	16.5	11.8	11.0
アルミニューム(76)	16.3	2.6	0.9	2.1	2.2	0.7
機 械(84)	1.8	3.8	8.0	6.0	1.3	0.5
輸送機械(88)	1.0	19.0	11.9	5.3	2.5	0.9
光学機器(89)	0.1	4.6	0.0	0.1	0.0	0.2

出所:中国海関統計,筆者の計算。

済は資源偏重型経済となり,ロシアの工業製品は中国市場においてだけでなく,国際市場においても競争力が落ちてしまっている。マーケティング,技術革新,アフターサービスなどの問題は一夜にして解決できる問題ではないので,機械類の輸出拡大は非現実的である。

プーチン大統領が2006年3月の訪中の際,「ロシア輸出の原材料バイアス」に懸念を示し,中国にロシアの機械輸入増加を促したのに対し,胡錦濤国家主席はロシア企業の競争力のある商品と技術を提供できれば,中国市場で大きなシェアを獲得できるとかわした。また,経済協力と技術協力に関しては企業が中心となるべきであり,政府は支持・促進の役割を果たすこと限定すべき,と指摘した。中国政府は共同コミュニケのなかで,政策手段をもって機械電機製品の輸入拡大を努める旨を約束した。

その後，中国政府の市場任せ，企業任せの姿勢が一変した。2006年11月には中ロ首脳第11回定期会談期間中に「中ロ機械電器製品貿易2007～2008年行動計画」が調印された。そのなかで，中ロ双方は貿易構造の改善に力を入れ，両国間貿易において機械電器製品とハイテク製品の比率を高める，と謳われている。中ロ両国政府は大型貿易商談会を組織し，企業の引き合わせに力を入れている。中国商務省は中国企業がロシアの機械電機製品を輸入する際には補助金を出す，という行政手段でロシアからの機械電機製品の輸入拡大を促進している。中国政府がここまでロシア側の要請に妥協した理由は，ロシアとの経済関係にあるのではなく，戦略的な関係を強化したかったというのが本音であろう。

② 貿易総額と「非合法的な貿易慣行」

中ロ貿易額は図5－1に示されている。ロシアと中国の公式貿易統計値にかなりの隔たりが見られる。21世紀に入ってから，中ロ間の貿易統計の差額はだんだん大きくなり，2005年には88億ドルにまで達した。輸出・輸入に関して，いずれも中国側の統計はロシア側の統計数値よりも大きい。貿易統計の食い違いの根本的な原因は「非合法」な貿易慣行にあると考えられる。貿易統計の差額を理解するには，複雑な「非合法」な貿易慣行を解明する必要がある。

中国の輸入について，統計の食い違いをもたらしている主要品目は海産物，木材それに金属である。海産物に関しては，その取引は洋上で，あるいは中国の港で行われているためにロシア税関を通らず，そのためロシアの通関統計に反映されない。また，一部のロシア漁船は漁獲許可証も輸出許可書もないままに操業し，輸出もしている。不法漁獲がロシアの組織犯罪グループによって管理，または庇護されている事実を考えれば，正確な数値の把握がいかに困難であるかがよく分かる[1]。

中ロにおける木材貿易統計の食い違いも大きい。ロシア側の輸出業者は木材の輸出関税と割り当て枠を回避するために，過少申告する。「多くの場合，公式な契約金額を少なくし，税金を少なくするために高品質の木材がパルプ用として輸出されてしまう。輸出税の節約だけではなく，ロシア企業の収益を少なく見せ，収益税をも少なくするための一つの方法である」（Lebedev, 2005, p.8）。ロシア政府は厳格な輸出ルールを作ってはいるが，その通りに実施されていな

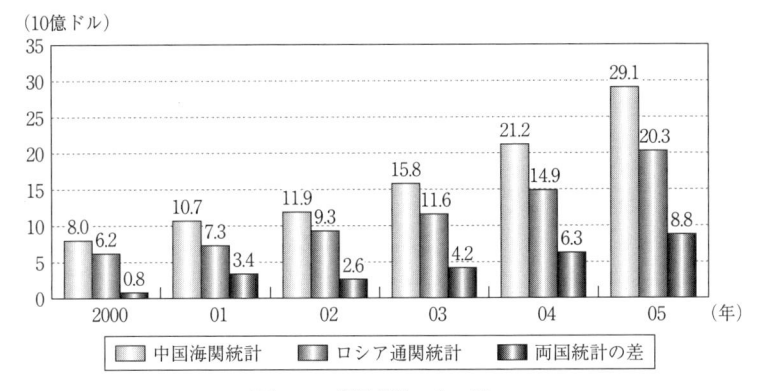

図5-1 貿易統計の食い違い
出所：中国海関統計，ロシア通関統計。

いところが問題である。「無事に不法輸出ができるように税関官僚，警察，軍隊への賄賂は木材の置き場で渡される」との指摘もある（Pye-Smith, 2006, p. 5）。ここで注意しておくべきことは，ロシアに登録された木材輸出会社と中国に登録された木材輸入会社が，実は同一会社である場合もある，ということである（封，2008，35頁）。80年代末期から中国企業はロシアに投資をはじめた（詳しくは次節参照）。多くの企業は貿易会社である。ロシアの極東地域とシベリアにおいて，中ロの合弁企業は木材の伐採と加工にかかわっている。税金を少なく納めるために，木材の量と金額を低く申告する。もちろん，賄賂がロシアの役人に渡されている。

金属貿易についての食い違いも大きい。金属の量および価格を変えたり，また金属の名前を変えたりすることによって，税金逃れをする。これもロシアの輸出統計が実際の貿易額を小さく評価される原因となっている。

一方，中国からの輸出に関しての貿易統計の格差は，主に毛皮，靴，繊維製品などの消費財において顕著である。この現象を理解するためには，年間額は100億ドルといわれる担ぎ屋貿易から説明しなければならない。(2)

1990年代から，担ぎ屋貿易が活発になってきた。それは政治・社会変化の激しい時代的産物である。1990年代初め，ロシアは日常消費財の不足に直面していた。またロシアは輸入される軽工業品に対して30％前後の高い関税率を課していたが，ロシアの税関規定により，ロシア国民は国外から5000ドル以下の物品を免税で持ち込むことができた。そのため多くのロシア人は外国へ仕入れに

行った。中国もその仕入先の一つであった。同時に中国の行商人もロシアへ渡って，商品を売りさばいた。

ロシアの極東地域における担ぎ屋は主に衣類と靴類を輸入しており，衣類と靴類の輸入量の60～80％をしめている。担ぎ屋貿易によりロシアは経済的困難を乗り越えられたが，ロシア政府は「担ぎ屋貿易」を後進的な貿易方式と見なした。担ぎ屋による貿易活動は徴税対象とすることが困難であり，国境貿易から本来期待すべき税収入を得られない。また，地元の製造業者に対する悪影響を阻止する目的もあり，担ぎ屋貿易を批判し，国境貿易の管理を強化する行動に出た。

まず，ロシア政府は免税で持ち帰ることのできる商品の重量を引き下げた。1998年には1人当たり1回につき1000ドル，50kg以下の商品を免税で輸入できると定めた。その結果として新しい貿易形態が姿を現した。1人の担ぎ屋が仕入れの総元締めとなり，多くのロシア人ヘルパーを雇い，荷物を運ばせることになったのである。この人たちは「助っ人」と呼ばれ，大きな荷物を抱えるその姿は，国境のチェックポイントの風景となった。2006年2月26日からは従来の1人当たり週に1回，1回あたり50kgまでは免税であった条件が，1人あたり月に1回，1回につき35kgまでは免税と改正された。荷物の重量または価値は免税基準より高い場合は，金額が65万ルーブル未満，重量が200キログラム未満の場合，税関価格の30％で徴税されると定められている。

しかし，小売商人に対する救済措置は何もなかった。彼らの多くにとっては担ぎ屋が唯一の生活手段である。特に沿海地方において，荷物の重量規制は小売商に重くのしかかった。それまでは1回で仕入れられた荷物を，3回で運ばなければならなくなった。少なくとも小売価格は30％ほど上昇する，と専門家は予測した。税関官僚に対する贈賄もさらに増幅すると予想されている。しかし，地元の生産業者が低価格で商品を提供できる見込みは全然たっていない。

新しいルールの適用による国境貿易の減少は，当初より予測されたことである。李（2006）によれば，2006年前半期の黒龍江省とロシアとの貿易額は，前年同期と比べると41.78％も減少した。主な国境地点である綏芬河，東寧，黒河における貿易額は，前年同期に比較し，それぞれ49.63％，21.25％，85.06％の減少であった。

貿易統計の食い違いのもう一つ重要な原因は「灰色通関」である。「灰色」

通関とは合法的な経路で通関しているが，税関手続にあいまいな点があったり，あるいは正式に通関した書類を欠くような貿易であり，そのため「灰色」通関と呼ばれている。

灰色通関もロシア移行期の歴史的遺産である。急増する消費財の輸入通関は，ロシア税関の取り扱い能力を遥かに超えていた。また，利益団体の影響下のもとに，ロシア税関委員会は専門代理通関会社の設立を認めた。この種の会社は税関官吏と特殊な関係を有しており，輸入商品をロシア税関において通常より早く，安く通関できた。中ロの商人たちは中国で仕入れた商品をチャーターした飛行機，コンテナ，列車でロシアに運び，経費削減と効率向上のために専門代理通関会社を経由して通関する。ゴンチャロフの研究によれば，その具体的なプロセスは以下の通りである（Goncharov, 2003, pp. 35-36）。

中国の空港に商人たちがそれぞれ仕入れた商品を国際荷物輸送会社のところに集める。

集められた荷物は中国の輸出入会社の名義で輸出する。そこで架空な貿易契約が調印される。ロシア側の法人は長く存在するための法人ではない。一般的に最初の納税請求書が来る前（法人設立から3カ月）に消えてしまう。ロシア側の法人はすでになくなった人の名目，あるいは偽名で設立される場合もある。

荷物がロシアに到着すると，通関会社によって税関に申告される。税関の官吏は通関会社から賄賂をもらっているので，非合法的な方法で荷物を通関させる。荷物は最も低い税率で通関する（たとえば，5歳以下の子供用衣類の税率で）。税関と毛皮のコートについてもそのような低税率で通関する合意ができている。実際にある期間に飛行機丸ごとの荷物に決まった金額の税金が徴収されることもある。90年代の初期にIl-76一機の「一般貨物」はロシアの空港で5000ドルと計上される。現在，12万ドルまで上昇した。おそらくもっと高くなるだろう。税関の官僚はこの方式を促進している。なぜかというと，毎日中国から何千個も入っている荷物を検査するに必要な物理的な能力も技術的な能力も持ちあわせていないからだ。

通関した荷物は倉庫に入れられ，それから本当の荷主，つまり中国人の行商に発送される。ここでひとつ重要なことを忘れてはいけない。それは

通関会社が荷主に正式な通関書類と伝票などを提供できないということである。それで荷物は合法的に税関を通過したが，実際に申告されていない密輸品と見なされる。このような状況は荷主に輸入税，さらに販売段階での税金を逃れる便益を提供する一方で，正式な書類がないので警察に見つかると没収される危険にもさらされている。

温家宝首相とミハイル・カシヤノフ首相は2003年9月に北京で開かれた第8回会議において，灰色通関問題を解決するために協力する旨に合意した。中ロ間にワーキング・グループが立ち上げられ，その解決にあたった。

しかし，現実的な問題として，担ぎ屋にも灰色通関にもそれなりの存在理由がある。ロシアの税関官僚，徴税警察官や一般の警察官は「灰色収入」を得ることができる。中国の商人や輸出業者や安い料金で早く通関することができる。そして，何よりもロシアの消費者に大きな利益をもたらす。なぜならば，中国製消費財は品質面ではさほど良質ではないが，価格的には驚くほど安いため，ロシアの消費者にとっていい買い物ができるのである。

ロシア側のデータによると，2003年に中国は34億ドルの商品をロシアに輸出ているが，中国側のデータによると対ロ輸出は60億ドルに達している。ロシア側はその差額の26億ドルの商品は関税を払わずにロシアに入り，ロシアの経済に大きな損失をもたらしているという。それに対処するために，ロシア側は一方的に輸入関税を引き上げた。もともとの1キロあたり0.4〜1.2ドルだったものを，一キロあたり3.5ドルにまで引き上げた。ロシアの一方的な措置は中ロ通商摩擦を引き起こした。貿易が急増するなかにあっては，通商摩擦の発生は避けられるものではないが，しかし，ロシアのこの措置によって「灰色通関」問題が，根本的に解決できたわけではない。

担ぎ屋貿易もチャーター便貿易もきちんとした通関が行われないため，輸入された製品の品質・製法・安全管理が疎かになる。そのような製品は品質保証やアフターサービスに関する書類を欠くことが多く，故障等の際に責任の所在が曖昧になる。そのため，中国からロシアへ輸出される電子電気製品や機械製品のすべてがそうであるような誤解を与え，貿易全体にマイナスの影響を与えている。中ロ貿易をさらに充実させ，長期的な協力基盤を確立するためにも，中ロ政府によるさらなる努力と協力が必要であろう。

貿易統計の乖離のもう一つの原因は兵器貿易にある。当然のことであるが，中ロ兵器貿易も秘密裡に包まれた部分が多いからである。

1992年12月に中ロ両国が軍事技術協力協定に調印してから，ここ10年来中ロの兵器貿易は急速に拡大してきた。1990年代の兵器取引の年平均額は10億ドル〜20億ドルに達している。ITCのHSコードでは，輸出入品は品目に分類されているが，ロシアの統計では，88品目はあるものの，どの国へ何をどれほど輸出したかの記録がない。たとえば，2001年中国の税関統計では，ロシアから15億ドルの兵器を輸入し，ロシアの対中輸出の10〜20％に相当する。しかし，ロシアの統計ではそれが見当たらない。その結果，ロシアの対中輸出はかなり過小評価されることになる。

③ 投資分野の協力

中国の対ロ投資は1980年代から始まり，地理的に隣接しているロシアの極東地域（そのなかで特にハバロフスク地方と沿海地方）に集中している。90年代初期に対ロ投資ブームが起こった。1992〜93年にはおよそ800社の中ロ合弁会社があった。初期の中国側の投資は主に貿易に集中している。例をあげると，ロシアの原材料を中国の食品や消費財と交換する。90年代半ば頃の中ロ貿易ブームが沈静化すると，対ロ投資は減少し，98年のロシアの通貨危機によって，中ロの合弁企業の数はさらに25％も減少した。

21世紀に入ってから，ロシアの経済情勢の好転と投資環境の改善により，中国の対ロ投資がまた増加傾向になった。とはいえ，2005年末までの中国の対ロ投資の累積金額は4.66億ドルであり，そのうちの2.03億ドルは2005年に投資された。ロシアの外資受け入れ金額は537億ドルであり，2005年度は131億ドルであるから，全体から見れば1〜2％にすぎない。その理由は，(1)中国企業の海外投資の歴史も経験もまだ浅く，(2)中国企業はロシアの市場にさほど関心を持っておらず，(3)中国にとってロシアはリスクが高く，利益の低い市場である，ということである。

中国企業は対ロ投資に対して金融的，技術的資源をもっていないため，ロシア極東地域における中国企業のほとんどは小規模なものであり，平均して，4〜8万ドルぐらいのものである。この投資金額は，中国の海外投資プロジェク

ト1件当たり投資額の平均値100万ドルよりはるかに小さいが，対ロ投資全体の平均値である1プロジェクト当たり投資額10万ドルよりも少ない（李，2005，5頁）。中国の対ロ投資は主にエネルギー・鉱物資源開発，林業，貿易，建設業，農業などの分野に集中している。

　中ロの投資協力関係を発展させるために，2002年5月に政府間の投資執行委員会が立ち上げられ，2004年4月に行われた中ロ首相による第9回定期会議において，投資分野の協力が謳われた。温家宝首相は2020年までにロシアに対して120億ドルの投資を行うと宣言した。2005年には中国企業による対ロ投資ブームが起こり，その年だけで20億ドルの対ロ投資契約に調印された。

　2006年の第11回定期会談において中ロ首脳は，「中華人民共和国政府とロシア連邦政府との投資の奨励および相互保護に関する協定」に調印した。これを契機として，相互の投資が拡大し，大型プロジェクトでの協力や生産加工分野での協力が拡大することに期待が寄せられている（『人民網日本語版』2006年11月10日）。中ロ両国に共通する問題点は，個々の企業が弱いということである。そのため，企業間の協力を促進するためには政府間の協力と政府による後押しが重要になる。

　中国企業がロシアへ投資するに際しては，他国の資本と比較し，もう2つのハンディキャップを背負っている。一つは，中国人の移民問題である。中国資本の一部は中国から労働力を導入して生産に従事しているため，中国資本の進出は経済膨張と人口膨張などと関連付けられて，地元の反発を呼んでしまうのである。もう一つは，急速に発展している中国はロシアにとってマイナスをもたらすとの考えが根強く存在しているため，中国からの投資を受け入れたくないという意識が生じるのである。

　中国企業は急増する石油と天然資源の消費量を確保するために，ロシアの石油や鉱産物などの天然資源の開発に興味を示している。一方，ロシア国内では，積極的に自国の天然エネルギー資源に触手を伸ばす傾向を強める中国に対する警戒心が高まりつつある。中国企業がロシアの資源開発に参加するに際しては，多くの障害が立ちはだかっているのである。

　2002年，中国石油天然気集団（CNPC）はロシアの国有石油会社スラブネフチの74.95％の株を取得する旨を表明した。しかし，ロシアの一部の政治家が重要な国家資源を外国企業に販売されることに対して強く反対したため，

CNPCは入札を取り下げざるを得なかった（*New York Times*, December 18, 2002）。

　また，2004年8月にはロシアのマスコミは中国がロシア石油大手ユコスの子会社ユガンスクネフチガス社を買収する意向と連日報道した。ロシア国内の反対意見を沈静化させるために，在ロシア中国大使館の報道官は8月24日にロシアのインターファクス通信の取材に応え，「中ロエネルギー協力の中国側担当部門の国家発展改革委員会は，中国企業が関連の入札に参加するとはこれまで表明しておらず，これまで参加の意向を示した中国企業もない。ユコス社の処理はロシアの内政問題であり，中国側には介入する意志はない」と表明した。(3)

　中ロ国境の隣接地チタ州にある世界最大規模の銅鉱床であるウドカン銅鉱床の入札（競売）に関しても，中国最大のアルミ加工会社Chalcoがその入札に参加できるか否かが問題となっている。

　その理由は近年ロシアにおける地下資源法案と戦略的資源に関する投資法案の改正にある。2005年6月17日，ロシア政府の承認を得て新地下資源法が下院に上程された。法案の審議は，天然資源委員会が管轄するとされているが，新地下資源法案と一緒に現行の地下資源法に対する改正案が提出されたとする情報がある。現行法では地下資源利用者として外資に対して特段の制限を課してはいない。ただし，「安全保障上の理由による制限」規定があるため，実際の入札においては，公開か非公開（特定カテゴリーの企業のみ，あるいはロシア企業のみを参加させる）のどちらで行うかが国家安全保障上から判断がなされることになっている。これに対して新法案では，「地下資源利用者としての権利はロシア人，ロシア法人，ロシアと外国との合弁企業に対して付与される」と規定されており，一定規模以上の油田，ガス田を運営する事業体に，外国資本が5割以上の出資することは不可能な構造となっているのである。

　すなわち，ロシア政府は「戦略的産業」を政府管轄下に置く方向を模索しており，事実，2007年1月31日にはエネルギー資源分野を含む「戦略的産業」に対する外資参入を規制する法案に大筋で承認した。この法案は軍需，航空技術，原子力，地下資源開発等の産業分野をロシアの「戦略的産業」と位置づけ，これらの分野の企業に対して外資が過半数の出資を行おうとする場合，政府機関からの特別な許認可取得を義務づける内容となっている。

　林業分野における中ロ協力のポテンシャルは大きいにもかかわらず，期待通

りに進んでいない。現在までの中ロ国境地域の林業協力プロジェクトはそのほとんどが小規模なもので，全体として統一されていない。中国の豊富な労働力を利用してロシアの森林資源を開発し，中国へ輸出する試みも頓挫した。その後，2000年に中ロ両国は極東とシベリア地域の森林開発の協力枠組みに合意した。2006年4月にはロシア連邦森林局の代表団が中国を訪問し，シベリアの100万ヘクタールの森林資源を長期的に中国にリースするという「森林資源の共同利用のパイロットプロジェクト」を立ち上げる相談が行われた。100万ヘクタールの森林は，ロシアの森林資源の0.2％にすぎないにもかかわらず，ロシアの利益にならないとの声が強くある。また，中国人の移民問題と関連づけて，「中国人は開発プロジェクトが終わっても中国に戻らず，現地に定住していくだろう」という地元の反発も高まっている。そのために予定されていた中ロの森林開発の合弁会社は暗礁に乗り上げている。「中国人がやってくる」という恐怖心は根強く，中国人に対する態度は敵意に満ちたとまではいえないが，非友好的とはいえよう。

ロシアの資源ナショナリズムが高騰するなかで，中国だけを排除することにはならないだろうが，極東地域に蔓延する中国脅威論によって，中国はいっそう不利な立場に立たされている。中国側においてもロシア側の態度を批判する声が上がるなかにあって，中国国務院発展研究センターの欧亜研究所副所長でロシア専門家の王憲挙氏は，冷静な目で問題を分析している。彼はロシアへの労務輸出に関しては，「中ロ間の政治的信頼関係が一定のレベルに達する前に，中国側は主動的にロシアへの労務輸出の問題を提起しないほうがよい。時間の経過と信頼関係の醸成に伴い，自然に実現できる」と指摘している。また「温家宝総理の2020年までに120億ドルの対ロ投資を行う旨の発言は，ロシアではよく理解されていない。ロシアは中国の真意と誠意を理解していない。中国人はロシアの資源とエネルギーにしか興味を持っていないと理解されている。そのためにわれわれはいままでの教訓を取り入れて，現実的な研究と論証を踏んだ上で投資プロジェクトを決めるべきであり」，「ロシアとの経済協力と貿易を展開する過程での困難を十分に見積もり，積極的な態度をとりながらも，盲目的に楽観視してはいけない」と慎重な意見を述べ，「相互理解の促進と相互信頼の醸成」を呼びかけている（王，2005）。

4 エネルギー協力

　中ロエネルギー協力分野には石油，天然ガス，原子力エネルギー，電力などの面における協力が含まれる。中ロ両国はエネルギー分野での共同事業を経済協力の柱と位置づけており，エネルギー分野の協力を通じて，二国間関係をさらに高め，また安定化することに期待が寄せられている。

(1) 石油とパイプライン

　中国はエネルギー安全保障の観点から，石油の中東依存度が高まるのを避けるため，資源輸入のソース・ルートの多様化を目指し，ロシアや中央アジアからの石油・天然ガス輸入に意欲を示した。

　一方，ロシアもエネルギー供給大国として，輸出市場と輸出ルートの多様化を目指している。ロシアのエネルギー輸出は欧州がその中心になっているが，市場として成熟している欧州に，今後のエネルギー需要の拡大を望むことは難しい。ロシア政府は2003年8月に発表した「2020年までのロシア・エネルギー戦略」において，重要な輸出先としてアジア太平洋地域を指定し，原油は21世紀初頭の3％から2020年には30％にまで拡大させ，天然ガスは15％にまで拡大させるとの展望を示した。ロシアが中国に輸出した原油と石油製品を合計すると，2005年現在で1790万トンに達しており，サウジアラビアに次ぐ第2位の対中石油供給国になっている。

　中国への原油輸出を最初に手がけたのは，1995年のユコス社である。ユコス社は東シベリア鉄道を利用し，中国へ原油を輸出した。鉄道輸送はコストが高いうえに輸送能力にも限界があり，利潤が低いという問題を抱えている。この問題を解決するため，1994年11月にユコス社はイルクーツク州のアンガルスクから中国黒龍江省の大慶までパイプラインを敷設する計画を持ちかけた。

　パイプライン敷設ルートの紆余曲折については，本書の横田論文（第7章）に詳しい。いずれにせよ数え切れないほどの交渉，会談，政府レベルと企業レベル協定，共同コミュニケの発表を経て，「大慶ルート」にほぼ決定と思われた矢先，2003年9月のカシヤノフ首相訪中時にパイプラインの優先着工ルートの決定については延期する旨が中国側に伝えられた。この決定延期は中国側を

驚愕させた。延期決定の背後には，競合する所謂「太平洋ルート」建設の存在があったからである。事実，2004年12月にロシア政府は太平洋ルート敷設に最終決定を下し，2005年12月には首相ミハイル・フラトコフが太平洋ルートのパイプライン建設計画に署名した。

　より長距離で，よりコスト高である太平洋ルートに決定した理由は，何よりも独占的な消費者である中国のアドバンテージを避けるためである。太平洋岸にまでパイプラインを敷くことにより，石油の輸出先を日本，韓国，米国その他にまで多様化することが可能となる。また，ボストーチヌイ港にまでパイプラインを敷設することにより，ロシアが輸送条件の決定権を有することになる。そして，このエネルギーはロシアが北東アジアにおける影響力を維持するうえで格好の道具となる。

　同時に中国へ与えるダメージを軽減するために，ロシア側は鉄道で中国への原油輸出を拡大する旨を約束した。中国向けの支線を先行させる2段階建設構想が急浮上してきた。太平洋ルートの建設は「国益」優先が強調されているが，タイシェト−スコロヴォディノを最初に建設し，そこから大慶までの支線を建設することになったのである。プーチン大統領は2005年7月に開催された主要国（G8）首脳会議（グレンイーグルズ・サミット）の記者会見において，さらにシベリアから中国へのパイプライン建設を優先し，それから日本へのパイプラインを建設する計画を明らかにした。

　ロシア側の二転三転するパイプライン計画に対し，中国側は公式的な場では控えめな反応に終始し，中ロエネルギー協力の重要性をひたすら強調しつづけてきた。中国政府はエネルギーの安定供給に関してロシア側の政策変化を警戒しつつも，地理的近接性がもたらすコストの低さや安定供給は魅力的であるため，ロシアとのパイプライン敷設を積極的に推進している。と同時に，他の産油国とも協力関係を進めることにより，「大慶ルート」がいくつかある石油輸入ルートの一つにすぎないとロシアに思わせるなど，石油輸入国としてしたたかな輸入戦略を繰り広げている。

　ロシアの対中石油パイプライン敷設が停滞しているころ，すなわち1997年以降にカザフスタンは積極的に対中協力を推進した。そして，2005年12月にカザフスタンと中国との間に1000kmにわたるアタス—アラサンコウ石油パイプラインが稼動しはじめた。2006年4月30日にカザフスタンからの原油がアラシャ

ンコウに到達した旨が報道された。カザフスタンにとっては新しい輸出ルートの誕生である。この新たな対中原油輸送ルートの完成は，ロシアをしてタイシェト―ナホトカ支線パイプラインを最優先ルートとして，その建設を早めさせることとなった。

　2006年3月のプーチン訪中を契機に中ロ両国はエネルギー協力協議に調印し，エネルギー分野における協力を活性化させた。中国の2大石油会社CNPC，Sinopecとロシア石油企業との協力・提携が注目されている（この問題に関しては次章参照）。しかし，中ロエネルギー分野の協力には，まだ不確実なファクターが存在している。これまで中国が行ってきたロシア石油分野に対する投資は，一定の成果を上げているものの，中国企業によるロシア資源開発への参加はまだまだ限定されているのである。

（2）　天然ガスの協力

　中ロの天然ガス協力についての協議は，1990年代に進められている。1997年6月にはロシア極東地域のコヴィクタ・ガス田を開発し，パイプラインを敷設し，そこから中国まで輸送する計画に，中ロ政府は調印した。しかし後にコヴィクタガスプロジェクトは種々の原因で中断さる。そして99年2月に朱鎔基首相が訪ロした際，イルクーツク州コヴィクタ・ガス田やアンガルスク製油所から中国向けのパイプラインのF/S（予備的事業化調査）を開始する協定が締結された。21世紀に入ると，ロシアはいくつかのシベリアと極東地域のガス田開発プロジェクトを持ち込んだ。そのなかにヤクーチアガス田開発やシベリアからのパイプライン敷設も含まれている。サハリンのガス・油田を中国へ輸送するためのパイプライン敷設の話も浮上した。同時にサハリンから中国へLNGを輸出する提案もあった。しかしながら，いままでこれらの計画は一つも実現できていない。しかし，この状況にも，変化の兆しが見え始めている。中国の天然ガス需要は今後10年間で約3倍に膨れ上がると予測されているにもかかわらず，国内の天然ガス貯蔵量が少ないため，ロシアにとって絶好の輸出市場になっているのである。

　天然ガスに関する協力についても，詳しくは本書の第7章を参照していただきたい。2005年に中国とカザフスタンのカズトランスガス―CNPCとの間に調印されたアタス―アラシャンコウのガスパイプラインをけん制するために，

ロシア政府は既存の極東地域の住民のためのサハリン―コムソモリスク・ナ・アムーレ―ハバロフスクガス・パイプラインと併走する新しいパイプラインを敷設し，サハリンから中国へ輸出する計画を提示した。提案されたオカ―コムソモリスクナアムーレ―ハバロフスク―中国パイプラインは年間80億立方メートルの天然ガスを輸出する能力をもっている。

　ロシアの対中天然ガス供給の提案は，欧州市場への過度の依存を回避し，輸出・供給を多様化するための戦略と考えられる。しかし，西シベリアのガス資源が中国と欧州という二大市場のニーズを同時に満たせるか否かは，はなはだ疑問である。また，中心となるべきガスプロム社は国家保護のもとでの独占的な地位を利用して利益を獲得する一方，従来の国営企業の体質は変わっていないため，既存の成熟ガス田の生産量が落ちてきているにもかかわらず，新しいガス田開発に十分な投資がなされていないため，必要量の供給ができるのか，という疑問もある。そのほかにも価格問題などもあり，懸案となる事項は枚挙にいとまがない状況である。2006年初頭のロシアとウクライナとの天然ガス供給交渉の決裂による供給停止や，2007年初頭のロシアとベラルーシの「ガス紛争」は，ロシア産天然ガスを輸入したい中国のエネルギー政策にとって，「ロシアは資源を武器に恫喝外交を展開している」のではないか，と懸念材料となっている。

　ロシアは中国と欧州以外にも，アジア主要国ともエネルギー協力交渉を進めている。中国と交渉するときの優柔不断と前後矛盾とは比較にならないくらい，イギリスと日本とのサハリン油田開発に関しては迅速な決断を下した。このロシアの行動に対して王憲挙氏は，「ロシアのメディアは日本や西側諸国によるサハリン開発について，『ロシアの天然資源の搾取』と書き立てたりしないのに，中国への石油輸出に関しては『ロシアが中国のエネルギーと天然資源の従属国になった』と，どうして見るのだろう。これらの問題に関しては，ロシア側を責めるだけではなく，我ら中国側の原因も反省しなくてはならない」と指摘し，戦略的パートナーとして自己反省するとともに，ロシア側との意思疎通と相互理解の重要性を強調している（王，2005, 76頁）。

　別の観点に立って，中ロのエネルギー協力はロシアにとっても必要であり，利益のあること，と分析する中国人研究者もいる。中国中央党校戦略研究所世界経済問題の専門家である扈華林氏は，「ロシアはアジア，とくに中国に向け

てエネルギーの輸出を拡大しなくてはならない。中国市場とほかのアジア諸国市場はロシアのグローバルエネルギー戦略において，バランサーの役割を果たすことに重要な意義を有している。そのために中ロのエネルギー関係はけっして一方的な依存関係ではない。中国とそのほかの東アジア諸国とのエネルギー協力は，ロシアに安定したエネルギー収入を提供することができる」と指摘している（扈, 2006）。

また，中国社会科学院のロシア研究センターの副主任陸南泉氏は，中ロのパイプラインに関するロシア側の態度変化について分析し，その原因は国際石油市場の変化にあり，ロシア政府は「国益最大化」のエネルギー外交を展開した，と指摘する。ロシアとのパイプラインに問題があったとしても，「エネルギー協力は石油に限っているのではなく，電力，原子力，さらに天然ガスなども含め，中ロ間のエネルギー協力の可能性はまだ存在している」と結論づけている（陸, 2005）。

一言で言えば，エネルギー消費大国中国とエネルギー供給大国ロシアとの協力のポテンシャルは非常に高い。しかし資源開発をめぐる外交的取引（いわゆる資源外交）となると，協力を進めるうえでの障害も多い。中国側はロシアのスローペースに苛立ちを感じながらも，それぞれの「国益」（その内容が何であれ）を著しく損なうことなしに，中ロ間の協力関係をいっそう拡大し，そこからさらに多くの，またさらに永く続く経済的利益を導き出すことができるように，「大局的な立場」から忍耐強くロシアの協力を求めつづけている。

（3） 電力協力

中ロのエネルギー協力は石油と天然ガスに限られているわけではなく，電力分野における協力も進んでいる。ロシア極東管区には豊富な電力資源があり，一方，急成長している中国には電力不足の問題が発生している。中国とすれば新規発電所を建設するよりも，ロシアから電力を輸入したほうが経済的である。

1990年代の半ばごろ，中ロ双方から15億ドルの総工事費をかけてシベリアのイルクーツクから中国へ2600kmの送電線を新設する計画が持ち上がった。しかし，価格面において合意できなかったため，1999年にこの計画は放棄された。中国側から見ればロシアの価格は高すぎるため，投資の収益性が確保できないのである。

他のエネルギー分野における協力事業と同様に，資金不足によって，多くのプロジェクトが白紙に戻された。しかし，近年状況は明らかに改善されつつある。

　中国は1992年極東地域から1億キロワットの電力を輸入した。それはロシアからの電力輸入の始まりである。中国は2004年から2013年までロシアから電力を輸入する契約（年間10億から20億キロワット）を締結した（『日本経済新聞』2004年5月27日）。実際の中国への電力供給は，2004年は3億キロワットであり，2005年には5億キロワットである。ロシア側によれば，2006年には8億キロワットの電力を供給する予定だという。徐々に増えているとはいえ，契約どおりの供給が実行されないところに，中ロ契約の問題点があるといえよう。

　2005年7月1日，ロシア統一エネルギーシステム社と中国国家電網公司はエネルギーの安定供給に関する協定を結んだ。年間輸出可能量を両社で検討した結果，年間600億キロワットという数値が発表された。また2006～10年の極東連邦管区から中国へ電力輸出の可能性についても検討され，また地方送電網の整備計画の見通しについても調査された。

　2006年3月，プーチン大統領の訪中の折，中国への電力輸出の予備的な事業化調査の開始についての合意がなされた。合意によれば，電力協力は3段階で進められる。初期段階の目標は国境地域の電力輸送能力の拡大であり，2008年にはロシア極東地域から中国黒龍江省へ年間36～43億キロワットの電力を輸出する。2010年からの第2段階では，ロシア極東地域から中国遼寧省の電網へ年間165～180キロワットを輸送する。2015年からの第3段階では，ロシア極東地域から中国北東地域と華北地域の電力グリッドへ，年間300億キロワット輸送されるという（陸，2006，p.5）。

　原子力発電の分野においても中ロ両国の協力は，緩慢ではあるが着実に進んでいる。江蘇省連雲港にある田湾原子力発電所は，1992年12月の中国とロシア両国政府の合意に基づいて実施されたハイテク合作プロジェクトであり，原子力の平和利用のテストケースとして注目される。このプロジェクトは97年12月からスタートした。25億ドルの資本が投下され，ロシアの700の工場へ仕事が提供され，また3年間に22万人の雇用が提供できる，と報道されている。ロシアの原子力発電産業はこのプロジェクトを通じて，国際原子力発電分野におけるロシア企業の競争力を示し，将来の契約を勝ち取るために重視している。そ

のため，田湾原子力発電所の他にあと4基の契約がなされるならば，技術提供に応じる，との意向を示した。一方，中国はロシアとの協力を通じて，原子炉の製造と組み立て技術の獲得を目的としている。

中国では今後15年間に30基の原子力発電所が必要となる，と推測されている。2006年11月に中ロ両国は関連部門の原子力エネルギーの平和的利用に関する協力覚書に調印した。ロシア企業のアトムストロイエクスポルト社は米国のウェスティングハウス電力会社とフランスの原子力大手アレバ社と入札競争を繰り広げていた（陸，2006，5頁）。中国が入札に完全な技術移転という追加条件を提起したのを受けて，アトムストロイエクスポルト社は入札から撤回した。最終的には2007年2月にウェスティングハウス社が，53億ドルで4基の第3世代原子炉と加圧水型炉（VP-1000）の契約を勝ち取った。また，2007年7月にはアレバ社と中国広東核電集団有限公司（CGNPC）が，中国において第3世代原子炉と欧州加圧水型炉（EPR）2基を建設する合意書に調印した。米仏の会社のいずれもが第3世代の原子炉技術を中国に移転するという条件を受け入れたのと対照的に，現在アトムストロイエクスポルト社が中国で建設している原子炉はいずれも第2世代の技術によるものである。今後中国の原子炉建設市場においてロシアが競争力を維持できるか否か，試金石というべき状況となっている。

5　中ロ経済関係の展望

本章では中ロの経済関係を概観してきた。中ロ両国はお互いに重要な貿易パートナーである。両国政府は経済協力を深め，レベルアップを計ることに努めている。経済協力は中ロ関係の重要な柱であり，とりわけ中国東北地方とロシア極東地域の振興と発展に，大きく貢献している。

ロシアは中国をエネルギー，兵器それに原子力発電技術の輸出市場ととらえ，中国との協力関係に利益を見いだしている。しかしながら，ロシア特に極東地域では，エネルギーと資源輸出を通じて中国の経済成長に寄与することは，拡大する中国経済にのちのち飲み込まれていくのではないか，との懸念が根強くある。アンガルスク—大慶パイプラインの紆余曲折は，まさにロシアの対中政策の「揺れ」の反映である。中国は繰り返された対ロ投資の失敗から，ロシア

の対中信頼は不十分なものにすぎないことに気がついた。また，逆に，ロシアは中国を「戦略的パートナー」と見なしながらも，中国を「将来の脅威」と警戒している，との指摘もなされている。

しかし，実際のところ，中ロ経済連携は両国にとって重要な意味を持っている。中国はロシアとの経済協力の強化を通じて，輸出市場の多様化と経済発展に必要な原材料，エネルギーの確保に成功している。また地域レベルにおいても，中ロの経済協力が今後の中国東北地方の発展の梃子になると期待されている。しかし，現段階においては中ロ両国が求める経済協力のあるべき姿は，まだまだ実現できていないと言わざるを得ない。中国側の積極的な働きかけは，ロシア側から見れば一方的な経済攻勢に見えてしまう。このような中ロ間の地域協力に関する考え方の違いが，理想的な協力関係を阻んでいると考えられる。

現在の中国東北地方とロシア極東地域との関係は，中国が描く青写真とはほど遠いものである。中国側はロシア極東地域の中国脅威論に理解を示し，その払拭に躍起になっている。中国にとって極東地域の人口減少は輸出市場の縮小を意味するものであり，極東地域の空白化は，中国東北地方の発展にとって不利なことである。しかし，ロシア側にこの問題の重要性が十分に理解されていない，というもどかしさを中国側は抱いている。WIN-WIN（互恵）関係を中国東北地方とロシア極東地域との間でどのように構築することができるのか，これについては中国側にも積極的に働きかけるべきとの意見と，機の熟するのを待つべきという慎重な意見に分かれている。

中ロ間に生ずる様々な問題に関して，それは経済移行期の特有な問題にすぎず，「問題の発生は避けられない」が，「問題は中ロ関係の主流問題ではなく，適切に処理できれば，二国間の大局的な関係に影響を及ぼさない」と，夏義善氏は中ロ関係の将来は明るいとの展望を示している（夏, 2005）。経済協力を含めた現在の中ロ関係は，多くの問題点を抱えてはいるけれど，ここ30年来の両国による努力が積み重ねられた結果である。エネルギー分野における協力関係の強化についても評価しなくてはならない。中ロ経済関係は国家安全保障，移民問題などの敏感な問題とも絡み合っている。政治関係に影響を与え，また逆に政治関係に左右されるという複雑さを有しているが，それらをうまく処理していかなければならない。相互信頼と政治的不安の減少こそが大規模な経済協力の前提条件であり，同時にその結果である。中ロは時々の商業上の利害的衝

突にも耐え得るような，強い相互信頼関係を築き上げることに努めなければならない。

●注
（1） 日露貿易にも同じ傾向が見られる。日本側の統計によると，2000年ロシアからの海産物の輸入は6.86億ドルであった。ロシア側の統計では，300万ドルにすぎない。日本漁業協会はロシアから輸入金額は年に12億ドルだと推定している。この数値はロシア側の推定値に近い（"The Death of Sushi?", *Far Eastern Economic Review,* August 15, 2002）。
（2） 2001年9月中国の朱鎔基首相が始めたこの金額を認めた。2005年5月中国の国家主席胡錦濤もこの金額を再確認した。
（3） 「人民網日本語版」2004年8月26日。この件の決着については本書の第7章を参照のこと。
（4） ロシア当局は鉄道輸送料金に引き下げに踏み込んだ。2006年はじめから，ロシアの鉄道局（RZD）は中国への原油輸送の料金を17％カットした。しかし，ロシアの鉄道輸料金はまだ高いといわざるを得ない。ザバイカリスクまでは1トン当たり59ドルで，ナウシキまでは1トン当たり39ドルである。RZDによると，年間輸送量は4000トンに達するときに，単価を28ドルまで引き下げることを検討している。

●参考文献
李伝勲（2003）「中露国境地域の近年の政治経済関係と展望」『スラブ研究センター・研究報告シリーズ』No. 91, The Sino-Russian "Strategic Partnership": Current Views from the Border and Beijing.
―――（2005）「中国東北地域とロシア極東地域の経済協力の現状」大津定美編『北東アジアにおける国際労働移動と地域経済開発』ミネルヴァ書房。
―――（2006）「中国とロシアの経済関係の最新動向」大阪産業大学国際ワークショップ「北東アジアにおける経済連携の道を探る」2006年11月4日報告。
扈華林（2006）「俄羅斯在全球能源安全中的戦略地位」『俄羅斯研究』No. 2.
陸南泉（2005）「従中俄輸油管道問題対両国関係的幾点思考」『俄羅斯中亜東欧市場』No. 1.
―――（2006）「対中俄経貿合作形勢的幾点分析」『俄羅斯中亜東欧市場』No. 7.

王憲挙（2005）「増進中俄相互了解　提高相互信任度」『俄羅斯中亜東欧研究』No. 1.
夏義善（2005）「論新時期的中俄関係」『俄羅斯中亜東欧市場』No. 1.
封安全（2008）「中口貿易統計の分析——両国統計の食い違いを中心に」『比較経済研究』第45巻第2号。
Goncharov, S. (2003), "The Chinese in Russia: Who are they?", *Far Eastern Affairs,* Vol. 31, No .3.
Lebedev, Anatoly (2005), "Siberian and Russian Far East Timber for China: Legal and Illegal Pathways, Players, and Trends", *Forest Trends Working Paper.*
Pye-Smith, Charlie (2006), "Logging in the Wild East: China and the Forest Crisis in the Russian Far East", *Forest Trends Working Paper.*

付記

本章は，松山大学2006年度特別研究助成による成果の一部でもある。

第6章
中ロ国境貿易の地域特徴

大西 広

1 中ロ貿易の全体的特徴

　中国では2006年が「ロシア年」とされ，春にはプーチン大統領が訪中し，大々的なキャンペーンも行われた。多くの企業家も同時に訪中し，中ロの経済関係は急速に強まりつつある。しかし，こうした経済関係の強まりも実は2000年以降のことにすぎず，図6-1にあるようにそれまではたとえば貿易関係についても長期の停滞状態にあった。その主たる理由はこれも図にあるようにロシア経済の停滞にあり，ルーブルの国際的な信用性の問題もあった。しかし，ロシア経済は1998年に底を打ち（これは極東ロシアも同じ），中国の引き続く高成長は石油・天然ガス，石炭の需要を急拡大させてロシアからの輸入を急増させている。

　実際，2006年のプーチン大統領訪中の際に同行したロシアの企業家もその多くは，石油・天然ガスなどの企業家，それを中国に輸送する鉄道関係の企業家であった。ロシア→中国への輸出はその殆どが石油，天然ガス，石炭，木材といった天然資源で占められており，たとえば，04年のロシア→中国の輸出品目として機械設備が4.8％しかない一方で原料は34.5％を占め，さらにそれが翌年05年には原料が40％，機械設備が2.2％となっている。今後，東シベリアの石油パイプラインや西シベリアからの天然ガス・パイプラインが開通するとこの傾向は一層強まるものと思われる。世界第2位の石油消費国中国が世界最大の天然ガス生産国，世界第2位の石油輸出国であるロシアから輸入する品目として石油や天然ガスの比率が高くなるのは確かに当然といえば当然であるが，それにしてもロシア製造業は何をしているのかともいいたくなる状況である。ロシア側は機械などを買わない中国に不満を持っているとの報道もあるが，両

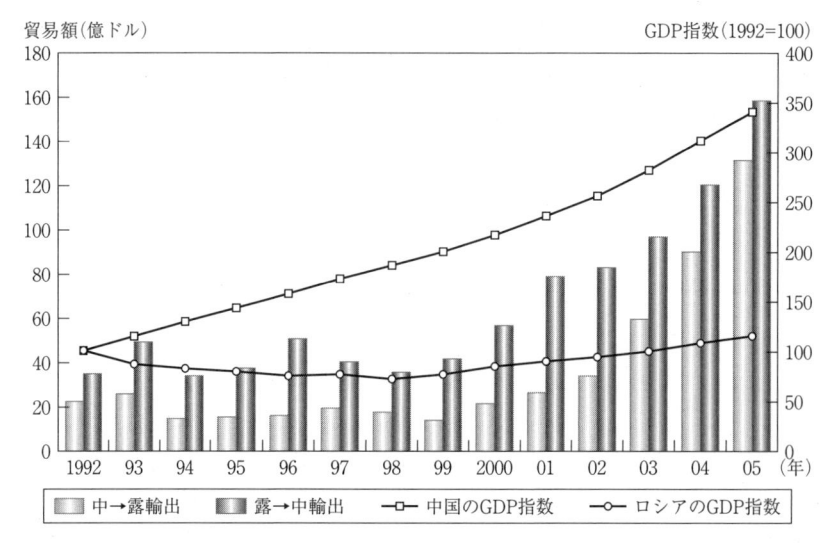

114 第Ⅱ部 中ロ経済関係最前線

図6-1 中露貿易と中露のGDP推移
出所：IMF, International Financial Statistics 各年版。

国製造業の競争力の相違というべきであろう。
　その視角から逆に中国からロシアへの輸出を見ると最近年におけるその伸びが注目される。たとえば，2001年当時ロ→中輸出の3分の1程度しかなかった中→ロ輸出が2005年には相当均衡して来ており，その主要な原因が中国からの製造品の輸出である。05年には自動車の対露輸出も始まっており，第18章で述べるように筆者自身，大量の自動車を載せて満州国境を越える長蛇の鉄道車列を目撃した。国境貿易でかつぎ屋が運ぶ衣服など日用品もまた製造品である。中国製品の競争力の一層の強化と石油収入により購買力の急速な拡大を見せるロシア経済というふたつの要素がこうした変化をもたらしているものと思われる。
　しかし，こうした状況は両国のマクロ・データを見ればすぐ分かることである。そこで，ここでは中ロ貿易のより詳細な状況把握のために，主に陸上ルートに焦点を当てて，ルート別，税関別の中露貿易の変化を分析してみたい。中ロ貿易に関する研究は数多いが，取引ルートの時系列データを総括的に整理した研究は皆無である。その意味で，本研究はこのデータ収集が主要な作業となった。ここではその収集されたデータの特徴を見るというスタイルで解説を行

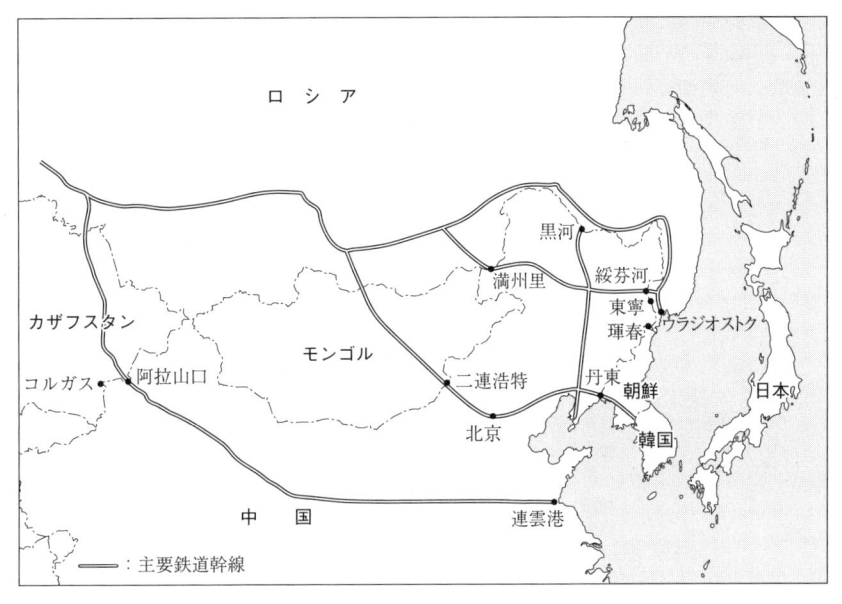

第6章　中ロ国境貿易の地域特徴　115

図6-2　各税関の位置

出所：筆者作成。

う。なお，中ロ貿易はモンゴルやカザフを経由したものもあるので，モンゴルやカザフ国境での貿易も合わせ分析の対象とする。

［2］　陸上輸送における各税関の相対的なウエイト

それでまず見ていただきたいのは，中国から見た陸上ルート・ロシア貿易と一部対カザフ，モンゴル，北朝鮮貿易の税関別の通過量を整理した表6-1である。こうした数字は一括して示された統計書がなく，無数の一次，二次資料から筆者が集めた数字の総括表である。「中国統計年鑑」や省別統計年鑑などの出所や表記しがたい多くの出所は明示していないが，膨大な資料を使用しているため了解いただきたい。なお，この種のデータ収集では出所により数字が異なることがあるが，この表では，①統計数字が事後に書き換えられる可能性を考慮してなるべく新しい数字を使う，②経年変化に注目するため隣接した年の数字と整合的なものをなるべく選ぶ，という方針で当たった。また，各税関の位置については図6-2を見られたい。

表 6-1　中国からみた税関別対露, 対モ

税関名など	相手国		1991	1993	1995	1997	1998	1999	2000	2001	2002	2003
牡丹江	ロシア	輸出入(億ドル)	1.5	4.7	4.4	7.1	6.6	9.0	12.6	16.1	21.1	27.2
		輸出				4.02	1.9	2.9	4.9	6.8	8.8	15.1
		輸入				3.1	4.7	6.1	7.7	9.4	12.3	12.1
綏芬河	ロシア	貨物量(万トン)	101	130	82	147	166	216	321	425	538	578
		内鉄道分				138	158	206	321	408	515.0	547.3
		内道路分				8.7	7.9	10.3	15.5	17.5	23.0	31.3
		輸出	36	33	14	54	41	37	36	28.3	29.5	47
		輸入	65	98	68	92	125	179	282	397	508.5	531.0
		出入国者数(万人)			63	55.4		58	80	83	89	96.2
		内鉄道分										
		内道路分				13						
		出国								40.7	44.5	47.9
		入国								41.8	44.5	48.3
		輸出入(億ドル)	1.1	2.5	3.0	5.4	6.2	7.28	10.1	12.8	15.4	19.0
		輸出	0.4	0.9								9.8
		輸入	0.7	1.6								9.2
東寧	ロシア	貨物量(万トン)				7.00	11.5	10.1	17	30.1	22.9	28.5
		輸出								17.7	12.5	12.2
		輸入								12.4	10.4	16.2
		出入国者数(万人)						18.7		28.3	32.1	37.3
		出国								14.7	16.3	19
		入国								13.6	15.9	18.3
		輸出入(億ドル)	0.37	1.777	1.43	1.8	2.1	2.4	2.49	3.32	5.71	4.3
黒河	ロシア	貨物量(万トン)		33	15			26.7		31.1	19.6	21.7
		輸出			4					4.6	6	8.1
		輸入			11					26.4	13.6	13.5
		出入国者数(万人)		78.6	9.5	48.4	47.3	51.8	66	51.1	45.2	40.7
		出国				8.34				24.6	22.6	20.4
		入国				12.2				26.5	22.7	20.3
		輸出入(億ドル)	1.94	4.1	0.66	2	0.54	0.52	1.47	1.28	1.42	1.09
		輸出		2.1			0.12	0.08	0.81	0.88	1	0.64
		輸入		2.0			0.42	0.44	0.65	0.4	0.42	0.45
ホロンバイル	ロシア	貨物量(万トン)			302	331.8	327	480	594.9	733.1	934	1011
(満州里など)		内鉄道分			280					692.1	882	1002
		内道路分			22					41.0	52	8.939
		輸出								64.9	67.7	42.7	56.31
		輸入								506.4	639.2	867.9	894.6
		出入国者数(万人)			43		45	68.5	100.7	117.6	133	142
		出国										69.81
		入国										69.82
		輸出入(億ドル)				8.9	8.2	15.9	21.2	19.4	19.5	22.1
		輸出				2.0	2.0	1.2	1.7	2.0	1.6	3.0
		輸入				6.8	6.2	10.0	19.5	17.4	18.0	19.2
外モンゴ	ロシア	貨物量(万トン)			13.05			100.9	151.2	216.4	308.6	364.1
ル経由		輸出入(億ドル)						2500				
琿春	ロシア	貨物量(万トン)				1.5	1.5	2.1	4.0	5.0	4.8	6.2
		出入国者数(万人)				0.5	1.3	4.1	14.6	21.6	13.5	21.6
		輸出入(億ドル)	0.37	1.35	0.15	0.06	0.19	0.50	0.50	0.45	0.34	0.29
		輸出	0.17	0.66	0.05	0.03	0.06	0.04	0.03	0.09	0.06	0.13
		輸入	0.2	0.69	0.07	0.03	0.02	0.46	0.47	0.36	0.28	0.15

第6章 中口国境貿易の地域特徴　117

ンゴル，対北朝鮮，対カザフ貿易の変化

2004	2005	備　考
28.5	43.7	1995年は綏芬河＋東寧
14.8	30.0	
13.7	14.7	
636.7	770	2001〜05年は『中国口岸年鑑』，1991〜2000年は市口岸委資料
606.5	742.5	2002〜05年は『中国口岸年鑑』，1995〜2001年は市口岸委資料
33.2	28.5	2002〜05年は『中国口岸年鑑』，1995〜2001年は市口岸委資料
59.5	67.7	2001〜05年は『中国口岸年鑑』，1991〜2000年は市口岸委資料
580.1	703.3	2001〜05年は『中国口岸年鑑』，1991〜2000年は市口岸委資料
105.6	110.9	2001〜05年は『中国口岸年鑑』
50.1	49.8	2004〜05年は『中国口岸年鑑』
55.5	61.1	2004〜05年は『中国口岸年鑑』
54.0	55.4	2001〜05年は『中国口岸年鑑』
51.6	55.5	2001〜05年は『中国口岸年鑑』
24.3	30.7	2003〜05年は張桂元『開放 発展 展望―綏芬河重大課題研究』沿辺開放（綏芬河）研究所，2006年より
12.4	19.0	2003〜05年は張桂元『開放 発展 展望―綏芬河重大課題研究』沿辺開放（綏芬河）研究所，2006年より
11.9	11.7	2003〜05年は張桂元『開放 発展 展望―綏芬河重大課題研究』沿辺開放（綏芬河）研究所，2006年より
26.2	27.7	2001〜05年は『中国口岸年鑑』
9	16.9	2001〜05年は『中国口岸年鑑』
17.2	10.8	2001〜05年は『中国口岸年鑑』
45.5	58.4	2001〜05年は『中国口岸年鑑』
21.7	29.5	2001〜05年は『中国口岸年鑑』
23.8	28.9	2001〜05年は『中国口岸年鑑』
4.2	13	1991, 2000〜02, 2004年は牡丹江―綏芬河，1998年は前年・次年の平均
26.2	30.7	2001〜05年は『中国口岸年鑑』
8.2	9.5	2001〜05年は『中国口岸年鑑』
18	21.2	2001〜05年は『中国口岸年鑑』
55.1	96	2001〜05年は『中国口岸年鑑』
27.5		2001〜05年は『中国口岸年鑑』
27.6		2001〜05年は『中国口岸年鑑』
2.65	*5.61*	『遠東経貿導報』では1998年は2.14，1997年は1.20
1.67	*4.40*	
0.87	*1.21*	
1403	1752	1997年はその前年，翌年の平均，2000〜05年は『中国口岸年鑑』
1354		2001, 02, 04年は『中国口岸年鑑』
48.6		2004年は『中国口岸年鑑』
99.26	115.6	『中国口岸年鑑』
1304	1637	『中国口岸年鑑』
164	180.6	2000〜04年は『中国口岸年鑑』
82.36	90.4	『中国口岸年鑑』
81.69	90.2	『中国口岸年鑑』
30.0	*40*	2000〜03年は『中国口岸年鑑』
		2000〜03年は『中国口岸年鑑』
		2000〜03年は『中国口岸年鑑』
(603.9)		Onontungalag氏提供資料，2004年は全内蒙古―満州里で計算
6.0	9.0	琿春市口岸管理委員会
17.1	14.2	琿春市口岸管理委員会
0.70	1.06	
0.58	0.89	
0.12	0.17	

118 第Ⅱ部 中ロ経済関係最前線

	相手国		1991	1993	1995	1997	1998	1999	2000	2001	2002	2003
琿春	北朝鮮	貨物量(万トン)	1.2744			7.6	4.7	11.8	16.3	16.8	13.9	13.2
		出入国者数(万人)	4			8.1	10.4	14.7	13.4	18.4	20.6	16.8
丹東	北朝鮮	貨物量(万トン)										14.6
		出入国者数(万人)										64
		輸出入(億ドル)						2.4				
丹東の辺境貿易	北朝鮮	輸出入(億ドル)	0.3	0.6	1.0	1.5	1.7	1.8				3
コルガス	カザフ	貨物量(万トン)		100	41.4	37.7	36.1	29.3	29.0	28.6	34.2	48.3
		出入国者数(万人)		55.8	33.5	29.1	24.4	15.0	13.4	15.3	15.9	22.1
		輸出入(億ドル)		1.8	2.2	4.0	5.2	3.2	4.4	3.1	3.4	6.6
阿拉山口	カザフ	貨物量(万トン)	15.9	73.8	109.2	208.7	243.9	368.0	437.3	508.5	584.8	755.7
		出入国者数(万人)	0.4	8.9	1.0	5.2	5.8	7.7	8.0	7.3	6.7	6.5
		輸出入(億ドル)	0.3	1.5	2.1	3.5	4.5	6.3	9.6	10.2	15.2	22.8
黒龍江省	ロシア	輸出入(億ドル)	8.7	18.9	16.1	14.2	16.4	9.2	13.7	18.0	23.3	29.6
		輸出	4.6	8.4	7.5	7.2	8.7	2.3	4.6	7.8	9.7	16.4
		輸入	4.1	10.5	8.6	7.0	7.8	6.9	9.1	10.2	13.6	13.2
吉林省	ロシア	輸出入(億ドル)	1.7	5.32	1.75		0.19	0.45		0.68	0.58	0.57
		輸出	1.16	2.74	0.85		0.01	0.03		0.13	0.11	
		輸入	0.54	2.58	0.9		0.24	0.43		0.55	0.38	
延辺自治州	ロシア	輸出入(億ドル)	0.37	1.35	0.11	0.06	0.19			0.45	0.34	0.29
		輸出	0.17	0.62	0.05	0.03	0.08		0.03	0.04	0.06	0.13
		輸入	0.20	0.73	0.07	0.03	0.12		0.47	0.41	0.28	0.15
遼寧省	ロシア	輸出入(億ドル)	2.17	4.24	1.95		1.43				3.29	
		輸出	1.91	2.5	1.28	0.53	0.98					1.70
		輸入	0.26	1.74	0.67		0.45			1.60		
新疆自治区	ロシア	輸出入(億ドル)		1.1	0.3	0.7	1.2	0.9	0.7	1.2	2.2	2.7
		輸出		0.4	0.1	0.2	0.6	0.3	0.2	0.3	0.5	0.5
		輸入		0.7	0.2	0.5	0.6	0.6	0.5	0.9	1.7	2.2
延辺自治州	北朝鮮	貨物量(万トン)							49.96	63.01	73.57	90.45
		輸出入(億ドル)	0.7	3.1	0.5	0.4	0.3	0.5	0.5	0.7	0.9	1.2
		輸出	0.4	1.4	0.3	0.2	0.2		0.4	0.5	0.7	0.8
		輸入	0.4	1.6	0.2	0.1	0.1		0.1	0.2	0.3	0.4
新疆自治区	カザフ	輸出入(億ドル)		2.9	3.3	4.2	4.9	9.2	11.8	9.1	13.6	25.4
		輸出		1.1	0.6	0.7	1.6	4.6	5.1	2.1	4.4	12.7
		輸入		1.8	2.7	3.5	3.3	4.6	6.7	7	9.2	12.7
全中国	ロシア	輸出入(億ドル)		76.8	54.6	61.2	54.8	57.2	80	106.7	119.3	157.6
		輸出		26.9	16.6	20.3	18.4	15	22.3	27.1	35.2	60.3
		輸入		49.9	38	40.9	36.4	42.2	57.7	79.6	84.1	97.3
全中国	北朝鮮	輸出入(億ドル)						4.7	4.9	7.4	7.4	10.2
		輸出						3.3	4.5	5.7	4.7	6.3
		輸入						1.4	0.4	1.7	2.7	4.0
全中国	カザフ	輸出入(億ドル)		4.3	4	5.2	6.3	11.3	15.6	12.9	19.5	32.9
		輸出		1.7	0.8	0.9	2	4.9	6	3.3	6	15.7
		輸入		2.6	3.2	4.3	4.3	6.4	9.6	9.6	13.5	17.2

出所：①基本的には『中国統計年鑑』，省別統計年鑑各年版および『中国口岸年鑑』2007年版のデータを利用。それに，備考欄のデータおよび以下のデータを記入している。
②琿春関連の4系列は琿春市口岸管理委員会資料。ただし，1991年の対北朝鮮貿易の数字は除く。
③牡丹江における2004年の貨物量，2004年の出入国者数，1993，2004，2005年の輸出入，2004～05年の輸出・輸入，綏芬河における2005～06年の貨物量，2004～05年の出入国者数，2006年の輸入，東寧における2004年の貨物量・輸出入・輸出・輸入，2005～06年の輸出入・輸入，黒龍江省における2004年の貨物量・出入国者数・輸出入，ホロンバイルにおける2004年の貨物量，内蒙古における2004年の貨物量，全中国辺境貿易における2004年の輸出入は現地調査で得た資料による。
④牡丹江における1999年の貨物量・出入国者数，綏芬河における1993年の貨物量，1992，93，99年の出入国者数，東寧における1999年の出入国者数，黒河における1999年の貨物量，1997，2000年の出入国者数，1996，

第6章　中ロ国境貿易の地域特徴　119

2004	2005	備　考
13.9	17.1	1991年は崔龍鶴『亜太時代与図們江開発』延辺大学出版社, 1994年
27	17.4	1991年は崔龍鶴『亜太時代与図們江開発』延辺大学出版社, 1994年
	3	2003年は400トン／日＊365で計算。朴承憲『東北振興与東北亜区域経済合作』延辺大学出版社, 2006年
6.8	8.4	2003年は1755人／日＊365で計算。朴承憲『東北振興与東北亜区域経済合作』延辺大学出版社, 2006年
3.4		1999年輸出入額, 2004年出入国者数は日本のネット情報
		2003, 04は『黒龍江新聞』2004年12月18日付から推計, 1991～2004年は高木直人『転換期の中国東北経済』九州大学出版会, 1997年
		1993～2003年は北大COE報告集No.8 岩下論文より
		1993～2003年は北大COE報告集No.8 岩下論文より
6.6		1993～2003年は同上岩下論文, 2004年は日経新聞より
919.0		1991～2003年は同上岩下論文, 2004年は『辺境貿易』より
		1991～2003年は北大COE報告集No.8 岩下論文より
28.4		1991～2003年は同上岩下論文, 2004年は『辺境貿易』より
38.2	56.8	2005年は日本のネット情報
21.5	38.4	2005年は日本のネット情報
16.7	18.4	2005年は日本のネット情報
1.08		
0.70	1.06	『延辺統計年鑑』
0.58	0.89	『延辺統計年鑑』, 2000年は『中国口岸年鑑』
0.12	0.17	『延辺統計年鑑』, 2000年は『中国口岸年鑑』
5.30	8.05	
2.10	3.39	
3.20	4.66	
2.23	2.34	
0.5	0.6	
1.8	1.8	
143.1		
2.2	2.6	『延辺統計年鑑』
1.0	1.3	『延辺統計年鑑』, 2000年は『中国口岸年鑑』
1.2	1.3	『延辺統計年鑑』, 2000年は『中国口岸年鑑』
212.3	291	
91	132.1	
121.3	158.9	
13.9	15.8	
8.0	10.8	
5.9	5	
45.0	68.1	
22.1	39.0	
22.9	29.1	

97年の出国者数・入国者数, 1997年の輸出入, 黒龍江省における1999年の貨物量・出入国者数は岩下『中・ロ国境4000キロ』角川書店, 2003年による。
⑤綏芬河における1996～2004年の貨物量, 1997～2003年の輸出入, 黒河における2005年の輸出入, 吉林省における2001～04年の輸出入, 2001～02年の輸出および輸入, 遼寧省における2002, 2004年の輸出入, 2003～04年の輸入, 2001, 04年の輸入, ホロンバイルにおける2002, 03, 05年の貨物量, 2002, 05年における出入国者数は朴承憲他『東北振興与東北亜区域経済合作』延辺大学出版社, 2006年より。
⑥黒河における1991～2002年の輸出入額は高木直人『転換期の中国東北経済』九州大学出版会, 1997年より。
⑦イタリック体の数字は『遠東経貿導報』1994～2005年の各号の記事から入手。
⑧2006年の阿拉山口の輸出入は『人民鉄道』2006年12月22日の数字から予測。

表6-2 中国の主な税関別対ロシア貿易および対カザフ貿易の比率（2004年および1995年）

	綏芬河	東寧	黒河	琿春	満州里	蒙古経由	阿拉山口	コルガス
金額ベース概数(a)	20	10	1.3	0.7	14		28	7
重量ベース概数(b)	600	30		15	1,400	600	900	50
金額ベース1995年	1.98	1.43	1.02	0.11			2.09	2.22
重量当たり価格(a/b)	0.03	0.33		0.05	0.01		0.03	0.14

出所：表6-1より作成。

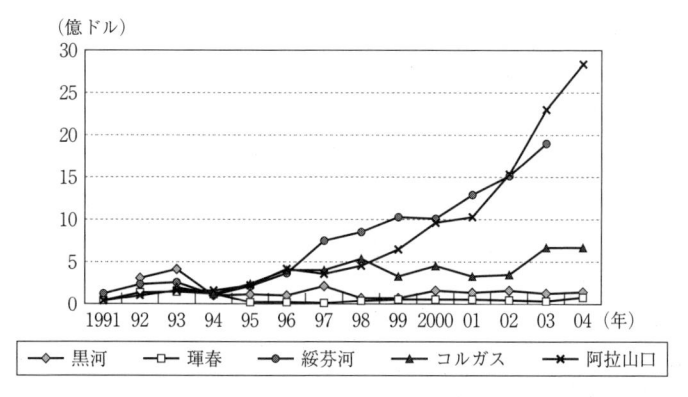

図6-3 対ロシア，カザフ5税関の貿易額推移

出所：表6-1より作成。

そうすると，まずこの表から分かることは，各税関通過量の相対的なウエイトである。この表のすべての数字が埋められているわけではないので，2004年頃の数字を金額ベースと概数で記すと，表6-2のようにさらに整理することができる。このうち，阿拉山口とコルガスはカザフに抜ける税関であるが，表6-1にあるように中国新疆自治区の対露貿易は対カザフ貿易の10分の1を超え，新疆地区とロシアを結ぶ直接の税関はないからこの貿易はカザフ経由のものと思われる。あるいはもっと言って，ロシアをも抜けてヨーロッパに輸出されている品目もあるので，やはり中国西部のこの代表的なふたつの税関も表に掲げた。なお，表中「蒙古経由」とあるのはモンゴル国を経由したロシアとの貿易であり，表6-2に「牡丹江」がないのは，綏芬河と東寧がともに牡丹江市の一部として両者の合計が牡丹江の数字となっているからである。満州里，阿拉山口，綏芬河，モンゴル経由がいかに大きな通過ルートとなっているかがわかる。ともに鉄道税関を持っているというのが決定的である。中ロ間には鉄道線路の幅の相違があり，従来は国境での全面的な積み替えが必要であったが，

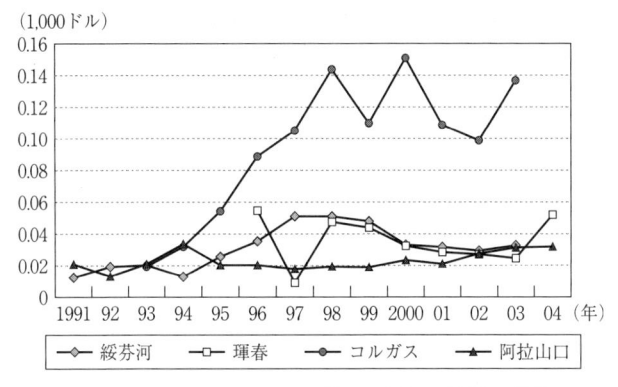

図 6-4 対ロシア，カザフ 4 税関の金額／重量比の推移
出所：表 6-1 より作成。

グロデコヴォ（綏芬河の相手側の駅）や阿拉山口などでは台車の交換だけで貨車・客車が通過できるようになっている。こうしたシステムの発達が鉄道をより重要なものにしている。なお，05年現在，鉄道ルートで運ばれているロ→中の石油は800万トンに達し，これは04年の40％増となっている。ますます鉄道ルートの取り扱い貨物が増える構造になっていることがわかる。

この変化は金額ベースの数字のみながら，1995年の値を示した3段目の数字との比較からも明らかである。ここには満州里やモンゴル経由の数字はないが，琿春を除く全税関の通過量は大差ないものだったことがわかる（琿春も1994年の数字は他とほぼ同水準であった）。鉄道のあるなしが，その後の盛衰に決定的な影響を与えたのである。

ちなみに，黒河，琿春，綏芬河，コルガス，阿拉山口の対ロ・対カザフ国境の5税関経由の貿易額をグラフにとるとこの変化は一目瞭然である（図6-3）。鉄道のない黒河，琿春がピークを回復しえていないのに対し（ただし，黒河は2005年前期にピーク時を回復），綏芬河，阿拉山口の伸びが目立つ。やはり，石油，木材などの鉄道輸送品目を扱えるかどうかの差である。

③ 金額／重量比の特徴

ただし，一点注意しておかねばならないのは，このウエイトは重量ベースと金額ベースでかなり違って来ることである。たとえば，表6-2第4段のよう

表6-3　税関別輸出入比率

税関	年	輸出／輸入比率(％)
牡丹江	2004	108
琿春	2002	21
満州里	2004	7
コルガス	2003	33
阿拉山口	2004	21

出所：表6-1より作成。

に重量当たり価格をとると，最低の満州里と最高の東寧との間に33倍の差がでてくる。鉄道税関では石油や石炭，木材といった品目が中心となるのに対し（モンゴル経由の輸入はほぼ全量が石炭），担ぎ屋が中心を占める道路税関では当然軽くて高価な物資が運ばれる事になるからである。東寧の場合は隣接する綏芬河鉄道税関との役割分担があること，満州里やコルガスと違ってかなり大きな消費地を付近に持っていることも影響しているように思われる。

　なお，この金額／重量比については，綏芬河，琿春，コルガス，阿拉山口について我々の表6-1から時系列を計算できるので，それをグラフにしてみたのが次の図6-4である。2003～04年までの数値による限り，琿春の取引貨物の高度化が進んでいない反面，綏芬河での近年の低下は鉄道取扱い貨物比率の上昇を反映したものと思われる。また，当初金額／重量比が鉄道税関と同程度であったコルガスが90年代後半に急上昇したのは，阿拉山口税関での鉄道利用量増加に合わせたものと思われる。各税関の利用しやすさの変化や取扱い貨物の変遷によって貿易業者が利用ルートの選択活動をしていることが分かる。

④　輸出入比率の特徴

　もうひとつ，こうした貿易ルート別の輸出／輸入比率についてもいくつか興味ある特徴を抽出することができる。全中国の対ロ貿易は冒頭に見たように全般的には中国の輸入超過で推移してきたが，ここに来て急速に対ロ輸出が追いつきつつある。そして，それと同じ傾向は中国の対カザフ貿易でも見られ，全新疆の対カザフ貿易ではすでに2003年に輸出入が並び，全中国としての対カザフ貿易でも2004年には並んでいる。しかし，各税関のデータを個別に見ると，それぞれの特質を鋭く反映して相当異なる輸出入比率となっている。データがとれる範囲で直近の輸出入比率をとると次の表6-3のようになる。

　これで見ても分かることは，全面的に鉄道に依存している満州里や鉄道への依存度の高い阿拉山口での輸入率が高いことと，鉄道のウエイトが高くてもロ

シア側に大消費地の近い牡丹江のようなところでは担ぎ屋を含む対ロ輸出が盛んになっていることである。もちろん，これらは品目的にも言え，輸入比率の高いところほど，通過貨物のなかに占める石油や木材など原料の比率が高いことを伺わせる。

5 今後の展望

ところで，以上の分析の最も大きな結論は石油や石炭，木材などの輸送に適した鉄道の役割の大きさに集約することもできるが，このことは，今後石油や天然ガスの輸送がパイプラインを通じてなされるようになる場合，それによって貿易ルートにも大きな変化が起きうることを示している。カザフ国境の阿拉山口では石油パイプラインが2005年に開通し，カザフのみならずロシアのオムスクからも送油できるようになった。また，東シベリアからスコヴォロジノ，中国東北部経由で大慶に伸びるパイプラインも建設中で，さらには西シベリアから中国に天然ガスを送る新しいパイプライン計画（アルタイ）も2005年の中ロ首脳会談で表明され，5年以内に建設されることになった。中ロ貿易における石油や天然ガスの重要性を考えると今後におけるこの影響を無視できない。

他方，その他の税関においても貿易発展のための様々な工夫がされており，今後貿易量が劇的に増大する可能性もある。たとえば，05年秋にオープンした東寧の互市貿易区には6000を超える店舗が入居し，ここでの貿易量を劇的に増加させた。また，同様の互市貿易区は綏芬河にも建設中でこの完成も大きな変化をもたらすであろうし，黒河でも念願の橋が完成すれば，両国をまたぐ通行量は劇的に増加する。そして，最後に，琿春であるが，吉林省と琿春市の2企業による北朝鮮羅津港の2つの埠頭の50年間の使用権の獲得と港湾付近への工業団地と保税区の建設合意はまずは北朝鮮との国境貿易を劇的に増大させよう。そして，これがきっかけとなって琿春に進出の日本企業の物資がロシア経由で日本に輸送される契約も05年春に成立した。一般的にはこれらそれぞれの事件が各税関の重要性の変化をもたらすものであるが，それ以上にすべての税関がともに急速な発展過程にあるとの表現の方がふさわしいかも知れない。中ロ経済の急発展というバックグラウンドが必然的にもたらしつつある国境貿易の将来像である。

●参考文献─────────
岩下明裕（2003a）『中・ロ国境4000キロ』角川書店。
───（2003b）『中・ロ国境の旅』東洋書店。
大津定美（2005）『北東アジアにおける国際労働移動と地域経済開発』ミネルヴァ書房。
髙木直人（1957）『転換期の中国東北経済』九州大学出版会。
権哲男（2006）『関於図們江地区開発戦略研究』延辺大学出版社。
朴承憲ほか（2006）『東北振興与東北亜区域経済合作』延辺大学出版社。
趙伝君主編（2006）『東北経済振興与東北亜経貿合作』社会科学文献出版社。

第7章
中国のエネルギー需要増加とロシアへの依存

横田髙明

1 エネルギーとは何か

「エネルギー」という言葉は，ギリシャ語の「エネルゲイア」つまり「仕事をする能力」から派生したものといわれている。いま動いているものや，これから動く可能性のあるものは，みなエネルギーを持っているということである。宇宙は大きなエネルギーで動いており，地球もわれわれの行動も無関係ではない。したがってエネルギーの形態としては運動エネルギー，電気エネルギー，熱エネルギー，光のエネルギー，音のエネルギーなど多様である。さらに，私たちが日常的に利用している石油や電力といったエネルギーは，その資源の起源や特徴で様々に分類することができる。

原油やウランなどを石油精製会社や電力会社は，使いやすいように形を変えて消費者に販売する。形を変えることは「転換」といわれ，転換前のエネルギーを「一次エネルギー」，転換後のエネルギーを「二次エネルギー」という。一次エネルギーには原油，石炭，天然ガス，原子力，水力，地熱，風力などがあり，二次エネルギーには電力，ガソリン，都市ガスなどがある。最終消費者に利用されるエネルギーは最終エネルギーと呼ばれ，二次エネルギーから利用される場合と，原炭を選炭した石炭などのように一次エネルギーが暖房などにそのまま利用されるケースがある。

一次エネルギーには，石炭や原油などのように資源量に限りがあり，使用すれば無くなってしまうものもある。近年は人類社会の持続可能性を追求するなかで，それらに代わるエネルギーとして原子力やLNG，太陽エネルギー，地熱エネルギー，バイオマスエネルギー，水素エネルギーなどの代替エネルギー開発が積極的に進められている。日本では，1973年と79年の二度にわたる石油

危機を契機に，省エネルギーと石油代替エネルギー対策の推進体制確立に取り組んできた。それでは，日本の隣国である中国のエネルギー需給の現状は，どのような状況にあるのだろうか。

2 中国のエネルギー需給の特徴

中国が改革・開放政策のもとで高い経済成長率を実現するなか，国内のエネルギー生産量増加を上回る勢いで，消費量が急拡大してきた。1979年から2007年まで29年間の年平均実質経済成長率は9.8％であり，この間の標準炭換算エネルギー消費量は年平均5.8％で伸びてきた。

1980年の一次エネルギー生産量は標準炭換算で6億3735万トンであったが，85年8億5546万トン，90年10億3922万トン，95年12億9034万トンと拡大したものの，アジア通貨・金融危機を契機に98年は12億4250万トンまで減少した。その後は再び拡大傾向を示して2000年12億8978万トン，05年20億5876万トン，07年23億7000万トンへと増加した。一方，消費量は同順に6億275万トン，7億6682万トン，9億8703万トン，13億1176万トン，97年から3年間は伸び悩んだが，2000年13億8553万トン，05年22億4682万トン，07年26億5480万トンと推移してきた（表7-1参照）。92年に経済発展と改革・開放政策の加速が打ち出されて以降，とりわけ近年は消費量が急増している。

一次エネルギーの主力である石炭の消費比率が地球環境問題やモータリゼーションの進行，経済発展と効率性などから相対として低下し，石油や天然ガス消費は確実に増加してきた。石炭のエネルギー消費比率は80年72.2％，90年76.2％から近年は70％を割り込んでいる。片や石油消費は88年に1億トンを突破し，2000年2億トン台に載せ，05年に3億トンを突破，07年は3億4600万トンとなった。全消費に占めるシェアは80年の20.7％，90年前後は一時的に16～17％台に低下したものの，現時点では20％程度で推移している。天然ガスも90年代中頃までは，170億m³前後を維持したが，90年代後半から増加が目立ち，04年339億m³，05年468億m³，06年556億m³になった。エネルギー消費に占める近年の比率は3％前後である。

96年から05年までの第9次～10次五カ年計画期の10年間平均実質経済成長率は，全国経済センサス結果の上方修正値で9.1％である。この間の石油消費量

表7-1 中国のエネルギー生産・消費量と分野別シェア（1980～2007年）

(単位：標準炭万トン)

年	生産量	構成比（％）				消費量	構成比（％）			
		原炭	原油	天然ガス	水力		石炭	石油	天然ガス	水力
1980	63,735	69.4	23.8	3.0	3.8	60,275	72.2	20.7	3.1	4.0
85	85,546	72.8	20.9	2.0	4.3	76,682	75.8	17.1	2.2	4.9
90	103,922	74.2	19.0	2.0	4.8	98,703	76.2	16.6	2.1	5.1
95	129,034	75.3	16.6	1.9	6.2	131,176	74.6	17.5	1.8	6.1
2000	128,978	72.0	18.1	2.8	7.2	138,553	67.8	23.2	2.4	6.7
01	137,445	71.8	17.0	2.9	8.2	143,199	66.7	22.9	2.6	7.9
02	143,810	72.3	16.6	3.0	8.1	151,797	66.3	23.4	2.6	7.7
03	163,842	75.1	14.8	2.8	7.3	174,990	68.4	22.2	2.6	6.8
04	187,341	76.0	13.4	2.9	7.7	203,227	68.0	22.3	2.6	7.1
05	205,876	76.5	12.6	3.2	7.7	224,682	69.1	21.0	2.8	7.1
06	221,056	76.7	11.9	3.5	7.9	246,270	69.4	20.4	3.0	7.2
07	237,000	76.6	11.3	3.9	8.2	265,480	69.4	20.0	3.4	7.2

出所：『中国統計摘要』2008年版・その他より作成。

は，96年の1億7436万トンから05年に1.7倍の3億86万トンに増加したが，原油生産は10年で15.3％の伸びにすぎなかった。中国の原油生産は，80年代初めの経済調整期を除いては常に増産を続け，90年代中頃から1億6000万トン台を維持してきた。しかし，東部の大型油田が老朽化し，これら既存油田の生産維持に努力するとともに，西部にあるタリム油田開発などに重点が移されていった。

大慶油田の生産量は一時期，中国原油生産の40％を超えるシェアを占めたこともあるが，2000年頃から減産が目立つようになり，03年には27年間にわたって維持してきた年産5000万トンを下回り4840万トンとなった。04年はさらに200万トン減の4640万トン，05年には4495万トンまで減産となった。[2] 原油生産国内第2位の勝利油田は，91年の3355万トンを最高に90年代は減産が続き，00年以降は持ち直して2700万トン前後で推移している。大型油田の生産減は西部油田などの生産増でカバーし，05年の中国原油生産量は1億8135万トンとなった。これは前年比548万トン増で，史上最高の生産量を記録した。しかし，中国最大の大慶油田の生産量シェアは，24.9％まで低下した。

主力油田の生産減を西部の油田や海洋油田の生産増で補い，さらに若干の増産を確保することは可能かもしれないが，消費量の拡大を国内で確保するのは

困難となっている。05年までの10年間で飛躍的に生産が伸びたのは、タリム油田ではなく延長油田と長慶油田である。タリム油田は220万トンから600万トンに生産量が増加したが、延長油田は74万トンから812万トン、長慶油田は220万トンから940万トンに増産した。だがタリム盆地では中国石油天然ガス集団公司（CNPC）傘下のタリム油田公司の生産のほか、新星石油公司（旧地質鉱産部（省）系で中国石化集団公司＝SINOPECが買収）開発のタリム油田の生産350万トンがあるので、合計で1000万トン程度の生産量となっている。

これら西部3油田に新疆油田を加えた4油田の合計生産量は03年2700万トン、05年3500万トンで、やっと勝利油田の最盛期の水準を上回るまでに増産してきた。中国の原油生産を90年代半ばの1億5000万トンから06年の1億8400万トン台に引き上げる原動力となったのは、新興陸上油田とともに海洋油田の貢献を忘れてはならない。海洋油田の90年時点の生産量は143万トンであったが、01年に2000万トンを突破し、現在は3000万トン規模まで拡大している。

③ 中国の原油・製品油輸入量増加と供給国多角化

表7-2に見るように、中国の石油製品（製品油）輸入量が輸出量を上回り、それが恒常化するのが92年以降で、原油の純輸入国に転換するのが96年からである。製品油と原油を加えた輸入総量が、その輸出総量を上回るのが93年以降である。製品油の純輸入量は92年に245万トンであったが、97年には1854万トンとなり、2000年と02年は900万トン台まで減少したものの、04年は2641万トン、07年は1829万トンであった。また原油の純輸入量は96年の229万トンから、00年5983万トン、07年には1億5928万トンまでほぼ一貫して拡大してきた。両者を合わせた純輸入量も93年の920万トンから、00年6961万トン、05年は04年比で747万トン下回って1億3617万トンになったものの、07年は1億7757万トンを記録した。

中国の石油製品需要が拡大するなかで、手っ取り早く消費できる製品油の輸入が先行した。また、原油生産が思うように伸びない状況下で、石油精製設備をフル稼働するためには、低硫黄の大慶原油などの性状に比較的似通ったインドネシア原油の輸入が先行した。90年のインドネシア原油の輸入量は123.1万トンで、輸入総量に占めるシェアは42.1％であった。92年になると476.7万ト

表7-2 中国の原油・製品油の輸出入とバランス（1986～2007年）

(単位：万トン)

年	輸 出		輸 入		バランス		計
	原 油	製品油	原 油	製品油	原 油	製品油	
1986	2,850	599	46	197	2,804	402	3,206
87	2,723	519	0	205	2,723	314	3,037
88	2,605	504	85	324	2,520	180	2,700
89	2,434	504	326	554	2,108	−50	2,058
90	2,398	566	292	331	2,106	235	2,341
91	2,260	516	597	466	1,663	50	1,713
92	2,151	539	1,136	784	1,015	−245	770
93	1,943	456	1,565	1,754	378	−1,298	−920
94	1,855	379	1,234	1,289	566	−910	−354
95	1,885	414	1,709	1,440	176	−1,026	−850
96	2,033	418	2,262	1,582	−229	−1,164	−1,393
97	1,983	526	3,547	2,380	−1,564	−1,854	−3,418
98	1,560	424	2,680	2,174	−1,120	−1,750	−2,870
99	717	645	3,661	2,082	−2,944	−1,437	−4,381
2000	1,044	827	7,027	1,805	−5,983	−978	−6,961
01	755	924	6,026	2,145	−5,271	−1,221	−6,492
02	721	1,071	6,941	2,035	−6,220	−964	−7,184
03	813	1,385	9,112	2,824	−8,299	−1,439	−9,738
04	549	1,146	12,281	3,787	−11,723	−2,641	−14,364
05	807	1,401	12,682	3,143	−11,875	−1,742	−13,617
06	634	1,235	14,518	3,638	−13,884	−2,403	−16,287
07	389	1,551	16,317	3,380	−15,928	−1,829	−17,757

出所：『中国統計年鑑』2007年版，「中国海関統計」2008年各月号より作成。

ンに増加したが42％のシェア，95年は527.9万トンでシェア30.9％となった。97年には658.5万トンで最大量を記録したが，他国からの輸入量が拡大したためシェアは18.6％まで低下している。2007年のシェアは，さらに大幅に減少し僅か1.42％である。

　97年の原油輸入総量は3547万トンだが，中国にとって第1位の輸入相手国は中東のオマーンで，対前年比59.7％増の903.3万トン・シェア25.5％であった。インドネシアはこの年，第1位から第2位に，そして次第に輸出国としての順位を後退させていくことになる。第3位はイエメンの405.5万トンだが，前年比で大きく伸びたのがアフリカのアンゴラ2.3倍・383.7万トン，イラン19.3％増・275.7万トン，ベトナム48.9％増・149.9万トンなどが目立った。サウジア

ラビアはこの時点では前年比で倍増したものの，50万トンとまだ少量である。ロシアの対中原油輸出も47.5万トンにすぎなかった。また，同年からアルゼンチン，ノルウェー，タイ，カザフスタンなども対中原油輸出国の仲間入りを果たした。

アジア通貨金融危機の翌98年は，原油輸入が抑制されたことから2680万トンに減少した。特にインドネシア，オマーンからの輸入が大幅減となり，サウジアラビアは前年比3.6倍の180.8万トンであった。ロシア原油は3分の1の14.5万トンまで減少したが，カザフスタンからは9倍強の40.9万トンが輸入された。99年の原油輸入量は3661.4万トンまで増加したが，最大のオマーン原油は13.3％減・502.1万トンとなった。イエメン，イラン，サウジアラビア，イラク，アンゴラ，インドネシア，ベトナム，ロシア，カザフスタンなどが増加すると同時に，供給国の多角化が進展した。背景にはドバイ原油の高騰から，中東以外の供給先開拓が行われたためである。

2000年の原油輸入は前年比で倍近くの7026.5万トンに増加した。オマーン原油が3倍以上の1566.1万トンとなったほか，イエメンを除く中東諸国からの輸入が大幅増を記録した。中東諸国からの輸入合計が3765万トン・シェア53.6％となり，同じくアフリカ諸国合計は1701.5万トン・シェア24.2％，アジア太平洋諸国合計は1054.7万トン・シェア15％だった。アジアではベトナムとインドネシアの伸びが目立ち，ロシアからは前年比2.6倍の147.7万トン，カザフスタンからも同47.6％増・72.4万トンが輸入された。

イラク戦争が起こった03年中国の原油輸入は，9112万トンに達した。引き続きサウジアラビアからの輸入が大幅に伸びたほか，イラン，オマーン，イエメンなども増加した。アフリカ諸国とロシアも増加したが，アジアではインドネシアの輸出余力が低下して若干増にとどまった。数量は少ないもののベネズエラ，ブラジル，エクアドル，アルゼンチンなど南米諸国からの輸入が開始された。上位5カ国はサウジアラビア1508万トン，イラン1239.4万トン，アンゴラ1010.3万トン，オマーン926.7万トン，イエメン699.6万トンの順で，これら合計5384万トンが輸入総量に占めるシェアは59.1％となった。

04年は1億2281万トンの輸入量で初めて1億トンを突破するとともに，伸び率も01年以降で最大の34.8％増であった。原油1トン当りの輸入価格が国際価格高騰で前年比58.9ドル上昇したことから，前年より70.7億ドル増加し輸入金

表7-3 中国の原油輸入相手国シェア（1995・2000・2007年）

(単位：％)

順位	1995年		2000年		2007年	
	国名	シェア	国名	シェア	国名	シェア
1	インドネシア	30.9	オマーン	22.2	サウジアラビア	16.1
2	オマーン	21.4	アンゴラ	12.3	アンゴラ	15.3
3	イエメン	14.5	イラン	10.0	イラン	12.6
4	アンゴラ	5.8	サウジアラビア	8.2	**ロシア**	8.9
5	イラン	5.4	インドネシア	6.5	オマーン	8.4
6	ベトナム	4.5	イエメン	5.2	スーダン	6.3
7	マレーシア	3.4	スーダン	4.7	カザフスタン	3.8
8	ナイジェリア	2.3	イラク	4.5	コンゴ	2.9
9	UAE	2.2	ベトナム	4.5	ベネズエラ	2.9
10	サウジアラビア	2.0	カタール	2.3	UAE	2.2
11	パプアニューギニア	2.0	ノルウェー	2.1	クウェート	2.2
12	英国	1.7	**ロシア**	2.1	赤道ギニア	2.0
13	リビア	1.2	コンゴ	2.1	イエメン	2.0
14	アルジェリア	0.8	ナイジェリア	1.7	リビア	1.9
15	ガボン	0.5	オーストラリア	1.6	南アフリカ	1.4
16	バハマ	0.5	英国	1.5	ブラジル	1.4
17	オーストラリア	0.4	赤道ギニア	1.3	インドネシア	1.4
18	パキスタン	0.3	マレーシア	1.1	アルジェリア	1.0
19	**ロシア**	0.2	カザフスタン	1.0	アルゼンチン	1.0
20	コンゴ	0.1	ガボン	0.7	イラク	0.9

出所：「中国海関統計」各年版より作成。

額は71.4％増の339.1億ドルだった。中国への原油輸出国も30カ国を超え，輸出量が1000万トンを上回った国がロシアを含めて5カ国となり，その合計量は7372.1万トン・シェア60％となった。地域別では中東が45.5％までシェアを落とし，一方アフリカ28.7％，アジア太平洋15.2％とそれぞれ上昇した。特徴的なことは，ロシアからの原油輸入が前年比2倍以上の伸びをみせ，1077.4万トンを記録し第5位に浮上したことである。

05年は中東地域のサウジアラビア，イラン，アフリカ地域のアンゴラ，スーダン，さらにロシア，ベネズエラなどからの輸入が大幅増となったが，アジア太平洋地域からの輸入は大幅減を示した。輸入総量は前年比3.3％増の1億2682万トンと伸び悩みをみせた。上位5カ国は第1位サウジアラビア2217.9万トン（シェア17.5％），2位アンゴラ1746.3万トン（13.8％），3位イラン1427.3

万トン(11.2％),4位ロシア1277.6万トン(10.1％),5位オマーン1083.5万トン(8.5％)で,これら合計が7752.6万トン・シェア61.1％となった。地域別の第1位は中東5999.2万トン(シェア47.3％),2位アフリカ3847.1万トン(30.3％),3位CIS 1406.6万トン(11.1％)だった。

　現時点で米国に次ぐ世界第2位の石油消費国である中国は,近年の急速な経済成長に伴って石油需要が拡大している。中国国家統計局の発表数値でも明らかなように,07年の原油消費量は前年比7.3％増で3億4600万トンを超えた。その46％にあたる1億5900万トン余が輸入である。このような大量の輸入量を多くの国に依存しているが,とりわけ近年はアフリカ外交に力を入れ,輸入依存を拡大してきた。その結果,アフリカへの依存率が30％を超えたが,06年はアンゴラからの原油輸入量がサウジアラビアを抜き,中国最大の相手国となったものの,07年は再び第2位で2499.7万トンを輸入した。アフリカからの原油輸入量の半分近く,全体では約15.3％がアンゴラからであり,スーダンも6.3％を占めている。

　このような原油輸入の急速な増加にもかかわらず,中国は経済成長をより持続可能なものにすることを強調している。2006年から10年までの第11次五カ年規画期間中に,国内総生産(GDP)1万元当たりのエネルギー消費量を20％削減する目標を決定した。しかし06年は1.2％しか達成できず,年間4％の削減目標には届かなかった。07年の原油輸入量は前年比11％増となっている。06年の原油輸入量は1億4518トンだったので,年間で1800万トンも増加した。

　中国の原油ならびに製品油の輸入急増に伴い,広東省や福建省など南部で製品油の密輸入が行われているといわれたが,確かなことは分からない。1994～96年は各年平均推定500万トン,97年は1000万トンまで拡大したが,その後取り締まり強化などで98年は700万トンに減少したとの情報がある。[3]公式統計では,05年の中国石油製品輸入量は3143万トンである。この輸入先は韓国,シンガポール,日本などアジア諸国が中心だが,ロシアも韓国,シンガポールに次いで第3位,513万トンを対中輸出している。ロシアの原油と製品油を合計すると1790.6万トンとなり,広い意味での石油対中輸出国としては,イランとアンゴラを抜いて,この年第2位に浮上したことになる。ロシアは鉄道輸送に加えて,05年11月に完成したカザフスタンから中国に通ずるパイプラインを使用し,今後さらに輸出量を拡大していく可能性が高い。

④ 中国の石油輸出削減と輸入インフラ整備

中国の原油輸出は，経済発展を進めるための主要な外貨獲得手段として，その役割を果たした時期もある。1980年代半ばには年間3000万トン近くあった原油輸出は，後半に入ると次第に減少していき，90年代は2000万トン台から1000万トン台で推移し，2000年代には800万トン前後まで落ち込んだ。04年には549.1万トンまで削減されたが，05年は韓国，インドネシア，米国，日本，シンガポール向け輸出が増加したことで806.7万トンとなった。07年は389万トンに減少したが，韓国に106.8万トン，米国に61.6万トン，北朝鮮に52.3万トン，シンガポールに51.9万トン，日本向けに46.4万トンが輸出された。

中国は03年まで，原油並びにガソリン，軽油，灯油，ジェット燃料，潤滑油などの製品油輸出に対して，17％の増値税（付加価値税の一種）のうち13％を還付してきたが，04年1月にガソリンを除く製品油すべての戻し税制度を廃止した。これは原油とガソリン以外の製品油輸出を抑制するためと考えられる。日本向け原油輸出は日中国交回復の翌1973年から始まるが，78年2月に締結された長期貿易取決めによって定期的に輸出されてきた。低硫黄で火力発電所の生焚き用として大慶原油が主に輸出され，取決め枠では87年の931.8万トンが最大量であった。1986〜95年の取決め数量は毎年880〜930万トンであったが，1996〜2000年は600〜800万トンとなり，2001〜03年は300〜400万トンに減少した。04年以降は大慶原油が減産状況にあること以外に，日中双方の条件が合わず，取決め枠による対日向け輸出は中断した。さらに06年には，取引が正式に廃止となった。

中国は01年12月に世界貿易機関（WTO）に正式加盟したが，石油分野においても関税障壁の段階的撤廃，割当制廃止，流通・小売の自由化などを推進していくことになった。01年までの原油輸入は，国有4企業が担当してきたが，[4] 02年からは民営企業の原油輸入申請に対してもライセンスの交付が行われている。非国家貿易の原油輸入割当は03年が952万トン，04年1095万トン，05年1260万トン，06年1450万トンということで，毎年15％ずつ増加している。

中国が原油輸入先の多角化を進めるなかで，ロシアや中央アジア諸国からの輸入量が拡大している。これら諸国との間では鉄道輸送が主だが，安定供給と

油量拡大のためにはパイプラインの建設が課題である。ロシアは体制転換の後，しばらく原油生産が低迷していたが，原油価格高騰のなかで飛躍的な増産に転じてきた。今やサウジアラビアに次ぐ産油国となったロシアは，対中原油輸出も増加の一途をたどり，1998年の14万トンから2005年には91倍1278万トン・シェア10.1％になった。

06年1〜7月にロシアが鉄道を通じて中国に輸出した原油量は対前年同期比22.9％増の540万トンに達した。ロシアのザバイカリスクと満州里を結ぶ鉄道を通じて中国に輸出した原油は420万トンを超え，前年同期比で50％増加した。しかし，ロシアとモンゴル国の国境にある鉄道駅ナウシュキを通じて中国に輸出された原油は減少して110万トン余にとどまった。05年にロシアが鉄道を通じて中国に輸出した原油は760万トンで，04年を30％あまり上回った。したがって対中原油輸出総量の約60％が，これらの鉄道で輸送されたことになる。東シベリア鉄道会社によると，06年の対中原油鉄道輸送量は1200万トンを超えたといわれる。(5)

新中国成立後10年目の1959年9月に油田として初めて大慶油田が発見されたが，石炭を除くエネルギー源に関して，中国は長い期間にわたって旧ソ連の支援を受けてきた。しかし両国間でイデオロギー論争が勃発したため，60年代から70年代にかけて対立の時代が続いた。その後，両国が市場経済移行の模索やその道を歩み始めると，80年代後半には国境画定交渉の再開や国境を挟んで貿易や人の往来が開始された。90年代に入ると中国は，ロシアから原子力発電プラントを導入し，92年には当時の朱鎔基首相がモスクワを訪問してエリツィン大統領と会談，11の中ロ協力協定に調印した。協定のなかのエネルギー関係では，ロシアからの原油輸入と石油と天然ガスパイプラインの建設，電力の輸入などを推進することで合意した。同時にロシアのユコス（YUKOS）社，トランスネフチ（TRANSNEFT）社と中国石油天然ガス集団公司（CNPC）の間で，東シベリアからの原油パイプラインについて大慶ルートを建設することで基本合意に達した。

その後も両国首脳による中ロ間の相互訪問が実施された。日本政府もトランスネフチ社が計画している東シベリアから太平洋岸までのパイプライン実現をロシアに働きかけ，2003年1月の小泉首相（当時）のロシア訪問に結びつけた。東シベリアの石油資源開発が，日本と中国の計画を共に満足させうるものかど

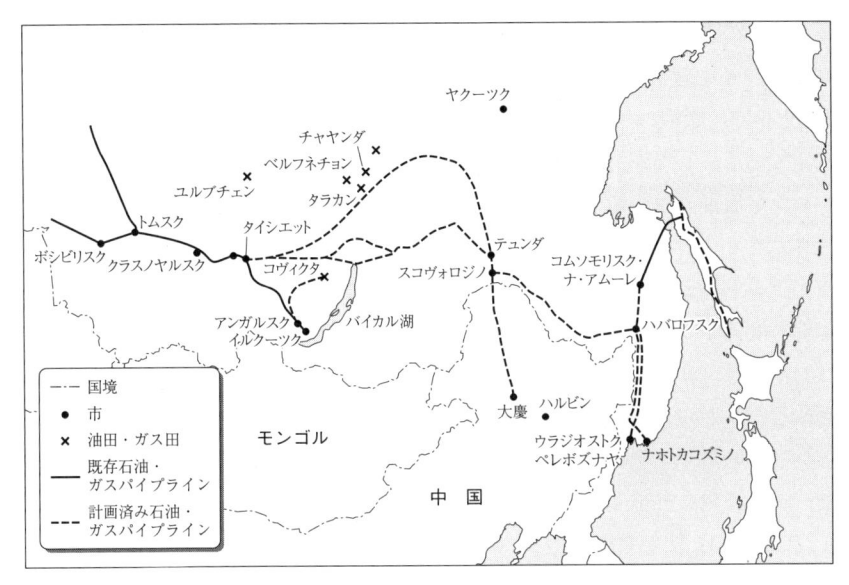

図7-1 シベリア原油パイプライン建設計画

注:2006年8月時点。
出所:横田高明『中国における市場経済移行の理論と実践』(改訂版)創土社,2007年,313頁。

うかの確証は現時点ではなく,経済性を確保するためにはどちらかのルートを先行して着手し,そのうえで次の段階に進む必要がある。一時は油田開発まで含むファイナンス提案を行った日本案が先行した時期もあったが,結局のところ費用や実現性から中国ルートを先行させる案が固まったようだ。

ルート案は当初計画されていたバイカル湖の南回りが,環境問題などから北回りに変更され,イルクーツク州タイシェットを起点に中国との国境に近いアムール州スコヴォロジノまで2400kmを建設するのがフェーズ1である。完成は08年11月といわれるが,様々な要因から遅れる可能性もある。そこから沿海州ペレボズナヤ湾までのパイプライン建設が,フェーズ2といわれる。フェーズ2の着工までは,ペレボズナヤに原油バースを建設し,スコヴォロジノから太平洋岸までは鉄道輸送のうえ,大型タンカーで出荷する計画となっている(図7-1参照)。

フェーズ1完成時のパイプライン輸送量は3000万トン(60万 b/d)である。出荷港のペレボズナヤには430万kℓの原油タンクを建設し,30万トン級1基,15万トン級2基の係留ブイ型出荷設備を設置する計画が発表されている。フ

ェーズ1の工期は36カ月で建設コストは62億ドル，フェーズ2は工期26カ月でパイプライン建設コストは55億ドルが予想されている。フェーズ2の距離は2000kmで，原油の供給力をみてから着工されるということから，完成時期は未定である。したがって建設費も変動する可能性が高い。

　ロシア原油の対中輸出は，現状では主にザバイカリスクを経由して鉄道で輸送されているが，03年11月のロシア鉄道会社（RRW）発表によると，バイカル・アムール鉄道（バム鉄道）にSevero-Muiskトンネルが完成したことから，年間3000万トンの中国向け輸送が可能になったとのことである。またCNPCは04年2月，ユコス社との間で原油年間1000万トンを06年から輸入する契約に調印した。さらに同年4月にSINOPECは，ユコス社との間で原油年間425万トン引き取る4年契約を締結した。ユコス社が脱税や詐欺容疑などで経営陣逮捕，追徴課税などを受け解体に追い込まれたことから，対中輸出にはルクオイル（LUK Oil）社とロスネフチ（ROSNEFT）社が担当している。他にもTUMEN OIL COMPANYが，カザフスタン経由で少量だが対中輸出しているといわれる。

　様々な動きのなかで，CNPCは1997年にAKTOBEMUNAIGAZの株式60％を3億2500万ドルで買収，Aktyubinsk油田の開発に参入，パイプライン建設も視野に入れながらカザフスタンの原油と天然ガス引取りに興味を示した。そこで2003年6月，カザフスタンから中国への石油パイプライン建設と原油引き取りに関する協定に調印した。その後FSを経て建設段階に入り，カザフスタンと中国間の石油パイプライン962.2kmは，2005年11月に完成した。カザフスタンのアタスと新疆ウイグル自治区のアラタウ峠を結ぶもので，設計年間油送能力は2000万トンである。両国が約7億ドルを投じて共同で建設されたといわれる。当初の年間油送量は1000万トンで，10年から2000万トンに増量する計画だが，その時点のカザフスタンとロシア2国の送油シェアは各50％となっている。[6]

　アラタウ峠から新疆ウイグル自治区の石油化学工業基地がある独山子まで，252kmのパイプラインはすでに完成している。独山子では新たに総額272億元を投じて，製油所とエチレン工場の建設が進められている。これは08年に完成予定である。CNPCはロスネフチ社がユコス社の子会社YUGANSKNEFTEGASを04年末に買収した際，融資した60億ドルの見返りとして，10年までに

原油4840万トンを受け取る契約を交わした。ロスネフチ社の05年の原油生産は7280万トンで，ルクオイル社，TNK-BP社に次いでロシア石油会社のなかで第3位だった。05年は中国に440万トン輸出しており，06年は対中原油輸出量を900万トンに引き上げた。[7]

さらにロスネフチ社は，中国に原油を輸出すると同時に，石油製品も輸出する計画である。ガソリンなどの石油製品販売会社を設立することで中国側と交渉しており，中国でガソリンスタンドを開設することにも興味を示している。また同社は，アジア太平洋地域への原油輸出を拡大するため，東シベリアの油田開発に積極的に参加する意向である。計画によると，15年に同社の東シベリアの産油量は同地区における原油生産量の41.5％に達するとみられる[8]。SINOPECは，06年6月にUDMURTNEFTの買収に合意，天然ガスに関しても対中輸出することにした。中国はこのような供給体制をもとに，「西油東送」など，国内のパイプライン網の拡充に努めている。

5 中国の省エネルギー政策と海外展開

中国は2006年からの第11次五カ年規画で，「省資源・省エネルギー型の循環型社会」を目標に掲げ，大量の排出物を招く根源にも目を向けた。これに先立って国務院は，「エネルギー中長期発展規画要綱（2004～2020年）」（草案）を公表した。[9] 中国の持続可能な経済発展を維持していくためには，エネルギーを戦略の重点課題とし，安全なエネルギーを保障し，エネルギーの有効活用を推進していく方針である。具体的に以下のような目標を打ち出している。

① エネルギー節約を最重要課題とし，全面的で厳格な省エネルギー制度と措置を実行し，エネルギー利用効率を顕著に高める。
② エネルギー構造を調整し，合理化する。そのうえで石炭を主体とし，電力を中心とし，石油天然ガスと新エネルギーを全面的に発展させる戦略を堅持する。
③ エネルギー発展の合理的配置を実行する。
④ 国内外の2つの資源と2つの市場を十分に利用し，国内エネルギーの探査・開発と建設に立脚し，併せて世界のエネルギー資源の開発と協力

に参画する。
⑤ 科学技術の進歩と創造に依拠する。
⑥ 環境保護を強化し，資源制約と環境の許容量に十分配慮し，エネルギー生産と消費が環境に及ぼす影響を軽減するよう努力する。
⑦ エネルギーの安全性に配慮し，エネルギー供給の多元化を実行し，石油の戦略備蓄建設を早め，エネルギー安全予報・警戒・応急体系を健全化する。
⑧ エネルギーの発展保証措置を制定し，エネルギー資源政策と開発政策を完備し，市場メカニズムの働きを十分に発揮させ，エネルギー投入力を強化する。

このような目標を確実に実行していくため，中国政府は最高組織として温家宝首相をグループ長とする「国家エネルギー指導グループ」を05年5月に発足した。副グループ長には黄菊（当時）・曾培炎2人の副首相が任命され，メンバーに馬凱（国家発展・改革委員会主任），李肇星（外交部長），徐冠華（科学技術部長），金人慶（財政部長），孫文盛（国土資源部長）薄熙来（商務部長），解振華（国家環境保護総局長）など13人の大臣級の人たちで構成されている。さらに6月には作業グループとして，国家発展・改革委員会内に「国家エネルギー指導グループ弁公室」を設置した。本弁公室のメンバーは24人の副部長級で構成され，主任はグループメンバーの馬凱が担当している。また常務副主任に馬富才（元中国石油天然ガス総公司〔CNPC〕総経理）が，副主任には国家発展・改革委員会の徐錠明エネルギー局長が任命された。

指導グループの主な役割は，①国家エネルギー発展の戦力と計画を立案する。②エネルギー開発，省エネルギー，エネルギー安全保障と緊急事態への対応，エネルギーの対外協力などの重大政策に関する研究を実施し，国務院に意見を提出することである。具体的取組みとしては，①エネルギー戦略の強化，エネルギーの中長期的な総合発展計画と特定プロジェクトについての計画策定・変更，エネルギー構造の調整と最適化を促進する。②石炭の開発，輸送能力向上，電力系統整備，石油・天然ガス田の開発など，各エネルギー産業の健全で秩序ある発展を促進する。③原子力発電，風力発電の規模拡大，太陽エネルギー，メタンガスなど新エネルギー並びに再生可能エネルギーの開発を促進する。④

省エネルギーを全面的に展開する。⑤電力，石油，石炭価格の改定などエネルギー行政を見直す，などが挙げられている。

環境とエネルギー開発に関して，『第一財経日報』2006年3月30日に次のような記事が掲載された。広東省の重点プロジェクト会議は，珠江デルタ地区では今後，原則的に石炭を燃料とする火力発電所の建設を計画しないと決議した。他方06年は陽江原子力発電所第1期工事と台山腰古原発の着工を目指すことを明らかにした。陽江原発は遅くとも年末までに着工し，第1期工事で2基の原発設備を据付け，2012年前後に商業運転に入る。同原発は国内最大規模で，80億ドルを投じし，100万キロワットの発電機を6基据付け，15～20年以内に稼動させる計画で，2～3期に分けて建設する。

広東核電集団は今後20年間に深圳嶺東（嶺澳原発2期工事），陽江，台山の3つの大型原発を建設することを既に表明している。これら3原発が完成すると，すでに稼動している大亜湾原発と建設中の嶺澳原発を合わせて，広東省の原発発電設備容量は1500万キロワットを超え，長江三峡ダム発電所の1820万キロワットに迫り，広東省の20％以上の電力が原発によって供給されることになる。原発の長期計画によると，2020年の中国の原発設備容量を現時点の850万キロワットから3600万キロワットにし，中国の発電設備容量に占める割合は，現在の2.3％から4％に拡大することになる。[10]

最近の海外におけるエネルギー資源開発では，中国海洋石油有限公司傘下の中国海洋石油オーストラリア探鉱開発有限公司が，BHPビリトン・カーマギーから，オーストラリアの海盆（Outer Browse）4鉱区の各25％の権益を取得した。この4鉱区はオーストラリア西北の海域にあり，陸地からの距離は約300キロ，水深2000メートル，総面積2万1000平方キロである。同公司のオーストラリアでの天然ガス資源探査事業の拡大は，海外での開発戦略が強化された結果である。

さらにロシア「サハリン・プロジェクト」会社報道局は，中国がロシア極東サハリン大陸棚の石油資源探査に参加すると発表した。同局担当者は，「中国の石油関係者が06年の夏，石油・ガス開発プロジェクト・サハリンⅢ鉱区で最初の油井の探鉱を始める。上海造船所で建造されたボーリング装置『勘探3号』がこの作業を担当する」と語った。[11]サハリンⅢに参加するのはロシア国営石油会社ロスネフチ，サハリン石油会社と中国石油化工有限公司であり，同鉱

区の石油埋蔵量は8億トン，天然ガス埋蔵量9000億立方メートルと予測されている。

他にも中央アジアや中南米などで資源探査，プロジェクト開発を数多く手がけている。05年には中国石油が，カザフスタンの油田開発権益を持つカナダのペトロカザフスタンを41.8億ドルで買収したことが話題となった。カザフスタンと新疆ウイグル自治区を結ぶパイプラインが05年末に完成し，約1000万トンの送油が計画されていることは前述した。すでにインドネシアの5大油田の部分的権利を取得している中国海洋石油は，米国のユノカル買収は断念したものの，05年4月には52のカナダ・オイルサンド鉱区をもつMEGエナジー社株式の16.69％を取得した。近年の中国資源外交は積極的に展開されており，ベネズエラやコロンビアなど南米諸国へのアプローチも盛んに行われている。

6 中国の環境問題の現状と対策

中国では，工業化と経済発展に伴う生活向上などからエネルギー消費量が増加し，今後の国内生産や輸入先の確保が大きな課題となっている。2004年6月30日の国務院常務会議で採択した「エネルギー中長期発展規画要綱（2004～2020年）」（草案）では，中国のエネルギー発展戦略の基本方針として「石炭を主とし，電力を中心に，石油，天然ガス，さらに新エネルギーを全面的に発展させる」ことが明らかにされている。[12]

また，05年11月に国家発展・改革委員会が策定した「省エネルギー中長期計画に関する通知」では，産業ごとに製品数量単位で省エネ目標を提示するとともに，マクロ目標として03年から10年までのGDP原単位で年率2.2％，03年から20年まで年率3％の削減が明記された。さらに05年2月28日には，全国人民代表大会常務委員会で「再生可能エネルギー法」が成立した。同法は，中国のエネルギー政策で初めて再生可能エネルギーを取り上げたものであり，一次エネルギーに占める再生可能エネルギーの比率について国家発展・改革委員会は，現在の7％から20年には15％までの引き上げ目標を決定した。

中国ではエネルギー問題とともに，環境の深刻化が近年の大きな問題となっていることは広く知られている。特に1997年の記録的な黄河「断流」，98年の長江大水害，ここ数年毎春に北京を襲う砂あらしは「三大環境災害」といわれ

るが，いずれも自然破壊を主な原因とする問題である。長江大水害では死者4000人，経済損失はGDPの2.2％にあたる1666億元にのぼったといわれる。中国政府は長江洪水の原因を森林の乱伐による水土流失として，国家林業局は即座に長江と黄河流域の天然林伐採を全面的に禁止することにした。(13)

　国家林業局によれば，当時の中国の森林面積は1.34億ヘクタール，森林被覆率13.9％，1人当たり森林面積0.11ヘクタールであった。これは世界平均と比較して，森林被覆率で半分，1人当たり森林面積で6分の1といわれる。そこで国家林業局は長江中上流域防護林プロジェクト，沿海防護林プロジェクト，平原緑化プロジェクト，太行山緑化プロジェクトなどを遂行するとともに，84年には森林法を制定，98年4月には森林法を改正して管理の強化を図った。また，砂漠化した土地面積は262万平方キロメートルで，毎年2460平方キロメートルが砂漠化しているが，日本の政府や民間レベルでも砂漠の緑化事業に協力してきた。様々な努力の積み重ねで，05年の森林被覆率は18.2％まで回復した。中国政府は，2010年の森林被覆率を20％まで回復したいとの目標を明らかにしている。

　国家環境保護総局の潘岳副局長は，05年5月に北京で開催された『フォーチュン』誌主催の世界フォーラムで，中国の環境問題の現状を次のように紹介した。「国土はすでに3分の1が酸性雨に侵され，主要水系の5分の2が5類以下（飲用不可）である。3億余りの農村人口は安全な水が飲めない。4億人余りの都市住民は非常に汚染された空気を吸引している。1500万人がこれにより気管支疾病と呼吸器の癌に侵されている。もし，現在の汚染レベルでいけば，15年後にわれわれの経済規模は4倍になるが，汚染負荷は5～6倍に増加する可能性がある。」

　水の汚染問題も深刻である。05年11月13日には吉林省吉林市の化学工場で爆発事故が発生，大量の有害物質ニトロベンゼンが松花江に流出した。この工場は国有石油大手・中国石油天然ガス傘下の中国石油吉林石化で，中国政府は事故発生12日後の25日になって，汚染状況を観測するために専門家を派遣し，流域住民の生活把握に努めた。黒龍江省ハルビン市は，松花江の上流で爆発があったため，22日から4日間，水道水の供給を停止すると発表した。水質が汚染された恐れがあるためだが，約960万人の大都市で断水が数日間続くのは異例のことで，飲料水の買出しに走る住民が一時パニック状態に陥った。ペットボ

トルの水の値段が通常の3～5倍に跳ね上がったが，市当局が統制に乗り出してやっと通常価格まで戻した。

　この過程で，市当局の情報公開のまずさや対応の遅れが露呈した。発表に先立ち，「松花江が汚染された」との情報が流れたが，当局は当初これを否定している。[14]汚染拡大は確実だったにもかかわらず，ロシアへの情報通達は，事故から9日後であった。中国政府は11月24日に，事故から2週間後に中ロ国境の黒龍江（アムール川）に到達するとの見通しを発表したが，有害物質は，22日までにアムール川流域で最大の都市ハバロフスクに到達したといわれる。ロシア当局は，汚染は最大許容濃度の7～10倍の可能性があるとし，アムール川から取水するハバロフスクなどは給水停止の検討を行い，飲料水買占めの動きを懸念した。中国で検出されたニトロベンゼン濃度は，1リットル当たり0.35ミリグラムで基準値の約19倍といわれる。しかし中国政府は，「住民の健康被害の報告はない」とし，どのような影響があるかの説明も十分に行わなかったため，住民の不満が高まった。

　中国の李肇星外交部長（大臣，当時）は11月26日にラゾフ駐中国ロシア大使と会談し，事故への対処などを説明し謝罪している。李部長は会談で，中ロ両国で環境への深刻な被害が出る可能性があり，被害を最小限に食い止めるためロシアと協力を進める用意があることを明らかにした。これに対しラゾフ大使は，中国政府の謝罪を本国に伝えるとしながらも，中国側がロシア側に早期に通報していれば事態は現状ほど深刻ではなかったとして，不満を表明した。事態を重視した温家宝首相は11月26日にハルビン市を視察し，地元責任者らに，①安全な飲料水の確保，②ロシアへの緊密な通報，③汚染拡大の責任追及などを指示した。[15]中国政府は05年12月2日，事故への対応が遅れ，被害が拡大したことを理由に国家環境保護総局の解振華局長を批判，更迭した。

　『中国経済時報』は，石油化学工場爆発による松花江汚染で，黒龍江省ハルビン市が受けた損失額は約65億元（1元は約14円）に達すると報じた。[16]ハルビン市の水道供給が5日間停止されたことで同市の工業生産や食堂，ホテル業界が受けた損失，これに行政側の飲料水確保など緊急対策費を加算して約15億元，さらに観光業界に与える影響損失が50億元程度と見込んでいる。また，松花江の汚染対策は長期にわたる取り組みが必要であること，汚染が黒龍江省と産品のイメージに大きな打撃を与えたこと，長期的にはさらに大きな損失をもたら

す可能性があることも示唆している。このように国境を超えるのは河川の汚染ばかりでなく，大気汚染なども周辺地域への拡大が問題となってきた。

7 北東アジアのエネルギー安全保障と多国間協力

BP社の「世界エネルギー統計2006」("Statistical Review of World Energy 2006")では，中国は世界最大の水力発電国であり，また石炭生産国・消費国で，石炭消費は世界全体の36.9％を占めていると記述している。石炭消費のほとんどは自国で生産されたものだが，2005年の消費伸び率は11.9％で前年の伸び率を2.5ポイント下回った。中国以外の国々では，同年の石炭消費が1.8％の増加である。

最近の採掘速度から計算すると，世界の可採埋蔵量は原油が40年，天然ガス65年，石炭162年と推定されている。世界全体の05年原油消費量は180万b/d（9000万トン）減少したが，06年も原油の国際価格は引き続き上昇した。世界第1位の米国，2位中国の消費伸び率が減速し，さらに発展を続けるアジア太平洋地域の石油消費が鈍ったのが，05年減少の大きな要因といわれる。

しかし，北東アジア地域の石油消費は現時点で世界石油消費全体の20％弱を占め，石油輸入量は世界貿易量の3分の1である。(17)今後も中国の石油需要増大が見込まれており，他の周辺諸国の石油需要も増加していくとの予測で，20年には1900万b/d（9億5000万トン），30年には2200万b/d（11億トン）程度に達するとみられている。中国国内の原油生産動向にもよるが，日本・韓国・中国3カ国の石油輸入は20年に1500〜1600万b/d（7億5000万〜8億トン）程度，30年には1700〜2000万b/d（8億5000万〜10億トン）近くになる見通しである。日本も韓国も原油輸入の現時点の中東依存度がそれぞれ90％・80％近くと高く，中国も50％弱となっている。

北東アジア地域では量的確保も勿論だが，シーレーンの問題などを含む安定供給体制確保という観点から，北東アジア域内においてどのような仕組みを作り出すかが注目されている。そこで北東アジア地域における石油や天然ガスの生産から供給体制の検討が積極的に行われようとしている。また，各国における省エネルギーへの取組みも重要な課題となっている。日中間では06年5月末に東京で「日中省エネルギー・環境総合フォーラム」が官民協力して開催され

た。省エネ技術と知見において世界の最高水準にある日本は，北東アジアや東アジア地域はもとより，新五カ年規画で循環型社会の構築を目指す中国のエネルギー節約や環境問題に対しても，大いに貢献していくことが期待されている。

中国は資源確保のため全世界に向けて，開発輸入を含む様々な協力体制確立に努力している。北東アジア地域における地方・個別レベルの協力としては，黒龍江省黒河市とロシア・アムール州が20億元を共同出資し，同州イワノフカに「ロシア・アムール州製油所」を建設する契約を06年6月に調印した。すでに国境河川を跨ぐ測量調査作業を終えており，06年10月に着工し08年12月末に正式稼動の予定である。これは中口合弁のエネルギー事業で，中国側は黒河星河実業公司が出資するが，出資比率は65％以上となっている。原油処理能力年間500万トンの常圧分留装置，石油製品精製装置を備え，ファインケミカル生産設備も建設する予定である。(18)

ロシアの天然ガス最大手であるガスプロム社は，中国向けに天然ガスパイプライン2本建設することを明らかにした。ガス輸送量は年間680万 m^3で，早ければ11年に供与を開始する予定である。年間輸送量300万 m^3の西部ルート建設を優先するが，これは西シベリアで生産される天然ガスを中国に輸送するものだ。これらの協力事業は，両国がエネルギー需給の情勢に従い，資源と市場の相互補完の特性を利用し，企業がそれぞれの業務優位性を生かすことが必要である。

CNPC研究院の李国玉教授は，「今後15年間のうちに，ロシアは中国にとって最大のエネルギー供給国になる可能性があり，中国企業はロシアとの石油・天然ガス協力を強化すべきだ。ロシアは世界でも数少ない石油・天然ガス資源大国であり，輸出市場を必要としている。中国は大量の需要が続く市場である。地理的に中口は長い国境をもつ隣国であり，両国はきわめて自然に相互依存・相互支援の友好的隣国となっている」と述べている。(19)

北東アジアにおいては，2国間協力からさらに次の段階の多国間協力の地域エネルギー協力の道すじを検討していく必要があろう。シベリア原油パイプラインの2段階建設にしても，日中どちらの案を優先するかということで確執を生むより，北東アジアのエネルギー安全保障の強化と東シベリア開発という本来の目的に立ち返り，成功のための最適シナリオを作り出すのが先決である。北東アジアにおいてどのような協力体制のもとに実施し，資金をどのように確

保して建設していくかということである。世界石油消費の約2割を占める市場規模を生かし，地域の経済力と技術力を結集する必要がある。

　ロシアの04年の原油生産は4.6億トンを記録し，世界でもトップクラスの産油国となっているが，その56.5％にあたる2.6億トンを輸出している。03年時点で，ロシア石油会社の10年の原油生産見通しは5.5億トン，輸出3.1〜3.5億トンとされていたが，03年11月にユコス社のボドルコフスキー前社長が逮捕され，同社解体を巡る混乱と石油輸出税の引き上げなどから生産が停滞し，将来見通しにも影を落とした。そのため15年に5.3億トンの生産，3.1億トン程度の輸出に下方修正されたが，生産増は西シベリア以西の油田で，東シベリアの生産増はほとんど見込まれていない。また，ロシアのエネルギー輸出は90％が欧州向けとなっている。

　ロシアが今後さらに原油輸出を増加していくためには，成熟した欧州市場より北東アジアや東アジア市場が有望である。そのための油田開発と輸送インフラの整備や増強が早急な課題となる。ロシアが市場経済に移行する過程で，ロシア極東地域は人口が減少し，経済発展からも取り残されている。また欧州市場から遠く，開発が手付かずの地域も多く見られる。東シベリアのエネルギー資源開発と輸送インフラの整備こそ，北東アジア経済発展の呼び水となるに違いない。さらに多国間協力の象徴的プロジェクトとして，シベリア原油出荷港ペレボズナヤ近辺に，日本・中国・韓国・ロシアが協力して石油の共同備蓄基地を建設し，同地域のエネルギー安定供給体制を確立することも肝要である。

　このような地域開発協力を推進するためには，関係各国の「国益」を超えて「地域益」，さらには「国際益」を追求する積極性が必要になる。また，2012年にはロシア極東地域のウラジオストク市においてアジア太平洋経済協力会議（APEC）首脳会議が開催されるが，そのような多国間協力が新たな関心事項の一つとして取り上げられるなら，いっそう大きな推進力となるにちがいない。

●注
（1）換算比率は石炭0.714トン/トン，原油1.43トン/トン，天然ガス1.33トン/1000m³，水力は火力の石炭消費量で計算。

（2）『京華時報』2006年8月22日付では，中国石油天然ガス集団公司（CNPC）が8月21日に発表したところによると，大慶油田の新探査地域である黒龍江省ドルボド・肇源，内蒙古自治区ハイラルで大規模油田4カ所を発見したという。石油埋蔵量は2億5000万トンとみられる。

（3）『East & West Report』（東西貿易通信社）No. 10567, 2006年7月14日, 6, 11頁。

（4）国家貿易企業として中国化工進出口総公司（SINOCHEM），中国国際石油化工連合公司（UNIPEC, SINOPEC系列だがSINOCHEMも30％出資），中国連合石油有限責任公司（China Oil, CNPC系列だがSINOCHEMも30％出資）の3社が指定されていたが，他に輸入専門国家貿易企業として珠海振戎集団公司が指定を受けた。その後中国中化集団公司（SINOCHEM Corp），中海油中石化連合国際貿易有限責任公司（CNOOC＝中国海洋石油総公司60％・SINOPEC 40％の出資）などが設立された。

（5）『中国通信』（中国通信社）2006年8月11日，11頁。

（6）『中国通信』（中国通信社）2006年5月29日，6頁。

（7）『中国通信』（中国通信社）2006年2月21日，6頁。

（8）同上。

（9）本草案は，2004年6月30日に国務院常務会議で可決した。

（10）『中国通信』2006年4月4日。

（11）「モスクワ発新華社電」2006年4月7日。

（12）張国宝「中国已経擬定能源中長期発展企劃」http://www.china5e.com/news/200509/

（13）青山周『環境ビジネスのターゲットは中国・巨大市場』日刊工業新聞社，2003年，100頁。

（14）『新京報』2005年11月24日社説。

（15）『読売新聞』2005年11月24日，25日。

（16）『中国経済時報』2005年12月3日。

（17）BP「世界エネルギー統計2005」では，2004年の世界石油消費量8080万b/d（40億4000万トン）で，北東アジアの消費量は1530万b/d（7億6500万トン）ということから，シェアは18.9％である。また，世界石油輸入量は3601万b/d（18億50万トン），北東アジアのそれは1200万b/d（6億トン）であり，シェア33.3％となる。

（18）『中国通信』（中国通信社）2006年6月22日，中国通信社，8頁。

（19）ハルビン2006年6月20日発新華社。

第8章
ロシアの外国人労働移民管理と中ロ労働力移動

堀 江 典 生

1 移民受け入れ大国ロシア

(1) 広大なロシアの移民管理

　私たちは，海に囲まれた日本に住んでいるため，空港から飛行機を利用して海を渡るか，港から船で海を渡るかしなければ外国には行けない。日本で働こうとする外国人もまた，飛行機や船を利用して日本にやってくる。これはとても費用のかかる渡航となる。空港や港に着くと，入国管理局でパスポートとビザ（日本国査証）の提示が求められる。パスポートを持たなくては海外に行けないことは当然としても，日本に来る外国人のなかにはビザを必要としない人たちも多い。日本とビザ免除の約束をしている国々（現在62カ国）の人々は，短期滞在で観光や商用や知人訪問ぐらいならビザはいらない。空港の入国管理所でも，上陸許可（日本は海に囲まれた国だから入国は陸に上がる，つまり「上陸」なのだ）のスタンプをパスポートにもらうだけだ。しかし，就労を目的として日本にやってくる場合，やっかいである。就業査証をまず取得しなければならない。就労査証には14種類あるが，どれも高度な人材もしくは特殊技能を有する外国人が対象であり，近年高度な人材の外国からの受入が我が国においても着実に増加しているものの，門戸はまだまだ狭い。外国人が日本で働こうとして渡航するには，様々な制度的関門があるのだ。日本に住む私たちは，普段あまり気にもとめないことかもしれないが，日本はとても強固な入国管理によって外国人の上陸や就労に神経をとがらせている国である。

　長い陸上国境をもつロシアでは，事情が大きく異なる。ロシアは，広大な領土をもち，多くの国々と国境を接している。実に，14カ国と国境を接し，441カ所もの国境検問所をもつという（堀江，2007）。近隣諸国からは，バスや列車

でも国境を越えることができる。中国とは4300キロにもおよぶ国境を共有している。旧ソ連時代は，ひとつのソ連国家だったものが，ソ連崩壊によりCIS諸国やバルト三国と新たに国境を挟むこととなった。ソ連崩壊という激動のなか，国境管理は後手に回り，中ロ国境地帯に入国管理所が設置され，陸上国境における移民の流れを把握できるようになったのは，1994年になってからである。ロシアの90年代は，新生国家の国境管理と移民管理の試行錯誤の10年であった。2000年時点でロシアの移民政策は，13の連邦法，7つの大統領令，56の政府決定，そのほか数多くの法令によって構成され，それらの諸法令はしばしば相互に矛盾する有様であったという。陸上国境をもつ国の外国人受入は，私たち日本のように海上国境しかもたない国の出入国管理では想像しがたい問題が山積していたのだ。

　プーチン大統領就任から，ロシアは国境管理・移民管理の向上に努力を重ねてきた。2002年に「外国人の法的地位に関する」ロシア連邦法（以後，「外国人法」と略称）が制定され，ようやく近代的な出入国管理・移民政策が整った。とはいえ，この外国人法には，移民政策および外国人労働者管理にかかわる重要なコンセプトを提示しているものの，その具体的な運用や規定は数多くの大統領令，省庁令，政府決定によって示されているため，複雑だった。2007年1月からは，さらに修正が加えられ，90年代から始まった出入国管理・移民政策の試行錯誤に一定の結論を導き出したようである。今後，様々な調整・修正が加えられることも予想されるが，とりあえず，私たちの立つ座標を2007年1月としておこう。それ以降の様々な変化を観察することは，みなさんと私たちの課題にしておきたい。

　ロシアは，世界でも有数の外国人労働者受入国であり，日本のように高度な人材だけを正規に受け入れているだけではなく，いわゆる出稼ぎ労働者も正規に受け入れている国である。旧ソ連諸国からの外国人が約半数，それ以外の国々からは，中国を筆頭に，トルコ，ベトナム，北朝鮮，旧ユーゴスラビアなど，多様な国からの46万人の短期滞在型正規外国人労働者を受け入れている。この他にもロシアに居住許可をもち就労可能な在留外国人を含めると相当数になる。2002年のロシア国勢調査では，外国籍の居住者は約100万人いたが，そのうち就労可能な年齢層（20～69歳）の外国人居住者数は，約79万人いた。もちろん彼らすべてが就労するわけではないが，法的には可能な母集団である。

まさに，ロシアは外国人労働者受入大国なのである。

（2） 正規外国人労働者への着目

　外国人労働者受入大国にはつきものの問題は，不法移民，特に不法就労問題である。特に1990年代，ロシアは中国人不法移民問題が大きくとりだたされ，中国脅威論を煽った。たびたび誇張される中国人不法移民情報には今でも枚挙に遑(いとま)がない。2005年に報道された中国人移民数では，内務省報道として40万人から70万人，各紙報道として300万人から1200万人，国民経済予測研究所は労働者だけでも80万人との評価している。ただ，近年中国人移民もしくは労働者が，ルールベースでロシアに入国・帰国する傾向にあることは1990年代後半からの着実な傾向である。わたしたちが沿海地方連邦移民局で行った聞き取り調査（2005年9月2日実施）で，担当官によれば，2005年8月まで中国人入国者数約7万3000人のうち，中国人ビザなし観光者数は約6割（約4万5000人），そのビザなし観光者のうち在留期間違反者は48人であり，42人を摘発，6名が未発見の状態であった。これは，沿海地方の同様の資料を継続的に収集していたミハイル・アレクセーエフ（Alekseev, 2000）が示した90年代後半の在留期間違反者数減少傾向をさらに跡づけている。担当官は，中国人のビザの在留期間が守られるようになってきたと証言しているし，中国側と不法移民対策において協力関係があること，中央外国人登録データベースにより在留外国人の把握・追跡に自信があること，労働移民もまた法に則ったロシアでの就労を行うようになってきたことなど，連邦移民局が外国人労働者を雇用する企業を巡回し不法就労の摘発に努力していることなど，誇張のない見解を示している[1]。

　それゆえ，本章では，あえて不法移民問題について多くを語らない。私たちが本章において見据えたいと考える課題は，正規外国人労働者の受入とその課題について冷静に分析することにある。不思議なことに，中ロ労働力移動については，中国からの正規労働者派遣とロシアの正規中国人労働者受入および管理について論じる論文は少なく，非正規移民の脅威について論じる論文が多い。非正規とは正規の裏側である。正規外国人労働者の送り出し・受け入れについてのしっかりとした理解なしには，冷静な非正規移民問題を論じることはできないし，また多くの誤解や誇張を生む原因にもなる。

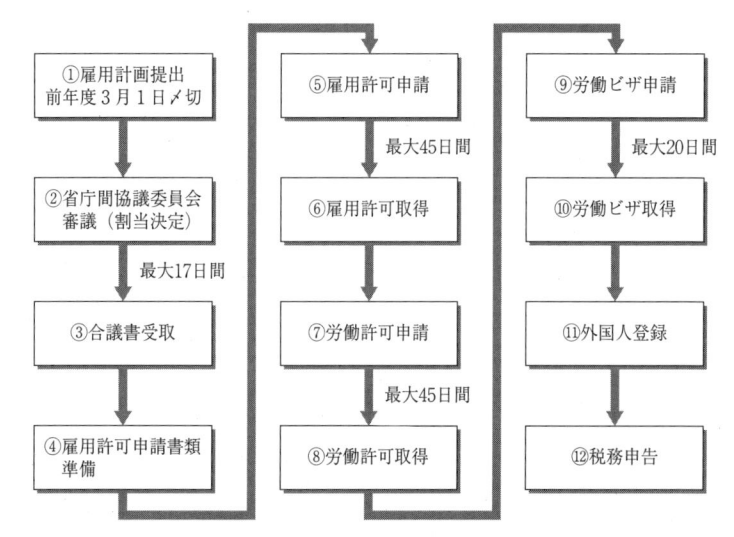

```
┌─────────────┐      ┌─────────────┐      ┌─────────────┐
│①雇用計画提出 │─┐  ┌│⑤雇用許可申請│─┐  ┌│⑨労働ビザ申請│
│前年度3月1日〆切│ │  │└─────────────┘ │  │└─────────────┘
└─────────────┘ │  │      │最大45日間 │  │      │最大20日間
       │        │  │      ▼           │  │      ▼
       ▼        │  │┌─────────────┐  │  │┌─────────────┐
┌─────────────┐ │  ││⑥雇用許可取得│   │  ││⑩労働ビザ取得│
│②省庁間協議委員会│  │└─────────────┘ │  │└─────────────┘
│審議（割当決定） │  │      │           │  │      │
└─────────────┘ │  │      ▼           │  │      ▼
       │最大17日間│  │┌─────────────┐ │  │┌─────────────┐
       ▼        │  ││⑦労働許可申請│  │  ││⑪外国人登録 │
┌─────────────┐ │  │└─────────────┘ │  │└─────────────┘
│③合議書受取  │  │  │      │最大45日間│  │      │
└─────────────┘ │  │      ▼           │  │      ▼
       │        │  │┌─────────────┐ │  │┌─────────────┐
       ▼        │  ││⑧労働許可取得│  │  ││⑫税務申告   │
┌─────────────┐ │  │└─────────────┘ │  │└─────────────┘
│④雇用許可申請書類│─┘                 └──┘
│準備         │
└─────────────┘
```

図8-1 非CIS諸国の外国人がロシアで就労するための12ステップ
出所：関連諸法令より筆者作成。

2 ロシアの正規外国人労働者の受け入れ

（1） ロシアで働くための12のステップ

我が国においても，就労を目的として入国する外国人は，14種類に分かれた職種にかかわる在留資格認定基準を満たし，在留資格認定書の交付を受け，就労査証を取得してから日本に渡航することになる。在留資格認定書の交付には，1カ月から3カ月かかるし，それぞれの在留資格認定基準は教育水準と経験を有さなければ獲得できない水準である。高度な人材には開かれた就労査証であり，単純労働者には頑なに門戸を閉じているのが，日本の外国人労働者受入体制である。いわば，この在留資格認定書の取得こそが，日本での就労の鍵になる。日本の外国人在留許可を得るための基準には不透明な部分も多く，その認可判断は入国管理局の現場の裁量による部分も多いのだが，手続き的には，比較的簡素化されているといえる。

これに比べ，ロシアにおいて就労しようとする外国人には，やっかいな手続きが待ちかまえている。その手続きを12のステップに分けて示した。

ロシアにおいて外国人が就労しようとする場合，鍵となる許認可は，雇用者が外国人を雇用する際に必要な雇用許可，外国人労働者が保持しなければならない労働許可，その労働許可数を自治体ごとに制限する労働割当（クォータ）である。

まず，最初に雇用者は，外国人労働者に働いてもらう前年度の3月1日までに雇用計画を提出しなければならない。つまり外国人に働いてもらう1年ほど前から，外国人雇用にかかわる手続きが始まることになる。これが第1ステップである。この雇用計画は，各自治体の労働割当（クォータ）の決定の基礎資料となる。連邦自治体所轄諸機関（経済関連地方自治体行政機関，連邦移民局地方機関，労働雇用局地方機関，地方自治体社会労働関係監督三者委員会）は，前年度6月1日までに雇用者提出書類を総括・審議し，その結果から自治体行政機関は前年度6月15日までに外国人労働者利用効率評価を作成する。それを受けて，省庁間協議委員会において外国人労働者誘致の需要と割当数に関する審議が行われ，その決定を受けて，諸所轄機関は雇用者に申請審議結果を1カ月以内に通知することになっている。各自治体は，厚生社会発展省に割当数に関する提案書と外国人労働者利用効率評価結果を7月15日までに提出し，厚生社会発展省は10月15日までに外国人労働者の需要・優先職業群・労働割当数・ビザなし渡航による外国人労働者の労働割当数に関する政府決定案を政府に提出することになっている。省庁間協議委員会の審議によっては，雇用計画の見直しを迫られる場合も生じる。これが第2ステップである。

第3ステップは，雇用許可を取得するための書類を準備することである。そのなかで，必須の書類として，各自治体雇用問題担当機関との「合議書」がある。これは，雇用者が次年度に雇用を計画している外国人の数，外国人労働者活用の理由，職種，期間などが地域の労働市場の諸条件を鑑み，合目的的であるかどうかを審査し，その審査結果を雇用者側に「提案書」として提示し，それをもとにして合議書が作成される。第1ステップの審議と重複するようにも思われるが，第1ステップを無視して第3ステップから手続きを行った場合，どのような問題が生じるかは，明らかでない。この合議書を受け取り，第4ステップは終了である。第3ステップの申請から第4ステップの合議書受け取りまで，最大17日間かかる。

第5ステップは，連邦移民局への雇用許可の申請である。この第5ステップ

は，2007年からずいぶんと簡素化された。以前は，直接連邦移民局に提出しなければならなかったが，いまでは代理人申請も郵送での申請も可能になった。この雇用許可決定には，最大45日間かかる。決定後は，10日以内に申請者に許可証を渡されることになっており，これで第6ステップは終了する。

　第7ステップは，連邦移民局への労働許可申請である。この労働許可申請手続きは，2007年1月から大きく変わった。ビザを免除されている国からの外国人労働者の労働許可手続きが簡素化されたのだ。ビザを免除されている国は，CIS諸国（グルジア，トルクメニスタンを除く）である。ロシアの外国人労働許可は，CIS諸国からの外国人と非CIS諸国からの外国人で手続き上の差別化を行っている。CIS諸国からの外国人労働者は，労働許可の申請は，労働者本人や代理機関が行うことができ，またその取得に必要とされる日数も最大10日と短い。一方，非CIS諸国からの外国人労働者は，ロシア連邦入国に際して就労ビザが必要であり，そのためには事前に労働許可を取得する必要がある。それゆえ，労働許可は，本人ではなく雇用者が手続きを行うことになる。しかも，認可まで最大45日間かかる。第8ステップの労働許可受け取りは，認可後10日以内に行われる。

　非CIS諸国からの外国人は，まだこれから労働ビザ取得の手続きが待っている。第9ステップの労働ビザ申請から第10ステップの労働ビザ取得まで20日間かかる。本国にいる外国人労働者は，その労働ビザ取得により，本国の在外ロシア領事館においてビザ取得の手続きを行う。外国人労働者が国境を越え，雇用者のもとに訪れると，外国人登録が待っている。これが第11ステップである。この外国人登録も，2007年1月から簡素化され，移民カードに在留証明のスタンプを押す必要もなくなり，手数料も取られることはなくなった。この外国人登録は，在留地に到着して3日以内に行う必要がある。最後の第12ステップは，税務署への申告である。これも，10日以内に行うのが義務とされている。

(2) 煩雑な手続きの背景

　かくも時間と労力を必要とする諸手続を，特に非CIS諸国に課す理由は，ロシアへの外国人労働者供給において，ロシアはCIS諸国からの労働者を優先しているからに他ならない。非CIS諸国からの労働者を手続き上の障害により抑制するとともに，雇用許可，労働許可，自治体ごとの労働割当により管

理しているのである。2006年までは，CIS諸国からの外国人労働者には，労働割当が適用されていなかった。2007年からは，CIS諸国からの外国人労働者にも非CIS諸国からの外国人労働者のための労働割当とは別に，労働割当が適用されるようになったが，2007年の労働割当数は600万人というから，ほぼ制限なしといってよい。

ロシアの外国人労働者受入は，外国人労働者の短期就労・母国帰還を前提とした出稼ぎ型の受入である。ロシアの外国人労働移民管理は，低廉で非熟練を基本とする外国人労働者の受入を想定し，非CIS諸国からの外国人労働者流入に関しては就労地を限定し，数量規制を主に行っている。外国人労働者の質・資格についてはおおよそ不問にしている一方で，CIS諸国からの外国人労働者については量的にも質的にも規制を行わず，CIS諸国出身であるという資格のみで就労が可能になっていると言える。

ロシアは，人口減少のもと，低廉で未熟練な労働力が不足するという事態に陥っている。その不足を外国人労働力で補充しているのであるが，その供給先をできるだけCIS諸国に限定しようとしている構図が窺える。1990年代に中国人移民問題が大きく取り上げられ，ロシアの不法移民問題は，おおよそ中国人移民問題と同義とされていた。そのため，非CIS諸国からの外国人労働者の受入には，地域的・数量的制限が課せられ，これまで述べてきたように面倒な手続きを伴うことになった。

一方で，CIS諸国からの外国人労働者たちは，ビザ免除のため，ロシアに入国後自由に就労先を探すことができる。2006年までCIS諸国からの労働者にも課せられていた面倒な労働許可取得の手続きのせいで，多くのCIS諸国からの労働者が不法移民化した。2006年2月23日にモスクワのバウマンスキー市場で起こった屋根崩落事故では，死亡した66人のうち，アゼルバイジャン人45人，グルジア人8人，タジク人5人，ウズベク人3人と，ほとんどが中央アジア・カフカスからの移民労働者で占められていた事実は，ロシア社会が社会的にも経済的にも2つのグループ，つまり，ロシア市民と外国人労働者によって構成されていることを市民に気づかせることになった。2007年からの労働移民関連の法改正は，CIS諸国からの労働者に課せられる手続きを簡素化し，彼らが合法的に働くことができるようにするものであったが，同時に，アルコール飲料・薬剤・露天商などの小売業において外国人雇用が禁止されること

になった。これは，そうした業種で働くCIS諸国からの非正規外国人労働者が，近年のロシアの「不法移民との戦い」において強い関心の的となっているからである。ロシアの外国人労働移民管理は，非CIS諸国からの外国人労働者の流入を牽制しつつ，労働力不足の穴埋めとしてCIS諸国からの外国人労働者を利用し，全体としてはよりタイトな管理を行うようになった。

③ 中国からみた対ロ労務輸出

（1） ロシア極東地域に不可欠な中国人労働者

ロシアで正規に働く外国人労働者は，CIS諸国からの外国人労働者と非CIS諸国からの外国人労働者で，おおまかにバランスしている。図8-2を見てわかるように，1996年に一度正規外国人労働者流入のピークがあったが，1998年ロシア金融危機後に底を打った。2000年以降，ロシアの好景気に支えられ，現在はCIS諸国からも非CIS諸国からも鰻登りに外国人労働者数が増加している。

ロシア全体の傾向として，ウクライナからの外国人労働者が正規外国人労働者のなかで最大の多数派である。中央アジアからの外国人労働者の増加も，近年の新しい特徴である。非CIS諸国からの正規外国人労働者の最大多数派は，はやり中国からの外国人労働者である。他に，トルコ，ベトナム，北朝鮮からの外国人労働者が目立つ（図8-3）。

一方，ロシア極東地域の沿海地方を例にとれば，ロシア全体の特徴と大きくかけ離れており，ロシア極東地域への外国人労働者供給に大きな地域的特徴があることがわかる。沿海地方最大の外国人労働者グループは，中国からの外国人労働者で，66％にも及ぶ。ロシア全体の特徴と異なり，非アジア系外国人労働者はほとんど見られない。トルコからも旧ユーゴスラビアからも，その労働供給はロシア極東地域までは及んでいない。9割以上が非CIS諸国であり，アジア系外国人労働者によって占められている。CIS諸国からの外国人労働者は，わずかに7％にしかすぎない（図8-4）。

CIS諸国からの外国人労働者を率先して利用しようとするロシアの外国人労働者管理の手法にもかかわらず，ロシア極東はCIS諸国からの外国人労働力の利用に期待できない状況である。CIS諸国からの外国人労働力に依存で

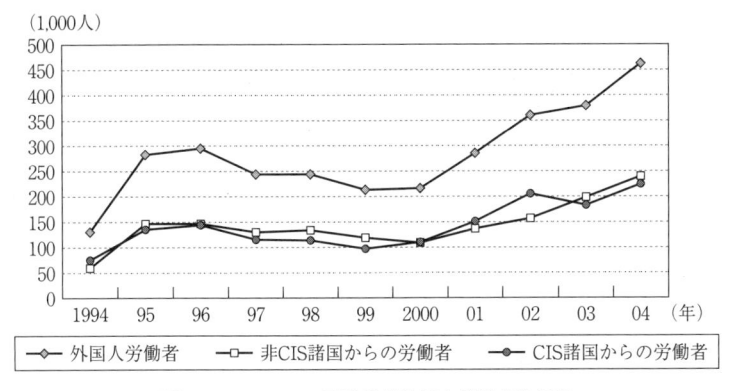

図8-2　ロシアの正規新規外国人労働者数推移
出所：ロシア国家統計局『ロシア統計年鑑2005年』2005年度版およびロシア国家統計局『ロシアの労働と雇用』2001，2003，2005年度版。

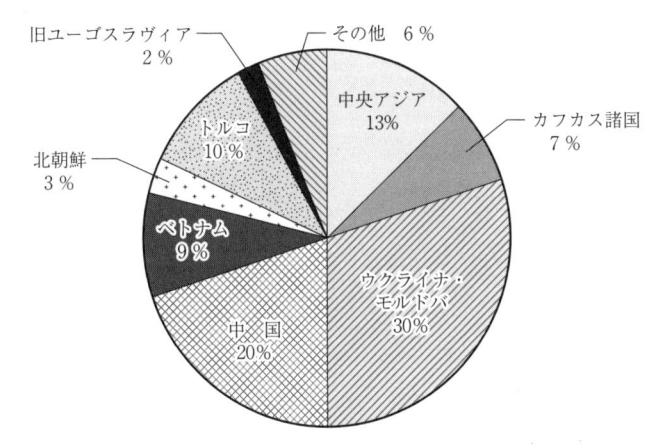

図8-3　ロシアの外国人労働者出身国別内訳（2004年）
出所：ロシア国家統計局『ロシアの労働と雇用』2005年度版。

きない状況では，ロシア極東地域はますます中国人労働力輸入に頼ることになる。

　沿海地方は，マクロ的に見て労働力不足に苦しんでいるわけではない。労働資源は，人口減少ほどには減少していない。失業率は，2004年現在で9.9％であり，上昇傾向にある。沿海地方の国家雇用局（ロシアの公共職業安定機関）では，有効求人倍率は，2003年は0.26倍，2004年は0.24倍と低い。失業率も上昇し，有効求人倍率も低位にとどまっている状態で，外国人労働力の利用が進む

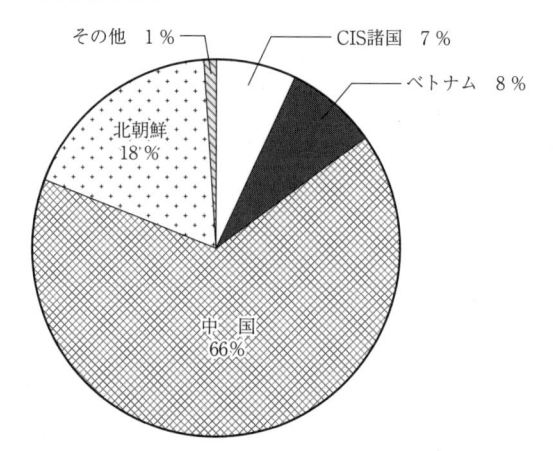

図8-4 沿海地方の外国人労働者出身国別内訳（2004年）
出所：沿海地方国家統計局『沿海地方の労働と雇用』2005年度版。

のは，ロシア市民の構造的失業によるものである。ロシア市民の雇用を優先させる労働許可申請の際の審査は，国家雇用局の提供する労働市況を考慮している。それでも許可が与えられるのは，外国人労働者が支える建設，農業，小売業などの非熟練労働者需要を支える労働供給がロシア市民側から不足しているからである。これは，ロシア極東地域において中国人労働力がすでに地域経済に構造的に組み込まれていることを表している。

（2） 中国の対ロ労務輸出の仕組み

これほどまでにロシア極東地域の経済に構造的に組み込まれている中国人労働者は，中国からどのように送られてくるのだろうか。中国側の正規の対ロ労務輸出の仕組みを理解しておくことも，ロシアにおける中国人労働者を理解するうえで重要である。

中国における労働力輸出には，おおまかに次の3つのルートがあると考えられる。[3]

① 「承包工程（建設工事請負）」
② 「労務合作（労働者派遣）」
③ 個人レベルでの出稼ぎ労働

①の「承包工程(建設工事請負)」は,建設プロジェクトを請け負い,それに必要な労働力も提供する場合である。②の「労務合作(労働者派遣)」は,海外の雇用主との労務契約に基づく労働者派遣であり,「承包工程(建設工事請負)」とは統計においても区別される。「承包工程(建設工事請負)」と「労務合作(労働者派遣)」に基づく労働力輸出は,中央政府および各省庁,もしくは地方の省政府の傘下にある国営企業を通じて行われる。そして,この労務輸出にかかわる国営企業の審査・管理・許可業務にあたるのが,商務省(旧対外貿易省)である。労務輸出にかかわるすべての企業は,商務省からライセンスを獲得する必要がある。中国国内の労務派遣企業は,資本金500万元以上であることを条件とし,商務省から毎年監査を受ける(早瀬,2006,151頁)。それゆえ,「承包工程(建設工事請負)」と「労務合作(労働者派遣)」にかかわる労働力輸出は,商務省統計に現れることになる。

③の個人レベルでの出稼ぎ労働については,商務省統計には現れないとビオ(Biao)は解釈する。商務省で管理監督されている労務輸出には,個人レベルで海外就労する中国人労働者を含んでいない。そうした個人レベルでの中国人移民労働を管轄するのは,労働社会保障省であるという。労働社会保障省も,海外就労への関心の高まりと不法な海外就労の防止のために,商務省とは別に海外就労斡旋企業の管轄を行い,商務省と労働社会保障省との間での調整は十分できていないのが実情であるという(Biao, 2003, p. 33)。直接にロシアの雇用者と契約する中国人やロシアの斡旋業者を通じて海外就労を果たす中国人は,商務省にも労働社会保障省にも監督されない可能性もある。

これら3つのルートをもつ中国の労働力輸出の全体像を中国側からの資料で確認することは難しい。中国において海外就労を希望する場合,すべての斡旋ルートを政府が一元的に管理できているわけではなく,すべての海外就労者を政府が知り得ているわけではない。このことが,ロシア側の中国人労働者把握と中国側資料との間に,大きな隔たりを生み出す原因になっている。

2004年の商務省による『中国対外経済貿易統計』では,年度末在ロ労務派遣者数は,1万6464人,2004年度総労務派遣者数は延べ1万4759人であるが,この数字は,商務省が管轄する「労務合作(労働者派遣)」にかかわる労働力輸出しか示していない。ロシアの内務省連邦移民局の統計では,およそ9万4000人の正規中国人労働者が労働許可を受け取っている。統計の取り方そのものの違

いはあるものの，中国のロシアへの労務輸出統計に表される労務派遣数は，ロシアで正規に就労する中国人労働者の一部にしかすぎない。

このことから想像できるのは，ロシアにおける相当数の中国人正規労働者が，「労務合作（労働者派遣）」以外のルートを使ってロシアで就労しているということである。増加する個人レベルでのロシアでの就労中国人がどれほどの規模になっているのか，中国側の統計だけではわからない状況である。

中国政府は，1979年以降労働力輸出を，「承包工程（建設工事請負）」と「労務合作（労働者派遣）」とを通じて，当初は中近東・北アフリカ労働市場を開拓していた。対外的な建設プロジェクトの請負や労働力輸出は，国際的な友好の促進，外貨収入の増加，外国技術の習得や人材育成に役立つとされ，中国政府は国策であるとされた（丸川，1991，36頁）。90年に入り中東情勢の悪化から中東諸国から中国人労働者の引き上げが生じ，そのかわりに周辺アジア諸国やアメリカへの労働者派遣が増加した。ロシアへの労務輸出増加は，そうした時期にあたり，1980年代後半からの中ソ国境管理の緩和，ロシアの市場経済化を経て，中国東北地方を中心にロシア極東地域との経済交流拡大に沿って，労務輸出も活発化したと考えられる。こうした一連の労働力輸出は，中国の外貨建資金の獲得，国内就業問題の解決，中国の労働資源優位の発揮，中国海外進出などの一環としてとらえられるという（太，2005，69〜71頁）。

こうした見解とは逆に，ウィッシュニック（2006，110頁）は，中国政府は，逆に国家的な労働力輸出政策を持っていないと主張している。省レベルに労働力輸出に関する責任が分権化されていること，質の低い中小企業がロシア極東に研修の不十分な契約労働者を派遣していることなど，労務輸出に対する国家の指導が不十分であることを指摘している。

中国政府は企業が労働者に派遣前研修を行うことを定めており，職業訓練のほか，派遣国の政治・経済・文化・習慣・言語・地理などについて1週間から3カ月の研修を行っている（早瀬，2006，152頁）。研修費は派遣労働者の負担というから，期間を含めどれほどの効果があるのかどうかは，疑問である。

ロシア側も，労働許可を与える場合に，すでに述べたように労働割当数決定において外国人労働者受入企業の雇用計画を審査するが，労働力の質についてロシアは明確な基準をもって労働許可を与えているわけではない。結局，ロシア側も流入する中国人労働者の資格・資質について明確な基準を設定できてい

表8-1 中国労務派遣者数(年末在外人数)地域別実績

	2001	%	2002	%
アジア・中東	334,300	80.6	320,601	78.1
アフリカ	30,001	7.2	31,954	7.8
南米	9,250	2.3	11,770	2.9
北米	16,579	4.0	17,587	4.3
オセアニア	6,280	1.5	6,021	1.5
欧州	16,490	4.0	20,957	5.1
うち,ロシア	12,476	3.0	12,750	3.1
その他	1,749	0.4	1,481	0.3
合計	414,658	100	410,371	100

出所:『中国対外経済貿易年鑑』2003年,95,229頁。ただし2001年のロシアへの労務派遣数は,『中国対外経済貿易年鑑』2003年,342頁に記載された年間労務派遣延数であり,年末在外労務者数よりも若干少ない値になる傾向がある。

るわけではないし,中国側にもロシア側が納得する適切な人材の送り出しができているわけではない。ロシア側雇用者からすれば,中国のロシアへの労務輸出は,国策というほどに洗練されたものには映っていない。

すでに見たように,商務省管轄の労務輸出が,ロシアでの中国人労働者の一部にしかすぎないことを考えれば,ロシアへの中国の労働力輸出は,「国策」によって増加したというよりも,中国政府が労働者の資格・資質について監督できないルートによって増加したと考えられる。

表8-1は,中国の商務省管轄の労務輸出のうちロシアへの労務輸出の規模を示したものである。ロシアへの労務輸出規模は,それほど大きくない。ただ,中国にとってまだ開拓途上である欧州労働市場におけるロシアの位置づけは非常に高い。欧州市場の過半数が,ロシアによって占められている。中国の欧州向け労務輸出にとって,ロシアは重要な労務輸入国である。ただし,中国のロシアへの労務輸出は,1990年代前半が最も活発であったが,次第にその派遣労務者数を減らし,90年代に中国労務輸出のロシア離れが進んだことも事実である。中国はロシアへ1995年には2万5000人ほども労務派遣を行っていたが,2000年には半分以下の1万1000人ほどにまで落ち込んだ。その後ロシアの好景気にも乗り,前述のように2004年には1万6000人にまで回復している。中国,中国人移民問題が激しく政治問題化されていた1990年代前半の勢いまでには,労務契約件数においても労務派遣数においても回復していない。

4 中国人労働者のロシア極東への供給に関する若干の不安要素

（1） 中国人労働者にとってロシア労働市場は魅力があるか？

確かに中国人労働力はロシア極東地域にとって欠かせないものであることには違いないが，ロシア極東地域にとって中国は苦労もなしに無尽蔵に労働力を供給できる国であり続けられるであろうか。これまでの中国人移民を脅威とするロシア側の認識は，中国とロシアの所得格差や中国の人口圧力を論拠に中国人移民が無尽蔵にロシアに流れてくることを前提としていた。私たちが行った現地調査では，異なる示唆を黒龍江省や吉林省で得ている。つまり，国境を接する中国東北地方においてロシアへの出稼ぎに対する魅力が次第になくなってきている事実である。

ロシア極東地域の沿海地方と中国東北地方の黒龍江省との間の賃金格差を例にとろう。たとえば，黒龍江省の1カ月平均賃金は，1046元（2004年）で，当時の為替レート（1ドル＝8.276元）で換算すると約126ドルとなる。沿海地方の1カ月平均賃金は7033ルーブル（2004年）で，換算（1ドル＝27.75ルーブル）すると約253ドルで，いまだ黒龍江省の平均賃金は沿海地方の約半分ということになる。ただし，当時のロシアの最低賃金が1カ月720ルーブル，約26ドル程度であり，この最低賃金から黒龍江省平均賃金までの賃金層で働く沿海地方の就労者は，2005年4月時点で全体の22％にものぼる。[5] 沿海地方の正規中国人労働者の賃金についての情報は把握できていないが，主に非熟練・低賃金労働を行うことを考えれば，黒龍江省と沿海地方との賃金格差が十分に出稼ぎのインセンティブになるかどうかは，怪しい。

（2） ロシアと競合する日本と韓国の労働市場

また，中国人労働者にとってロシアだけが労務輸出先ではない。日本，そして韓国が北東アジアにおける中国東北地方の労働者の労務輸出先である事実は，今後さらに重要になっていく。日本は原則的に単純労働者の受け入れはしていないものの，研修生および技能実習生の資格で労務輸出が行われている。中国東北地方の日本における研修・実習への関心は高く，中国労務輸出の重要なチャンネルである。日本の場合，就労を目的とした在留資格をもつ中国人は，高

表 8-2 日韓ロ正規外国人労働者および中国人正規労働者比較（2004年）

(単位：千人)

	日 本	韓 国	ロシア
正規外国人労働者数	192.1	231.5	460.4
研 修 生	54.3	66.1	—
技能実習／研修就業	26.5	(54.4)	—
総 数	272.9	297.6	460.4
中国人正規労働者	45.6	104.5	94.1
研 修 生	40.1	24.6	—
技能実習／研修就業	20.9	(13.1)	—
総 数	106.6	129.2	94.1

注：ロシアは連邦移民局データによるもので，正規外国人労働者は労働許可取得者を指す。日本の正規外国人労働者は，就労を目的とした在留資格を持つ者を指す。韓国の正規外国人労働者は，E-1からE-9までの在留資格を持つ者を指す。それゆえ，日本の特定活動にあたる研修就業（E-8）も正規外国人労働者に含めている。韓国統計の中国人には，朝鮮系中国人も含めている。

出所：ロシア国家統計局『ロシアの労働と雇用』2005年度版，韓国法務部『出入国管理局統計年報』2004年度版，法務省入国管理局『平成17年版在留外国人統計』および同入国管理局『平成17年版出入国管理』。

等教育を受けた高度な人材としての労働者ではあるが，研修・実習においては単純労働に相当する人材であると考えられる。2004年には約6万人の中国人研修生・実習生の外国人登録がなされていることからすれば，ロシアに匹敵する規模の受け皿が日本にもあるということである。実習生の手取り賃金が平均して10万円強（西岡，2004，27頁）である日本は，ロシア以上に魅力のある労務輸出先である。

さらに，日本と同様に韓国も，産業研修生および日本の技能実習に相当する研修就業で中国人労働者の受け入れを行ってきたが，韓国中小企業の人手不足解消と産業研修・研修就業にまつわる外国人労働者の人権侵害を解決するために，2003年から単純労働者の受け入れを雇用許可制度の導入とともに始めた（川口，2006，柳，2004）。この非専門就業の在留資格をもつ中国人は，2004年には9万人弱（8万9660人）が登録されていた。韓国の正規中国人労働者の約86％が，この非専門就業に分類される。それに産業研修生2万4613人を加えれば，韓国は単純労働者だけでもロシアの正規中国人労働者数を上回る中国人労働者を受け入れていたことになる。

(3) 観光ビザによるビジネスは誰のせい？

　陸上国境をもつ中ロ間の労働力移動は，移動コストそのものは安くとも，国境を越えるために必要な諸手続が事前に必要であり，思い立ってすぐに国境を渡ることができるわけではないことは，ロシア・日本・韓国においても同じことである。地域所得格差が中国東北地方の労働者のインセンティブであるならば，その行き先に日本や韓国も選択肢としてあることを理解しておかなければならない。ロシアにとって無尽蔵に中国人出稼ぎ労働者が押し寄せるのではなく，日本や韓国の中国人労働者受け入れ規模が大きくなり，彼らが市場を選別し始めたとき，ロシア極東は深刻な労働力不足に陥ることになるかもしれない。

　ロシア極東と中国東北地方との人的交流は，二極化する傾向にある。単純労働・低賃金を担う中国人農業労働者・建設労働者の往来と中国企業のロシア極東ビジネスを担う中国人や観光目的の中国人の往来である。前者は，労働許可制のもとに就労目的で正規にロシア極東を訪れる出稼ぎ労働者であり，後者は，観光ビザを利用し，ほんの短期間ロシアに滞在し，ビジネスもしくは観光をして中国に帰国する中国人である。

　観光ビザを取得してロシアで短期間にビジネスをして帰国する中国人の行動を，ビジネス観光とロシアでは揶揄する。極東ロシアにおける中国人ビジネスが発展すればするほど，現状ではこうしたビジネス観光が増えることになる。厳密にいえば，彼らのロシア国内における活動は，観光ビザの範疇からはずれた「資格外活動」である。日本人ビジネスマンやロシアで調査を行う日本人もまた，業務ビザを取得する手間を避け，観光ビザでロシアに渡航することが多い。時間と手間がかかる業務ビザの取得よりは，はるかに簡略化された観光ビザ取得の方が俊敏な動きが可能であることは，私たちの普段の経験からも容易に想像できよう。それゆえ，これをもって，中国人の観光が実態とは異なる不法就労の温床であると断ずることは，極端すぎる。また，中国東北地方の場合，ロシア・ビザを取得できるロシア領事館は，瀋陽にしかない。観光ビザならば旅行会社を通じた代理人申請が可能であるが，業務ビザや就労ビザの場合，本人申請を原則としている。ロシア極東地域に労務契約でいく場合，観光ビザを利用して何度も中ロを往復しなければならないといった黒龍江省の労働者の不平（ウィッシュニック，2006, 98頁）は，外国人労働者のロシアでの正規就労をロシア側入管制度が妨げている一例でもある。

表8-3 中国黒龍江省外国人観光客推移

	1998	1999	2000	2001	2002	2003	2004
総観光客数	340,948	360,583	504,681	565,053	669,522	546,332	692,773
ロシア人	271,725	280,789	425,762	474,351	568,826	462,446	569,737
%	79.7	77.8	84.4	83.9	85.0	84.6	82.2

出所:黒龍江省統計局編『黒龍江統計年鑑2005』中国統計出版社。

(4) ロシアから中国への人の移動

　一方的に中国からロシアへ大挙してやってくる中国人の話題ばかり先行するこの地域ではあるが，逆にロシアから中国へのロシア人観光客・ビジネスマンの移動も活発である。表8-3は，ロシアと国境を接する黒龍江省の観光客数統計である。黒龍江省に来る観光客の約8割はロシア人である。ここでの観光客数は延べ数であるにしても，人口760万のロシア極東地域，そのうち国境を接する沿海地方，ハバロフスク地方，アムール州，ユダヤ自治州だけを取り上げると450万人程度である。そうした地域から50万人を超えるロシア人が中ロ国境を観光ビザで往来していることは，中ロ国境地域の人的交流の活発さを物語っている。

　ロシア人観光客のなかには，買い物ツアーなどの観光客ばかりではなく担ぎ屋やビジネス観光も含まれていると考えられる。黒龍江省とロシア極東との間の担ぎ屋貿易は，綏芬河の鉄道・バス，東寧のバスを通じて行われるが，荷物を担ぐ人夫は中国人ではなくロシア人である（第Ⅲ部第14章参照）。また，私たちが2006年8月に行った琿春での調査では，ロシアから中国への水産物輸入に関して，一日50人程度のロシア人観光客をクラスキノやウラジオストクで一人当たり100元の謝礼で組織し，水産物輸入にかかるキロ当たり30％の関税を無関税にして中国に持ち込んでいるケースが見られた。この場合，水産物輸送そのものは貿易会社が管理し，ロシア人観光客はただ何も持たず中国を訪問し謝礼金で買い物をして帰国するという。中国側国境地域がロシアとの公益によって発展するにつれ，往来は一方的ではなく人の往来に伴う諸問題は両国が同等に共有すべき問題となる。中国人移民に対する脅威ばかりが話題にのぼり，受け入れ態勢の整備や中国人労働者活用の地域的あり方について十分な検討がなされないままやり過ごしてきたロシア極東，送りだし国としての責任についてロシア側が納得する対策も立てられずに脅威論を放置してきた中国東北地方双

方にとって，今後の両国の人的交流を肯定的に進めていくための課題は多く残っている。

⑤　ロシアの外国人労働者管理とロシア極東

　すでにロシア極東地域において，中国人労働力は経済を維持していくうえで構造的に組み込まれた不可欠な労働力である。人口減少社会において，外国人労働者の受け入れ拡大は避けて通れない。特に，人口減少の著しいロシア極東においては，切実な問題である。

　合法的に中国人がロシアにおいて働くための法整備が十分でなかった90年代には，法の未整備が多くの不法移民を生み出した。2002年以降，出入国管理の強化，外国人労働者管理の強化，移民関連法の整備が進んだ。主に非CIS諸国からの外国人労働者流入を数量的に規制するロシアの外国人労働者対策は，門戸を厳しく管理し制限することに努力が傾注され，ロシアが外国人労働者を必要としているにもかかわらず，外国人労働者の権利や彼らを暖かく迎え入れる受入態勢そのものは論外となっている。ロシアは，いまだに大挙して押し寄せる外国人労働者のイメージのみに固執しおびえている。ロシア経済の発展にとって本当に必要な高度な人材の受入やロシア人が働きたがらない職種を支える低廉な外国人労働者をロシアが持続的にどのように確保していくのかという課題が突きつけられる可能性は，大いにある。

　もちろん，外国人労働者問題は，受入国側だけの問題ではなく，送り出し国側の問題でもあり，両国の対話が重要である。ロシアと中国との対話は，以前に比べ積極的に行われているが，両国が中国人労働者の受入体制と送出体制の整備に努力する必要があることは確かである。

　隣国中国からの不法移民問題を抱え，大量の中国人労働者を受け入れ，出入国管理や外国人労働者管理のあり方を模索してきたロシアの経験は，今後中国人労働者を含め外国人労働者の活用を本格化させざるをえない我が国にとっても注視すべき経験である。

●注

（1） もちろん，ロシア極東地域，たとえばウスリースクやウラジオストクに正規に入国し他地域（モスクワなど）に移動する不法移民の取り締まりや中央アジア経由の入国など，地方連邦移民局だけでは対処できない多くの問題があることは事実である。また，同じ組織が各地に架空会社を設立し，労働許可を申請している例など，合法的にロシアで外国人を就労させる方法が巧妙化していることも，この担当官は指摘していた。

（2） これら沿海地方の統計的事実は，沿海地方国家統計局資料『沿海地方の労働と雇用』（2005年度版）による。

（3） ここであげるルートについては，丸川（1991），石井（1993），Wenrou（2001），Biao（2003）を参照した。

（4） 『中国対外経済貿易統計』2005年度版，186頁による。残念ながら，「承包工程」に伴う労働力輸出の規模はわからない。一般に，1987年までは，「承包工程」も「労務合作」も同規模の労働力輸出を行っていたようである。その後，「労務合作」による労働者輸出が急増し，「承包工程」と「労務合作」による労働者輸出合計のうち，「労務合作」による労働力輸出は，2002年で84％も占めるようになった。Wenrou（2001, pp.492-493）の資料を参照。

（5） これら沿海地方の統計的事実も，沿海地方国家統計局資料『沿海地方の労働と雇用』（2005年度版）による。黒龍江省の統計については，黒龍江省統計局編『黒龍江省統計年鑑2005』中国統計出版社を利用した。

●参考文献

井口泰（2001）『外国人労働者新時代』ちくま新書。
石井知章（1993）「中国の労働力輸出」『中国研究月報』Vol.47, No.10。
ウィッシュニック，エリザベス（2006）「移住と経済安全保障——ロシア極東の中国人移民」赤羽恒雄，アンナ・ワシリエヴァ編『国境を越える人々——北東アジアにおける人口移動』国際書院。
大津定美編（2005）『北東アジアにおける国際労働移動と地域経済開発』ミネルヴァ書房。
川口智彦（2006）「韓国の外国人非熟練労働者受入制度——雇用許可制度を中心に」小林通・清水隆雄・川口智彦・陳文挙『東アジア経済圏構想と国際分業』高文堂出版社。

太武原(2005)「中国における国際労務輸出について——延辺朝鮮族自治州から見た国際労務輸出の一断面」『大阪経大論集』第56巻第3号。

早瀬保子(2006)「中国の経済改革と国際人口移動」吉田良生・河野稠果編『国際人口移動の新時代』原書房。

平泉秀樹編(2006)『北東アジア地域における経済の構造変化と人口変動』明石書店。

堀江典生(2006)「ロシアにおける移民政策の転換と人間安全保障——ソフト・セキュリティ論の不安をめぐって」『環日本海研究』第12号。

———(2007)「ロシアにおける外国人就労手続きについて」『えーじぇっく・れぽーと』Vol. 44。

丸川知雄(1991)「中国の労働力輸出」『大原社会問題研究所雑誌』No.389。

西岡由美(2004)「技能実習生の活用実態と日本人社員との代替関係について」『日本労働研究雑誌』No. 531。

柳吉相(2004)「大韓民国における外国人雇用許可制」『日本労働研究雑誌』No. 531。

Alekseev, Mikhail (2000), Ugrozhaet li Rossii Kitaiskaia migratsiia?, *Mirovaia Ekonomika i Mezhnarodnye Otnosheniia,* No. 11 (ロシア語)。

Biao, Xiang (2003), Emigration from China: A sending country perspective, *International Migration,* Vol. 41, No. 3.

Wenrou, Hou (2001), China's International Migration Policy, *Asian and Pacific Migration Journal,* Vol. 10, No. 3-4.

第⑨章
ロシア極東地域と外国直接投資

アンドレイ・ベロフ

本章の目的は，極東ロシアにおける外国資本直接投資FDIに関する統計情報がどの程度あるかについての考察である。第1，2，3節では，このテーマに関する研究状況の概観，世界のFDI市場におけるロシアの位置，そしてロシア国内におけるFDIの動態を明らかにする。第4，5節では，FDIに関する地域の状況，特に極東における状況を明らかにする。

1 研究文献にみるロシアのFDIの諸問題

ロシアにおけるFDI関連の大部分の文献は3つのグループに分けられる。投資の対象および主体としてのロシアの特殊性，投資を決定する諸要因，投資の国内経済に与える影響。

国際的な投資市場においては，ロシアは通例，「新興市場国」か，移行諸国の一つとして，あるいは巨大な資源採掘国，として扱われている。

たとえば，IMFの新興市場諸国に関する調査においても，1990年から200年の間，FDIの主要な決定要因となっていたのは，市場規模であり，成長の見込み，高い生産性と結びついた低コスト，基本的インフラストラクチャーの存在，全般的な制度的安定性，そして金融危機に対する管理能力などである。ロシアは，大きな国内市場と大量の資源に恵まれているから，投資を引きつける大きな可能性を持っているといえる。とはいえ，政府によるコントロールの不安定性と不足のために，長きにわたって投資は停滞した。だが，最近投資環境は急速に改善し，FDIの動きに対してもプラスに作用しているという。

移行諸国におけるFDIの動向を分析した論文は多数にのぼる（菅沼，2006，19頁）。これらの文献でしばしば提起されている問題は，投資ポテンシャルは

巨大なのに，2003年までに，ロシアはなぜ投資をひきつけることができなかったのか，ということである。

　その理由としてしばしば取り上げられるのは，かの停滞時代の特殊な社会環境（全般的な不安定性，複雑な法体系，官僚主義的な障害，など）であり，かつロシアがもつ幾多の好条件，たとえば大きな国内市場，基本インフラの存在，有資格労働者の存在などを，生かすことができないということである。現在，OECDの見方によれば，投資に対する基本的な障害は外国企業に対する一連の規制の存続であるという。たとえば，連邦政府と地方政府の権限分割の不明瞭さ，税制面での優遇措置が弱いこと，法制面での情報へのアクセスが困難だ，などである。

　移行諸国に対するFDIが及ぼす作用は，基本的には，国際収支バランスの改善手段として，技術移転のメカニズムとして，そして私有化促進に必要な資金源として，という3つの視点から分析されている（西村，2000，35～36頁，ハンガリーの例）。

　ロシアではどうかといえば，研究者の関心はFDIのミクロレヴェルでの役割に，つまり企業活動に与える外国企業の影響に注がれている。調査結果では，外資を受け入れている企業では，通例そうでないロシア企業よりも労働生産性は高い。地方における外国の競争相手の出現は，ロシア企業の生産性向上に導くかもしれないが，ロシア企業自身も自立的に生産技術を再装備し，高資格労働者をひきつけるという可能性を持っている場合もある。

　FDIがロシアの地域へどのように分布しているか，これも研究者の恒常的な関心の的となっている。FDIの流入は，人口集中と支払い能力，地域経済のなかで輸出志向分野があるかどうか，経済発展の程度，連邦システムのなかでどのような位置を占めているか，投資環境の整備状況，などに大きく作用される，というのが一般の定説である。

　外国人投資家がロシアへの資本投下を実施するにさいして，重要な役割を果たしているのは，潜在的な国内市場と自然資源への関心，そして，程度は劣るにしても，ロシアに対して，その世界の戦略的な位置づけとコストの安さである。

　大いに興味のある研究は，FDIがロシアの地域経済に与える影響を生産関数の評価を頼りに計ろうというものである。1996～2003年のデータの分析では

FDI は経済成長に対する貢献度はきわめて低いことが示されている。これは予想外ではあるが，十分に説明可能な結論だ。

というのは，そのころの FDI の規模は比較的小さく，その生産構造は非効率で，ロシア経済は全体として深刻な危機のさなかにあった。1990年代から2000年代の境界において，地域経済発展の主要な要因は，外資ではなく，内部投資と輸出可能性である。誘致する FDI の規模，その経済的な効果は地域の経済発展と資源賦存の水準と密接に結び付いていることも，指摘する必要がある。

② 国際統計にみる国際 FDI 市場におけるロシアの位置

世界の FDI のフローは1990年から2000年までに急速な増加を見せたが，2001年から2003年には急減し，2004年からは再び増加に転じた（表9-1）。2006年には世界の FDI フローの65.1％は先進国で，29.9％は途上国で，そして5.0％は南東欧・CIS 諸国である。世界の FDI 市場においてロシアの占める位置を検討しよう。

第1に，2003年までロシアへの FDI の流入はわずかで一定していなかった。一旦1997年にピークを迎えたが，1998年の経済危機で急減し，その後比較的低いレベルにとどまり，2003年から初めて急増を示した。国連貿易開発会議のデータによると，2006年の FDI の流入は287億ドルに達し，2000年水準の10.5倍を示した。これは中国の2.5分の1であったとはいえ，他の移行諸国のそれよりは多い。累積投資額（ストック・ベース）で見ると，ロシアへの FDI 流入は2005年には1325億ドルに達しており，南東欧・CIS 諸国へのそれが1232億ドルなのと比較しても，かなりの額であり，中国への FDI の3179億ドルと比較しても，相当なものである。

ロシア経済に対する海外直接投資の成長は，天然資源輸出の国際価格の上昇，投資環境の目覚しい改善を背景にして生じている。それに呼応してロシアへの投資誘因も上昇している。たとえば，2000年から2005年までの間に，UNCTAD の FDI パフォーマンス指数によると，ロシアのランクは104位から87位に上昇，中国は54位から55位に落ちた。FDI ポテンシャル指数では，ロシアは36位から25位に上昇し，中国は45位から33位に上がった。もちろん海外投

表 9-1 世界の海外直接投資の主要指標

	対内-In				対外-Out			
	1992	1995	2000	2005	1992	1995	2000	2005
投資額-Flow (100万ドル)								
世　　　界	169,238	341,086	1,396,539	916,277	202,905	358,177	1,239,149	778,725
先　進　国	112,583	218,738	1,134,293	542,312	178,103	304,559	1,092,747	646,206
発展途上国	54,872	117,544	253,179	334,285	23,217	52,981	143,226	117,463
中　　　国	11,008	37,521	40,715	72,406	4,000	2,000	916	11,306
南東欧・CIS	1,783	4,803	9,067	39,679	1,585	637	3,176	15,056
ロ シ ア	1,161	2,066	2,714	14,600	1,566	606	3,177	13,126
投資残高-Stock (100万ドル)								
世　　　界	1,991,353	2,763,117	5,780,846	10,129,739	2,082,433	2,917,546	6,148,284	10,671,889
先　進　国	1,527,367	2,055,763	3,976,356	7,117,110	1,895,372	2,581,190	5,257,261	9,271,932
発展途上国	461,960	697,534	1,734,543	2,756,992	186,103	334,720	868,920	1,273,612
中　　　国	36,064	101,098	193,348	317,873	9,368	17,768	27,768	46,311
南東欧・CIS	2,025	9,819	69,947	255,713	958	1,635	22,103	126,345
ロ シ ア	1,066	2,420	32,204	132,491	71	345	20,141	120,417
総固定資本投資に対する投資額 (％)								
世　　　界	3.1	5.3	19.3	9.4	3.9	5.6	16.8	8.3
先　進　国	2.7	4.5	21.4	8.0	4.3	6.2	20.6	9.5
発展途上国	5.0	8.1	13.3	12.8	2.4	3.6	5.4	5.1
中　　　国	7.3	15.4	10.3	9.2	2.7	0.8	0.2	1.4
南東欧・CIS	1.1	4.5	11.4	17.0	1.4	0.7	4.3	5.6
ロ シ ア	1.1	3.2	6.2	10.5	1.4	0.9	7.3	9.5
GDPに対する投資残高 (％)								
世　　　界	8.3	9.4	18.3	22.7	8.8	10.0	19.7	23.9
先　進　国	7.9	8.9	16.3	21.4	9.7	11.2	21.5	27.9
発展途上国	10.7	12.2	26.2	27.0	4.5	6.1	13.6	12.8
中　　　国	7.5	14.4	17.9	14.3	1.9	2.5	2.6	2.1
南東欧・CIS	1.1	1.9	15.8	21.2	0.8	0.4	5.4	11.1
ロ シ ア	1.2	0.8	12.4	17.3	0.1	0.1	7.8	15.7

出所：World Investment Report, UNCTAD, 2006, pp. 300-317.

資家はロシアへの投資のさいに多くの困難に遭遇し続けている。とはいえ，最近は肯定的な要因が否定的な要因よりも多い。また多くの研究者の評価では，現在，ロシア市場の特殊性は外国投資家にとって必ずしも障害とは見られていないという。

第2に，ロシアはFDIを受け入れているだけでなく，自ら積極的に海外投資を行っている。過去数年にわたってロシアから外国への「資本流出―アウト・フロー」はロシアへの「資本流入―イン・フロー」を凌駕している。これはロシアの国際収支に深刻な影響を与えている（上垣，2005，125頁）。2005年の数字では，ロシアへのFDI流入は146億ドル，ロシア資本の外国企業への投資は131億ドルであった。同じ年に，ロシアへの累積投資額は1325億ドル，海外への投資累積額は1204億ドルに上る。このロシアからの投資累積額の総固定資本投資（GFCF）に対する比率は実に9.5％に達している。これは途上国や移行国はいうに及ばず，先進国に比較してもきわめて高いレベルである。

第3に，1990年代の初めからロシアの総固定資本投資と国内総生産に対するFDIの比率は絶えず上昇していた。だから，この指標からみるなら，外国資本がロシア経済に果たす意義は高まってきた。同様の状況は大多数の移行諸国にもみられる。2000～05年で見ると，ロシアへの投資流入は，対GDPで，総固定資本投資の6.2％から10.5％に上昇，累積FDIでは12.4％から17.3％へと上昇している。これ以前にはロシアは，南東欧・CISと中国の中間にあった（表9-1）。

3　ロシアの統計でみるFDI

FDIに関するロシア国内の統計には，バンクロシア（ロシア中央銀行，国際収支表による方法）とロススタット（ロシア連邦統計委員会，企業の取引登録による）の2つがある。国際統計には通常，投資のフローとストックはバンクロシアのデータが，投資国・分野別のデータはロススタットの情報が用いられている。

ここから国際統計データとロシア統計とで数字が異なり，解釈上での混乱がしばしば起こってくる。たとえば，2005年のFDI流入量は，ロススタットのデータでは130億ドル，UNCTADの情報では146億ドル。累積投資（ストック）ではそれぞれ1118億ドル，1325億ドルである。この違いがとりわけ大きくなる

表9-2 ロシアの外国投資入高の推移

(単位：100万ドル)

	1995	1996	1997	1998	1999	2000
直接投資	2,020	2,440	5,333	3,361	4,260	4,429
資本金の出金	1,455	1,780	2,127	1,246	1,163	1,060
外国の共同出金者の融資	341	450	2,632	1,690	1,892	2,738
その他の直接投資	224	210	574	425	1,225	631
証券投資	39	128	681	191	31	145
その他投資	924	4,402	6,281	8,221	5,269	6,384
受入総額	2,983	6,970	12,295	11,773	9,560	10,958

	2001	2002	2003	2004	2005	2006
直接投資	3,980	4,002	6,781	9,420	13,072	13,687
資本金の出金	1,271	1,713	2,243	7,307	10,360	8,769
外国の共同出金者の融資	2,117	1,300	2,106	1,695	2,165	3,897
その他の直接投資	592	989	2,432	418	547	922
証券投資	451	472	401	333	453	3,182
その他投資	9,827	15,306	22,517	30,756	40,126	38,249
受入総額	14,258	19,780	29,699	40,509	53,651	55,109

出所：1995～2005年："Rossiiskii Statisticheskii Ezhegodnik"統計年鑑，ロシア連邦統計局，各年。
2006年：ロシア連邦統計局のウェブサイト，http://www.gks.ru（2007年5月7日現在）。

のは，ロシア企業の対外直接投資で，1995年のロシアからの投資は，ロススタットでは2000万ドル，UNCTADでは6億600万ドル，2000年には それぞれ3億8200万ドルと31億7700万ドルである。

　注意すべきは，ロシアにおけるFDIのデータは1995年から，地域については1996年からしか存在しないということである。これ以前は合弁企業のデータが集められているにすぎない。通例，ロシアのFDI統計には，外国私企業の投資のすべてが含まれている。これには直接投資の他に，ポートフォリオ投資その他もはいる（海外貿易信用，銀行債務など）。2006年にはロシアへの外国資本全流入額551億ドルのうち，24.8％が直接投資，69.4％がその他である（表9-2）。

　問題があるとはいえ，現代のロシアのFDI統計は全体の実際の動向を反映している。上述のように，ロシアへのFDI流入は，1997年まで伸び，その後低下，1998年危機の影響で停滞が続いた。だが，2003年から急拡大の時代に入った（表9-2）。これに応じて，ロシア経済に対するFDIの意義も増大した。つまり，総固定資本投資とGDPに占めるFDIの値が大きくなったのである。

第9章 ロシア極東地域と外国直接投資 173

表9-3 主要投資国によるロシアへの投資額の推移

(単位：100万ドル)

	1995			2000			2006	
	受入高	直接投資		受入高	直接投資		受入高	直接投資
総　額	2,983	2,020	総　額	10,958	4,429	総　額	55,109	13,678
その内			その内			その内		
米　国	832	638	米　国	1,594	1,241	キプロス	9,851	n.d.
スイス	436	202	ドイツ	1,468	341	英　国	7,022	n.d.
ドイツ	308	200	キプロス	1,448	678	オランダ	6,595	n.d.
英　国	183	77	オランダ	1,231	610	ルクセンブルグ	5,908	n.d.
ベルギー	107	88	スイス	784	115	ドイツ	5,002	n.d.
フランス	108	106	フランス	743	97	フランス	3,039	n.d.
オランダ	85	48	英　国	599	262	バージン諸島	2,054	n.d.
日　本	75	18	スウェーデン	308	257	スイス	2,047	n.d.
オーストリア	81	60	日　本	117	107	米　国	1,640	n.d.
スウェーデン	63	52	オーストリア	79	22	日　本	695	n.d.

出所：1995, 2000年："Investitsii v Rossii" 統計年鑑, ロシア国家統計委員会, 2001, c.82-83。
2006年：ロシア連邦統計局のウェブサイト, http://www.gks.ru（2007年5月7日現在）。

表9-4 主要投資国によるロシアへの投資残高（2006年）

(単位：100万ドル)

	受入高		そのうち		
		構成比(%)	直接投資	証券投資	その他投資
総　額	142,926	100.0	67,887	4,902	70,137
その内					
キプロス	32,276	22.6	22,796	1,358	8,122
オランダ	23,451	16.4	19,234	62	4,155
ルクセンブルグ	22,870	16.0	587	203	22,080
ドイツ	12,260	8.6	3,320	1,692	7,248
英　国	11,801	8.2	2,907	169	8,725
米　国	7,698	5.4	4,588	507	2,603
バージン諸島	4,259	3.0	2,410	102	1,747
フランス	3,699	2.6	1,058	0	2,641
スイス	2,832	2.0	1,353	151	1,328
日　本	2,725	1.9	249	1	2,475

出所：ロシア連邦統計局のウェブサイト, http://www.gks.ru（2007年7月17日現在）。

　ロシアへの基本的な投資国は伝統的な貿易相手国，ドイツ，フランス，オランダ，英国，米国である（表9-3）。ロシアへの直接投資の半分以上はヨーロッパ諸国からのものである。2000年代初めには，投資国のなかに，きわめてリベラルな銀行法・税法をもった国が現れた。キプロス，ルクセンブルグ，ビルギン島，バハマ諸島，スイスである。2006年には，累積投資の総額のうち，これらが43.3%，直接投資は40.0%であった（表9-4）。これらの国からの投資

表 9-5 ロシアの産業部門別の外国投資受入状況（2006年）

（単位：100万ドル）

	受入額	構成比(%)	直接投資	構成比(%)
農林水産業	325	0.6	190	1.4
鉱業	9,152	16.6	4,521	33.0
製造業，そのうち	15,148	27.5	2,602	19.0
食品，飲料，タバコ	1,393	2.5	550	4.0
コック・石油加工品	3,957	7.2	7	0.1
化学製品	1,570	2.8	282	2.1
完成金属製品	3,723	6.8	221	1.6
建設	713	1.3	271	2.0
卸売・小売	13,089	23.8	767	5.6
運輸・通信	5,297	9.6	379	2.8
金融業	4,698	8.5	1,502	11.0
不動産・ビジネスサービス	5,998	10.9	3,210	23.4
その他	689	1.3	256	1.9
全産業部門	55,109	100.0	13,698	100.0

出所：ロシア連邦統計局のウェブサイト，http://www.gks.ru（2007年7月17日現在）。

表 9-6 ロシアの地域別の外国投資受入額の推移

（単位：100万ドル）

	1996		2000		2006	
	受入高	直接投資	受入高	直接投資	受入高	直接投資
ロシア連邦	6,970	2,440	10,958	4,429	55,109	13,658
中央連邦管区	5,118	1,537	4,671	1,879	30,101	n.d.
北西連邦管区	483	233	1,714	449	7,702	n.d.
南連邦管区	116	93	1,246	1,099	1,259	n.d.
沿ボルガ連邦管区	377	203	673	251	3,129	n.d.
ウラル連邦管区	282	52	944	249	4,290	n.d.
シベリア連邦管区	186	79	1,134	197	1,909	n.d.
極東連邦管区	408	242	577	305	6,720	4,027

出所：1996, 2000年："Regiony Rossii" 統計年鑑，ロシア国家統計委員会，2005, c.894-897。
　　　2006年：ロシア東欧貿易協会「調査月報」2007年7月，6～10頁。

の大部分は明らかに，1990年代に外国の口座に振り込まれていたロシアの資金が，帰国したものと考えられる。

　流入するFDIはどんな分野に投資されているか。2006年には27.5％が製造業に16.6％が採掘産業に，55.9％がそれ以外に，となっている。その他には，卸・小売業23.8％，不動産業10.9％，交通・通信9.6％，そして金融サービスに8.5％（表9-5），卸・小売業分野への投資増加は2006年の新しい現象である。

表9-7 ロシアの地域間格差の指標

(N=79)

	1人当たり，米ドル		変動指数(CV)
	平　均	中央値（メジアン）	
地域内総生産（GRP）			
1996	2,067.8	1,714.6	0.64
2004	3,061.9	2,404.1	0.85
海外投資			
1996	26.6	3.2	3.35
2004	237.3	35.5	3.67
海外直接投資（FDI）			
1996	10.8	2.5	2.48
2004	109.3	6.0	6.37

出所："Regiony Rossii"統計年鑑，各年による計算。

2006年以前は投資の50〜70％は製造業と採掘業向けであった。そうした傾向は，1995〜2005年の10年にわたって続き，90年代の末にエネルギー資源への直接投資が一時的に減少しただけである。

投資の地域的な分布では若干の矛盾した変化が生じた。最大の受け入れ地であったモスクワの比重が低下した。1996年には，総投資の73％，直接投資の63％が中央連邦管区に（基本的にはモスクワに，表9-6）向けられたが，2005年にはこの比率は下がり，総投資の47％，直接投資の40％になった。その結果，ウラルやシベリア，極東の比重が，34％から44％まで上がった。

外国投資の地域的な分布をみると，1996年から2004年までのあいだ，FDI分布の地域格差は，全体的にも一人当たりでみても，顕著に拡大した（表9-7）。したがって，ロシアンにおけるFDIは地域的には少数の地域に集中し，人口のより稠密な地域へ移動した。これらの変化は，他の多数の指標も含めて，地域格差の顕著な拡大という背景のもとに，起こっていることに注目する必要がある（Belov, 2006, p.281）。

④　ロシア連邦極東管区におけるFDI

極東はロシア連邦のなかで，領土，天然資源賦存量，ともに3分の1を占める。と同時に，人口，GRP（地域内総生産）および工業生産では4〜5％を占

めるだけである。1990年代の危機は，極東ではロシア全体よりもより深刻でより長く続いた。国内の投資資金の不足という状況では外国資金への期待がより大きかった。しかし，その流入は2001年まできわめてわずかで，深刻な低下，採掘部門の比重減少そして人口の減少は地域の経済と社会環境に深い傷を残した。2006年初め現在ここに居住する人口は654万7000人で，この人口もなお減少を続けている。現在極東の経済と市場規模は比較的小さく，人口の75％，GDRの80％は4つの地域（ハバロフスク地方，沿海地方，サハリン州，サハ共和国）に集中している。

　極東へのFDI動向の分析にさいして注意しなければならないのは，ロシアの統計では，外国への投資（フロー，ストックともに）は連邦構成主体（州や地方）ごとに分けられたデータは与えられていないということである。ロシアの巨大多国籍企業のリストに必ず登場する企業，たとえばヤクーチャの会社アルロス（ALROS，工業部門でロシア第9位）やウラジオストクの極東海運会社（FESCO，サービス部門の規模でロシア第1の多国籍企業）がある。とはいえ，極東の企業の対外投資活動に関する情報は他にはない。そこで極東の地域経済へのFDIの動向に関する分析は外国からの投資に限らざるをえない。

　外資への魅力という点からは，極東地域は3つのグループに分けられる。第1はサハリン州，サハ共和国，ハバロフスク地方である。これらの地域では住民一人当たりGDR，工業生産における資源部門の比率はロシア平均を上回っている。ということは，これらの地域は外資誘致の大きな可能性を秘めているということになる。統計はこの主張を裏付けている。2006年に上述の3地域では外国からの総投資・直接投資の97％を受け入れている。

　第2のグループは，沿海地方，アムール州，ユダヤ自治州である。ここでは一人当たりGDRはロシア平均よりは低いが，資源分野での指標はロシア平均にほぼ等しい。FDI誘致の可能性は相対的に低く，基本的には地域の地理的条件に依存する。

　第3は，マガダン州，カムチャツカ州，チュコト自治州である。一人当たりGDRは高く，資源依存地域というのが特徴である。理論的には外資誘引を高めるが，人口の流出，社会インフラの崩壊，高いリスクは外資誘因を弱めてしまった。実際最近では，FDIが入るのは，金の採掘や海産物加工など，特定のプロジェクトとの関連だけである。

表9-8 ロシア極東連邦管区の投資ポテンシャルおよびリスクランキング

地域名		2004年の地域内総生産指数（1998年＝100％）	投資ポテンシャルランキング（N＝88）		投資リスクランキング（N＝88）	
			1995～2005年平均	2005～06年	1995～2005年平均	2005～06年
ロシア連邦		151.2				
極東連邦管区		135.9				
極東の9地域	サハ共和国（ヤクーチア）	132.7	32	18	62	44
	沿海地方	125.0	28	22	57	54
	ハバロフスク地方	154.1	28	28	62	47
	アムール州	134.9	54	49	60	64
	カムチャッカ州	91.0	75	74	69	77
	マガダン州	101.0	73	72	78	83
	サハリン州	171.0	63	64	68	69
	ユダヤ自治州	155.3	79	79	59	70
	チュコト自治管区	208.1	72	69	72	78

出所："Expert"経済誌, 2006, No. 44, pp. 110-112.

2000年代のはじめから，極東における投資環境に関して2つの動きが注目される。一つは，国家資金による巨大インフラ建設プロジェクトが始まった。ハバロフスクーチタ間自動車道路建設，ブレヤ水力発電所建設工事の再開，シベリア鉄道幹線の近代化，極東パイプライン建設，ウラジオストック地区におけるいくつかの社会開発プロジェクトなどである。

2つ目は，輸出志向型のプロジェクトの開始で，これは資源の採掘・加工と結びついた外資の参加を見込んでいる。そのなかで最も大きく，よく知られているのは，サハリン大陸棚での石油・ガス開発であり，サハ共和国での鉱物資源加工，ハバロフスク地方での石油精製施設の近代化，いくつかの木材加工工場の建設などである。

サハリン大陸棚の開発――これは極東への外国投資の主要な動因である。現在，このプロジェクトはロシアにおける最大規模の外資投入計画である。1999年，サハリン－2での石油生産開始までで，直接投資額は10億2240万ドル，あるいはロシア全体の24％に達する。2004年，2005および2006年には，サハリン－1での営業も再開されると，サハリン州の比重は一層拡大し，41.7％，30％さらに95％にも達する。サハリン大陸棚の開発は成功裏に進行しているが，将来のFDIの規模を予測することは難しい。よく知られているように2007年5月にはロシアの国有会社ガスプロムがサハリン－2の株の50％＋1を取得し

た(外国の参加企業ロイヤル・ダッチシェル,三井物産グループ,および三菱からである)。したがって,今後の主要な投資はガスプロムによって行われ,直接投資という地位は失われるであろう。

他の極東向け投資プロジェクトは,外資よりも何十分の一の規模になろう。だからサハリンへの外資を除くと,極東への外資の動きはきわめてわずかといわざるをえない。そうなる理由の一つは,明らかに,投資環境の劣悪さである。これについては,投資ポテンシャルと投資リスクの比較を「エクスペルトRA」会社による比較指標が参考になる。2005〜2006年の88の地域のなかで,極東の諸地域は幅広い投資誘因をもち,ランクでいえば18位から79位まで幅広く占めているが,さてリスクではというと,44位から83位と低く,誘因でよりもリスクの方が高い,ということになる(表9-8)。「エクスペルトRA」の評価では,これは否定的な要因となり,直接投資だけでなくあらゆる投資を困難にするかも知れないという。

額は大きくないとはいえ(サハリンを除いて),極東地域における外資の役割は大きくなっている。すでに2005年に,外資企業で働く労働者数は,全雇用者の2.4%を占め(1998年には1%),外資企業の売上高は2004年には地域の総生産の13.8%に達している(1998年には4.7%)。さらに,通信,ホテルビジネス,製材加工などの分野は極東で外資抜きの独自開発は想像しにくい。

5 連邦政府および地方政府の対FDI政策

FDIへの対応は連邦政府の地域政策,工業,対外経済政策の一部を構成する。これら領域のすべてにおいて2000年には重要な変化が生じた。FDI領域における新たな現象は,連邦と地域の両方を視野に入れて分析するのがよい。

連邦政府は外資誘致に関心が強く,次のような原則で政策を立てる。第1に,外資とロシア企業にとって対等な条件を立てることを宣言する。だから,外資企業に対して,連邦税の優遇措置を与えることではなく,投資環境の全般の改善,インフラの整備,社会面での強化などに注力する。加工部門での巨大なプロジェクトに限って,利潤課税や設備搬入に対する税の軽減などに限られる(ジェトロ,2005)。生産物分与協定に基づき実施されているサハリン-1とサハリン-2の場合の協定は明らかにロシアと外国企業の対等の原則に対応して

いない。ロシア側はこの協定が認める諸条件を批判しており、その是正の方向への種々の方策を進めている。

　第2に、地域との関係では、経済効果の評価を同一基準で行い、効率の高い投資プロジェクトを支持する政策を実施する。経済特区の創設で候補企業の選択もこのやり方を踏襲した。2007年5月の状況では、極東地域のなかで、一つとして競争力に満ちた提案をできたところはなく、何らかの経済特区の創設の競争に勝ったところはない。ともあれこの方向での政策は続けられている。生産型特区の可能性の高いのはナホトカである。

　第3に、多くの分野で、政府の関与拡大の方向を強め、外資の活動を規制する方向が強められている。2007年5月現在、多規模な国有企業が石油、発電機製造業、造船、航空機、防衛産業などの分野で創られている。石炭や非鉄金属分野でも政府参加の拡大もありうる。これと並んで、ロシアの立法では、これらの分野における外資の活動を直接に規制する法律はない。それゆえ利害衝突が起こった場合には、政府機関はその目的を達成するために、間接的な方策に、例えば反独占、エコロジー、他の法律の利用に頼ってきた。

　上述の措置はFDIの削減に導くというわけでは必ずしもない。たとえば、2006～2007年極東において、加工前の原木の中国への輸出を削減し、海洋微生物育成への税関の管理強化という計画は強力な反対を受けた。もしこれらの計画が実施されるなら、ロシアの領土において木材や魚介類の加工に従事する外国資本が増加するであろう。

　一連の重要部門で政府のプレゼンスが増大することは、天然資源の利用と採掘産業における生産の改善に導くことになろう。だから全体としては、上述の措置はロシア国内では理解がえられる。しかし、短期的には、こうした動きはありうべき外国投資家の思考にはネガティヴに作用し、ロシアの伝統的な「資源ナショナリズム」の表出と外国の研究者によって特徴づけられることになる（菅沼，2006，25頁）。

　中央政府と比較して地方政府がもつ権限は小さいが、FDI誘致において重要な役割を果たす場合がある。投資環境改善に使える主な政策手段は、地方税における優遇措置の提供、外国企業の登録手続きの簡略化、建設用敷地の当初の分与などで、ロシアでは「行政的支援」と呼ばれているものだ。極東においてこの方向での最も組織的な活動はサハリン州、サハ共和国とハバロフスク地

方で見られる。そこでは外資誘致のための特別機関が設置され,地域の「投資パスポート」が作られ,投資活動進展のプログラムが作成されている。そしてこうした3つの地域がFDI誘致で文字通り主導的な役割を演じているのだ。

　極東へのFDI誘致の展望は,この地域の今後の発展がどの程度見込めるかにかかっている。極東の専門家達によって最近作成された長期予測によると,年平均のGDP成長率は2006～10年には5％,2011～15年には3.2％,そして2016～20年には2.1％となっている。成長率を,それぞれ年6.9％,7.8％および8.0％にまで引き上げることは可能であろう。しかし,そのためには資本投下を60％,ないし2330億ドル増やさねばならない。その半分までは地域の企業と予算からの投資資金でまかなうことは可能で,残り半分を,極東以外の地域の内外投資家からの誘致資金で賄う。外資の割合はせいぜい10～15％と見込まれる。したがって外資には,他の投資資金部分と比較して,補助的な役割を果たすことが期待される。これは,特に外資が発展の主要な要因と見られていた1990年代と比較すると,バランスのとれた現実的な見方であるといえよう。

　これまでの分析でわかることは,極東地域におけるFDIはロシアの他の資源保有地域と同じ特徴を持っている,つまり,2000年代初めの急成長は,狭い分野への特化,限られた数の地域への集中である。極東の大企業,ALROSAやFESCOは,かなりの額の海外投資を行うと見られるが,そうした情報は十分には入手できない。広範な投資国スペクトルは,FDIは北東アジアにおける地域協力進展の促進役となるだけでなく,極東が資源と金融面でのグローバルな協力関係の仲間入りを可能とさせることを示している。極東地域へのFDI誘致政策において,連邦および地域政府が重要な役割を果たす。それは投資環境の育成に強力な梃子となる。近い将来も,FDIは,重要であることは疑いないが,国内の投資源泉と比べて補助的な役割を果たすことになろう。

●参考文献

上垣彰（2005）「貿易と国際投資の転換」大津定美・吉井昌彦編『ロシア・東欧経済論』ミネルヴァ書房。

西村可明（2000）「ハンガリーにおける外国直接投資」西村可明編『旧ソ連・東欧に

おける国際経済関係の新展開』日本評論社。
菅沼桂子（2006）「移行諸国への外国直接投資――ロシアを中心に」『比較経済研究』Vol.43, No.2.
ジェトロ（2005）「ロシアの投資制度――外資に関する奨励」（ジェトロのウェブサイト，http://www.jetro.go.jp 2007年5月7日現在）。
Belov, Andrey (2006), "Regional Inequalities and Effectiveness of Investment: Russia and China in the Period 1999-2003," *The Bussiness Review, Cambridge,* Vol.5, No.2.

第10章
ロシア極東および東シベリアからの中国向け木材輸出

アレクセイ・ランキン

　木材は中ロ間貿易のなかで大きな比重を占めている。このことは前章までにも何度も触れられている。しかしその取引の実情はあまり知られていない。とはいえ，急速に増大する中国の木材需要は多くの専門家の関心を集めている。近年の研究は東アジアの森林資源，地域経済，そして地域の暮らしへの影響を検証しており，なかでも2002年フォレスト・トレンド（Forest Trends）と国際林業研究センター（CIFOR），英国国際開発省（DFID）の共同プロジェクト「東アジア地域における中国の林業の転換——森林・生活維持のための戦略的マーケット情報」が注目される。本章では，ロシア極東および東シベリアからの中国向け木材製品輸出の地位と傾向に焦点を当てる。

1　ロシアによる対中国木材輸出の現状

（1）　製品別・主要税関別にみた中国・香港向け木材製品の輸出

　2001年以降，中国はロシアのアジア・太平洋地域向け木材製品輸出先として第1位を占めている。中国は2002年，ロシアの北東アジア向け木材製品輸出全体額の半分以上を，そして2003年には丸太材の63％を輸入した。一方で，ロシアが中国に輸出した主要な木材製品は未加工丸太，用材，パルプ，紙，厚紙であり，二次製品はわずかであった。

　輸出パルプ製品は主に東シベリアと北西ロシアの巨大パルプ・製紙会社から輸出されており，鉄道でザバイカリスクとナウシキの税関へ運ばれてくる。2003年ロシアの主要な中国向け木材製品の輸出地域は国内の主要森林地帯，すなわちロシア極東とシベリアの南部に位置している。

　これら主要輸出地域は，中国東北地方と国境を接しているチタ・アムール・

ユダヤ自治州・ハバロフスクそして沿海地方と，中国から比較的遠いクラスノヤルスク・イルクーツク・ブリャート・ハカシア共和国の2グループに分けられる。なかでも伝統的林業生産物輸出地域であるハバロフスク・イルクーツク・沿海地方・アムール・クラスノヤルスク・チタ・ブリャート共和国がロシアの中国向け材木輸出に貢献している。ロシアの中国向け材木輸出の主要ルートは，輸出業者が税関申告書に申告した住所，通関手続地点，輸送機関の組み合わせなどから追跡できる。

ロシアの中国向け林業製品には3つの主要ルートがある。①シベリアルート。中央ロシア・西シベリア・イルクーツクやブリャート共和国の中国国境地帯から，ブリャート共和国のナウシキ経由でロシアを出て行き，モンゴルを通過し，中国内蒙古，中国各地に運ばれる。②ザバイカリエルート。バイカル湖北部・東部，イルクーツク・ブリャート・チタからザバイカリスクで国境を越え，直接中国内蒙古に入り，黒龍江および，南部方面に運ばれる。③ロシア極東ルート。東シベリア・ザバイカリエ・ロシア極東南部の広大な地域から，主に沿海地方グロデコヴォ鉄道駅を経由し，ロシア太平洋岸の港から中国に至る。

ロシアの林業製品が中国に入る税関玄関口と主要国境ルートは，3つのグループに分けられる。①中央ロシアおよびシベリアの税関拠点（ブラーック・ナウシキ）。②東シベリア税関からバイカル湖東部（ザバイカリスク）。③ロシア極東税関（ハサン・ウスリー・ナホトカ・アムール・グロデコヴォ・ヴァニノ・ビロビジャン・サハリン・ブラゴヴェシチェンスク・ハバロフスク・ウラジオストク）。

中国向け材木の種別構成は，トウヒ・モミの木・マツ・カラマツ，その他の軟木種がシベリアやロシア極東に広がる寒帯タイガ地域から来ており，オーク・トネリコ・カバ・セイヨウハコヤナギ・ポプラ・ニレ・ブナなどの堅木丸太・用材はロシア極東南部のハバロフスク・沿海地方から来ている。

シベリアの林業製品輸送は鉄道が支配的であり，ロシア極東の港やトラック輸送・河川輸送の役割は小さい。また，中国本国向けの林業製品輸出と比べ，ロシアから香港や台湾への直接輸出は比較的少なく，データから香港向け林業製品の流れを追跡することは困難なものとなっている。

（2）　ロシアの中国向け林業製品と丸太輸出

ここでは1998年から2002年にかけての丸太・用材輸出に焦点を当てる。ロシ

アの中国向け丸太・用材輸出額は，1998年から2002年にかけて約6倍に増加し，全体量は171万2105m^{3}から1486万1740m^{3}に増加した。用材輸出は丸太輸出に比べて小さいものの，量は1998年から2002年までに30倍も増加している。これは1999年中国が外国製品輸入規制を廃止し，ロシアのルーブル相場下落がロシアの輸出競争力を増大させたためである。

中国向け軟木丸太輸出は，堅木丸太輸出よりも急速に増加した。堅木丸太輸出のシェア減少の主要因は，①堅木丸太の主要産地がロシア極東南部地域にあり，新たな伐採地域が限られていること，②ロシアの他地域からの堅木丸太輸出の機会が少ないこと，そして③オーク，トネリコ，ブナノキ，ボダイジュのような市場性のある堅木種は伐採・輸出が国によって厳しく制限されていること，である。中国向け軟木用材輸出の増加傾向も続いている。一方，堅木用材輸出は堅木丸太輸出よりも速いペースで増加した。中国市場で堅木用材価格が下落したことと，市場の強い需要のおかげである。

ロシアは1998年，グロデコヴォ・ザバイカリスク・ナウシキの3税関のみを経由して軟木丸太を輸出した。中国北東部国境に近いロシア極東では材木取引が1999年から発展し始めたのに伴い，国境沿いのブラゴヴェシチェンスク（中国側は黒河市）・ハバロフスク（撫遠）・ビロビジャン（蘿北・富錦）そしてウスリー（綏芬河・東寧）の税関の役割が高まっている。ヴァニノとナホトカの海港は，2001年から丸太輸出の役目を負っている。グロデコヴォはロシアの中国向け堅木丸太・用材輸出にとって最も重要な税関玄関口である。軟木用材は主にザバイカリスク経由で輸出されている。シベリアにはより強力な製材産業があり，巨大な製材場もあって，民営化後，改革主導路線以後も積極的である。

1998年から2002年にかけて，丸太輸出では鉄道が支配的であった。しかし2001年，輸送手段は多様化し，海上・河川輸送が発達した。かつてハバロフスク地方北部からの輸送は日本向けのものであった。トラック輸送は全体に対する比率こそ低いももの，国境貿易のやり取りで目立った役割を果たしている。

ロシアの中国向け製紙・厚紙輸出は2000年から2002年にかけて堅調に成長し，主にザバイカリスク経由の鉄道輸送と海上輸送とによって運ばれている。ロシアの中国向けパルプ輸出も堅調で，ほとんどが鉄道輸送されている。ロシアの中国向けファイバーボード輸出は2001年から2002年にかけて47倍も増加し，特に注目される。

研究対象時期のロシアと中国の林業生産はシステム上の差異があり，特に，丸太・用材量に関して差異が大きい。データから推察するに，統計作成者は年末締めの税関申告書を記録に含め，暫定・定期申告は無視している。したがって毎年の実質量は，翌年締めの申告によれば若干多い可能性がある。

　中国向けロシア材木輸出の今後の傾向は，ロシアにおけるマクロ経済的・社会的・制度的・政治的要素によって決定されるが，これらは石油・天然ガスの世界価格と，ルーブルの為替相場にかかっているだろう。このためマクロ経済とロシア林業部門・材木輸出の発展シナリオには次の2つの可能性がある。①シナリオ1：ルーブルが安定的に強ければ，伐採・生産コスト増となり，未加工木材ではなく加工産業の発展を促すだろう。②シナリオ2：ルーブルの下落・インフレが起これば，ロシアの輸出用材生産の比較コストが低下し，未加工木材輸出に良い影響があるだろう。新しい森林資源や他の自然資源が開発されるだろうが，違法伐採が増加して犯罪行為や腐敗が生じるかもしれない。

　これらのシナリオは連邦，地方レベルに分割されていくかもしれない。連邦レベルでは，外貨収入を増加させるために天然資源の開発と丸太輸出が奨励され，森林を過剰伐採して，付加価値加工や地元への利益還元もなく，適切な保護政策が行われない事態になるだろう。しかし地域レベルでは，材木加工産業の発展を通じて社会的・経済的問題を解決しようとする動きが見られる。

　ロシア・中国間の林業製品貿易の将来について，他にも次のように仮定できる。①中国の木材需要は堅調に増加する。②シベリア・ロシア極東で，経済的にアクセスでき，伐採が許可されている地域は変わらない。③新たな伐採地域はコストが高くつくだろう。④需要増大と供給不足から，ロシアの材木市場価格上昇が起こるだろう。⑤ロシア側には投資に利用できる資本の余裕がないため，長期的には集中的加工業への中国投資が必ず起こるだろう。⑥プーチン大統領の第2期は，政治的安定と自然管理，外国貿易に関する現在の国家政策の安定化を促す。

　これらの仮定に基づき，ロシアの中国向け材木輸出の将来は，次のように想定できる。

　①現在の契約価格では，道路の建設を要する新たな遠隔地域における伐採は経済的に許容されないだろう。したがってロシアの中国向け材木輸出は，今後2，3年間は現在のレベルだろう。②材木輸出における用材のシェアはどちら

のシナリオであっても徐々に増加し，契約価格が変動するだろう。③伐採・加工処理への中国投資は増加するだろう。④ロシア材木輸出業者の全体数は堅調となり，第1のシナリオでは大規模経営の増加に，第2のシナリオでは中規模輸出業者の増加に結びつくだろう。⑤海上・河川輸送はどちらのシナリオでも増加し，安価になって，ロシアの輸出業者が華中・華南の大規模材木市場に接近できるだろう。

2 輸出入業者と最終仕向け地

(1) 主要輸出業者・仲介業者

中国向けに材木を輸出しているロシアの主要地域は東シベリアとロシア極東にあり，パルプの主要輸出業者は主に東シベリアと北東ロシアに位置している。

主要材木輸出業者は，かつての大規模国営伐採企業であり，改革と私有化を生き残り，かなりの外国投資も行われている傾向がある。ほとんどがかつて日本向け材木輸出業者であり，近年は中国市場に方向転換している。これらは伐採業・加工業の両方にかかわっているが，加工業は国内市場向けである。また経験豊富なスタッフを抱え，関税当局やその他の政府代表機関・仕分けフロア・保管場所・鉄道そして港の終着点との関係を確立している。

中国向けの加工製品輸出がない割に輸出業者の数が多いのは，外国貿易の自由化と，輸出業者の政府認可手続廃止によるもので，経験の浅い企業家が流入したためである。

ロシアの木材輸出業者たちは一般に，①私人・個人団体，②NGO協会，③農民・協同組合，④国・自治体，⑤有限会社，⑥株式会社，共同出資会社，の6つのカテゴリーに分類される。このうち有限会社・私人・個人団体の順で急速に増加し，2000年以降は，大企業の材木輸出額が著しく増加している。

貿易会社や中国の輸入業者たちは，税金逃れなどのために個人を装うことがある。しかし株式会社は責任が重いと受け取られており，個人の役割が小さくなることが望ましい。最近は中国資本の輸出会社の役割が増大し，ロシア中国国境沿いの結節点となる駅や町に小規模な中国貿易会社を作っている。

（2） 中国の主要最終消費者と主要目的地

　2002年ロシア丸太の中国輸入業者上位20社は，ロシア・中国国境の中国側の町に登録・所在し，おそらく仲介業者か取引業者である。中国企業には正式な申告住所が多数あり，大規模中国輸入業者たちは，小規模単体が合併した大規模持株会社であるらしい。このためスタッフには数百もの斡旋管理業者がいる。彼らは中国の税関申告書で輸入材木量を少なく述べ，計上されない材木を自分の余剰収入として販売する。

　ロシアの輸出業者と中国の輸入業者は共に増加しているが，後者は前者の5分の1である。これは中国側が当局に管理・統制され，ロシア側は未熟な輸出業者が流入しているからである。中国北東部のほとんどの貿易会社は，国の森林局や旧国営材木業局と近しい関係にある。中国の地方・省の自治体は，地元の貿易業者を積極的に支援しているが，他省の中国会社を妨害しようとしているようである。

　中国が輸入するロシア丸太量の少なくとも60％は中国華北部および東北部の内蒙古・黒龍江そして吉林省で配分・加工される。内蒙古・黒龍江省・吉林省は中国内で最も森林の多い地域であり，黒龍江省と吉林省は材木加工と板材生産，パルプ・製紙業の発展地域として知られている。しかし内蒙古はロシア産林業製品配分の通過点としての役割しか果たしていない。中国東北部の貿易業者は，輸入ロシア産材木の半分を地元に配分した後，自前の保管場所で販売するか，共同の大規模丸太取引所で他地域の卸売業者に販売する。この材木はその後中国国内の卸売市場・小売市場で再販される。このような多数の遠隔地再販後のロシア木材を追跡するのは困難である。ロシアの輸出業者たちは，中国東北部の仲介貿易業者の独占傾向に関心を持っている。ロシアにしろ，中国の地元以外にしろ，新参者は中国東北部の市場に参入するに当たって困難を伴う。中国東北部におけるロシア産木材の平均輸入契約価格と卸売価格の差から，これらの仲介業者は20～30％の利ざやを稼いでいる。対照的に，華中の港は内陸国境貿易のような付加価値税50％免除という特恵輸入税を享受していないため，中国の輸入業者にとっては魅力が少ない。

　このような状況から，ロシアが1次加工産品の輸出を拡大して未加工丸太を減らそうという目標は制限されるかもしれない。ロシアの企業家たちが加工木材を中国に上手く売りこむには，市場の需要をよく理解し，半仕上げ製品を標

準化すること，中国における製品需要の多様性を理解すること，ロシア製品を中国市場の要求に合わせるよう準備すること，そして産業消費者との直接的結びつきや中国の 2 次材木加工業者および最終買付人との結びつきを確立する，といったことが求められる。

中国の WTO 加盟により，ロシアの輸出業者が中国材木市場で活動的かつ直接的役割を果たせる可能性も出てきている。今日，ロシアの大規模生産者の多くは，中国における存在感を築く必然性を理解している。中国におけるイケアの成功は，ロシアの組織が中国のエンド・ユーザーに直接供給するにあたって示唆を与えてくれる実例である。イケアは中国東北部の20以上もの中国木材加工業会社や家具会社と契約を交わしており，これらの企業が消費する木材の約20％から30％がロシア産である。イケアは環境・社会的会社責任の立場から木材購入の透明性・合法性確保を懸念しており，ロシア極東およびシベリアにあるロシア産木材の直接供給者を探し始めている。

③ 国境貿易・不正輸出と対策

（1） ロシア側国境における輸出業務

東シベリア，ロシア極東における伐採には，伐採地から国境通過地点まで，(1)伐採（搬出），(2)材木加工，輸出準備（仕分け・積み上げ），(3)税関手続きと外国への輸送，の 3 段階がある。各段階を実施するのは，①第 1 段階：商業的伐採者，非商業的伐採搬出業者と違法伐採搬出業者，②仲介段階：貿易業者と加工業者，③輸出段階：輸出代理人と認可された輸出運搬業者，である。

材木の関税手続きは普通，鉄道・幹線道路と繋がっているかあるいは海・河川の港に位置する輸出拠点およびターミナルで行われる。認可を受けた輸送業者（鉄道・海上・河川輸送会社）は補助的な役割を担うものであるが，彼らは国境を越える独占権を持っており，輸送・処理コストに関して重要な影響力を持つ。このため輸送会社は輸送代理店として活動することがある。

大規模伐採会社は一般に旧国営伐採会社や民営化後の株式会社から形成され，大抵が登録輸出業者であり，発達したインフラを持っている。このため小規模伐採会社や短期権利所有者が大規模伐採会社や貿易業者に頼んで，輸出業務や手続きを代行としてもらう。インフラを持たない大規模輸出業者も輸出代行業

者として活動し，小規模輸出業者が前者に代行を依頼する。

　いかなる許可もなく伐採され，許可割当を超過していたり伐採を禁じられている種によって構成されるような"闇"木材は，主に道路に近い伐採地域の中国国境沿いで，短期賃貸契約地域における違法伐採から生じる。"闇"木材は仕分け・積み上げそして加工の間に"合法化"され，商業伐採許可証や清掃用伐採のための伐採チケットを偽装したり，税関職員に賄賂を渡したりして密輸される。

　中国向けロシア産用材輸出の現行管理連鎖は主に直接のもの（仲介業者なし）と間接のもの（仲介業者介在）との2タイプの材木連鎖にグループ化できる。

　①直接連鎖：商業伐採業者→運搬業者→輸入業者
　直接連鎖は最も単純で透明性があり，生産費その他コスト・輸出量・収入を簡単に統制できる。主に大規模伐採・材木加工・長期の伐採賃貸契約権を持つパルプ製紙会社の輸出に当てはまり，東シベリアおよび極東北部地域の軟木である。これら大規模商社は広大な森林地域を管理し，地域住民に経済的・社会的支援をしている。彼らは違法な伐採を行うことはないが，伐採・加工の実質量を少なく申告する。このような"闇"の流れは会社の輸出収入のうち10～30％を占めると推測される。

　②仲介業者の介在する間接連鎖：伐採業者→仲介業者→運搬業者→輸入業者
　ロシア・中国材木貿易では，膨大な数の仲介業者が大きな役割を果たしている。しかし彼らのほとんどが短期的現金収入に焦点を当てている。彼らの収入はインフラ（仕分け・貯蔵・輸送）の程度と，違法活動とに依存している。仲介業者のいるいくつかの連鎖は以下の通りである。

　　1）短期の賃貸契約伐採搬出業者→輸出業者としての商業伐採業者→運搬業者→輸入業者
　　2）短期賃貸契約伐採搬出業者および商業伐採業者→貿易業者→運搬業者→輸入業者
　　3）短期賃貸契約伐採搬出業者および商業伐採業者→加工業者→輸出業者→運搬業者→輸入業者

4）短期賃貸契約伐採搬出業者→貿易業者→加工業者→輸出業者→運搬業者→輸入業者
5）違法伐採搬出業者→（商業伐採業者もしくは貿易業者もしくは加工業者）→輸出業者→運搬業者→輸入業者

　外国経済・貿易の自由化は1990年代半ばのロシアで始まり，中国における材木輸入の強い需要と結びついた。それがロシア極東の森林地域や国境地域で中国資本を刺激したが，中国の投資は合法なものも違法なものもある。

　近年中国は材木需要と資源確保を望んでおり，森林資源共同開発に関するロシア・中国間合意が2000年11月3日に署名された。合意では，中国はシベリアの遠隔森林地域の開発（新しい森林道路・伐採・一次加工施設）に4億ドルを，ロシア側国境のパルプ生産に5億ドルを投資するという。中国投資は国境地域の伐採と丸太輸出に焦点を当てており，ロシアでの加工コストを抑えようとしている。このことがロシア当局の不信感を招いている。それでも，州レベルで森林資源の共同開発に関する2国間交渉が続いており，現在，中国資本は伐採地から国境通過地点までの木材輸出のプロセス全体に積極的である。

　ロシアにおける中国人商人のなかには，合法・非合法に伐採された材木を書類もなく現金購入し，偽装会社や個人のふりをして仕分け・加工・輸出の段階を行う者がいる。最近彼らは，違法に伐採し購入した材木を合法化するために加工している。彼らは特別な手続がなくとも輸出できる粗雑な角材・板への最小限の加工操作を行うことで税登録や技術監督を回避している。これらの中国人商人は旧式の製材機器を持ち込むが，中国人労働者だけを雇うため地元への利益還元はない。ロシア人貿易業者と比べると，中国人材木商人はずっと競争力がある。小規模なロシア人供給者にとってみれば，中国人商人はロシア領内の輸送費用を支払い，前払いをし，有利な形で計上してくれるのである。これら中国人材木商人の大部分は中国国境輸出入貿易会社の代表であり，買付責任者であり，ロシアで有限会社を設立している。

　ロシア人たちはロシア極東への中国の拡大を誇張するが，伐採搬出・加工・輸送，輸出に関して合法もしくは闇の中国投資が明白に増えている，ということを示す信頼できるデータはない。

（2） 輸出貿易にかかわる主な違法行為

中国向け未加工丸太・用材輸出量の増加に伴い，関税破りの件数も増加している。2002年の中国向け林業産品輸出業者による主な関税規則違反は，①貨幣収入を認可された銀行の口座に送金するという税関輸出要件を遵守していない。②貨幣収入の送還条件を破っている。③偽造書類や違法に入手した書類を提出している。④申告をしないか，無効申告をしている。⑤同等額商品が入ることを保障してない（バーター取引条件からの逸脱），などである。

2001年から2002年における輸出材木の増加と，全体額の増加は並行していない。原因は輸出業者たちが輸出材木額を少なく申告しているからであり，沿海地方（670万ドル），イルクーツク州（100万ドル），ハバロフスク地方（70万ドル）で大規模な未送還が発覚している。

未送還のケースを分析すると，主に「1日」会社と呼ばれるもの（材木輸出を目的として偽造書類等を用いて設立される等のもの）の違反であり，外国人が設立しているか，外国資本企業を含んでいることが分かる。一方で，貨幣送還条件に違反した会社に対する刑事告発はロシア極東で行われていない。ロシア連邦関税法典193条では，未送還貨幣収入が労働者最低賃金の1万倍を超える時のみ刑事責任を負うからである。新ロシア連邦行政法典の採択に伴い，認可銀行に貨幣収入を送還する際の輸出条項違反や，罰金が増えるであろう。

（3） 輸出規則および合法的収益向上に向けたロシア政府の政策

ロシア材木輸出の問題は合法性から下部経済の効率に対する透明性まで幅広く，現在のロシアの社会的・経済的状況や，市場経済移行期の原則の変化を反映している。連邦政府は依然として州政府に対し，行政的な対策を敷いたり，材木売上と輸出に関する統制を強めたり，産業の効率を引き上げたりするような措置を執っていない。

ロシアと中国の税関は，国の関税統計を比較調整し，輸出が許されない種目について協力する必要がある。両国間の材木貿易に関するその他の選択には，①材木輸出業者に関する許可証もしくは専門資格の賦与，②材木の直接価格を確立しそれ以下での輸出契約を禁じる，③輸出契約の強制登録し国際基準の丸太評価を実施する，④木材のバーコード追跡システムを導入する，などがある。

ロシア極東・シベリアの州政府は，地域の高付加価値製品の輸出を刺激する

ため，合法性を検証するようなシステムを導入し厳しい統制を行っている。しかし多くのシステムはまだ効果的には施行されていない。たとえば沿海地方では2002年から，警察・税務局・ロシア連邦天然資源省地域委員会・州行政間の部局共同作業システムが確立され，伐採から仕分け・輸送・輸出業者と契約者の追跡まで，管理連鎖全体を統制しようと試みた。これにより材木輸出は税関に警察が発行する書類を提出することが不可欠となり，木材の伐採・輸送の合法性確認が要求されるようになった。アムール州もこれに追随し，現在では内陸のロシア・中国国境や南部の港を通過するよりも，ロシア極東北東沿岸部の港を通過して材木を輸出した方が簡単になった。

州政府は，木材加工促進のため丸太輸出を禁止したり，伐採した木材を一定比率で加工するよう強制的に求めている。連邦レベルでは，未加工丸太の関税引き上げはまだ議論の段階であり，税関で実際の輸出量よりも少なく申告する事態や，関連部局の汚職を懸念している。

ロシアの材木輸出業者は，中国人輸入業者と比べるとそれぞれ孤立している。しかしながらロシアの材木製造業者は，中国の最終消費者と直接つながりを作り，福州の材木取引所や華中の大規模諸都市に参入することで，より多くの収入を上げられるだろう。定期的な国際材木オークションも，中国との2国間材木貿易の実態を改善できる市場的な対策の一つである。2003年には，ロシア連邦政府が認可した全ロシア材木取引所がイルクーツク州に最初の支部を設立しており，今後ロシアの全森林地域に支部を作る計画である。

ロシアの材木輸出業者たちは，業界団体に結集し，輸出業者の利益を守り，近隣諸国の材木市場に関する全情報を集め，その情報の収集・分析・普及に責任を持ち，全林業部門の利益を代表することができるだろう。ロシア極東の林業部門は，国内および外国の投資家にとって未だ魅力的な部門とは到底言えず，投資家にとって材木加工を行うに好適な条件を作る大きな必要性が依然として存在する。丸太輸出から最終加工業へとビジネスを拡大すれば，課税ベースと高付加価値製品生産の拡大が保証されるであろう。

4　ロシア極東木材輸出の展望

以上みてきたように，ロシアの中国向け材木輸出業はあまり多様化しておら

ず，未加工丸太輸出が製材および半仕上げ製品輸出を上回っているということを指摘できる。こうしたロシアの中国向け木材輸出の傾向は，これら否定的パターンが短期・中期に残るであろうことを示している。

ロシアの中国向け木材輸出は全体の額よりも速く，量が増加している。ロシアにおける木材市場が未発達であることにより，自然発生的な輸出業者による販売価格の設定が行われ，その結果ロシア産木材の価格が下がっているためである。

ロシアの中国向け木材輸出は，輸出業者の数が膨大であることによって効率性が悪化している。その多くが小規模で非専門的なビジネスである。これら小規模輸出業者のほとんどは未だ資本蓄積の初期的な段階にあり，関連生産も輸出インフラもなく単なる仲介業者として活動し，大規模中国貿易会社に依存している。ロシアと中国の2国間木材貿易の関税統計には制度上の差異があることも指摘しなければならない。

ロシアの輸出業者が中国の積極的な市場調査を行っていないことにより，国際市場におけるロシアの林業生産の競争力を下げている。また中国の木材市場は，ロシアの木材を輸入している他の国々と比較してより厳しい。しかしながら，中国市場は広範な林業製品・等級・種類の木材を消費できる。中国が需要する木材の種類がより幅広いことは，ロシアの木材製造業者が中国との間で将来的に共同作業を行ううえで，希望的観測を持ち得ることを暗示しているといえる。しかしながらそれは，相互の利益とそれぞれの環境面・社会的側面における責任を全うするという条件の下で行われなければならないであろう。

付記　本章の下訳は森永貴子（北海道大学大学院文学研究科助教）が作成した。

第11章
黒龍江省の対ロシア経済協力と科学技術協力

李　傳勛

1　対ロシア経済協力

　近年，ロシア経済が回復し，中ロ貿易が活発化したことに伴い，黒龍江省の対ロシア経済協力も数年間の停滞局面を脱し，急速な発展を遂げている。双方の経済協力は，規模が拡大すると同時に，経済協力の範囲はますます拡大し，ハイテク技術分野にまで進展しつつある。双方の経済協力は主に請負工事，労務協力および海外投資などといった形で行われてきた。黒龍江省商務省の統計によると，2004年1～11月に，黒龍江省は53件の対ロシア経済協力（請負工事と労務輸出）を締結，契約額は1.4億ドルで前年同期より60.3％の伸びを示し，売上高は8537万ドル，26.3％の増加であった。2005年には，64件もの対ロシア経済協力が締結され，契約額は1.6億ドル，1.3億ドルの売上高を達成し，前年同期より28.8％の伸びを示した。また2006年の前半には44件の経済協力を締結，1億5042万ドルの契約を達成し前年同期比107％の増加，9097万ドルの売上高で同34％の増加となった。対ロシア投資の規模拡大はかなり大きく，たとえば2004年の対ロシア投資は15件，中国側の投資契約額は1612.6万ドルであったものが，2006年前半だけで26件になり，黒龍江省の投資額は1億9740万ドルで前年同期比2.8倍となっている。

　現在，黒龍江省がロシア国内で実施したエネルギー，鉱産物およびその他の自然資源開発の投資件数は85件である。そのなかに石油天然ガス採掘への投資は3件あり，すでに34.4万トンの原油を輸入した。また18件の鉱産物の採掘権と探査権を獲得し，鉄鉱石は29.7万トンを輸入した。また，黒龍江省とロシアは，林業での協力も盛んである。森林伐採に関する投資は20件，加工木材に関する投資は44件あり，1254万m³の森林木材の伐採権を獲得している。2005年

には,ロシアから888万 m³の木材,パルプ27万トンを輸入した。さらに75.3万 m³の原木を伐採し,輸入52.6万 m³,またロシア国内で33.7万 m³の木材を加工した。

2 経済・貿易協力における問題

(1) 貿易面での諸問題

　中国とロシアとの間の貿易は,貿易の秩序と規範という面では双方の整合性にいまだ多くの問題がある。貿易の秩序規範に照らした場合,不均衡が生じている。現在,中ロ両国間でそうした貿易に関する秩序と規範の検討グループが作られ,具体的な解決に向けて仕事はすでに始まっており,両国合意のもといくつかの規制強化措置を取った。しかし,ロシア国内では「灰色清関」(ロシア側税関申告請負会社による中国製品輸入の関税逃れ)という現象がまだ有効に抑制されず,双方の協議メカニズムもまだ完全とはいえない。たとえば,ロシアの税務警察部門はたびたび一方的に在ロシア中国商人の商品を没収した。こうしたことは,中国側にとって対ロ貿易の不安要因であり,深刻な問題となっている。

　ロシア側の通関手続きもなかなか効率があがらない。中ロ貿易量が増加するに伴って中国側税関は休日を返上したり,勤務時間を延長したりして,通関効率を高めるなどの措置をとって通関スピードを速めている。しかし,ロシア側は対等の措置を取らず,勤務時間は中国側より短く,商品を検査するスピードが遅いため,通関効率は低く,双方にとって円滑な貿易を阻む要因となっている。

　ロシア側の貿易政策は不安定である。2006年2月26日から,ロシア連邦政府はロシア連邦政府政令第29号に基づき,個人使用のためにロシアに持ち込む荷物の通関規則を変更した。これまでは1人あたり週1回の持ち込みは,50kgまで非課税であったが,これを月1回35kg以内に制限した。この政策によって,黒龍江省からロシアへの旅行,貿易および辺境住民間の互市貿易は2006年前半との対前年同期比で41.78%まで下降し,重要な通関地――綏芬河,東寧と黒河の貿易もそれぞれ49.63%,21.25%,85.06%へと減少した。

　またロシアはWTOに加盟するため,関税水準を逐次引下げはしたものの,

自国市場を保護するために多くの保護的関税を設置し，ある徴税措置は中国の商品に対してのみ課され，WTOの非差別関税の原則に違反している。たとえば，ロシアは紡績品に対しての輸入関税率は6～7％であるが，中国の紡績品に対しては11％と割高となっている。2004年4月から，ロシア税関は中国の21種の日用品の申告価格を少なくとも3.5ドル以上高くしてきており，もちろん関税もついでに高めであるために中国商品の小売値段は少なくとも2倍になっている。

（2） 経済協力面での諸問題

ロシアは外国資本による燃料鉱産物資源の開発に制限を加え，かつ政策もたびたび変更している。ロシア政府は外国人投資家に対し，参入を許さない戦略的意義のある油田・金鉱・銅鉱産地リストをすでに公表した。黒龍江省が開発に参入するウドカン銅鉱もそのなかにある。ロシア側は，中国側の前期探査が完了した時点で，可採埋蔵量が大きく運輸条件が比較的よい資源開発案件に規制を行い，これにより中国企業が獲得した開発権を剥奪し，入札に参加を希望していた中国企業が損失を被ることになった。

また，ロシア側は，中国の投資経営企業に対して高い徴税を行っている。1997年以降，中国の出稼ぎ労働者が通関する場合，個人で使用する穀物や道具も課税され，さらに企業が投資する設備についても通関する場合，高額の保証金を払わなければならない。ロシア極東地方で栽培している中国企業の農産物にも様々な税金が課せられ，これらは企業の売上高の40％にもなる。ロシアで働く滞在期間180日未満の出稼ぎ労働者は30％の所得税を払わなければならず，これはロシア労働者に比べ2倍にもなっている。また，出稼ぎ労働者は失業保険も払わなければならない。

ロシアは労務関連諸手続きが煩雑なうえ，時間がかかり，かつ費用が高い。ロシアでは連邦と地方などいくつかの部門を通して，3～4カ月で1人当たり2000元の労務諸費用が徴収されるうえ，時にはこれらの労働者が入国できない状況となり，仕事の進捗に影響が出ている。

以上述べた問題は，双方が幾度も協議したにもかかわらず，いまだ合意に至っていない。ロシアのWTO加盟が実現したときは，WTOルールに基づき，一刻も早い解決を期待したい。

3 黒龍江省の発展と対ロシア経済,貿易協力の計画と見通し

　2004年には中国政府の提案により,中ロ両国政府間において2010年までに,2国間の相互貿易額を600億ドルから800億ドルに増額し,2020年までに中国はロシアに120億ドルの投資することが合意された。この目標によると,第5節で詳しく述べるように,黒龍江省政府は2004年末に,黒龍江省の対ロシア経済,貿易,科学技術などの協力についての戦略的推進に関する全体構想を提出し,2010年までに対ロシア経済,貿易の数量指標を達成する計画である。輸出入総額は2007年までに2004年の倍の70億ドル,2010年までにはさらに倍の140億ドルになる。対ロシアの投資総額は2007年までに,2004年の3倍の4億ドル,2010年までにさらに倍の8億ドルとなる。対ロシア請負工事と労務輸出の売り上げは2007年までに2004年の倍の2億ドル,2010年までにさらに倍の4億ドルになると予測している。上述の目標を達成するために,この構想には次の4つの対策が提出されている。

　① 平等互恵の原則に立ち,エネルギー原材料分野の投資協力を高める。ロシアと森林資源の開発および利用の長期的な協力関係を打ち立て,ロシア内での伐採,パルプ製造,木製品の生産など一体化した産業連関を実現する。また,ロシア領内での天然資源の探査と採掘を積極的に推し進め,金,銅,鉄,アルミ,石炭およびレアメタルなど鉱産物資源と東部地方の天然ガス資源を開発し利用する。

　② 対ロシア輸出加工基地の建設を早期に実現する。黒龍江省の古い工業基地の再興に必要な産業構造の改革の方向性をロシア市場の需要と結びつけ,ロシアへの紡績工業,建材とインテリア工業,家電と情報技術産業,機械・電気工業製品などの輸出を重点的に発展させる。現在,黒龍江省全体では対ロシア向け輸出加工区12カ所,輸出加工基地は34カ所を建設している。

　③ ロシア向けの農・副産物生産加工基地の建設を急速に建設する。特に減農薬食品と有機食品や安全穀物,野菜,果物,肉,卵,牛乳の生産基地の建設

に力を注ぐ。現在，全省に比較的大規模の農産物輸出基地50カ所を建設している。

④　対ロシアの科学技術協力面をさらに進展させるため努力する。黒龍江省の古い工業基地を改造するなかで，ロシアの科学技術の成果や人材を積極的に導入し，特に重要な技術領域でロシアとの協力を強め，科学技術成果の市場化，産業化に向け実効力を発揮する。

　現在，上述の戦略構想提出から1年になり，黒龍江省の対ロシア経済・貿易・技術の協力戦略の進捗も順調に進んでいる。しかし，情勢は絶え間なく変化するものであり，黒龍江省のロシアへの経済・貿易・技術面の協力戦略もそれに応じて調整しなければならない。まず，ロシア国内を見れば，その市場の需給や経済環境にも変化が起こっている。ロシア経済の好転と個人実質収入の増加に伴い，ロシア市民は低価格の商品を積極的に選択しなくなり，高価格の商品が一般的な消費として定着し，喜ばれる傾向にある。そのため今後も黒龍江省がロシアの伝統的な商品市場需給に一定の影響を及ぼすとはいえ，ロシア人旅行者向け商品市場が一定の冷え込みを余儀なくされている。

　また，ロシア側は「灰色清関」（不正な手段を用いた通関）に対する取り締まりをさらに強化し，黒龍江省の辺境互市貿易や旅行者による貿易に打撃を与えた。黒龍江省はロシアへの輸出についても，国内外からの競争に直面している。ロシア経済の回復とともに，経済発展の潜在力をもつ中国の他の諸都市も，東欧・中央アジア地域に広がる巨大市場に大変興味を持っている。近年，広東省，上海市，浙江省，江蘇省，福建省，山東省，四川省などからのロシアへの貿易や投資は拡大の一途をたどり，ある省は強大な経済力を背景に黒龍江省の対ロ貿易の規模に追いつく勢いであり，黒龍江省の対ロ貿易第1位の地位を揺るがそうとしている。同時に，中国だけでなく，他の多くの国々がこの新興市場ロシアに熱い視線を送っている。EU，日本，米国など先進国はロシア市場に大挙して接近しているだけではなく，ベトナム，タイ，トルコ，メキシコなど発展途上国もまたロシア市場に先を争って参入してきており，黒龍江省のみならず，中国はますます激しい競争にさらされている。

　こうしたことから，黒龍江省政府と対外経済貿易企業は，その対策を探って

おり，現在の貿易発展方式の切り替えを中心とした対策は，すでに次のとおり打ち出されている。

① 正規貿易の発展に力を入れる。ロシアの税関政策を知り，ロシアで正規に通関申請業務を請け負う中国側企業を設ける。同時に2国間貿易を発展させ，民間輸出の貿易専門レベルを高め，単純な商品取引から加工貿易に転換し，民間貿易の秩序を形成する。

② 対ロシア貿易構造について調整を速める。対ロシア輸出加工基地，農・副産物の生産加工基地と対ロシア科学技術協力区を建設し，ロシアに対する機械設備や電気製品，自動車，家庭用電器製品，ハイテク技術製品の輸出を推進する。中国国内で資源が不足する製品，たとえば，ロシアの木材，水産物などの加工製品の輸入を奨励する。

③ 貿易と投資を並行して推進していく。黒龍江省の対ロシアの貿易と投資を同時に促進し，それらの構造転換を図ることは，対ロシア経済・貿易・科学技術協力戦略の重要な基盤となる。企業がロシアに積極的に投資することを奨励し，そのうえでロシアにおける合併，買収，リース，チェーン店，研究開発センターの設立などを促進しロシア市場をさらに開拓する。貿易により経済協力を促進し，また経済協力により貿易を促進し，次々新しい製品を作り出すことによって，順調に発展する方向に向け，より良い循環の道を切り開く。

言うなれば，黒龍江省の対ロシア経済・貿易協力は新しい歴史を開く絶好のチャンスである。中国側から見れば，中国の経済は急速に発展し，市場も格段に広く，天然資源やハイテク技術の需給も盛んである。黒龍江省は東北地方の古い工業基地の振興のために国の優遇政策を受けており，対ロシアの経済・貿易協力には国の政策的な支えがある。ロシア側から見れば，経済成長を連続して7年間実現し，すでに加速的な成長期に入っている。ロシアはロシア東部地域の開発を進め，アジア太平洋地域の国々，特に中国との経済・貿易協力関係を広げている。ロシア東部地域での重要なプロジェクト建設，たとえば，東シベリア—太平洋石油パイプラインの建設などに対して，黒龍江省の対ロシア経

済・貿易協力が貢献するところは大きいだろう。また，ロシアは積極的にWTOに加盟するための努力を行い，WTO加盟国になったとき，その市場はさらに開放され，貿易秩序はさらに整備され，投資環境も一層改善されるであろう。黒龍江省とロシアは地理的に隣接しており，交通の便もよく，歴史的にも文化的にも密接な関係にある。これらを基盤にして，互いに積極的に未来を開拓することがとりわけ重要である。黒龍江省の対ロシア経済・貿易関係の見通しは非常に明るいと言える。

４ 中ロ科学技術協力発展の歩み

黒龍江省とロシアの科学技術協力は中ロ経済・貿易協力の重要な一部分を占めている。ソ連解体後，ロシアは旧ソ連邦が残した科学技術力と科学研究体系の主な後継者となり，中ロ科学技術協力の新しい１ページが開かれた。

1992年12月，エリツィン大統領の初訪中時，中ロは「中華人民共和国政府とロシア連邦政府の科学技術協力協定」を締結し，副総理レベルの中ロ経済・貿易・科学技術協力委員会の下で科学技術協力の分野ごとに常設委員会を設け，1993年から1996年の間４回の例会を開催し，政府間の科学技術協力においていくつかのプロジェクトで合意をみた。

1997年６月，中ロ双方は中ロ首脳定期会談委員会の枠組みのなかで，科学技術協力分科会を設け，毎年１回会議を開催し，両国の科学技術協力項目を検討・調整し，これまで10回の例会を開催してきた。ここでは，両国政府間で約400項目にのぼる科学技術計画を定め，また航空，宇宙航行，機械製造（精密機械とロボットを含む），電子情報技術（光電子，インターネット技術，スーパーコンピュータの開発を含む），新材料（ナノテクノ材料を含む），冶金，エネルギー動力，高エネルギー物理（ハイパワーレーザー器，核物理），海洋（造船，漁業を含む），天文，地質，鉱業，地震，リモートセンシング，水利，石油，化学工業，農業（農業栽培技術），医薬（SARSなどウイルス性感染病の予防と治療），生態など諸分野の協力について述べている。

協力の規範である平等互恵，成果の共有，知的所有権の尊重ならびに保護の原則のもと，中ロ双方は1999年すでに「中華人民共和国政府とロシア連邦政府の科学技術協力により創造，譲渡される知的財産の保護と権利配分の議定書」

に署名し，この関連文書の署名は両国のハイテク技術産業面における協力を一層強めることとなった。

　中ロ双方がここ数年互いに努力を積み重ねた結果，当初は基礎的な科学技術研究のレベルの交流であった中ロ科学技術協力関係は次第に技術移転を含め経済や貿易にも影響するような交流へと進化し，現在では産業化や商品化に貢献するイノベーションやハイテク技術面での協力関係に重点が置かれるようになり，中ロの科学技術交流の質は次第に高度化してきている。2000年，中国科学技術省は「科学技術中小企業創造基金」のなかで特別に「中ロハイテク技術産業化協力専門基金」を設け中国の科学技術型中小企業がロシア科学技術を導入，消化，吸収することを援助している。11月に中ロは正式に「中華人民共和国科学技術省とロシア連邦の工業・科学技術省の創造革新分野協力の了解メモランダム」に署名した。中ロ首脳定期会談委員会の科学技術協力分科会のなかで，「中ロ創造革新グループ，軍事民用転換技術協力グループ，および中国の先進的な科学研究所とロシア国立科学センターの協力グループ」を設立した。

　中ロ双方は共同で科学技術を開発し，ハイテク技術の産業化と商品化を推進するため，1998年に「煙台中ロハイテク技術産業化モデル基地」を創設し，さらに2001年には「浙江巨化中ロテクノパーク」と「黒龍江省中ロ科学技術協力・産業化センター」を設立した。"煙台基地"は数年の試行と発展を経て，現在すでに60件以上の項目を導入，インキュベートし，そのうち4項目は（生産ラインの）建設工事が始まっており，煙台基地の事業の波及効果は山東省全省に拡大している。「浙江巨化テクノパーク」はここ数年で10件の中ロ協力開発事業を実施し，独自の知的所有権を持つ技術と製品を形成し，国際競争力を保持している。2005年，このテクノパークは17億元の工業生産総額を実現し，売り上げは20億元に達した。

　このような状況の下で，中ロ両国の科学技術協力はいくつかのルート，いくつかの幅広い分野の協力局面において3つのレベルで行われた。すなわち中央政府間協力，各行政レベルおよび地方レベルでの協力，科学研究機関と企業との間での協力である。中国の多くの省をはじめ，市，自治区では"官"，"産"，"学"，"研"からなる一体化した有効な対ロシアの協力方式がほぼ形成された。政府間の補足として民間科学技術協力も融通の利いた様々なパターンで行われ，よりよい実効性が得られることとなった。

ある資料によると，最近10年以来，中国はロシア独立国家連合体から約1万人以上の専門家と2000件に上る技術項目が導入された。90年代以降，約70％の中ロ協力項目が実施され，かつ目覚しい経済効果と利益をもたらした。「中国国家863プロジェクト」を例にとると，10項目の重要な科学技術成果賞のうち4項目はロシアとの協力によるものである。ロシアと協力して身につけた優れた技術を通して，中国はいくつかの重要分野における自国の応用技術レベルの世界水準への到達を10年あるいは20年も短縮することができた。それに対して，中国がもついくつかの応用技術もロシアに輸出され，双方の協力は互恵的な関係を実現している。

⑤　黒龍江省の対ロシア科学技術協力の現状と推進措置

　黒龍江省の対ロシア科学技術協力は旧ソ連時代から始まる。1988年9月，黒龍江省と旧ソ連連邦計画委員会は「中国黒龍江省とロシア連邦のシベリアおよび極東地域間科学技術協力協議」に調印し，農業，牧畜業，凍土における建設などの7協力項目を確定した。1990年から1992年の間，黒龍江省はロシアのウラル，西シベリア，極東地域など多くの科学研究機関と協力協議に署名し，40余りの科学研究プロジェクトを企画した。それは生物技術，化学工業，自動制御，宇宙航空技術，核物理，環境保護および医療衛生分野などの領域にわたり，そのなかの大部分の項目について満足できる結果を得た。

　1996年，中ロは21世紀戦略提携パートナーを打ち立て，中ロ科学技術協力にも新しい1ページが開かれた。黒龍江省はこの波に乗って，地理的に隣接し，悠久の歴史文化があり，ロシア語が堪能な多くの人材を擁するなどの利点を生かして，様々な領域における協力関係のなかで実り多い成果をあげた。

　航空宇宙領域では，ハルビン工業大学において70人からなるハイレベルのロシア専門家を受け入れ，西欧諸国から入手困難な有人宇宙飛行船の設計，地球軌道空間技術，月面探査に関する技術，小型衛星技術および国防建設にとって重要で意義ある肝要な技術を十分に獲得した。

　工業部門では，黒龍江省科学院とロシア科学アカデミー極東支部は共同で核分析研究室を建設し，合同で核分析の方法，分析装置の研究・製品開発にも力を入れている。また黒龍江省の他の研究機構と企業は電気化学浮遊選別技術，

アルミニウム合金,石油ボーリング管と超硬度アルミニウム合金の生産技術,MGP型液圧ハンマー式杭打ち機の生産技術と自動潤滑ベアリング材料の処方と生産工程を導入し,これらの技術はすでに実験を通じ生産に取り入れられている。

農業分野では,黒龍江省農業科学院が80年代末から現在までに,相次いでロシア科アカデミーと農業アカデミーに属する約20の研究所と交流協力関係を確立しており,50人のロシア農業専門家を招請し特別講義と学術指導を行い,超微粉体種衣剤,生物表面活性剤など10件のロシア先進技術を導入し,小麦,大豆,とうもろこし,ジャガイモ,砂棘(サジー),胡瓜,麻など500余りの種の資源を導入ならびに交換した。この黒龍江省農業科学院では6件の共同研究課題が中ロ政府間協力に組み入られ,3件が農業省の重点プロジェクトに加えられた。

対ロシア科学技術協力では,黒龍江省はロシア先進技術のみならず,産業化の見通しがある項目を育成開発し,ハイテク技術導入と科学技術の成果を産業に生かす道を歩んでいる。黒龍江中ロ科学技術協力・産業化センターではロシアの技術により,"ハルビン飛行機製造会社","ハルビン発電所グループ","北方ボイラ工場"などの企業が小型飛行機とごみ焼却炉を共同で研究・開発・生産し,産業化面での実効性を立証し成果をあげた。

黒龍江省の対ロシア科学技術協力体系はほぼ形成されている。現在すでに4つのサポートシステムがある。

まず,第1に,政府によるサポートシステムが挙げられる。対ロシア科学技術協力のマクロ管理と調和を強めるために,2000年,省政府は省の対ロシア科学技術協力指導グループを設立し,政府によるマクロコントロールの役割を発揮した。

第2に,諮問機関によるサポートシステムである。対ロシア科学技術協力専門家諮問委員会を設立し,省内の各大学,研究所,企業から23名のロシア語を理解し,かつロシアの事情に精通している専門学者が選ばれ,対ロシア科学技術協力の重要な施策と項目を事前に専門家より諮問し論証する。

第3に,資金によるサポートシステムが挙げられる。2001年から2004年に黒龍江省の国際科学技術協力費用の40％は対ロシア科学技術協力項目に充てられ,省のハイテク技術産業化専用の資金は34件の対ロシア科学技術協力項目を支援

した。

　第4に，情報によるサポートシステムである。対ロシア科学技術協力情報ネットワークを構築し，正式に中ロ科学技術協力ホームページ，すなわち国内で有名な東方1号（www.east_1.com）がオープンしたことにより，省内の関連部門と企業にも対ロシア科学技術協力の情報を一早く提供し，中国政府，企業および科学研究者にとって対ロシアの科学技術と経済協力の有効な手段となっている。今まで，このホームページの訪問人数は30万人に達し，閲覧量も120万に達した。

　また，対ロシア科学技術協力の全体の枠組みもできており，それは"1テクノパーク，1アカデミータウン，4センター"となっている。1テクノパークとはモスクワの中ロテクノパーク"ドルージュバ（中ロ友誼科学技術園）"であり，それは中国がロシアではじめて開設したテクノパークとなり，具体的にはハルビン工業大学八達集団会社とモスクワ電気大学サイエンスパーク株式会社（Science Park of Moscow Power Engineering Institute）により共同設立された。2003年10月，中ロテクノパーク"ドルージュバ"はモスクワで正式に開業し，運営を始めた。1アカデミータウンとは，ハルビン国際科学技術城であり，ハルビン工業大学など大学の人材・科学技術を活用して，黒龍江省とハルビン市の地理的優位性と歴史的な結びつきに裏打ちされた活力を利用し，国内外のハイテク技術にかかわる有能な人材を引き入れ，ロシアおよび独立国家連合（CIS）と共にハイテク技術産業を創設して，科学技術成果の産業化を実現する。4センターは，次の4つのセンターを含んでいる。第1のセンターは，国家レベルの中ロ科学技術協力・産業化センターである。このセンターはハルビン工業大学を中核とした実力・人材とも充実しており，視野が広くまた，産・学・研のバランスが揃っており，黒龍江省の対ロシア科学技術協力の先頭に立っている。第2のセンターは，黒龍江省科学院を中核とする対ロシア工業技術協力センターである。主に科学技術の仲介サービスを行い，国内のユーザーに事業導入やコンサルタントなど多面的なサービスを提供している。このセンターにはまた腐植酸ハイテク技術産業実験基地と中国唯一の特種気体重点実験室が建てられている。第3のセンターは，黒龍江省農業科学院を中核とする対ロシア農業技術協力センターである。科学研究の開発に重点を置いて，黒龍江省農業科学院の26カ所の研究所にサービスを提供している。第4のセンターは，黒龍

江大学を中核とする省中ロ科学技術協力情報センターである。このセンターは黒龍江大学の得意とするロシア語の特長を発揮し，基礎施設の建設を常時完備し，高速情報通信網におけるネットワーク環境を作り，省中ロ科学技術協力情報ネットワークの建設を担当している。

ある資料によると，黒龍江省ではロシアとCIS諸国で行われている研究や開発された技術を調査し，これらに関し2600件のデータを収集した。そのうち220件については導入を決め，その技術の習得と独自の改良を行い，30件近くはすでに産業導入された。光学電気機械システム，生物工学，新医薬，現代農業などのハイテク技術領域では重要な産業項目を行った。たとえば，BD205軽飛行機，α-2bインターフェロン，高級小麦生産の実施などでは，顕著な社会経済の効果と利益を得た。

近年，黒龍江省の対ロシア経済貿易協力は著しく発展し，成果が向上している反面，潜在的な効果が十分に発揮されず，そのメリットと優位性は顕在化していない。その最大の原因は，対ロシア科学技術協力の潜在力の掘り起こしがいまだ不十分であることにあるとが考えられる。黒龍江省政府は，2004年の年末に対ロ科学技術協力基地において飛躍的な成果を要求すべく，黒龍江省の対ロシア科学技術協力戦略の全体構想と戦略目標を提出した。このなかで黒龍江省政府は，ロシアと共同で行うプロジェクトのなかで特に重要なものについては，国家レベルのプロジェクトに協力水準を高めるように要請している。これから毎年100件にのぼる対ロシア科学技術協力プロジェクトを調査・育成し，そのうち10件は産業化事業として具体化できるように努める。同時に，その10件のプロジェクトのなかから，対ロシア科学技術協力の模範となる10企業を支援するよう力を注ぐ。黒龍江省のハイテク技術産業化拡大資金のうち約3割は対ロシア科学技術協力における技術導入，プロジェクト育成および産業化に充てられる。

中国東北地方の古い工業基地をもつ黒龍江省は，エネルギー，石油化学工業，原材料，設備製造業を主とする戦略産業と中堅企業が集中し，その多くは旧ソ連が援助し創設したものである。ロシアは世界で一番豊かな自然資源と幅広い分野の最先端技術を有するだけではなく，豊富な先端科学技術にかかわる人材を有する。対ロシア経済科学技術協力の戦略を拡大し，黒龍江省の古い工業基地の全面的な復興と地域経済の発展を推進するため，黒龍江省は国内およびロ

シア双方の自然資源・知的資源を十分に活用しなければならない。中国国内とロシア双方の市場を開拓すると同時に，大型装備，エネルギー化学工業，農業バイオテクノロジー，ハイテク技術と国防先端技術の4つにねらいを定め，情報の収集，技術導入，仲介，育成と産業化の体系を確立し，大学，研究機関，企業3者の対ロシア科学技術協力グループを設立し，中ロ共同実験室，中ロ共同研究院，中ロ共同教育，産・学・研究共同，国と地方との共同の併せて5つの共同を打ち立て，中ロ科学技術協力のレベルアップを図っている。互恵平等の原則のもと，互いの長所を生かし利益を生み出すことで，両国は発展しようとしている。

第12章
北東アジアの経済連携と朝鮮半島

坂田 幹男

1 拡大する北東アジアの二国間経済連携

　1990年代の北東アジアは,「環日本海経済圏」構想に代表される局地経済圏形成への期待とは裏腹に, 現実には政治的にも経済的にも依然として厳しい状況が続いていた。こうした状況の下で, 脱冷戦後の新しい試みとして注目された多国間協力の枠組みに基づく「図們江地域開発計画」も, 第Ⅰ部第2章でみたように, 当初の構想は挫折を余儀なくされていった。

　しかし, このような状況は, 21世紀に入って大きく変化していった。まず, 北東アジアでは, 今世紀に入ってから, 二国間での経済連携が大きく進展していった。なかでも, 中ロの経済連携の拡大と並んで注目されるのは, 韓国のプレゼンスの増大である。2003年2月に登場した盧武鉉政権は,「北東アジア経済中心国家」の建設を主要な政策課題に謳い, 韓国が果たしうる重要な役割を「北東アジアのバランサー」と位置づけた。韓国の北東アジア諸国との経済関係は, この「バランサー」論と深く結びついて展開されてきた。以後, 韓国は「北東アジア経済中心国家」の具体的な姿として,「北東アジア物流・ビジネスセンター構想」を掲げて, インフラ整備を進めてきた。

　他方, 北朝鮮は, 1990年代の厳しい経済危機を何とか乗り切り, 2000年以降漸進的な経済改革に取り組みながら, 周辺諸国との新たな関係の構築を模索してきた。特に, 中朝経済関係は, 従来のような中国による一方的な援助貿易という範疇ではとらえられない段階にまで達している。南北経済交流も, 開城工業団地の始動によって, 新しい段階に移行しようとしている。

　しかし, 06年10月と09年5月のあいつぐ北朝鮮による核実験の強行は, 中朝経済連携と南北経済協力にとって大きな障害となっている。北朝鮮が, 自身に

表 12-1 北東アジアの2国間貿易額の推移と伸び率

(単位:上段:貿易総額・億ドル,下段:伸び率・%)

	2000年	2001年	2002年	2003年	2004年	2005年	2006年	2007年	平均伸率
韓中貿易	432.2	421.7	530.0	744.1	1,007.4	1,181.4	1,391.0	1,658.1	21.2
	33.1	▲2.4	25.7	40.4	35.4	17.3	17.7	19.2	
韓ロ貿易	28.5	28.7	32.9	41.8	60.1	78.0	97.5	150.6	26.9
	27.8	0.7	14.6	27.1	43.8	29.8	25.0	54.5	
中ロ貿易	80.0	106.7	119.3	157.6	212.3	291.0	333.9	481.5	29.2
	33.9	33.3	11.8	32.1	34.7	37.0	14.7	44.3	
中朝貿易	4.9	7.4	7.4	10.2	13.9	15.8	17.0	19.8	22.1
	31.9	61.8	▲0.2	38.7	35.4	14.1	7.5	16.2	
朝ロ貿易	0.5	0.8	0.8	1.1	2.1	2.3	2.1	1.6	18.1
	▲17.9	70.7	1.5	42.9	83.2	13.5	▲8.7	▲23.8	
南北交易	2.5	2.4	3.4	4.1	3.5	6.9	9.3	14.3	28.3
	30.2	▲4.1	44.9	18.4	▲14.1	98.3	34.6	54.2	
日中貿易	1,148.0	1,140.4	1,278.7	1,630.2	2,050.2	2,276.0	2,493.6	2,765.8	13.4
	28.2	▲0.7	12.1	27.5	25.8	11.0	9.6	10.9	
日韓貿易	513.5	426.6	438.6	523.5	662.0	715.2	776.5	813.5	6.8
	32.6	▲16.9	2.8	19.4	26.5	8.0	8.6	4.8	
日ロ貿易	51.7	45.9	42.0	59.6	88.2	107.4	137.3	212.6	22.4
	22.4	▲11.2	▲8.5	41.9	47.8	21.9	27.7	59.2	
日朝貿易	4.7	3.3	3.7	2.6	2.5	1.9	1.2	0.1	▲42.3
	34.8	▲28.4	9.6	▲27.7	▲4.5	▲22.6	▲37.9	▲91.7	

注:南北交易は商業性取引のみ。韓中貿易,韓ロ貿易は韓国側統計,中朝・中ロ貿易は中国側統計,朝ロ貿易はロシア側統計,日本は財務省貿易統計(税関長公示の年平均為替レートでドル換算)による。韓中貿易・日中貿易は香港との取引を含む。平均伸率は,過去7年間の年平均増加率。

出所:Korea National Statistical Office, *Monthly Statistics of Korea*, 各月版,韓国統一部『月刊南北交流協力動向』各号,中華人民共和国国家統計局『中国統計年鑑』各年版,ロシア連邦統計局『ロシア統計年鑑』(ロシア語)各年版,財務省貿易統計より算出。

とって最大の支援国であった中国と韓国との関係を悪化させてまで,核実験の強行に踏み切った理由については国際政治からの分析に委ねるとしても,はっきりいえることは,北朝鮮の核問題に解決の道筋がつけられない限り,中国・韓国ともに本格的な経済交流を拡大させることはできないであろうという点である。核問題の最終的な解決が先延ばしされ,国際的な対北朝鮮経済制裁が今後も続けられることになれば,北朝鮮の経済危機が再び進行し,朝鮮半島は一気に不安定化することも予想される。

　以下では,北東アジアにおける二国間経済連携の強化という新しい流れの下で,韓国の果たしている役割を分析し,北朝鮮という不安定要因が北東アジア

の経済連携に与える影響について考察してみたい。

2 北東アジアにおける韓国のプレゼンス

(1) 韓中経済連携の進展

韓国経済は，1997年末からの経済危機を短期間で乗り切って，99年以降再び成長軌道に復帰したかにみえたが，2001年以降は不安定な状況で推移している。アジア開発銀行（ADB）によれば，2003年〜05年の過去3年間の韓国の平均成長率は3.9％で，日本を除く東アジア14カ国・地域（ASEAN＋中国・香港・台湾・韓国）中13位であったという。06年，07年はかろうじて5％の成長率を達成したものの，ウォン高と原油高騰によって国内経済は停滞局面を経験した。特に，02年以降，国内設備投資は低調で，国際競争力の先行きに対する不安が強い。

しかし，国内経済の不振とは裏腹に，韓国の対外経済関係は拡大の一途をたどっており，それは特に韓中経済連携において著しい。人口において日本の38％弱（2007年），GDPにおいて22％程度（2007年）にすぎない韓国は，対中貿易（香港との取引を含む，以下同じ）においてはすでに日本の対中貿易額（香港を含む）の6割を超えるまでに迫っている。貿易相手国においても，03年には，米国を抜いて中国がトップに躍り出た。対中貿易は，04年にはついに総額で1000億ドルを突破し，07年には1658億ドルにも達した（表12-1参照）。

その結果，韓国の対中貿易依存度は，03年以降20％を超え，07年には輸出27.1％，輸入18.3％，総額22.8％にも達した（図12-3）。2000年以降，対中貿易収支黒字は，貿易収支の黒字総額を大きく上回るようになった。この対中貿易黒字は，対米黒字をも大きく上回り，対日赤字を相殺してなお余りあった（図12-4）。その結果，韓国経済にとって長年のアキレス腱であった対日貿易赤字の意味が大きく変容した。

韓国は，対日赤字を対米黒字で相殺するという1990年代までの貿易構造から，対日赤字を対中黒字で相殺しながら，全体として貿易収支黒字を積み上げるという構造に移行したとみていいだろう。

韓中経済連携は，対中投資においても著しい。韓国の対中投資は，2004年にはついに日本のそれを上回り（韓国62.5億ドル，日本54.5億ドル），一時的ではあ

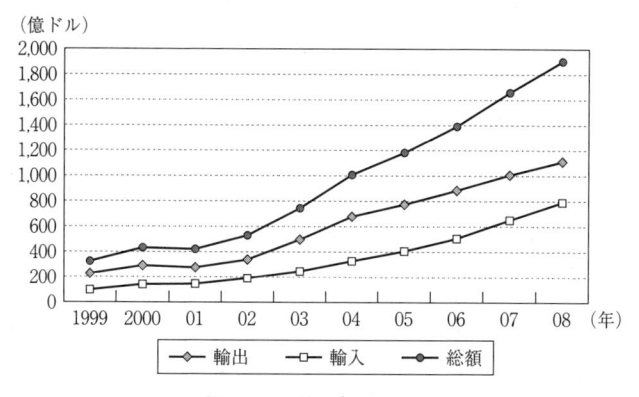

図12-1　韓中貿易の推移

注：韓中貿易は，香港との取引を含む。
出所：Korea National Statistical Office, *Monthly Statistics of Korea*, 各月版より作成。

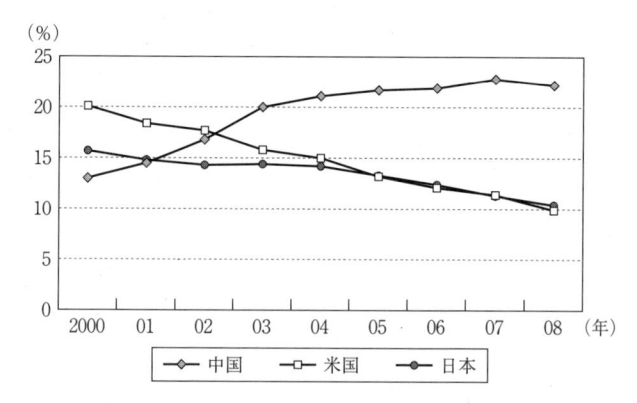

図12-2　韓国の主要貿易相手国の構成比（総額）

注：対中貿易は香港との取引を含む。
出所：図12-1に同じ。

ったが香港と課税回避地のバージン諸島を除けば韓国は中国にとって事実上最大の投資国に躍進した。05年の直接投資では，日本65.3億ドル，韓国51.7億ドルと再び日本が逆転したが，07年にはわずかではあるが韓国が再逆転した（図12-5）。いずれにしても，韓国にとって中国が最大の投資先であることには変わりない。

　韓国企業の対中進出は，2002年以降急増し，2005年末の対中投資残高（ネット・国際収支基準）は1万3600件，135億ドルにも達した。香港への投資を併せると，05年末の投資残高は158億ドルに達し，ついに米国の投資残高150億ドル

(%)

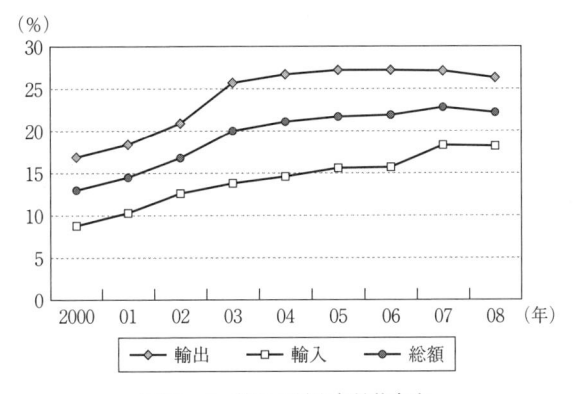

図 12 - 3 韓国の対中貿易依存度

注：香港との取引を含む。
出所：図12-1に同じ。

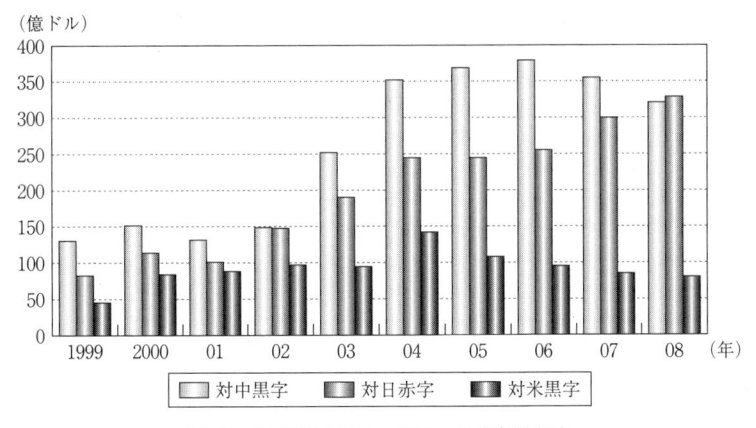

(億ドル)

対中黒字　　対日赤字　　対米黒字

図 12 - 4 韓国の対中・対日・対米貿易収支

注：香港との取引を含む。
出所：図12-1に同じ。

を抜いて中国（含む香港）は投資残高でも第1位の相手国に浮上した（2007年末の投資残高は225億ドル（1万8000件）で，香港への投資を併せると274億ドルに達する）。

　韓国企業の対中国投資の85％は製造業投資であり（日本82％），仕向地は地理的近接性を反映して環黄・渤海地域（山東省，江蘇省，天津市，遼寧省）が，05年末現在の投残高で63.4％（山東省27.2％，江蘇省18.2％，北京市11.7％，天津市9.8％，遼寧省8.1％，上海市6.6％，浙江省4.4％，広東省3.8％，吉林省2.1％，黒龍江

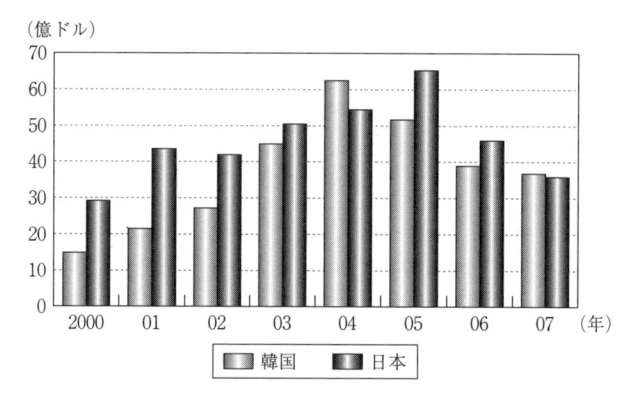

図 12 - 5 日韓の中国への直接投資（実行ベース）
出所：『中国統計年鑑』各年版および商務省速報より作成。

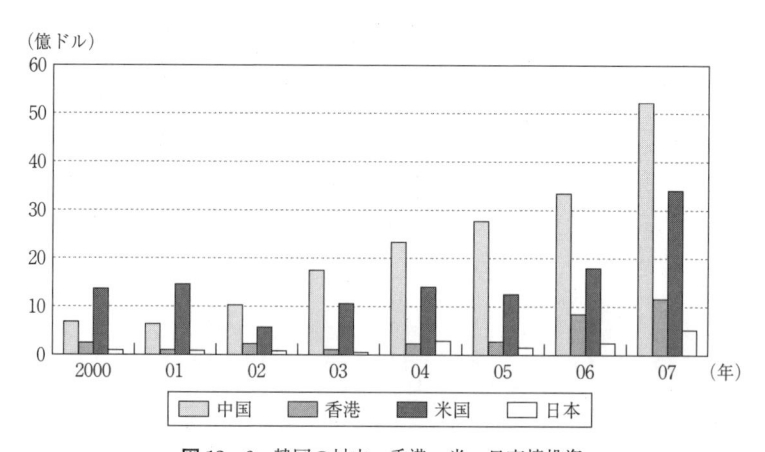

図 12 - 6 韓国の対中・香港・米・日直接投資
注：送金基準，実行ベース，Gross。
出所：表12-2に同じ。

省1.6％），件数ベースで67.3％（山東省36.2％，遼寧省14.4％，天津市9.0％，江蘇省7.8％，北京市7.1％，吉林省6.0％，上海市5.6％，広東省3.0％，黒龍江省0.2％）を占めている。日本企業の環黄・渤海地域への投資が件数ベースで38％程度であることと比較すると韓国企業の地理的近接性への選好が強いことがうかがわれる。

韓国企業の躍進は，特に成長著しい中国の耐久消費財市場において顕著である。05年の中国市場での輸入車を除く販売台数では，北京現代は対前年比

第12章 北東アジアの経済連携と朝鮮半島 215

表12-2 韓国の対外直接投資（実行ベース・国際収支基準）

(単位：件, 100万ドル)

	2001年		2002年		2003年		2004年	
	件数	金額	件数	金額	件数	金額	件数	金額
中　　　国	1,047	636	1,385	1,028	1,674	1,746	2,148	2,328
香　　　港	40	99	59	228	68	107	85	233
米　　　国	499	1,459	48	569	530	1,060	834	1,404
日　　　本	117	88	80	82	62	52	108	289
ロ　シ　ア	10	7	9	24	13	20	14	25
ベ ト ナ ム	47	50	100	146	96	156	112	178
イ ン ド	10	29	9	45	11	17	26	41
総　　　計	2,149	5,152	2,490	3,697	2,809	4,161	3,764	6,137

	2005年		2006年		2007年		2007年末残高	
	件数	金額	件数	金額	件数	金額	件数	金額
中　　　国	2,253	2,772	2,301	3,346	2,112	5,226	18,039	22,522
香　　　港	66	275	104	844	146	1,164	1,001	4,882
米　　　国	1,070	1,257	1,261	1,794	1,246	3,407	8,344	20,413
日　　　本	134	152	178	246	227	518	1,325	1,945
ロ　シ　ア	22	35	19	103	46	228	243	597
ベ ト ナ ム	171	309	278	588	402	1,270	1,430	3,491
イ ン ド	33	91	68	100	86	290	330	1,299
総　　　計	4,389	6,791	5,185	10,957	5,633	20,352	39,097	91,763

注：2007年末はネットの投資残高。
出所：The Export-Import Bank of Korea, *Overseas Direct Investment Statistics Yearbook*, 2008 より作成。

61.8％増の23.3万台を記録し，前年4位の広州ホンダ（20.2万台）を抜いて，上海 GM（32.5万台），上海 VW（28.7万台），一汽 VW（27.7万台）に次ぐ第4位に躍り出た（ただし，06年以降は競争激化によって苦戦を強いられた）。他にも，一般機械，電気電子機器など日本企業との競合性の強い分野での進出が著しい。

しかし，韓国企業の対中投資は，近年大型案件が増加しているとはいえ，07年末現在の投資残高でみた1件当たりの平均投資額は125万ドルで（01年末では74万ドル），アメリカ向けの平均245万ドル，インド向けの平均394万ドル，ロシア向けの平均246万ドル，ベトナム向けの平均244万ドルと比較して，依然小規模投資が多いのが特徴である（表12-2）。

韓中交流の拡大は，人的交流においても目を見張るものがある。中国国家旅游局の発表によれば，05年に中国を訪問した外国人は，韓国人が350万人を突破し，史上初めて日本人を抜いて第1位となった（図12-7）。また，05年の韓

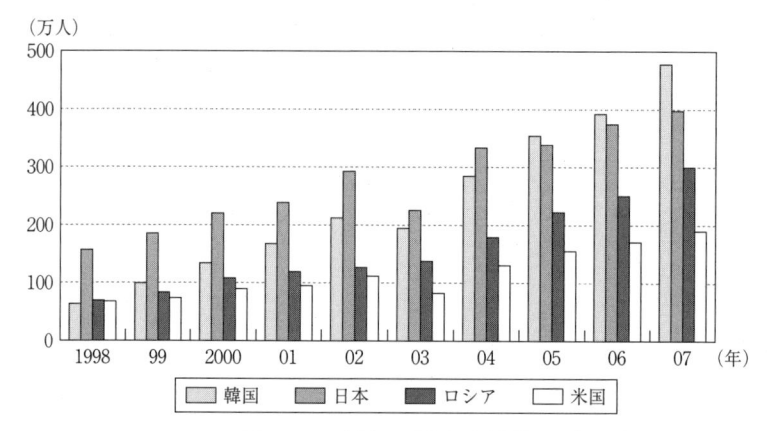

図12-7 中国への国別入国者数

注：入国者は，観光，親族訪問，休暇，留学，各種会議，ビジネス，文化活動などの総計。外交官，在中企業の長期居住者，長期留学者などは含まない。2003年はSARSの影響で渡航者減。
出所：国家統計局『中国統計年鑑』各年版より作成。

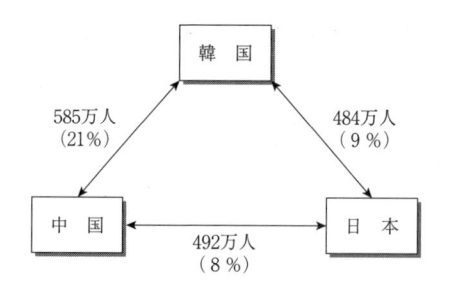

(単位：万人)

	韓 国	中 国	日 本
韓 国→		478（22%）	260（23%）
中 国→	107（19%）		94（16%）
日 本→	224（▲4%）	398（6%）	

図12-8 日中韓の相互訪問者数と対前年増加率（2007年）

出所：国家統計局『中国統計年鑑2008』，国土交通省『観光白書』平成20年度版，韓国統計局『韓国月間統計』より作成。

中相互渡航者数は，経済交流の拡大を反映して対前年比22.6%の大幅増を記録し，その結果，韓中間の渡航者数は，426万人（韓国→中国355万人，中国→韓国71万人）にも達し，同年の日韓間の渡航者数（419万人：日本→韓国244万人，韓国→日本175万人），日中間の渡航者数（404万人：日本→中国339万人，中国→日本65万

人）を一気に抜いて，北東アジアの人的交流のトップに躍り出た。

　これは，日韓間では，韓流ブームの下火に加え竹島問題など政治的な要因によって一部の交流がストップしたことなどにより渡航者数が対前年比3.9％増にとどまったこと，日中間でも，いわゆる歴史問題をきっかけにした反日行動の拡大によって渡航自粛がみられたことなどにより対前年比2.3％増にとどまったことなど，日中・日韓関係悪化の影響もあるが，韓中交流の拡大は明らかに韓国の北東アジア志向の反映である。それを裏付けるように，06年，07年も，この傾向は一層強まった（図12-8）。

　こうした交流拡大の結果として，山東省の青島を中心として，ハングル文字が氾濫する新しいコリアタウンが各地で出現している。

　韓国経済の動向は，今や中国経済の動向抜きには語れないほどに，中国傾斜を強めている。このような韓中経済連携の拡大にともなって，韓国の対外経済政策は，対米重視から対中重視へと大きくシフトしている。こうした動向と歩調を合わせるように，国民の間でも，これまで根強かった中国に対する警戒感は急速に薄れ，「中韓同盟論」さえ語られるようになってきた。

（2）　韓中経済連携のジレンマ

　だが，韓中経済連携の拡大は，韓国経済の将来に暗い影を投げかけていることも否定できない。2006年6月末現在，韓国企業がアンチ・ダンピングやセーフガードの発動などの輸入規制措置を受けている件数は全体で118件あり，その内最多の21件（17.8％）は中国によるものであった。さらに，韓国開発研究院（KDI）が大統領主宰の「国民経済諮問会」に提出した報告書によれば，韓国と中国の技術力の格差は04年の4.4年から05年には3.8年に縮小しており，2015年にはその差は1～2年に縮まるだろうという。同報告書は，「韓国経済は国内総生産の伸び率が鈍化しているが，一方の中国経済は急速に発展しており，韓国経済は外からの脅威にさらされている」と指摘している（『朝鮮日報』2006年7月16日，電子版）。

　実際，韓国企業の合弁相手となる中国企業は，様々な条件を持ち出して技術移転を強く迫っている（韓国現代自動車の関係者が明らかにしたところによれば，現代自動車との合弁企業である中国北京自動車は，新工場敷地購入条件としてエンジン技術の移転を要求してきたという。『中央日報』2005年12月19日，電子版）。

このような韓国企業の境遇に加えて，近年，中国市場における投資環境が大きく変化し始めている点も，韓国では強い危機感をもって受け止められている。特に問題となっているのは，中国政府がみせ始めた外資の投資分野に対する選別の動きである。中国政府は，06年9月以降，相次いで，労働集約型製品に対する輸出増値税の還付率引き下げまたは税還付取り消し措置を講じており，特に韓国企業の間で大きな動揺が広がっている。今回還付率が引き下げられたのは，繊維品・家具・プラスチック・ライター・陶器・セメント・ガラス・鋼材・木材製品の一部・皮革製品の一部など，韓国の中小企業が多く進出して分野が含まれている。もっとも，今回の労働集約型製品に対する増値税引き下げ幅は，2～3％程度と小幅に抑えられており「労働集約型産業への影響に最大限配慮して，今回の切り下げ措置を実施したものとみられる」（JETRO『通商広報』2006年9月19日）との指摘もあるが，中国の貿易黒字の拡大は依然続いており，諸外国との貿易摩擦や人民元への切り上げ圧力をかわすためには，低付加価値製品の加工貿易に対するこうした優遇措置の撤廃が今後も段階的に行われる可能性は大きい。[2]

　中国へ進出している韓国企業の大半は，加工貿易型企業であり，今後の影響が懸念されている。世界の工場となった中国は，今後，産業構造の高度化に向けて，製品の技術力向上と高付加価値化にいっそう強力に取り組むことになるのは必定で，その過程ですでに技術を習得した分野への外国投資に対しては厳しい対応が予想される。

　また，中国政府は，2006年8月以降最低賃金の段階的引き上げの方針を打ち出し，地方政府の間では相次いで最低賃金を引き上げる動きも活発化している。その結果，07年中には，北京市では640元から730元に，天津市では670元から740元に，上海市では750元から840元に，深圳市では810元から850元（約1万3000円）に引き上げられた（08年には1,000元を超えた）。企業所得税（法人税）の優遇見直し措置，移転価格税制の運用の厳格化，および外国企業への土地賃貸料の引き上げ，[3]さらには労働者の解雇制限へ向けた労働契約法改正と併せて，[4]中国での投資環境は大きく変化している。[5]日本企業のなかにはすでに製造拠点をベトナムなどASEAN諸国へ移転させることも視野に入れて，東アジアでの生産・販売戦略の再構築を目指している企業もあり，韓国企業も従来からの対中投資戦略を根本的に再検討せざるを得ない時期に来ているといえよう。し

かも，懸案となっている韓中FTAについても，中国側の対応は消極的である。韓中貿易における韓国側の大幅な貿易黒字が障害となって，中国政府の内部では時期尚早との立場が強い。

韓中経済連携の強化は，実は「両刃の剣」でもあることを，韓国企業もようやく認識するようになった。すでに韓国の大手企業は，中国リスクの分散という視点からも，ベトナムやインド，ロシアへの投資を活発化させている。このようなリスク分散のできない中小企業の多くは，中国市場において新たな対応を迫られることになる。

しかし，韓中経済連携は，このように両面を併せもっているとはいえ，現状では，韓国は中国という巨大市場を積極的に取り込みながら，北東アジアでのプレゼンスを高めていく以外に途はなく，こうした傾向は今後も続いていくであろう。

（3）　韓ロ経済連携の現状と課題

1990年9月の韓ソ国交樹立以降，両国の経済関係は順調に発展しているかのようにみえたが，97年末からの韓国の経済危機，98年のロシアの金融危機によって，両国の経済関係は極端に萎縮した。極東地域で進めていた韓国企業のビジネスの大部分は頓挫し，対ロ投資も激減した。しかし，2001年2月の金大中大統領とプーチン大統領の首脳会談では，「建設的・相互補完的パートナーシップ」を未来志向的に発展させていくことを確認し，朝鮮半島の南北縦断鉄道とシベリア横断鉄道との連結にむけて，韓ロが協力して北朝鮮国内の鉄道近代化に取り組むことが話し合われた。以後，韓ロ関係は，韓国が1991年にロシアに提供した14億7000万ドルの借款に対する返還交渉（2002年6月）が決裂するなど多少の紆余曲折はあったものの，基本的には良好な関係が築かれてきた。

こうした良好な関係を背景として，盧武鉉政権が「北東アジア経済中心国家」宣言を打ち出して以降，韓ロ経済連携にも変化がみられるようになった。2007年の韓ロ貿易は，150.6億ドルと過去最高を記録し，03年以降，27.1％，43.8％，29.8％，25.0％，54.5％と，高い伸び率で推移している（表12-1，図12-9）。

日ロ貿易は05年に初めて100億ドルの大台に達したが，2000年以降の韓ロ貿易の伸び率は，日ロ貿易のそれを上回っており，韓国が旧ソ連と国交を樹立し

220　第Ⅱ部　中ロ経済関係最前線

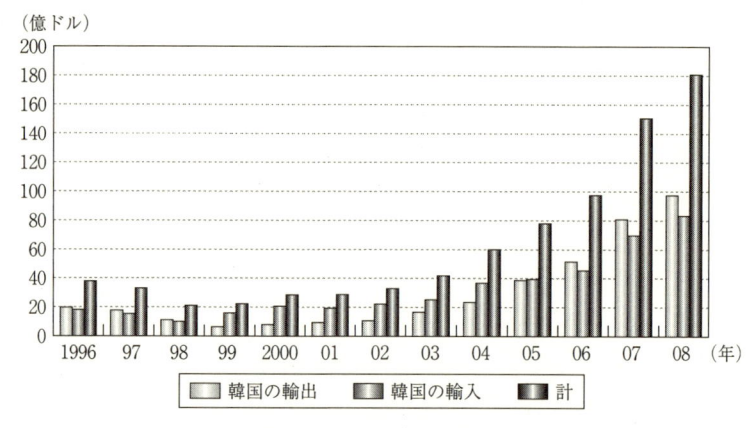

図12-9　韓ロ貿易の推移

出所：図12-1に同じ。

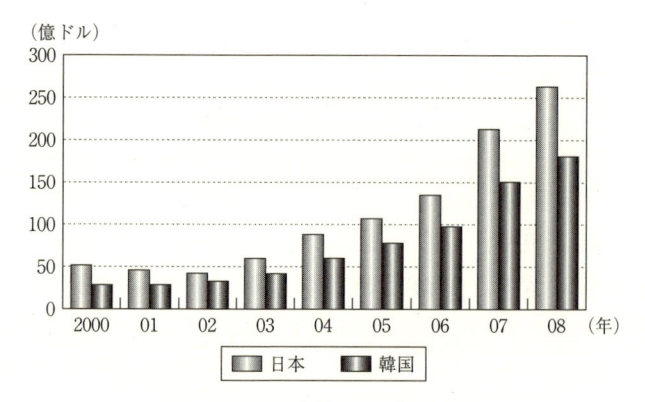

図12-10　韓ロ貿易と日ロ貿易の推移

出所：Korea National Statistical Office, *Monthly Statistics of Korea*, 各月版，および，財務省貿易統計（年平均為替レートでドル換算）より作成。

てわずか十数年で，韓ロ貿易は日ロ貿易に迫る水準にまで増加している（図12-10）。

　ロシア市場における韓国企業の躍進を象徴するのが，現代自動車である。現代自動車は，2005年の輸入車販売市場でシェア15.4％（8万7457台）を占め，全33社中1位の座を獲得した。月間販売台数では06年3月にフォードに1位の座を奪われ，以後トヨタとともに激しい競争を繰り広げているが，ロシア企業との間で技術・部品供給による完全ノックダウン契約を結ぶなど，現地生産に

表12-3 韓国の対ロシア直接投資残高（ネット・国際収支基準・2007年末）

(単位：件，100万ドル)

	農・漁業	鉱業	製造業	建設業	卸・小売取引	運輸・倉庫
件 数	39	6	83	11	59	3
投資額	41.7	67.4	228.9	9.9	103.3	4.0

	通信	ホテル・レストラン	不動産・リース	金融・保険	ビジネスサービス	その他	合 計
件 数	8	6	16	1	7	4	243
投資額	28.1	46.6	42.6	20.9	1.7	1.9	597.0

出所：表12-2に同じ。

向けた準備を着々と進めつつある（現代自動車は，2006年2月，ロシアのエルズガ［RZGA］社との間で，技術供与・部品供給に基づく商用車の完全ノックダウン方式での現地組み立て契約を締結したことを明らかにした。エルズガ社は，2001年から現代自動車の乗用車を完全ノックダウンで生産しているタガス［TAGAZ］の系列会社で，現代自動車との商用車分野の協力に向けて05年12月に設立された）。すでにインド市場では，韓国企業は家電産業を中心に確固とした地位を築いているが，今後はロシア新興市場への進出に拍車がかかることが予想される。

しかし，直接投資については依然としてロシア側の不満は強い。特に，人口流出に悩む極東地域の再生は，資源貿易だけでは担えないことは明白であり，この地域での製造業への直接投資の要望が強い。韓国の対ロ直接投資は，06年には対前年度比1.8倍増の1億254万ドル，07年には2億2780万ドル（同1.2倍増）を記録するなど急速に拡大しているが，07年末までの投資残高は6億ドル（243件）にすぎない（表12-3）。こうしたなか，05年12月には，韓国石油公社・韓国ガス公社・GSカルテックス・SK・大宇インターナショナルで組織した韓国企業連合が，ロシア国営石油会社ロスネフチとの間で，ロシア極東の西カムチャッカ海上石油鉱区を共同開発（2007年採掘作業着手・2014年生産開始）することで合意したことが伝えられた（西カムチャッカ鉱区は，面積6万2680km^2，原油埋蔵量37億バーレルと推定されている。鉱区の権益は，ロスネフチが60％，韓国企業連合が40％の比率で所有するという。『日本経済新聞』2005年12月16日）。他にも，韓国のロッテグループが4億ドルを投資して，モスクワにロシア最大級となる百貨店とオフィスの複合施設およびホテルの建設を計画中である（百貨店とオフィスの複合施設は07年9月にオープンした）。

韓国の対ロ投資は，対中国投資と比較すると，製造業の比率が依然として低いが（2007年末の投資残高で38％），韓国企業による本格的な対ロシア製造業投資の兆しがみえ始めている点は注目される。韓国の対ロ製造業投資は，03年206万ドル，04年1431万ドル，05年1971万ドル，06年3067万ドル，07年1.1億ドルと着実に増加しており，特に07年は前年比2.0倍増を記録するなど急増している。両国の経済連携の展望は，韓国企業の今後の投資動向にかかっているといえよう。

③ 南北経済交流の現状と展望

（1） 南北経済交流の第三段階とジレンマ

北朝鮮経済は，2002年7月から実施した「経済管理改善措置」にもかかわらず，国内では激しい物不足とインフレーションに見舞われた。このような北朝鮮経済の危機的状況を緩和したのは，韓国と中国との経済協力であった。後述するように，近年では両者は顕著な相関関係をもって北朝鮮経済を支えている。

朝鮮半島での南北経済交流は，07年の商業性交易額において対前年比54.2％増の14.3億ドルを記録し，非商業性取引を，合わせた総額では18億ドルに達した。08年の商業性取引総額も対前年比19.4％増の17.1億ドルを記録し，非商業性取引額と合わせた総額は18.2億に達した（図12-11）。

筆者は，これまで，朝鮮半島の南北経済交流は2005年以降，第3期の新しい段階に入ったと指摘してきた（第1期は，1989年の南北交易の開始から90年代半ばまでの単純な原産品交易の段階であり，第2期は，90年代半ばから2000年半ばまでの委託加工取引を中心とした段階である）。たしかに，南北経済交流は，量的には拡大傾向を示しつつ，質的には委託加工を中心とした間接取引から直接投資へと進んでいる。このような方向は，一般的論としては，経済関係の緊密化と制度環境整備の結果として進展するものであるが，南北経済交流の場合，異質な要素，すなわち「包容（太陽）政策」という政府の積極的な対北朝鮮支援政策の力が大きく作用している。したがって，南北経済交流の動向は，経済的インセンティブからのみ分析することはできない。

韓国の対北朝鮮経済交流・協力は，非商業ベースでの対北朝鮮支援（政府レベルで支援を始めた1995年以来2007年末までで，コメ支援・肥料支援などを中心として

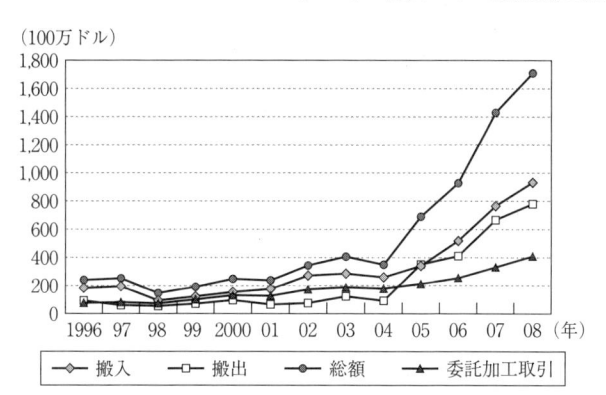

図 12-11 南北交易（商業性取引）の推移
注：商業取引とは，食糧・肥料支援，KEDO関係など，非商業ベースでの取引を除いたものである。
出所：韓国統一部『月刊南北経済交流動向』各号より作成。

累計28億ドルにのぼる）と，商業ベースでの南北交易に二分されるが，商業ベースでの交易でさえ，その実態は採算を度外視した経済協力であった。南北経済交流の中心的役割を果たすと期待されている開城工業団地にしても，工場団地の造成から交通・通信・電気・ガス・水道など基本的なインフラ整備はすべて韓国政府の国民の税金を財源とした「南北協力基金」からの拠出によって賄われている。

さらに，南北経済交流によって北朝鮮に流入する外貨は，本来の商業的取引の域を超えている。たとえば，開城工業団地で雇用されている北朝鮮労働者の賃金は，社会保険料を含めて月額63.4ドルと規定されているが（08年8月引き上げ後），開城公団関係者によれば，各種の手当てと支援金を合わせると実際の人件費は80〜100ドルに達する場合があるという（これらはすべて北朝鮮側の中央特区開発指導総局にドルで一括して支払われる）。北朝鮮の労働者は，2002年7月の「経済管理改善措置」によって賃金が大幅に引き上げられ，現在平均で3000ウォン程度受け取っているが，北朝鮮当局の設定した公定レート1ドル＝140ウォンで換算しても，21ドル程度にしかならない。しかも，この公定レートは，明らかにウォンを過大評価したレートであり，実勢レートははるかに低いものである（筆者の信頼できる情報によれば，北朝鮮国内では，朝鮮中央銀行が内国民に限って1ドル＝2500ウォン前後のレートでドルの兌換を行っているという。日本では，しばしば闇レートと呼ばれるレートであるが，その呼び名は正確ではない）。

中央特区開発指導総局は，開城工業団地で働く北朝鮮労働者は北朝鮮では最も優遇された状況にあり，平均50ドル前後（公定レートで7000ウォン前後）受け取っていると報告しているが，これはあくまで「労働者に支給すべき賃金を書類上に示したもの」にすぎず，実際には，賃金の大部分は現物支給（配給表）で行われているなど，外貨で換算した場合の賃金の実態は不透明な部分が多い。[6]

　2009年3月末現在，工業団地への入居企業は103社，雇用されている北朝鮮労働者は3.8万人である。今後本格的な分譲が行われるようになれば，北朝鮮には相当の外貨が流入することは間違いない（韓国銀行は，最終段階の造成が完了する2012年には，北朝鮮側に賃金や企業所得税など総額6億ドルの収入と73万人の雇用が生まれるとの分析を発表している。だが，当初の計画は大幅に狂っている）。

　同団地を管理する韓国土地公社では，06年中の本団地の第1次分譲を計画し，これに併せて，インフラ整備を急ピッチで進めていたが，北朝鮮の核実験によって，計画は大幅に遅れた。本来ならば，09年中には第2期工事（300万坪）が完工し，ゴルフ場や商業施設などを備えた一大工業団地が出現するはずであったが，09年6月現在，工事着工の目どさえ立っていない。

　公的資金によって運営されてきた民間事業は，開城工業団地だけではない。韓国政府が，「包容政策」の最大の成果と喧伝してきた現代峨山が手がける金剛山観光事業も，政府の公的資金をつぎ込んで救済されてきた。しかも，金剛山観光事業は，北朝鮮にとっては重要な外貨の収入源であった。05年中に支払われた入域料は1348万ドルにすぎないが，金剛山観光がスタートした1998年11月から2006年8月までの約8年間に入域料等の名目で北朝鮮に支払われた金額は，総額で4億5152万ドルにも達するという（これには，現代グループが2000年8月に北朝鮮での金剛山観光など7大事業に対する30年間の独占権および南北首脳会談実現の見返りとして北朝鮮に支払った約5億ドルは含まれていない）。金剛山観光事業もまた，経済的インセンティブを超えている（金剛山観光は，03年9月からは陸路観光もスタートし，現代峨山は金剛山特区をゴルフ場・キャンプ場・海水浴場などを備えた総合レジャーランドとして建設してきた。その結果，05年8月には，累計訪問者数が100万人を超え，05年の年間訪問者数が初めて30万人を超えるなど，金剛山観光事業はようやく採算ライン・年間40万人に近づきつつあった。しかし，2008年7月の韓国人観光客銃撃事件以後，観光事業はストップしており再開のめどは立っていない）。

　さらに，韓国の政府系公社や民間企業は，北朝鮮での観光開発（金剛山・開

城・平壌・白頭山など）に加えて，資源開発投資にも意欲的な姿勢をみせてきた。これまで報道されているだけでも，大韓鉱業振興公社が中心となって進めている咸鏡南道端川市の大興マグネサイト鉱山，および検徳亜鉛鉱山での南北共同開発，さらには，燐灰石，鉄鉱石，モリブデン，重石，石炭の共同開発など，各種のプロジェクトが有望視されている。実際のところ，李明博政権登場までは，韓国の対北朝鮮資源開発投資熱は，北朝鮮の鉱物資源を巡る中国との争奪戦の様相さえ呈し始めていた（これらの事業計画も，埋蔵量の調査など必要な可能性調査は後回しにされている）。

　しかし，このような経済的インセンティブを超えた事業は，06年7月の北朝鮮によるミサイル発射実験と10月の核実験の強行によって，潜在的リスクを一気に顕在化させることになった。

　北朝鮮の核武装化という現実に直面して，韓国政府が当初発表した対北朝鮮制裁措置は，金剛山観光事業への政府補助金の停止，開城工業団地の本格分譲の無期限延期，米・肥料支援の凍結など部分的な措置にとどまったものであり，全体としては依然として融和色の強いものであったが（この内，07年3月には肥料支援の凍結は解除され，5月にはコメ支援再開も決定された），国民の大多数が「包容政策」の見直しを求めている状況下では，核問題解決の見通しが立たない限り，現在継続される事業もかなり制限されたものにならざるを得ないであろう。

　経済的インセンティブを超えた南北経済交流は，国民の支持を失えば，ただちに失速しかねない危うい状況の下で進められてきたものであり，韓国政府は南北交流と「経済的インセンティブ」との狭間でジレンマを内包している。しかし同時に，北朝鮮もまた，「瀬戸際外交」と「経済的実利主義」の狭間でジレンマを抱えているといえる。

（2）　南北経済交流の展望

　経済的インセンティブを超えて進められてきたとはいえ，韓国企業の間には，北朝鮮投資に対してそれを新しいビジネス・チャンスととらえる積極的な企業がなかったわけではない。南北交易は同一民族内部の取引と規定されており，北朝鮮で生産した製品を韓国内に搬入するに際しては関税が免除されている点では，通常の外国直接投資よりも有利になっている。

しかも，開城工業団地の場合，ソウルから72kmの距離にあり，南北直通道路も敷設され，従来の委託加工に比べ流通コストは大幅に削減された。工業団地の分譲価格は，1坪当たり14万9000ウォンで（07年8月末基準で約158ドル），ベトナムの3分の1程度である。法人税の優遇措置は，「5免3減」（利益が出てから5年間免除，3年間50％減免）で，税率は14％と中国（25％）よりもはるかに有利である。韓国電力による送電網の建設・韓国通信による通信網の整備も行われ，インフラ面での整備は格段に進んでいる。将来，北朝鮮の経済改革が加速されれば，北朝鮮国内での需要も見込まれる。実際，04年6月に行われたモデル工業団地の第1次分譲には15社分の分譲に対して8倍を超える130社の応募があり，05年8月に行われた造成中の本団地の第1次申請には，一般工場向け団地20社程度分に対して繊維・衣料部門74社，革・鞄・靴部門16社の計90社が申請を行った。

　しかし，多くの企業は，潜在的なリスクを嫌って消極的な姿勢をみせてきた。北朝鮮とのビジネスの最大のリスクは，いうまでもなくカントリー・リスクであるが，直接的な政治面でのリスク以外にも，政治面から間接的に及ぼされるいくつかの経済的リスクが存在する。最大の問題は，原産地表示の問題がクリアーされていない点である。韓国は，開城工業団地で生産された製品を輸出するに際して，これを韓国製と表示することを望んでいるが，米国とのFTA交渉においては，米国は一貫してこれを韓国製とは認められないとの立場をとってきた（これが北朝鮮製とされた場合，関税協定の埒外におかれ，最高90％の高率関税が付与されることになる。開城工業団地での製品は，輸出向けが年々増加し，現状では生産額の約25％が韓国製として輸出されている模様である）。他にも，米国が主導する「戦略物資輸出統制」によって，韓国企業が開城での工場建設に際して韓国から搬出する設備の一部が「戦略物資」にあたるとして規制されるケースがある。

　07年4月に電撃的に妥結した韓米FTA協定（09年6月現在未批准）においても，韓国政府は，米国が「域外加工地域」を指定することに原則同意したとして，「開城工業団地を域外加工地域に指定すれば，開城工業団地の製品も韓米FTAの恩恵を受けられる」との解釈に立っているが，米通商代表部のカラン・バティア次席代表は，米マスコミとの電話インタビューで「今回のFTA合意に，北朝鮮で生産される製品を米国に輸出することを認めた条項は存在し

ない。ただ単に，『域外加工地域』問題を協議する委員会を結成する条項があるだけ」であるとの立場を表明している。韓国政府は，北朝鮮の核問題の進展などを条件に，米国側は同地域を「域外加工地域」に指定することに合意したと主張しているが，結局の所，今後開かれる「域外加工地域」問題委員会での結論は，米朝関係の進展如何にかかっているということに他ならない。

　さらに，南北間では外貨の決済問題も大きなネックになっている。現在，開城工業団地の場合，現地で北朝鮮側に支払われるドルは，進出企業がまず韓国内のウリ銀行にウォンで入金し，ウリ銀行本店営業部の口座からウリ銀行開城支店にドルが送金（現金輸送）される。韓国企業（法律的には北朝鮮企業）は開城支店から引き出したドルを北朝鮮側の中央特区開発指導総局（北朝鮮総局）に支払っている。このような外国為替決済銀行を通じない外貨送金は，本来，第三者支給を規制する外国為替取引規定に違反しており，この問題が表面化するや韓国政府は，第三者支給に対する特例規定を設けて合法化してきた。しかし，現金（ドル）を直接北朝鮮国内に輸送しなければならない外貨取引の実態には依然不透明な部分がつきまとい，米国などは不正送金の温床になるのではないかと不信感を募らせている。北朝鮮側は，06年9月には，ウリ銀行開城支店に北朝鮮総局の口座開設を執拗に要求するようになったが，韓国政府がこの要求を拒否し続けるや，07年4月の南北経済協力推進委員会では，開城工業団地内に北朝鮮銀行の支店を設置し，両者間での直接決済方式を求めてきた。マカオのバンコ・デルタ・アジア（BDA）の北朝鮮関連口座の凍結問題と絡んで，北朝鮮側は，開城工業団地内に自国銀行支店を開設することにより韓国の銀行を利用した外国為替決済の途を模索している（北朝鮮の銀行は，国際外貨決済システムに組み込まれていないために，かりに南北間での両国の銀行を通じた外貨決済が行われるようになれば，韓国の銀行は米国の金融制裁の対象となることがあり得るし，開城製品の原産地問題で米国の理解を得にくくなる可能性もある）。

　このように，現状では，対北朝鮮ビジネスにはリスクと不安定要因が多く付随している。実際にも，06年7月の北朝鮮によるミサイル発射実験の際には，これまで積極姿勢をみせていた企業の間にも動揺が広がり，開城工業団地を管理している韓国土地公社では，売れ残りによるイメージ・ダウンをおそれて，計画していた本団地の第一次分譲規模を24万坪から12万坪に縮小するなどの対応をとらざるを得なかった。政府は，国連制裁決議を受けて，本団地分譲の無

期限延期を決定する一方で，既存のモデル事業の運営は民間事業として継続するという苦肉の方針を採ってきたが，進出計画の撤回が相次いでいる現状では，今後の事業計画は大幅に修正されざるを得ないであろう。

北朝鮮の核問題が解決しない限り，韓国政府にとって，対北朝鮮政策は重い課題としてのしかかってくることが予想される。結局の所，南北経済交流は，民間企業の経済的動機だけで推進する事は不可能であり，08年2月に発足した李明博政権の今後の対北朝鮮政策如何に強く規定されざるを得ない。南北経済交流は，第三段階に入ったとはいえ，その展望は必ずしも明るいものではない。

4 中朝経済協力の現状と行方

(1) 中朝経済協力の現状

中朝経済協力は，2006年10月の北朝鮮による核実験強行時までは一貫して拡大基調にあった。筆者は，かつて，中朝経済関係について次のように指摘したことがある。「中朝貿易はいまや，中国による一方的な援助（友好）貿易という性格から，中国による北朝鮮からの資源輸入と北朝鮮への消費財輸出という補完的構造へと急速に移行しつつある」と（坂田，2006年）。

中朝貿易が，これまでの一方的な援助貿易から脱しつつあるというこの指摘は，依然として北朝鮮の核問題という不安定要因を抱えているとはいえ，基本的には現状でもあてはまる。中朝貿易は2000年の4.9億ドルから，07年まで年平均22％以上の増加率を記録し，07年には19.8億ドルへと増加した。08年の貿易額も対前年比41.3％増の27.9億ドル（中国の輸出20.3億ドル，輸入7.6億ドル）と過去最高を記録した。2000年からの8年間で5.7倍強増加したことになる（中朝貿易には，これ以外にも，貿易統計には計上されないバーター取引・担ぎ屋貿易などが行われていることが知られている）。

注目されるのは，北朝鮮の核実験とそれにともなう部分的経済制裁が行われた06年の中朝貿易が，17億ドル（対前年比7.5％増）と最高記録を更新した点である。韓国貿易協会の調べによれば，北朝鮮の主要な輸入品目（上位5位）は，原油，豚肉，石油・タールオイル，フィラメントランプ・放電ランプ，合繊長織物であり，主要な輸出品目（上位5位）は，無煙炭，鉄鉱石，イカ・貝類，男性衣類，女性衣類である。北朝鮮からの衣類の輸出が初めて上位に進出した

(100万ドル)

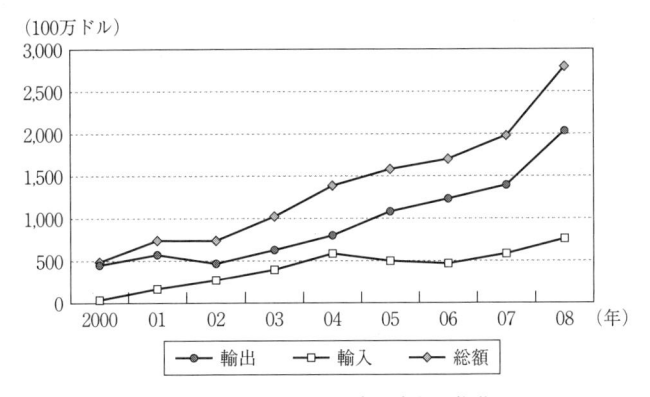

図12-12　中国の対北朝鮮貿易の推移
出所：『中国統計年鑑』各年版より作成。2008年は速報値。

が，これは韓国企業が中国から輸入した合繊長織物などの原材料を現地で委託加工する「三角貿易」が急増しているためという。それに伴って，合繊長繊維織物の輸入も前年比40％増加している。今後，中朝貿易の拡大に，韓国企業が介在するケースが増えることが予想される。

　中朝貿易の拡大とならんで，中国の対北朝鮮投資も活発化している。中国側が最も力を入れているのは，北朝鮮国内での鉱物資源の共同開発である。これまでに報道されているだけでも，中国企業は，鉄鉱石，銅，金，亜鉛，モリブデン，無煙炭など鉱物資源の分野で共同開発を推進しており，鉄鉱石や銅などの共同資源開発ではすでに中国企業によって開発輸入が行われている。ほかにも，「大安親善ガラス工場」（05年10月竣工）に代表される「中朝親善」の象徴としての援助型投資や，「平津自転車合営公司」（05年10月生産開始）のような北朝鮮の市場経済化後をにらんだ市場の先取り型投資，北朝鮮排他的経済水域での水産物の共同操業を中心とした漁業投資など，多方面への広がりをみせている。その結果，2000年以降，中国が鉱物資源開発などのために北朝鮮に投資した金額は10億ドルを超えるという（『中央日報』2006年10月10日，電子版）。

　このように，中朝経済連携は，かつてのような「血で固められた友誼」に基づく中国政府による北朝鮮への経済援助という性格を脱しつつあり，中国側にとっては資源確保と市場確保というビジネス取引に移行しつつある。

　中朝の経済協力はまた，地方レベルでも発展している。その主役を担っているのは，北朝鮮と国境を接する吉林省である。海に面し中国でも有数の大連港

を有するなどの恵まれた地理的条件にある遼寧省や，3000km余りの国境線でロシアと接し，中ロ貿易に活路をみいだしている黒龍江省と比べて，吉林省の開発戦略は「図們江地域開発計画」が頓挫して以降，総花的にならざるを得なかった。しかし最近になって，新しい動きがみられるようになった。吉林省側の報道によると，琿春市の「東林経貿易有限公司」と「琿春辺境経済合作区保税有限公司」，および北朝鮮側の「羅先市人民委員会経済合作会社」が折半で出資して「羅先国際物流有限公司」を設立する事に合意したという。登録資本金6000万ユーロのうち，羅先市は港・道路などを現物出資（利用権の提供）し，中国側は資金，設備，建築資材を提供し，羅津港第3号埠頭と4号埠頭（新設予定）の50年間の独占的使用権と中朝貿易通関が置かれている元汀から羅津港までの道路（約48km）の50年間の運営権を獲得するという。中国政府も，03年に打ち出した「東北振興」の一環として，吉林省に対しては琿春市の物流ルート開拓を支援するなど，北朝鮮との経済連携強化を後押ししている。

中朝貿易は，北朝鮮経済にとって最も重要な生命線であり，これが断たれることは，かろうじて維持されてきた経済の崩壊を意味する。02年7月の「経済管理改善措置」以降，北朝鮮国内では「チャンマダン」と呼ばれていた闇市が公認され，「総合市場」と呼ばれる自由市場が各地に誕生したが（公認された自由市場の数は，北朝鮮全体で340カ所余りに達し，平壌市内だけでも40余りの常設市場が運営されている），そこで売られている日用必需品の約80％は中国製品だといわれている（しかし，最近の報道によれば，北朝鮮当局は，「総合市場」への規制を強化しているという。明らかに，市場経済化に逆行する措置である）。

中国としても，北朝鮮経済の混乱は望ましいことではなく，強硬な経済制裁によって北朝鮮に圧力をかけるという手段は選択肢としては残されてはいない。中国政府にとって対北朝鮮政策は最もセンシティブかつ戦略的な外交政策であり，経済関係といえども高度な政治的判断が要求されている。

（2） 中朝貿易と南北経済交流の相関関係

中朝貿易が援助的性格から脱却し，南北交易が本格的な直接投資の段階へ移行するに伴って，中朝貿易と南北交易の間にはある種の相関関係がみられるようになってきた。

図12-12にみられるように，中朝貿易は，従来から一貫して北朝鮮側の赤字

表12-4 北朝鮮の対中・南北交易（対韓貿易）収支と補塡率

(単位：億ドル，%)

	2000年	2001年	2002年	2003年	2004年	2005年	2006年	2007年
南北交易収支	0.59	1.11	1.97	1.63	1.68	▲0.10	1.09	0.99
対中貿易収支	▲4.14	▲4.06	▲1.97	▲2.32	▲2.14	▲5.82	▲7.64	▲8.08
補　塡　率	14.3	27.3	100.0	70.2	78.6	—	14.3	12.3

注：南北交易収支は人道支援・コメ・肥料支援などの非商業性取引を除く，商業性取引。
　　補塡率は，北朝鮮の南北交易黒字が対中貿易赤字を埋め合わせる比率を現す。
　　2005年の補塡率については，本文参照。
出所：韓国統一部『月刊南北交流協力動向』各号，統一部速報値，『中国統計年鑑』各年版より作成。

である。この赤字分の補塡は，過去には中国側の債務取り消しなどの援助措置によって大部分処理されてきた。しかし，2000年以降，中朝貿易は年平均22％の高い伸び率で増加しており，特に北朝鮮側の赤字額の累積は，2000～07年の7年間だけでも36.2億ドルに達する（表12-4）。しかも，対中貿易赤字の絶対額は増大傾向にあり，北朝鮮としても，これ以上このような状況を放置することは難しい。したがって，近年ではこの赤字分の補塡が重要な課題となっていた。

　上述したように，中国からの輸入が北朝鮮の人民生活にとって不可欠であるとするならば，国際収支上のバランスという視点に立てば，対中貿易の大幅赤字を補塡する公的なルートは，輸入に見合った輸出拡大か，外国直接投資の導入か，韓国との南北交易黒字による補塡かの3つの道しかない（ミサイルなどの武器輸出によって年間1億ドルを超える外貨を獲得しているのではないかという指摘もあるが，公式にはその実態は明らかになっていない。ただし，国連制裁決議によって，その可能性も小さくなった）。対中輸出の増大は，北朝鮮の経済状況からしてただちには望むべくもない。とすれば，残された道は，直接投資の導入と南北交易によって得られる外貨である。そして，現実にも機能し始めていたのが先に指摘した中国の対北朝鮮資源開発投資の導入と韓国との間で行われている南北交易黒字による補塡である（韓国から北朝鮮に流入する外貨は，ミサイルや核開発に転用されているのではないかという疑惑が一般に指摘されているが，その可能性は否定できないとしても，中国との貿易赤字を補塡するための外貨が別途必要であることには変わりない）。

　韓国との間で行われる南北交易収支（商業性取引）は，当初から一貫して北朝鮮側の黒字（受け取り）を計上してきたが，2000年代初めまでは中朝貿易の

赤字を補塡するには遠く及ばなかった。しかし，02年から04年までの過去3年間は，中朝貿易の赤字を南北交易の黒字（受け取り）で補塡する割合は初めて高い水準で推移した（表12-4）。数字上では，前者を後者で埋め合わせるといった貿易決済構造が明確になっている。

しかし，このような両者の関係は，開城工業団地が始動し始めた05年からは，補塡率からはうかがい知ることができない構造に移行した。すなわち，韓国企業による開城工業団地での工場建設が始まった05年からは，韓国側から工場建設のための資材・設備等の搬出（輸出）が行われるようになったため，南北交易の取引状況に基本的な変化がみられるようになり，商業性取引収支では韓国側の初の黒字（北朝鮮側の赤字）が計上されるようになったのである。

だが，実際には，これは国際貿易でいうところの貿易黒字ではない。韓国では，南北交易は同一民族内部の取引と見なされ，国際収支表による記載が行われないため，資材・設備の搬出と投資との区別が明確ではない。実際には，韓国企業による資材・設備の搬出は，現物で行われており，韓国からの搬出額（北朝鮮側の輸入）は外貨による決済を伴うものではない。05年の開城工業団地関係の搬出額は，1億5694万ドル，金剛山観光事業関連の搬出額は8702万ドルと報告されており，この2事業だけで搬出額全体の70％を占めている。06年度も，開城関連搬出2億2285万ドル，金剛山事業関連5657万ドルで，搬出額全体の68％を占めている。

他方，南北交易（商業性取引）に伴う北朝鮮側の受け取りは，委託加工に伴う加工料，北朝鮮労働者への賃金支払いなど，外貨で決済される。したがって，05年についても，実際には北朝鮮側の大幅な外貨の受け取りとなっており，その額は開城工業団地建設関係および金剛山事業関係の搬出額を除いた南北交易の差額および開城で直接ドルを用いて支払われる各種費用・賃金である（厳密にいえば，韓国からの搬出には他にも，本来投資と見なされるべき経済協力事業関連の搬出がかなりある）。

南北交易収支にみられるこのような変化は，開城工業団地での韓国企業の工場建設が継続される限り続くものである。しかし，これはあくまでも，南北交易が同一民族内部の取引として，国際貿易とはみなされないために起こる特異な現象である。南北交易（商業性取引）を通じて北朝鮮に流入する外貨は，交易収支からだけではうかがえない金額に達している。

さらに、韓国から北朝鮮に流入している外貨（ドル）は、商業性取引以外にも認められる。その額は、把握できるだけでも、先に指摘した金剛山観光に伴う入山料（年間1500万ドル前後）、開城公団での土地開発使用権料、南北共同で行う各種事業への協力金など年間で数千万ドルに上ると推計され、南北経済交流・協力によって流入する外貨は、商業性取引による補塡率より実際はかなり高くなっていることが指摘できる（金大中政権が発足した1998年2月から2006年10月までに韓国から北朝鮮に渡った現金は約25億ドル＝2兆5415億ウォンと推計されている。『朝鮮日報』2006年10月21日、電子版）。

加えて、中国からの対北朝鮮投資の急増は、対中貿易収支赤字補塡余力を補い、そのことが中国製品に対する需要増加に拍車をかけるという構造ができあがっている。

このように、中朝貿易と南北交易は北朝鮮経済にとって不可分の関係にあり、北朝鮮にとって、対中貿易だけではなく、南北交易も重要な生命線になっているのである。実際、06年7月のミサイル発射実験強行後の南北関係悪化にもかかわらず、北朝鮮側は、開城工業団地だけは「国際情勢に関係なく安定的に推進すべきである」との談話を発表して、慎重論を唱える韓国側マスコミを牽制している。最初の核実験強行後も、北朝鮮側は南北経済協力推進委員会や経済実務会議の開催には積極的に応じる姿勢をみせ、金大中政権以来の韓国政府の「政経分離」原則を逆手にとって、韓国からの経済協力を取り付けることに熱心であった。しかし開城工業団地については、南北経済交流を「相互主義の原則」で進めようとする李明博政権登場以降、政治的なかけ引きの手段として使われており、その展望については予断を許さない状況が続いている。

（3）中朝経済協力の行方

北朝鮮では、1990年代半ばに、相次ぐ自然災害と計画経済の破綻によって深刻な経済危機に直面し、「苦難の行軍」と呼ばれる一種の戦時体制が布かれた。この時期、北朝鮮経済は大量の餓死者を出すまでに悪化したことはよく知られている（この時期の餓死者の数については、30万〜300万人まで、各種の推計には幅がある）。

その後も、深刻なエネルギー不足と原材料不足によって、ほとんどの企業が大幅な操業率低下にあえぎ、北朝鮮経済は自力での改革の糸口を失っていった。

しかし，この時期，北朝鮮経済は，中国からの石油供給（国内消費量の90％前後と推計される）と日用必需品の輸入という特効薬によってかろうじて崩壊を免れてきた。これが断たれることは，すなわち北朝鮮経済の崩壊を意味する。

北朝鮮は再び「苦難の行軍」に突入する事も辞さない構えをみせているが，その結果は1990年代とは比較にならない規模の混乱を惹き起こすことは必定である。北朝鮮の混乱を望まない中国ではあるが，政策選択の幅は確実に狭まっている。2006年10月14日の国連制裁決議は，北朝鮮人民の生活必需品までも対象にするものではなかったが，09年5月の再度の核実験強行に対して，今後の中国の対応次第では大量の難民の排出さえ想定される。北朝鮮のたび重なる「瀬戸際外交」によって，中朝経済協力は重大な試練に立たされているといえる。

5 朝ロ経済協力の現状と行方

（1）朝ロ経済協力の現状

北朝鮮にとって，中国，韓国に次いで重要な位置を占めているロシアとの貿易も，2001年以降急増した。2004年の貿易額は前年比80％増の約2.1億ドル（北朝鮮の輸入約2億ドル，輸出約700万ドル，輸入品の大部分は石油および同製品）で，ソ連崩壊後から続いていた貿易額の減少に完全に歯止めがかかった。05年の貿易額も，前年比13.5％増の2.3億ドル（ロシアの輸出2億2800万ドル，輸入690万ドル）を記録し，朝ロ貿易は05年には日朝貿易を抜いて，北朝鮮にとってロシアが中国・韓国に次ぐ第3番目の貿易相手国に浮上した。[8]

06年の貿易額は，ロシアの輸出1.9億ドル，輸入0.2億ドルの総額2.1億ドルで，前年比マイナス8.7％にとどまった。これは北朝鮮の核実験強行が影響したものと思われる。ただし，北朝鮮の対ロ輸出2000万ドル（前年比2.9倍増）は，ソ連邦崩壊後では最大であり，繊維および繊維製品輸出の伸びが顕著である点は注目される。しかし，07年の貿易額は，ロシアの輸出1.3億ドル，輸入0.3億ドルの総額1.6億ドルに大きく減少した（『ロシア統計年鑑』2008年）。特にロシアの輸出が大きく落ち込んだ背景には，北朝鮮の対ロ債務問題があるのではないかと思われる。

現状では，朝ロ貿易は依然として，その大部分は北朝鮮側の資源輸入に偏っ

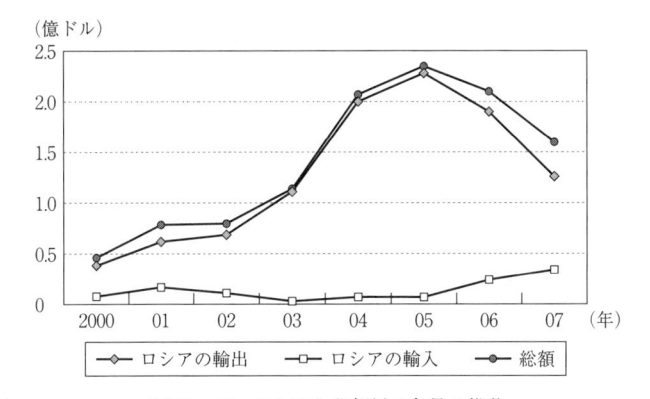

図12-13 ロシアと北朝鮮の貿易の推移
出所：ロシア連邦統計局『ロシア統計年鑑』各年版より作成。

ており，両国間には中国との間のような経済的補完関係は乏しい。しかし，ソ連邦崩壊後はもっぱら中国からの石油導入に依存してきた北朝鮮は，中国のエネルギー事情からみて，将来的にはロシアからの安定的な導入を模索していると思われる。そのためにも，朝ロ貿易の極端なアンバランスを是正する北朝鮮側の取り組みが重要となる。

朝ロ経済連携を展望するもう一つの要素は物流面での協力である。ロシア政府は，従来から，北朝鮮の鉄道を利用したシベリア鉄道の延長（TSRB 構想＝釜山港からモスクワ・ヨーロッパに到る鉄道輸送ルート）に強い関心を寄せてきた。ロシア政府は，すでに北朝鮮国内での大規模な鉄道調査を実施しており，北朝鮮の鉄道整備に必要な資金を最大34.4億ドルと見積もっている（北朝鮮の鉄道整備については，ロシアだけでなく韓国も支援を表明している）。04年7月には，北朝鮮の羅津港とシベリア横断鉄道との接続事業にも両国鉄道会議で基本合意している。朝鮮半島での南北縦断鉄道の運行が開始されれば，朝ロの経済協力は大きく進展することが期待されている。

加えて，朝ロ経済協力では従来から北朝鮮の労務輸出が重要な役割を果たしてきた。北朝鮮からの労務輸出はすでに旧ソ連時代から行われていたが，ソ連崩壊後は，著しい人口流失に悩む極東地域において，統制のとれた北朝鮮からの労務輸入に対する需要が高まった。極東地域では，森林伐採，農場，建設現場などで，1万人を超える北朝鮮労働者が働いているとみられているが，ロシア移民局では，今後北朝鮮からの労務輸入の割り当てを段階的に増やす計画を

もっている（それを裏付けるかのように，沿海地方のゴルチャコフ副知事は，沿海地方で働く北朝鮮の建設労働者が，現状の3300人から06年には約5000人へ急増する見込みであることを明らかにした。ロシアの労務輸入は，各地域・部局からの申請を考慮した中央政府による割り当て制がとられているが，副知事のこの発言は，極東地域での移民需要が変化しつつあることを示している）。

北朝鮮経済の現状を考えると，朝ロ経済協力が今後大きく進展することは考えにくいが，ロシアは北朝鮮との間で新しい経済協力のあり方を模索しているようにみえる。

（2）朝ロ関係変化の兆し

北朝鮮にとって，ロシアは中国，韓国に次ぐ重要な貿易相手国であり，日米を中心とした対北朝鮮経済制裁網が広がるなか，ロシアとの経済協力関係の強化は不可欠だと認識されていたはずである。このようななかでの06年10月の核実験の強行は，ロシアの対応如何では窮地に追い込まれる可能性すらあった。しかし，プーチン政権は，5カ国のなかでも最も冷静に対応したようにみえる。おそらく，北朝鮮の核実験の強行は，プーチン政権にとって新たな対応を迫る契機となったと思われる。それは，一言でいえば，従来までの消極的関与政策から積極的関与政策への転換であろう。

その最初の兆候が，債務問題の大胆な処理である。実は，朝ロの間には，核開発問題とは別に，重要な懸案事項があった。それは，旧ソ連時代から引き延ばされてきた北朝鮮の対ロシア債務問題である。ロシア側の資料によれば，北朝鮮のロシアに対する累積債務は，旧ソ連時代からのものを含め，現在88億ドルに上ると推計されている。北朝鮮側は，これまでたびたび債務の削減・帳消しを求めてきたが，ロシア側は難色を示し，2003年以降，交渉は進展していなかった。しかし，07年2月に，ロシア政府は突然債務の大部分を帳消しにする方針を固めた模様であることが報じられた（『朝鮮日報』2007年2月13日，電子版）。

ロシア政府がこのような措置を講じた背景については，北朝鮮側が自国の地下資源の開発権や港湾の無償貸し出しなどを提供した見返りではないか，6カ国協議の進展を受けて北朝鮮に対するエネルギー支援を行うことになった場合，ロシアの負担を減らそうとする意図があるのではないかなど，様々な憶測を呼んでいるが，ロシアの対北朝鮮政策が大きく変更されようとしていることの証

であることは間違いない（アメリカの金融制裁によって凍結されていたマカオの銀行の北朝鮮口座資金をロシア極東の銀行が受け入れたのも，こうした流れのなかで理解できる）。

朝ロ関係は，プーチン政権以降，2000年2月の「ロ朝友好善隣協力条約」の締結を皮切りに，同年6月のプーチン大統領の北朝鮮公式訪問，01年（モスクワ），02年（ウラジオストク）の2度にわたる金正日総書記のロシア訪問と首脳会談によって新しい時代に入っていったが，核問題を契機として（逆説的ではあるが）両国はさらに緊密な関係を築こうとしているようにみえる。ロシアはすでに，核問題の進展と併せて，北朝鮮に対するエネルギー支援，インフラ整備など積極的な経済協力に向かう姿勢をみせており，朝ロ間で新たな政府間協定が結ばれる可能性もある。今後の朝ロ関係は，ひとえに北朝鮮の姿勢にかかっているといえよう。

6 今後の展望

北東アジアにおける中ロ経済連携の拡大と韓国の経済的プレゼンスの増大は，伝統的な政治地図の大幅な修正を余儀なくしている。韓国は，いうまでもなく，南北対立を背景として米韓同盟を基軸とした伝統的政治地図に組み込まれてきた。しかし，北東アジアでの経済連携強化を中心とした新しい経済地図は，この伝統的な政治地図との乖離を決定的にし，韓国は今やそれがもたらすジレンマに直面している。

朝鮮半島の緊張激化は，このジレンマをさらに深刻なものとしている。韓国が，今後とも，中ロとの経済連携を強化する方向に進めば，新しい経済地図に見合った政治地図の塗り替えも避けられないであろう。李明博政権にとって，この経済的現実は重くのしかかってくる。

他方，北朝鮮も，従来までの瀬戸際外交の限界に直面している。北朝鮮が，これ以上危機のレベルを引き上げることは，間違いなく金正日体制の崩壊に直結する。6カ国協議が再開され米朝関係の改善がはかられない場合，金正日政権もまた最大のジレンマに直面することになる。

たしかに06年10月の最初の核実験以降の状況は，北朝鮮にとってきわめて有利な状況で推移した。韓国政府は，07年2月の6カ国協議の進展を受けて，凍

結していた米・肥料支援再開を決定し，07年の南北交易（商業性取引）も，54.2％増を記録した。中国政府も，核実験直後にみせた引き締め政策を大幅に緩和し，中朝貿易も再び増加の勢いを取り戻した。さらに，2008年10月には，念願の米国による「テロ支援国家」の指定解除も勝ち取った。

しかし，金正日政権が，このような事態の推移を，「瀬戸際外交」の勝利だと考えて，さらなる譲歩を求めて危機のレベルをさらに引き上げるような外交政策をとり続けるならば，その結果もたらされるであろう北朝鮮の立場は，きわめて深刻なものになることが予想される。

他方，核問題が解決に向けて前進していくことになれば，北朝鮮の対外経済関係はいっそう改善され，中韓ロを中心とした経済連携はいっそう拡大していくことが予想される。あわせて，対米関係が改善に向かえば，北朝鮮経済の対外開放への環境は格段に整備され，経済改革に大きく弾みがつくことも予想される。

朝鮮半島情勢は，しばらくは，漸進的なシナリオと最悪のシナリオの間で揺れ動くことになるであろう。それによって，北東アジアの経済連携も影響を受けることはいうまでもないが，現状からみる限り，韓・中・ロを中心とした北東アジアの経済連携は引き続き進展していくことは疑いなかろう。

●注
（1）『日本経済新聞』の取材班が日中韓で行ったアンケート調査によると，韓国では「親密な関係を築く国」として100人中53人が中国を挙げたという（2位は米国の19人，日本はわずか8人であった）。『日本経済新聞』2006年5月17日。もちろん，中国に対する警戒感がなくなったわけではない。中国社会科学院が中心となって2002年から5ヵ年計画で進められている中国東北地方の地域研究プロジェクト「東北工程」で示された中国側の歴史認識（高句麗史・渤海史を中国史に編入，白頭山の中国帰属説など）に対しては，韓国では激しい批判の声があがっており，学術レベルでの問題とはいえ，両国の政治問題に発展する可能性を秘めている。

（2）中国政府は，周知のように，これまで一貫して加工貿易形態での外国資本の進

出を奨励してきた。加工貿易形態で輸入する品目については，基本的に輸入関税・増値税を免除するなど優遇措置を設けてきた。その結果，「05年の中国の貿易に占める加工貿易形態の割合は，輸出が54.7％，輸入が41.5％と，貿易を牽引してきた」(JETRO『通商弘報』2006年9月19日)といわれるほど大きな比重を占めてきた。しかし今後は，こうした優遇措置は段階的に撤廃されることが予想される。中国政府は，今回，還付率の引き下げと併せて，カシミヤ，木炭，コークス製品，水銀電池，25種類の農薬，ミネラルウォーターなど加工レベルが低く，エネルギー大量消費，高汚染型製品を中心とした804品目の輸出増値税還付取り消し品目を発表しており，こうした品目を加工貿易の入禁止対象品目目録として新たに追加した。これにより，対象とされた品目は，外国から原材料・設備・技術などを輸入する場合，一般貿易形態で輸入せざるを得ず，その場合には輸入関税・増値税が賦課されることになる。

（3） 従来，中国の法人税は，企業所得税30％，地方所得税3％の合計33％であったが，外資優遇政策により，大部分の外国技業に対する法人税の適用税率は15〜23％であった。中国政府は2008年1月からこれを5年程度かけて階的に25％に引き上げる措置を発表した（あわせて，中国企業の法人税率33％を引き下げて，25％にすることも発表された）。土地使用料についても，すでに従来の3倍程度に引き上げるなどの措置を講じている。

（4） 中国政府は，失業増が社会問題となっている現状を背景として，08年1月から，労働者の解雇を制限する労働契約法を施行した。同法によれば，①雇用期間に1年などの期間限定がある契約を連続2回以上結んだことがある，②10年以内に定年（男性は通常60歳，女性は55歳）を迎える，などの労働者は，企業と新たに定年までの終身雇用契約を結ぶ権利をもつとされている。新しい労働契約法の詳細については，侯玲玲「中国の経済発展と労働問題」（坂田幹男編『中国経済の成長と東アジアの発展』ミネルヴァ書房，2009，所収）年を参照してほしい。

（5） 投資環境の変化と関連して，日本企業の間には，米国による中国政府の補助金による自国産業保護の撤廃を求めてWTOに提訴（2007年2月2日）した問題も懸念を拡大させている。中国政府が自国産業の保護を目的として支出している補助金の一部は，日本企業などとの合弁企業にも流れているとみられており，補助金の廃止という米国の強い要望は，結果次第では中国に進出している日本企業にも影響を及ぼすことが懸念されている。この点は，韓国企業の場合も同様であろう。

（6） 韓国統一部が，北朝鮮と合弁で「高麗商業合営会社」を設立して中国などから生活必需品を輸入し，開城工業団地の労働者に販売しているという韓国系オーストラリア人の話として伝えたところによれば，「開城工業団地で働く北朝鮮労働

者は，賃金の大部分を生活必需品で現物支給されている」という。この合営会社は，総局からドルを受け取って中国から生活必需品を輸入し，労働者が持ち込む配給表と引き替えに現物を引き渡しているという（『朝鮮日報』2006年11月9日，電子版）。
(7) もちろんこれは数字上の補塡にすぎない。実際には，北朝鮮の貿易は，軍・労働党・行政府・企業それぞれの単位で独立して行われており，外貨の最終管理も中央銀行によって行われているわけではない。その意味では，北朝鮮の対外経済活動は，国際収支という範疇では捉えられない。にもかかわらず，ここで補塡率を問題にするのは，外国貿易がドルやユーロといったハード・カレンシーで決済される限り，最終的には外貨の流出入が外国貿易に影響を及ぼさざるを得ないからである。
(8) 韓国貿易投資振興公社（KOTRA）は，北朝鮮とタイの貿易額が04年に3.3億ドルに達したと発表したが，この数字が正確なものであるとすれば，04年にはタイは日本を抜いて第3番目の貿易相手国に浮上したことになる。しかし，この金額については一部品目について韓国と北朝鮮を取り違えるなどタイ側の統計にいくつかの疑問がある。また，北朝鮮からの輸出品のなかには，肥料など北朝鮮の被援助品目が含まれており，輸入品や被援助品の一部が外貨獲得のために輸出されているケースもあるのではないかという疑問もある。

●参考文献

環日本海学会編（2006）『北東アジア事典』世界書院。
坂田幹男（2005）「朝鮮半島の経済情勢とその展望」世界経済研究協会『世界経済評論』第49巻第1号。
────（2006）「拡大する北東アジアの二国間経済連携」世界経済研究協会『世界経済評論』第50巻第1号。
────（2007）「北東アジア経済の現状と展望」世界経済研究協会『世界経済評論』第51巻第1号。
────（2008）「塗り替わる北東アジアの経済地図」世界経済研究協会『世界経済評論』第52巻第1号。
────編（2009）『中国経済の成長と東アジアの発展』ミネルヴァ書房。
唱新（2006）「中国と北朝鮮における経済協力関係の変容」世界経済研究協会『世界経済評論』第50巻第7号。
船橋洋一（2006）『ザ・ペニンシュラ・クエスチョン──朝鮮半島第二次核危機』朝日新聞社。

第13章
ロシアWTO加盟の経済効果を予測する

高 鍾煥・表 正賢・大西 広

1 はじめに——研究の背景

ロシアは1993年6月，GATT（関税貿易一般協定）に加盟申請をし，その後は1995年にGATTを承継したWTO（世界貿易機構）への加盟協議を続けている。具体的な加盟協議は58カ国で構成されたWP（Working Party）の個別諸国家とロシアが加盟条件について協議を重ねるという形で進められているが，その結果，2006年11月には米国との協議が完了し，現在はグルジア，モルダビアおよびコスタリカとの協議が残されるだけの状況に到っている。

ロシアのWTO加盟は，ロシア経済と政治にとって非常に重要な課題である。ロシアのプーチン大統領はロシアのWTO加盟を最優先課題として設定し，ロシア経済を世界経済に統合させるための重要な手段であると見なしている。特にロシアは，関税を引き下げ，ロシアで企業が自由に活動できる環境の整備を通じて外国から直接投資（FDI）を誘引することによって最終的にはロシアの経済成長を図る非常に重要な手段として認識している。

ただし，それにもかかわらず，1993年に加盟申請をしたロシアのWTO加盟が約14年も過ぎた今まで実現できていないのには，ロシアの経済規模が大きいためにWTOに加盟するとWTO加盟諸国の経済に及ぼす影響が少なくないと予想されること，またそのうえ，個別の加盟協議でロシアと個別協議国との間での利害が一致しなかったためである。特に，ロシアのWTO加盟協議を一層難しくしたのは，ロシアのエネルギーに対する価格政策と補助金政策である。ロシアは天然ガス，石油および電気の価格を国際市場価格より非常に低い水準で供給している。米国とヨーロッパ連合（EU）は，ロシアが国際市場価格より低い価格で天然ガス，石油および電気を供給することはロシアの農業

用の殺虫剤,鉄鋼およびその他のエネルギー集約商品の生産に実質的な補助金を支給することと同じだと主張し,それを根拠にロシアのWTO加盟に反対してきた。しかし,ロシアはこのような補助金はWTO体制下では不法でないと主張している。さらにロシアのサービス産業の貿易障壁,民間航空機および自動車の高い関税率,知的財産権の保護の不備などが,ロシアのWTO加盟を難しくしたのであった。

　ロシアは2007年2月現在,WTO に加盟していない国家のなかで経済規模が最も大きい国家となっている。したがって,ロシアがWTOに加盟することになるとロシア経済には非常に良い影響を及ぼすと期待される反面,他の加盟国経済にも相当な影響を及ぼすものと懸念されている。

　WTOに加盟することでロシアが得られる経済的な利益はロシアの関税引下げ,WTO加盟国市場に対する参入の改善,ロシアのサービス産業の障壁撤廃,ロシアの投資環境の改善による経済成長の効果など,4つの経路を通じて行われると評価されている。

　ロシアがWTOに加盟することによってロシア経済が得られる経済的な効果についての研究は Jensen, Rutherford and Tarr (2004), Rutherford and Tarr (2006), Rutherford, Tarr and Shepotylo (2004), Stern (2002) などが挙げられるが,すべてがロシア経済に及ぼす影響のみを扱っている。

　研究方法論としてはすべてが計算可能一般均衡（CGE）モデルを用いており,Jensen, Rutherford and Tarr (2004) と Stern (2002) は,ロシアがWTOに加盟する場合,ロシア経済に及ぼす影響をマクロ経済変数とミクロ経済変数に分けて分析している。Rutherford and Tarr (2006) は,ロシア経済を3つの地域（北西地域,サンクトペテルブルクおよび極東地域）に区分してロシアのWTO加盟がロシア経済の全体に及ぼす影響だけでなく,ロシアの3つの地域経済に及ぼす影響も分析している。Rutherford, Tarr and Shepotylo (2004) はロシアがサービス産業の貿易障壁を除去した場合,ロシア経済成長と貧困に及ぼす影響を分析した。こういった研究に共通な分析結果は,ロシアのWTO加盟のロシア経済に対する影響は産業別には差があるものの,ロシアの経済成長には非常に良い影響を及ぼすというものとなっている。

　しかし,中国,日本および韓国はロシアのWTO加盟からどのような経済的な影響を受けるであろうか。基本的にその影響は次のような2つの経路を通

じて現れると考えられる。(第1に,)対ロシア貿易の変化を通して現れる。ロシアのWTO加盟以後,中国,日本および韓国との貿易量はどのように変化するのか。そしてロシアとの貿易がどのように変わっていくのかによって中国,日本および韓国の受ける影響も変わってくる。(第2に,)ロシアのWTO加盟以後,ロシアの経済成長が促進されて所得が増加する場合,中国,日本および韓国からの輸入をどれだけ増加させられるかも重要である。ロシアが中国,日本および韓国以外の国家から輸入を増加させることもあり得る。しかし,これに対する答えはそう簡単ではない。したがって本研究のような実証分析を通じてそういった問いへの回答を準備しなければならない。

本研究では多地域CGEモデルを利用してロシアがWTOに加盟する際,ロシア経済だけでなく中国,日本および韓国経済に及ぼす影響を分析する。また経済成長と厚生水準のような巨視的な効果のみならず産業別生産,雇用,資本需要などのようなミクロ的な影響をも分析する。

本章は次のように構成されている。第1節の序論に引き続き第2節ではロシアの貿易および経済構造を簡略に調べる。第3節では本研究の方法論であるCGEモデルの構造を説明し,第4節ではロシアのWTO加盟についてのシナリオを示し,第5節ではロシアのWTO加盟の経済的効果を整理する。最後に第6節では本章の結論を示す。

② ロシアの経済構造と貿易の概観

ロシアは2005年の人口が1億4300万,国内総生産額(GDP)が7637億ドル,経常収支は842億ドルの黒字,それに国内総生産額に対する貿易の比重が57.1%というプロフィールを持っている。2005年のロシアの総貿易は3689億ドルであり,そのなかで輸出は2436億ドル,輸入は1253億ドルで世界の総貿易に占める比重は2.34%となっている。

表13-1〜13-3によって本研究の主たる対象になるロシア,中国,日本,韓国との商品の貿易関係を調べてみると,2002年にはロシアの988億ドルの総輸出の6.8%にあたる67億ドルを中国に輸出し,日本には31億ドル(3.1%),韓国には20億ドル(2%)を輸出していたことが分かる。[4] ロシアの総輸出の88%はヨーロッパ連合,ウクライナ,ベラルーシ,スイス,米国などを含む他の地

表13-1 ロシアと東アジア諸国との貿易マトリックス(2002年)

(単位:百万ドル)

	ロシア	中国	日本	韓国	その他の地域	合計
ロシア	—	6,719	3,085	2,021	86,950	98,775
中国	3,478	96,639	55,230	16,819	297,872	470,038
日本	914	63,868	—	28,139	318,144	411,065
韓国	910	33,436	12,622	—	112,904	159,872
その他の地域	49,247	217,158	232,518	94,515	4,146,184	4,739,622
合計	54,549	417,820	303,455	141,494	4,962,054	5,879,372

出所:GTAPデータ・ベース interim release 6.2 (May 2006)。

表13-2 ロシアと東アジア諸国との輸出比重貿易マトリックス

(単位:%)

	ロシア	中国	日本	韓国	その他の地域	合計
ロシア	—	6.8	3.1	2.0	88.0	100.0
中国	0.7	20.6	11.8	3.6	63.4	100.0
日本	0.2	15.5	—	6.8	77.4	100.0
韓国	0.6	20.9	7.9	—	70.6	100.0
その他の地域	1.0	4.6	4.9	2.0	87.5	100.0

注:表13-1を利用して計算。

表13-3 ロシアと東アジア諸国との輸入比重貿易マトリックス

(単位:%)

	ロシア	中国	日本	韓国	その他の地域
ロシア	—	1.6	1.0	1.4	1.8
中国	6.4	23.1	18.2	11.9	6.0
日本	1.7	15.3	—	19.9	6.4
韓国	1.7	8.0	4.2	—	2.3
その他の地域	90.3	52.0	76.6	66.8	83.6
合計	100.0	100.0	100.0	100.0	100.0

注:表13-1を利用して計算。

域に輸出されている。

またロシアは545億ドルの総輸入のなか、6.4%にあたる35億ドルを中国から輸入し、日本および韓国からの輸入はロシア全体の輸入で各々1.7%を占めている。ロシアの総輸入の90.3%はやはりヨーロッパ連合、ウクライナ、ベラルーシ、スイス、米国などを含む他の地域からの輸入となっている。

本研究では2006年5月GTAPセンターで内部的に発表されたGTAPデータ・ベース interim release 6.2 (基準年度は2001年)を活用したが、ここではこ

表13-4 ロシアの付加価値の構造

産　業	付加価値 (百万ドル)	付加価値の比重 (%)	労働の比重 (%)	資本の比重 (%)
穀　物	7,786.1	3.4	83.3	16.7
肉製品，乳製品	5,249.5	2.3	64.0	36.0
山 林 業	1,737.1	0.8	70.1	29.9
水 産 業	690.4	0.3	47.2	52.8
石　炭	1,979.7	0.9	73.7	26.3
石　油	11,021.9	4.9	25.1	74.9
天然ガス	15,351.6	6.8	14.1	85.9
その他鉱物	2,000.5	0.9	48.7	51.3
加工食品	4,924.7	2.2	51.6	48.4
繊維，衣類品	2,086.8	0.9	69.0	31.0
木製品・パルプ・紙製品	2,614.5	1.2	67.7	32.3
石油・石炭製品	961.4	0.4	29.4	70.6
化学・合成樹脂	3,255.9	1.4	52.8	47.2
鉄　鋼	3,762.6	1.7	49.0	51.0
非鉄金属	3,112.2	1.4	50.6	49.4
金属製品	1,510.0	0.7	71.0	29.0
自 動 車	5,873.2	2.6	73.0	27.0
その他輸送器機	3,046.1	1.3	70.5	29.5
電器電子製品	321.0	0.1	69.2	30.8
機 械 類	2,611.2	1.2	69.9	30.1
その他製造業	6,694.9	3.0	56.7	43.3
電　力	1,808.4	0.8	26.5	73.5
ガス製造・配送	4,010.9	1.8	14.3	85.7
建 設 業	24,110.4	10.6	60.6	39.4
卸売・小売	18,889.6	8.3	71.2	28.8
海上輸送	2,115.0	0.9	62.0	38.0
航空輸送	2,610.9	1.2	61.5	38.5
陸上輸送	10,818.1	4.8	64.5	35.5
通　信	5,231.4	2.3	49.7	50.3
金融サービス業	3,739.9	1.7	80.0	20.0
事業サービス業	9,948.2	4.4	35.2	64.8
公共サービス業	34,001.4	15.0	72.4	27.6
その他サービス業	22,561.4	10.0	46.7	53.3
合　計	226,436.9	100.0	55.9	44.1

出所：GTAPデータ・ベース interim release 6.2 (May 2006) を利用して計算。

表13-5 ロシアの産業別輸出構造

産　業	輸出(百万ドル)	輸出の産業別比重(%)	輸出の国内生産の比重(%)
穀　物	609.5	0.6	3.7
肉製品, 乳製品	463.6	0.4	2.0
山林業	1,624.2	1.5	47.7
水産業	47.2	0.0	2.3
石　炭	1,138.6	1.1	16.7
石　油	21,569.9	20.5	51.9
天然ガス	15,839.2	15.1	41.9
その他鉱物	613.6	0.6	9.8
加工食品	2,889.5	2.7	13.7
繊維, 衣類品	1,147.8	1.1	18.6
木製品・パルプ・紙製品	3,605.0	3.4	38.1
石油・石炭製品	7,021.6	6.7	21.9
化学・合成樹脂	8,222.9	7.8	47.2
鉄　鋼	8,256.1	7.8	55.5
非鉄金属	11,971.4	11.4	76.7
金属製品	1,462.6	1.4	31.1
自動車	1,104.0	1.0	6.0
その他輸送器機	2,689.9	2.6	43.1
電器電子製品	313.2	0.3	38.0
機械類	3,984.4	3.8	48.6
その他製造業	2,035.4	1.9	12.2
電　力	493.9	0.5	1.2
ガス製造・配送	14.4	0.0	0.2
建設業	113.6	0.1	0.2
卸売・小売	94.1	0.1	0.2
海上輸送	895.0	0.9	17.6
航空輸送	1,934.0	1.8	25.5
陸上輸送	1,244.2	1.2	5.0
通　信	498.1	0.5	6.3
金融サービス業	202.2	0.2	2.8
事業サービス業	1,594.2	1.5	8.3
公共サービス業	958.5	0.9	1.6
その他サービス業	550.1	0.5	1.6
合　計	105,202.4	100.0	17.1

出所:GTAPデータ・ベース interim release 6.2 (May 2006) を利用して計算。

表13-6 ロシアの産業別輸入構造

産　業	輸入(百万ドル)	輸入の産業別比重(％)	輸入の国内需要の比重(％)
穀　物	2,998.5	3.8	15.9
肉製品，乳製品	3,755.1	4.7	14.1
山林業	26.8	0.0	1.5
水産業	42.4	0.1	2.1
石　炭	797.0	1.0	12.2
石　油	355.7	0.4	1.6
天然ガス	209.0	0.3	0.9
その他鉱物	708.8	0.9	11.2
加工食品	5,623.4	7.1	23.6
繊維，衣類品	6,593.7	8.3	56.5
木製品・パルプ・紙製品	3,377.9	4.3	36.3
石油・石炭製品	43.7	0.1	0.2
化学・合成樹脂	8,214.1	10.3	46.5
鉄　鋼	2,018.1	2.5	23.0
非鉄金属	1,497.7	1.9	28.2
金属製品	1,381.2	1.7	29.4
自動車	3,621.2	4.6	17.4
その他輸送器機	722.5	0.9	16.4
電器電子製品	4,010.5	5.1	88.4
機械類	11,705.5	14.7	72.6
その他製造業	2,892.1	3.6	16.4
電　力	548.7	0.7	1.3
ガス製造・配送	68.8	0.1	1.0
建設業	425.4	0.5	0.9
卸売・小売	2,261.9	2.8	5.1
海上輸送	600.2	0.8	16.9
航空輸送	1,414.4	1.8	21.8
陸上輸送	3,296.9	4.2	12.7
通　信	471.2	0.6	6.0
金融サービス業	982.3	1.2	12.1
事業サービス業	5,060.0	6.4	22.4
公共サービス業	1,655.8	2.1	2.7
その他サービス業	2,032.5	2.6	5.7
合　計	79,412.9	100.0	13.4

出所：GTAPデータ・ベース interim release 6.2 (May 2006) を利用して計算。

の資料を根拠にしてロシア経済の産業別の付加価値と輸出入の構造を調べてみる。本研究では研究目的にしたがって GTAP データ・ベースの57個の産業を表13-4に示されているように33個の産業に再構成した。

表13-4からわかるようにロシア経済で石炭，石油，天然ガス，電力，ガス製造・配送などのエネルギー産業が付加価値で占めている比重は15.1％でエネルギーが非常に重要な産業となっていることがわかる。卸売・小売および各々の運輸産業が占めている比重は15.2％であり，通信，金融サービス，事業サービス，公共サービスなどのサービス業が占めている比重は33.3％に達している。単一産業としては建設業が10.6％で非常に重要な産業になっている。

また，表13-4を見ると石炭は労働集約的な産業である反面，石油と天然ガスは資本集約的な産業であることがわかる。また，金融サービス業は労働集約的な産業であり，事業サービス業は資本集約的な産業となっている。

表13-5はロシアの産業別輸出構造を示している。石油と天然ガスはロシアの総輸出で占めている比重が20.5％，15.1％で非常に重要な輸出品目となっており，石油と天然ガスの国内生産の51.9％と41.9％がそれぞれ輸出されている。非鉄金属もロシアの総輸出で占めている比重が11.4％になり，非鉄金属の国内生産の76.7％が輸出されていることが分かる。

表13-6からロシアの産業別輸入構造を調べると，機械類はロシアの総輸入の14.7％を占めており，国内需要の72.6％が輸入を通して賄われていることが分かる。化学および合成樹脂製品の輸入が総輸入に占める比重は10.3％で，国内需要の46.5％を占めている。それ以外に国内需要で輸入が占めている比重が高い産業には電器電子製品（88.4％），繊維・衣類品（56.5％）などがある。また事業サービス業と航空輸送の輸入依存度がそれぞれ 22.4％，21.8％で他のサービス業に比べて比較的に高くなっている。

③ 計算に使用したモデル

本研究で用いられた方法は多様な経済政策の効果分析に非常に広い範囲で活用されている計算可能一般均衡（CGE）モデルである。CGE モデルに対する統一された定義はまだないが，一般的には CGE モデルは生産者（生産要素の需要者），消費者（生産要素の供給者），輸出業者，輸入業者，納税者，貯蓄者，投

資家および政府など，経済主体の制約された最適化行動を示している非線形一般連立方程式の体系といえる（Ko, 1993）。

本研究で使用されたCGEモデルは，ワルラス的な新古典派（neoclassical）の一般均衡理論に基づいており，需要と供給の相互作用によって均衡商品価格と均衡生産要素価格が決定される完全競争の市場経済を前提としている。

モデルを構成する多くの方程式は新古典派の利得関数（または費用関数）と効用関数の制約付き最適化行動から導かれる。すなわち，消費者は生産要素の供給から得られた所得の制約下で効用を極大化するという仮定の下で，商品の需要を決定し，生産者は与えられた技術条件下で利潤を極大化するか，費用を最小化するという仮定の下で，商品供給と生産要素の需要を決定する。

しかし，本研究で活用したCGEモデルは新古典派の経済理論の限界を乗り越えるために，次のような3つの非新古典派的な要素を含めている。その第1は代替の弾力性（elasticity of substitution）を制限することによって供給および需要面での不完全な代替関係という現実を反映することである。すなわち，供給面では生産者は利潤極大化のために，国内市場と輸出市場に分けて生産物を供給するが，この2つの市場に供給される国内消費財と輸出財の間の不完全な代替関係をモデルに反映している。

この仮定はまずCET変形関数（Constant Elasticity of Transformation）の形で輸出関数で表現されている。また需要面では消費者が効用を極大化するために，国内消費財と輸入財をともに消費するが，この2つの財の間の代替が不完全であると仮定している。この仮定はCES（Constant Elasticity of Substitution）関数の形で輸入関数に表現されている。この仮定は「Armington仮定」ともいうが，同一産業から生産された同じ財貨でも輸入財と国産財はお互いに違う財貨として取り扱われることを意味する。この仮定によって産業内貿易（intra-industry trade）と製品差別化が説明されている。こういった特徴は，「弾力性構造主義（elasticity structuralist）」というが，新古典派の原理がそのまま維持されるため，理論上の問題点はない。

第2の非新古典派的な仮定は「ミクロ的な構造主義（micro structuralist）」と呼ばれるもので，これは一部の生産要素市場が適切に作動していない現実を反映するためのものである。すなわち，生産要素が産業間で自由に移動できない場合，生産要素に対する報酬が産業間で異なってくることを説明するための仮

定である。ここで用いられたモデルでは資本と労働の流動性に制約をかけて産業間の要素報酬の差異を導出している。

第3の非新古典派的な仮定は「マクロ的な構造主義（macro structuralist）」というもので、これは貯蓄と投資との関係、貨幣とインフレーションの関係などのマクロ的な現象の内生化を指しているが、このようなものを「マクロ的な閉じ方（macro closure）」ともいう。このモデルでは全世界の総貯蓄が総投資と一致しているとの仮定を通じてこの macro closure を表現している。

本研究で利用した CGE モデルは GATT 東京ラウンドの経済効果分析を行うために GATT によって開発された Whalley の研究に基づいている。それは世界のすべての国家・地域をモデルのなかで内生的に説明しており、研究目的に直接にかかわらない国家・地域をその他の地域として分類している。本章でも本研究のために活用された GTAP データベースに含まれている全世界の96カ国をロシア、中国、日本、韓国にわけ、その他のすべての国（92カ国）をその他の地域として分類している。産業は GTAP データベースに含まれている57の産業を表13-7に示すように33の産業に再分類している。

さらに、輸出と輸入のギャップを説明するために、国際間運輸セクターを導入している。ここで用いられた CGE モデルでは、関税や非関税障壁の撤廃によってもたらされる資源配分の効率性が国内総生産と厚生を増加させる静学的効果だけでなく資源配分の効率性の向上で増加した所得の一部が再び貯蓄されることによって投資が増加し、所得がさらに増加するといった資本蓄積効果をも内生化した準動学的なものとなっている。

本 CGE モデルは比較静学モデルである。すなわち、基準年度（2001年）の世界経済の生産および貿易が均衡するという仮定の下で、ロシアが WTO に加盟する以前の均衡状態とロシアが加盟後の均衡状態、すなわち、次節で解説するロシアの WTO 加盟に世界経済と個別国家の経済が新しい均衡を形成した後の状態とを比較している。

4 ロシアの WTO 加盟に関するシナリオ

ロシアが WTO に加盟する際、ロシアが得られる経済的な利益はロシアの関税引下げ、ロシアのサービス産業の障壁除去、WTO 会員国に対する市場接

近の改善,ロシアの投資環境の改善に伴う経済成長効果など,4つの経路を通じて行われると評価されているが,本研究では次のような3つの経路をシナリオとして定式化し,最後にその3つの経路を総合した効果を計算する(Jensen, Rutherford and Tarr, 2004; Rutherford and Tarr, 2006; Rutherford, Tarr and Shepotylo, 2004)。

第1に,ロシアは関税引下げによって国内資源配分の効率性を高めることができるようになる。つまり,ロシアは関税引下げを通じて産業別生産の優先順位を国際市場で付加価値がより高い産業へ移すことで,いわゆる「貿易の利得」を得られるようになる。これと共に,ロシアは多様な生産技術をより安く輸入することによって生産性を高めることができる。

第2に,ロシアがWTO加盟条件としてロシアの通信,銀行,保険,運輸およびその他の事業サービス業の障壁を撤廃する場合,ロシアに海外直接投資(FDI)が流入することでロシアの国内企業は海外直接投資企業が提供するサービスをより安い値段で購入することができるようになる。これは生産コストを引き下げて生産性を上げる効果がある。

第3に,ロシアは今まで米国,グルジア,モルダビアおよびコスタリカを除く多くの国家との加盟協議を通じて最恵国待遇(MFN)を認められたため,ロシアの輸出業者が追加的な関税引下げの恩恵を享受することは難しく,またこのような効果はあまり大きくないと予想される。しかしロシアがWTOに加盟すれば,WTO加盟国として海外輸出市場で反ダンピング規制や特殊関税の調査を求める権利が賦与されることで海外輸出市場への進出がやりやすくなると考えられる。

一方,中国,日本および韓国はロシアのWTO加盟からどのような経済的な影響を受けるのであろうか。基本的にその影響は次のような2つの経路を通じて現れると考えられる。その第1は,ロシアとの貿易の変化を通じてである。ロシアのWTO加盟後,中国,日本および韓国の総貿易がどのような変化を見せるのか。そしてロシアとの貿易がどのように変化していくのかによって中国,日本および韓国が受ける影響も変わるはずである。また第2に,ロシアがWTO加盟以後に成長率を高めて所得が増加する場合,中国,日本および韓国からの輸入を増加させるかどうかによってもその様子は変わっていく。ただし,ロシアが中国,日本および韓国以外の国家から輸入を増加させることもあり得

表13-7 シナリオで活用された資料

産業	関税率	FDIに対する障壁の関税相当値		世界市場価格の変化推定値
		基準年度	WTO加入以後	
穀物	5.23			0
肉製品,乳製品	14.19			0
山林業	4.69			0
水産業	8.72			0
石炭	0.21			0
石油	0			0
天然ガス	0			0
その他鉱物	1.5			0
加工食品	17.98			0.5
繊維,衣類品	15.8			0.5
木製品・パルプ・紙製品	10.87			0.5
石油・石炭製品	3.8			1.5
化学・合成樹脂	8.33			1.5
鉄鋼	3.03			1.5
非鉄金属	4.51			1.5
金属製品	11.68			0
自動車	13.72			0
その他輸送器機	8.11			0
電器電子製品	6.78			0
機械類	6.23			0
その他製造業	12.72			0.5
電力	0.96			0
ガス製造・配送	0			0
建設業	0			0
卸売・小売	0			0
海上輸送	0	95	80	0
航空輸送	0	90	75	0
陸上輸送	0	33	0	0
通信	0	33	0	0
金融サービス業	0	36	0	0
事業サービス業	0	36	0	0
公共サービス業	0			0
その他サービス業	0			0

出所:GTAPデータ・ベース interim release 6.2 (May 2006) に基づいて再分類。

る。

　したがって，本研究ではロシアのWTO加盟がロシア経済だけでなく，中国，日本および韓国の経済に及ぼす影響を分析するために，先に説明した4つの経路のなかの最初の3つ（ロシアの関税引下げ，ロシアのサービス業に対する参入障壁の除去，WTO加盟国に対する市場アクセスの改善）を基礎にしてロシアのWTO加盟についての次のような3つのシナリオを設定する。

　まずその「シナリオ1」ではロシアがすべての輸入品の関税率を50％削減すると仮定する。表13-7では産業別の平均関税率を示している。モデルでは輸入対象国に従ってシナリオに適用する関税率が違うが，紙面の関係上，具体的な資料の説明は省略する。

　第2の「シナリオ2」ではロシアのサービス業の障壁除去がもたらす効果を推定する。このためには，ロシアのサービス業の障壁を指数化しなければならないので，本章ではロシアのサービス産業の海外直接投資（FDI）に対する障壁指数を利用した。表13-7にはロシアのWTO加盟以前におけるサービス業の海外直接投資（FDI）に対する障壁指数とWTO加盟以後の障壁指数が示されている。

　第3の「シナリオ3」ではロシアがWTOに加盟する場合，ロシアがWTO加盟国として海外の輸出市場で反ダンピング規制と特殊関税の調査を要求する権利が増すことによって海外輸出市場へのアクセスが改善される効果を推定する。これを分析するために，その間にロシアが貿易対象国から反ダンピング規制を受けた産業と特殊関税を賦課した産業の国際市場価格が上昇すると仮定する。これに対する推定値はJensen, Rutherford and Tarr（2004）のものを使ったが，それは表13-7に整理されている。

　最後に「シナリオ4」は以上すべてのシナリオを合わせた場合である。上述の「第4の経路」でないことに注意されたい。

5　ロシアのWTO加盟の経済的効果

　以上に説明した4つのシナリオ，すなわちロシアの関税引下げ（シナリオ1），ロシアのサービス業の海外直接投資に対する障壁除去（シナリオ2），WTO加盟国としての海外市場へのアクセスの改善（シナリオ3），そして3つのシナリ

254 第Ⅱ部 中ロ経済関係最前線

表13-8 実質GDPに対する効果

国家／地域	シナリオ1	シナリオ2	シナリオ3	シナリオ4
ロシア	0.829	1.034	0.212	2.090
中国	0.002	0.000	0.004	0.007
日本	−0.006	−0.003	0.000	−0.010
韓国	−0.009	−0.005	0.000	−0.013
その他の地域	−0.006	−0.001	0.001	−0.006

注：数値は初期均衡からの乖離率（％）。
出所：モデルから計算された数値。

表13-9 厚生水準に対する効果

国家／地域	シナリオ1	シナリオ2	シナリオ3	シナリオ4
ロシア	1,696.4	2,084.6	167.4	3,941.9
中国	99.3	41.5	83.9	228.7
日本	−168.5	−46.8	−18.6	−235.6
韓国	−11.4	8.0	−2.3	−5.9
その他の地域	−833.6	507.3	470.9	155.7

注：数値は初期均衡からの乖離額（百万ドル）。
出所：モデルから計算された数値。

表13-10 1人当たり効用に対する効果

国家／地域	シナリオ1	シナリオ2	シナリオ3	シナリオ4
ロシア	0.635	0.780	0.063	1.476
中国	0.008	0.003	0.007	0.019
日本	−0.005	−0.001	−0.001	−0.007
韓国	−0.003	0.002	−0.001	−0.002
その他の地域	−0.004	0.002	0.002	0.001

注：数値は初期均衡からの乖離率（％）。
出所：モデルから計算された数値。

オを合わせた場合（シナリオ4）にわけて，以下ではロシア経済のみならず，中国，日本および韓国経済が受ける影響とその効果を比較・考察する。

まず，表13-8によって実質GDP（経済成長）に及ぼす効果を見ると，ロシアのサービス業の海外直接投資に対する障壁除去（シナリオ2）がロシアの関税引下げ（シナリオ1）よりロシアの経済成長に大きな影響を与えることが分かった。関税引下げによってロシアの経済は0.829％成長するが，サービス業の海外直接投資に対する障壁除去は1.034％成長をもたらすと予測された。WTO加盟国としての海外市場へのアクセスの改善（シナリオ3）がされるとロシア経済は0.212％追加的に成長し，長期的にはWTO加盟の結果，ロシア経

表13-11　総輸出量に対する効果

国家／地域	シナリオ1	シナリオ2	シナリオ3	シナリオ4
ロシア	4.256	4.297	0.972	9.635
中国	0.064	0.034	0.012	0.111
日本	0.017	0.017	0.002	0.036
韓国	0.017	0.008	−0.003	0.022
その他の地域	0.021	0.023	−0.002	0.043

注：数値は初期均衡からの乖離率（％）。
出所：モデルから計算された数値。

表13-12　総輸入量に対する効果

国家／地域	シナリオ1	シナリオ2	シナリオ3	シナリオ4
ロシア	5.989	5.699	1.082	12.871
中国	0.091	0.051	0.022	0.165
日本	0.018	0.024	−0.002	0.041
韓国	0.030	0.023	−0.008	0.045
その他の地域	0.022	0.028	0.003	0.053

注：数値は初期均衡からの乖離率（％）。
出所：モデルから計算された数値。

表13-13　国際収支に対する効果

国家／地域	シナリオ1	シナリオ2	シナリオ3	シナリオ4
ロシア	−624.2	−416.5	50.2	−993.7
中国	97.4	30.8	−11.5	116.7
日本	64.8	47.9	−11.9	100.7
韓国	13.8	10.0	−3.1	20.7
その他の地域	448.3	327.7	−23.6	755.6

注：数値は初期均衡からの乖離額（百万ドル）。
出所：モデルから計算された数値。

済は2.09％成長すると予想された。

　ロシアのWTO加盟によって中国の経済はごく僅か（0.007％）ではあるが成長すると予想される半面，日本（−0.01％）と韓国（−0.013％）の経済成長は否定的な影響を受けると推計された。

　表13-9には，ロシアのWTO加盟（シナリオ4）によってロシアと中国の厚生水準[6]は増加する一方，日本と韓国の厚生水準は減少するということが示されている。他方，その他の地域の厚生水準は増加すると予想される。

　こういった厚生水準に対する影響を1人当たり効用に及ぼす影響として計算したものが表13-10である。

表 13-14 交易条件に対する効果

国家／地域	シナリオ1	シナリオ2	シナリオ3	シナリオ4
ロシア	−0.717	−0.760	−0.183	−1.643
中国	0.033	0.019	0.006	0.058
日本	0.014	0.018	−0.005	0.027
韓国	0.018	0.021	−0.005	0.034
その他の地域	0.009	0.011	0.004	0.023

注：数値は初期均衡からの乖離率（％）。
出所：モデルから計算された数値。

表 13-15 シナリオ4の場合，各国間貿易に対する効果

	ロシア	中国	日本	韓国	その他の地域	合計
ロシア	—	854.7	467.7	134.2	6,967.4	8,424.0
中国	966.8	−24.9	−67.9	−21.7	−349.6	502.6
日本	214.2	−55.8	—	−24.3	−113.6	20.5
韓国	177.3	−58.7	−17.0	—	−115.9	−14.3
その他の地域	7,884.3	−344.5	−420.1	−100.8	−5,991.8	1,027.0
合計	9,242.6	370.8	−37.4	−12.7	396.5	9,959.8

注：数値は初期均衡からの乖離額（百万ドル）。
出所：モデルから計算された数値。

　ここで興味深いことはロシアがすべての商品の関税率を50％削減（シナリオ1）しても日本と韓国およびその他の地域の実質GDPと厚生水準は減少することである。これはロシアが関税を引下げても日本と韓国およびその他の地域の輸出が大きく増えず，その結果，実質所得の増加がもたらされないためと推測される。さらにシナリオ4の場合，その他の地域の厚生水準と1人当たりの効用は僅かに増加しているが，日本と韓国の厚生水準と1人当たりの効用は減少している。

　表13-11と表13-12は総輸出量と総輸入量に及ぼす影響を示しており，表13-13と表13-14は国際収支と交易条件に及ぼす効果を示している。ロシアがWTOに加盟する場合（シナリオ4），ロシアの総輸出量は9.64％増加し，総輸入量は12.87％増えると予想される。その結果，ロシアには9億9400万ドルの貿易赤字が追加的に発生することになる。ロシアの交易条件が1.64％悪化することもロシアの貿易収支の赤字に影響を与えている。

　中国，日本および韓国の場合，総輸入量が総輸出量より多く増えるにもかかわらず，貿易収支の黒字が生じるのは交易条件が改善されるためである。しか

表13-16 シナリオ4の場合，産業別貿易収支に対する効果

産　業	ロシア	中　国	日　本	韓　国	その他の地域
穀　物	−52.8	14.5	6.1	0.7	26.6
肉製品，乳製品	−448.2	−2.2	5.0	0.8	418.0
山林業	29.3	−4.5	−1.6	0.0	−23.5
水産業	−0.7	−0.2	0.5	0.1	0.7
石　炭	−6.9	0.4	2.8	1.1	1.6
石　油	543.5	−10.0	12.8	9.0	−568.5
天然ガス	156.9	−0.4	3.5	1.0	−163.4
その他鉱物	−57.9	4.2	14.2	10.1	33.6
加工食品	−289.0	−14.6	−21.3	−2.1	286.5
繊維，衣類品	−219.9	357.7	23.8	−5.9	−175.6
木製品・パルプ・紙製品	25.1	−30.8	0.5	−2.0	−40.8
石油・石炭製品	395.6	−28.3	−4.7	−12.5	−368.7
化学・合成樹脂	585.4	−117.3	−52.6	−14.2	−476.3
鉄　鋼	867.9	−86.7	−109.3	−40.8	−695.5
非鉄金属	2,158.0	−89.4	−118.0	−23.5	−1,941.8
金属製品	−75.1	0.2	−3.0	3.1	61.3
自動車	−375.2	−2.4	77.1	9.8	279.5
その他輸送器機	204.6	−45.6	−1.6	−2.9	−157.1
電器電子製品	−119.4	−14.0	92.5	2.0	42.3
機械類	−182.9	2.7	24.4	13.7	129.9
その他製造業	−138.1	14.9	4.9	1.9	85.3
電　力	−8.2	−0.2	0.0	0.0	8.4
ガス製造・配送	3.3	0.1	0.1	0.0	−3.5
建設業	6.5	−1.0	1.9	0.0	−7.4
卸売・小売	37.2	−21.1	7.5	−0.6	−23.0
海上輸送	−56.7	15.0	37.8	10.6	228.3
航空輸送	−188.6	8.3	12.1	6.0	214.4
陸上輸送	−1,532.8	102.1	15.4	28.7	1,492.1
通　信	−236.5	7.1	4.5	4.2	220.8
金融サービス業	−368.6	9.2	3.9	4.1	351.4
事業サービス業	−1,794.0	55.4	59.5	21.1	1,658.0
公共サービス業	93.2	−4.3	1.2	−2.0	−88.1
その他サービス業	51.5	−1.9	1.1	−0.8	−49.9

注：数値は初期均衡からの乖離額（百万ドル）。
出所：モデルから計算された数値。

し，ここで注目すべきことは中国の場合で，ロシアのWTO加盟の結果，中国の貿易収支の黒字と交易条件の改善が結果的に経済成長（実質GDPの増加）と厚生水準の増加をもたらしているが，日本と韓国の場合は，貿易収支の黒字と交易条件の改善が経済成長と厚生水準の増加につながらないという事実である。これは表13-15からわかるように日本の場合，総輸出（価額レベル）は2100万ドル増加するが，総輸入（価額レベル）はこれより多くの3700万ドルが減少するためであり，韓国の場合は，総輸出が1400万ドル減少し，輸入も1300万ドル減少するためである。

特に韓国の場合，ロシアのWTO加盟によって交易条件は改善するが，最終的に経済成長（実質GDPの増加）と厚生水準の向上には役に立たないと見込まれる。韓国の場合，ともに低下する輸出価格と輸入価格のうち，輸入価格の低下の方が大きいため，交易条件は改善している。したがって輸出が大きく増加するにもかかわらず最終的に実質GDPと厚生水準の増加にはつながらない。また韓国の場合，数量ベースで総輸入（表13-12）が総輸出（表13-11）より増加するが，国際収支の黒字（表13-13）を記録することも輸入価格の減少が輸出価格のそれより大きいためである。

表13-15で分かるようにロシアがWTOに加盟する場合，ロシアはすべての国からの輸入が増加することとなり，またすべての国に対する輸出も増えることになる。ロシアが関税を引下げることで生産に必要な中間材と資本財を安い価格で購入することができるようになる。そのうえ，そうした財を投入して生産した商品を外国に多く輸出することになり，特に，ロシアがサービス産業の海外直接投資に対する障壁を除くことで多国籍企業の投資が増えて生産性が大きく増加されるので，経済成長（実質GDPの増加）と厚生水準の増加も見込まれることとなる。

中日韓の場合も，ロシアに対する輸出もロシアからの輸入も増える。が，中日韓の間の貿易量は相互の輸出額も輸入額も減少するとの結果がでている。

表13-16はシナリオ4の場合の産業別の貿易収支に対する効果を示している。ロシアは非鉄金属（約22億ドル），鉄鋼（8億6800万ドル），化学および合成樹脂（5億8500万ドル），石油（5億4400万ドル）で比較的大きな貿易収支黒字を記録すると期待され，事業サービス業（17億9400万ドル），陸上運輸（15億3300万ドル），肉製品および乳製品（4億4800万ドル）では比較的大きな貿易赤字を記録すると

第13章 ロシアWTO加盟の経済効果を予測する　259

表 13-17 シナリオ4の場合，産業別生産と生産要素の需要に対する効果

産　業	ロシア			中　国			日　本			韓　国		
	生産	労働需要	資本需要	生産	労働需要	資本需要	生産	労働需要	資本需要	生産	労働需要	資本需要
穀　物	0.28	-0.71	-0.12	0.03	0.01	0.01	0	0	0	0	0	-0.01
肉製品，乳製品	-0.96	-2.84	-1.31	0.04	0.04	0.04	0	0.01	-0.01	0	0	-0.02
山林業	2.65	1.36	1.87	-0.04	-0.05	-0.05	-0.03	-0.03	-0.03	-0.03	-0.04	-0.04
水産業	1.21	-0.13	0.37	0.01	0	0	0	0	-0.01	0.01	-0.01	-0.01
石　炭	2.98	0.87	1.38	-0.01	-0.02	-0.01	-0.02	-0.01	-0.02	-0.03	-0.02	-0.03
石　油	3.17	1.13	1.64	-0.07	-0.07	-0.07	-0.08	-0.06	-0.07	-0.2	-0.08	-0.09
天然ガス	2.24	1.1	1.61	-0.03	-0.04	-0.03	-0.26	-0.1	-0.11	-0.31	-0.13	-0.13
その他鉱物	7.65	5.24	5.76	-0.07	-0.06	-0.06	-0.02	-0.02	-0.02	-0.05	-0.05	-0.05
加工食品	1.47	-1.83	0.99	0	-0.01	0	-0.01	-0.01	-0.03	-0.01	-0.02	-0.04
繊維，衣類品	0.93	-2.34	0.82	0.21	0.2	0.2	0.02	0.03	0	-0.02	-0.03	-0.05
木製品，パルプ，紙製品	4.32	2.02	5.27	-0.03	-0.05	-0.04	-0.01	0	-0.03	-0.01	-0.03	-0.05
石油・石炭製品	3.46	1.82	5.07	-0.01	-0.1	-0.09	0.03	-0.02	-0.05	0.05	-0.05	-0.08
化学，合成樹脂	8.57	6.31	9.65	-0.05	-0.09	-0.08	-0.02	-0.02	-0.05	-0.02	-0.04	-0.07
鉄　鋼	10.17	7.93	11.3	-0.12	-0.16	-0.16	-0.12	-0.11	-0.14	-0.23	-0.27	-0.3
非鉄金属	19.37	16.91	20.47	-0.31	-0.35	-0.34	-0.28	-0.35	-0.37	-0.53	-0.57	-0.59
金属製品	1.97	0.02	3.23	0.01	-0.03	-0.02	-0.01	-0.01	-0.04	0.03	0.01	-0.02
自動車	0.93	-1.47	1.71	0	-0.03	-0.02	0.05	0.05	0.02	0.04	0.03	0.01
その他輸送器機	5.88	3.57	6.86	-0.15	-0.19	-0.18	0	0	-0.03	-0.01	-0.03	-0.05
電器電子製品	4.21	1.8	5.05	0	-0.03	-0.02	0.03	0.03	0.01	0	-0.01	-0.03
機械類	5.32	3.08	6.36	0	-0.03	-0.02	0	0.01	-0.02	-0.01	-0.03	-0.05
その他製造業	2.06	-0.32	2.88	0	-0.02	-0.02	-0.01	0	-0.03	0	-0.01	-0.04
電　力	3.54	1.95	5.2	-0.03	-0.05	-0.05	-0.02	-0.01	-0.04	-0.02	-0.03	-0.05
ガス製造・配送	5.01	1.98	5.23	-0.01	-0.08	-0.07	0.02	0	-0.03	0.03	0.01	-0.03
建設業	2.72	0.15	3.73	0	-0.03	-0.02	-0.02	-0.02	-0.05	-0.03	-0.03	-0.06
卸売・小売	5.16	1.59	5.94	0.01	-0.01	0	-0.01	0	-0.04	-0.01	0	-0.03
海上輸送	2.92	-0.17	4.12	0.1	0.06	0.07	0.1	0.1	0.06	0.2	0.16	0.13
航空輸送	0.7	-2.33	1.9	0.07	0.03	0.04	0.04	0.04	0.01	0.11	0.09	0.06
陸上輸送	-0.9	-3.23	0.97	0.09	0.07	0.08	0	0	-0.03	0.14	0.14	0.1
通　信	0.44	-2.32	0.84	0.02	0	0.01	0	0	-0.02	0.02	0.03	0
金融サービス業	5.68	-1.12	2.07	0.02	0.01	0.02	-0.01	0	-0.03	0	0.01	-0.02
事業サービス業	8.65	-0.23	2.98	0.1	0.08	0.09	0.01	0.01	-0.02	0.02	0.03	0.01
公共サービス業	1.49	-1.42	1.77	0.02	0	0.01	0	0	-0.03	0	0	-0.03
その他サービス業	1.77	-0.74	2.45	0.01	0	0	-0.01	0.01	-0.02	-0.01	0	-0.02

注：数値は初期均衡からの乖離率（％）。
出所：モデルから計算された数値。

予想される。また輸送業と大部分のサービス業では貿易収支赤字を記録すると見込まれる。

一般にロシアが貿易黒字を記録する産業はその大部分が中日韓が貿易収支赤字を記録する産業であり，ロシアが貿易赤字を記録する産業はその大部分が中日韓が貿易収支黒字を記録する産業である。

表13-17はシナリオ4の場合の産業別生産と生産要素の需要に対する効果を示している。ロシアの場合，肉製品・乳製品，陸上輸送を除外したすべての産業の生産が増加すると予測される。特に，非鉄金属（19.37％），鉄鋼（10.17％），事業サービス業（8.65％）の生産が大きく増加すると予測される。

ロシアの場合，陸上運輸を除いたすべての運輸業と金融サービス業，事業サービス業など，海外直接投資に対する障壁が除去される産業の場合，生産が増加するにつれて労働が資本によって代替される現象が生じる。このように労働が資本によって代替される現象は水産業，加工食品，繊維，衣料品，自動車，その他の製造業でも現れる。

その他の生産が増加する大部分の産業においては労働需要と資本需要がともに増加するが，資本需要の増加の方が労働需要の増加よりも大きい。これは上の資本による労働の代替と似た現象と言える。

中国の場合，ロシアとは対照的に電力とガス製造・配送を除外したすべてのサービス業の生産が増加することによって労働と資本の需要が増加すると予想され，穀物，肉製品・乳製品，繊維・衣類品，金属製品を除いたすべての産業は生産，労働，資本のすべてが減少されると予想される。

日本と韓国の場合は，産業別生産と労働および資本の需要がほとんど同じ影響を受けると予想される。自動車とすべての輸送業を除外した大部分の産業の生産が減少し，これと共に労働と資本の需要が減少すると予想される。ただし，日本の繊維・衣料品の生産と生産要素の需要はすべて増加するが，韓国の繊維・衣料品の生産と生産要素の需要はすべて減少すると予想される。日本の金属製品の生産は減少するが韓国のそれは増加すると予想される。

日本の場合，陸上運輸，通信，事業サービス業などでごく僅かではあるが，資本需要が減り，労働需要が増えるといった結果がでている。

6 おわりに

　本研究ではロシアがWTOに加盟する場合，ロシア経済だけでなく中国，日本および韓国にどのような影響を及ぼすかについて多地域CGEモデルを利用して分析した。ロシアのWTO加盟に関するシナリオとしては，ロシアの関税引下げ（シナリオ1），ロシアのサービス産業の海外直接投資に対する障壁除去（シナリオ2），WTO加盟国として海外市場へのアクセスの改善（シナリオ3），そして3つのシナリオを合わせた場合（シナリオ4）など，4つに分けて各シナリオ別に効果を分析した。

　ロシアの場合，WTOに加盟することで経済成長（実質GDP），厚生水準，1人当たりの効用などが大きく増加すると予想される。また，総輸出と総輸入が大きく増えるが，交易条件が若干悪化するため，貿易収支は赤字を記録すると見込まれる。ロシアはすべての国から輸入を増加させることになり，またすべての国に対する輸出も増加させることになる。ロシアが関税を引下げることによって生産に必要な中間財と資本財を安い価格で購入して生産した商品を外国に輸出することになり，またロシアがサービス業の海外直接投資に対する障壁を除去することによる多国籍企業投資増が生産性と経済成長（実質GDPの増加）および厚生水準に良い結果をもたらすものと予想される。

　さらにロシアの場合，関税の引下げ（シナリオ1）よりサービス業の海外直接投資に対する障壁除去（シナリオ2）がロシア経済により大きな経済的利益をもたらすものと予想され，肉製品・乳製品，陸上運輸を除いたすべての産業の生産が増加し，多くのサービス業で労働が資本に代替されることによって資本財需要の増加と労働需要の減少が生じると予測される。本モデルは労働の需給一致を前提としているので失業が増えるとの結論は出ていないが，傾向としてはその可能性が生じる。ロシアとしても注意すべき問題だと思われる。

　中国の場合は，ロシアのWTO加盟により僅かな水準であるが，実質GDPと厚生水準が増加すると展望され，貿易収支が黒字を記録するとともに交易条件は改善されることになる。こういった肯定的な効果は中国の数多くの製造業の生産が減少するにもかかわらず，ほとんどのサービス業の生産が増加し，それとともに労働と資本の需要が増加するためであると予想される。

日本と韓国の場合は，中国とは対照的にロシアのWTO加盟によって実質GDPと厚生水準がやや減少するものと見込まれる。特に，貿易収支がやや黒字化して交易条件が若干改善されるが，経済成長と厚生水準の増加に繋がらないと予想される。これはロシアの関税引下げとサービス業の海外直接投資に対する障壁除去が，日本と韓国の対ロシア輸出にそれほど影響を与えていないと予想されるためであり，さらに本研究で用いられたCGEモデルには海外直接投資の流れが十分に反映されていないため，ロシアのサービス業の海外直接投資に対する障壁除去が日本と韓国の対ロシア投資にどのような影響を及ぼしているかを正確にとらえられないのが原因である可能性もある。

中国，日本，韓国の場合，ロシアのWTO加盟の結果，3国家間の貿易は減少し，それぞれの貿易相手国はロシアにシフトすることとなる。

日本と韓国の場合，基本的に産業別の生産と労働および資本財の需要がほとんど同じような影響を受けると予想される。いくつかの産業を除外した大部分の産業の生産が減少し，それと同時に労働と資本の需要は減らされるものと予想される。

●注
(1) 米国との協議は2006年11月19日，ベトナムのハノイで開かれたAPEC会議で米ロの両大統領が両国協議を完了したとのプロトコルに公式署名することで終了した。
(2) 2007年1月，ベトナムがWTOに加盟することでWTO会員国は150カ国となった。
(3) 計算可能一般均衡（CGE）モデルは応用一般均衡（AGE）モデルともいう。
(4) ここで「中国」から「中国」への貿易額が入っているのは，中国本土から香港やマカオへの輸出入が国際貿易扱いされているからである。後の表もこの点は同様である。
(5) ロシアがWTO加盟条件として関税をどれほど削減するかは個別の協議対象国ごとに異なり，また加盟協議が完全に終わっていないため正確に予測することができない。
(6) 厚生水準はヒックスの等価変換原理で計算され，厚生水準の変化は実質所得の

変化と見なされる。

●参考文献

Center for Global Trade Analysis (2006) *GTAP Data Base Interim Release 6.2*. Purdue University.

Devarajan, S., J. D. Lewis, and S. Robinson (1991) *From Stylized to Applied Models: Building Multisector CGE Models for Policy Analysis*. Unpublished Paper.

Hertel, T. W. (ed.) (1997) *Global Trade Analysis: Modeling and Applications*, Cambridge University Press.

Jensen, J., T. Rutherford, and D. Tarr (2004) *Economy-Wide and Sector Effects of Russia's Accession to the WTO*. World Bank.
(http://siteresources.worldbank.org/INTRANETTRADE/Resources/Topics/Accession/Jensen-Rutherford-Tarr_effectsaccession.pdf)

Rutherford, T., and D. Tarr (2006) *Regional Impacts of Russia's Accession to the WTO*. World Bank.
(http://siteresources.worldbank.org/INTRANETTRADE/Resources/Internal-Training/287823-1116536061368/Regional_ImpactsOfRussiasAccessionTo TheWTO.pdf)

Rutherford, T., D. Tarr, and O. Shepotylo (2004) *Poverty Effects of Russia's WTO Accession: modeling "real" households and endogenous productivity effects*. World Bank.
http://siteresources.worldbank.org/INTRANETTRADE/Resources/Topics/Accessi (http://on/Rutherford-Tarr-Shepotylo_Povertyeffect-modeling.pdf)

Stern, R. M. (2002) *An Economic Perspective on Russia's Accession to the WTO*. Discussion Paper No. 480, Research Seminar in International Economics, School of Public Policy, The University of Michigan.
(http://www.spp.umich.edu/rsie/workingpapers/wp.html)

第Ⅲ部
中ロ国境貿易の現場

第14章
中ロ国境をゆく
―― 組織化される国境貿易 ――

堀 江 典 生

1 旅のはじまり

　中ロ国境貿易といえば，どのようなイメージを私たちはもっているだろうか。大きな荷物を引きずり国境税関に集まる担ぎ屋たちの姿が，最も一般的なイメージではないだろうか。確かに，中ロ国境貿易において，これまで担ぎ屋たちが担ってきた役割は非常に大きい。しかし，1980年代後半から始まった中ロ国境貿易は，15年以上を経ても，いまだに担ぎ屋に支えられたプリミティブなイメージのままの国境貿易なのだろうか。

　これまで多くの実務家，報道記者や研究者が中ロ国境の姿を描いてきた。担ぎ屋の群れ，ロシア極東に広がる中国人移民へのロシア市民の警戒感の高まりといったお馴染みの現地報告は，いまだ組織化されていない中ロ貿易と中国人労働者が闊歩するロシア極東の混沌のイメージを私たちに投げかけてきた。果たしてそうなのだろうか。現地調査の怖さは，現地を訪れた高揚感と描きたい問題意識に後押しされ，すでに決まりきった結論を現地で確認するという可能性にある。たとえば，担ぎ屋たちで溢れる国境税関を見れば，やはり中ロ国境は担ぎ屋でいっぱいだという話を確認することになり，ロシア極東の中国人市場を訪れると，中国人移民がたくさん働いているのを目の当たりにし，なるほどやっぱり中国人移民の圧力は相当なものだと納得してしまう。

　私自身，大学でロシア極東の中国人移民問題を講義するとき，ついついそうした生々しい中国人不法就労問題や担ぎ屋による中ロ国境貿易を語り，学生の関心を呼び起こそうとしてしまうときがある。なかなか日本とロシア極東地域との経済交流が進まないことを，混沌として何もかもが未整備で組織化されていないロシア極東の姿を描くことで言い訳しようとしているかのようである。

私たちは，もしかすると事前に強く思い込んだ担ぎ屋たちの溢れる姿を現地で確認しているだけで，本当は何も見えていないのかもしれない。もしそうであるなら，一度頭をリセットして，逆に国境の物流が進化した姿を夢見て現地を訪れてみる必要があるのではないだろうか。

　2005年8月，大阪産業大学経済学部の大津定美教授を代表とする中ロ両国にかかわる8名の大学教員による研究グループで，中ロ国境地域の調査を行った。私は，異論もあるだろうが，担ぎ屋貿易を確認しにいく調査旅行にするのではなく，もしかしたらより進化し組織化された物流の姿を国境地域に見ることはできないか，しっかり確認しようではないかと提案し，私たちは旅立った。

2　綏芬河税関と東寧税関

　私たちは，まず，黒龍江省のハルビン（哈爾濱）に降り立った。私たちの旅は，ハルピンに始まり，牡丹江，綏芬河，東寧，ウスリースク，ウラジオストクへと続く。今回の調査では，黒龍江省とロシアの沿海地方との間の主要な税関である綏芬河と東寧を視察し，国境を越えてロシア側に行くことを計画していた。計画段階では，黒龍江省社会科学院からの示唆で，東寧の三岔口税関からロシアのポルタフカに渡る方法を考えていた。綏芬河税関も三岔口税関も第一類税関(1)ということだし，ウスリースクには東寧を経由したほうが近い。東寧とウラジオストクやウスリースクとの間には，国際バスも運行されているというし，まだ誰も日本人でこの税関を通過した人がいないのなら，私たちがパイオニアになろうという魂胆であった。直前になって，社会科学院から東寧の三岔口税関は第三国人の通過を認めていないとの情報が入り，急遽，綏芬河からロシア側のグロデコヴォに列車で越境することに変更した。

　ここで，今回私たちが注目した綏芬河—グロデコヴォの税関と東寧の三岔口—ポルタフカの税関について，少し概説しよう。

　綏芬河は，鉄道と道路の2つの税関をもつ黒龍江省とロシア沿海地方との動脈である。綏芬河は，もともと東寧県の一部であったが，1975年に東寧県から独立し，綏芬河市となった。当時，人口1万人足らずの綏芬河が，行政区として県よりも上位にある市に昇格したことは，驚きであった。現在，綏芬河市は，人口5万人ほどにまで大きくなっているが，この都市の賑わいを見ると，戸籍

第14章 中ロ国境をゆく 269

を綏芬河市にもたない住民がもっとたくさんいることが容易に想像できる。一方，東寧県は，人口40万人である。東寧の三岔口税関は，道路のみで，その輸送能力は100万トンであることから，綏芬河税関のもつ鉄道貨物輸送能力1000万トン，道路輸送能力100万トンに比べると，対ロ貿易の規模は小さい。綏芬河市も東寧県も，対ロ貿易に支えられているがゆえに，両者とも対ロ貿易には並々ならぬ熱意をもっている。

両者とも第一類税関とされながらも，東寧から日本人のような第三国人がロシアに越境できない理由は，綏芬河税関が第一類国際税関であるのに対し，東寧三岔口税関は，第一類互市貿易税関であるからだ。鉄道をもつ税関と鉄道を持たぬ税関の差は大きい。東寧三岔口の手前の何もない農村地帯に立派な鉄道の駅が建設されていたが，ロシア側に鉄道建設の意思がない以上，無用の施設となる可能性が高い。

両税関とも，黒龍江省とロシア沿海地方の税関同士の協力により，国際税関としての機能を

図14-1　綏芬河道路国境
出所：筆者撮影。

図14-2　東寧道路国境
出所：筆者撮影。

図14-3　東寧国際バスターミナル
出所：筆者撮影。

近年向上させている。黒龍江省と沿海地方は隣接しているにもかかわらず、3時間の時差をもつ。ロシア側が税関業務を始業させても、中国側税関はまだ準備中ということもあったのだが、綏芬河―グロデコヴォの両国税関は12時間同期化体制を、東寧―ポルタフカの両国税関は、10時間同期化体制をとるようになった。これにより、貿易と観光両面で飛躍的にこれらの税関の利便性が向上した。ウラジオストクの旅行会社には、往路でグロデコヴォ―綏芬河の鉄道を利用し、ハルピンで買い物をし、復路は東寧―ポルタフカをバスで渡り家路に着くという企画がある。両税関を越境する国際バスは、本数も充実している。東寧市街地では、新しい立派な国際バスターミナルが一際目立っていた。

3 巨大な東寧互市貿易区

調査をしていると、政府機関の私たち第三国人に対する対応の仕方で、ずいぶんと街の印象も変わるものである。私たちは、牡丹江市の商務局、綏芬河市の商務局、そして東寧の商務局を訪れたが、牡丹江市と綏芬河市の熱心な説明に比べ、東寧ではやや閉鎖的な場の雰囲気であったことに戸惑った。牡丹江商務局沿辺開発課の丁兆忠氏、綏芬河商務局副局長張洪軍氏は、辛抱強く私たちの質問に答えるだけでなく、できるだけ自分たちの街のアピールを行って興味を喚起しようとする姿勢が印象的であったのに対し、私たちの質問に答えることを躊躇し、必要以上のことを語らない東寧商務局の対応は、牡丹江市と綏芬河市の隆盛と東寧のやや出遅れた街の印象に重なるものがあった。

綏芬河商務局の玄関には、「北方の深圳、調和のある建設、国境商都」との鮮やかな標語が飾られていた。綏芬河の対口貿易における貨物量は着実に伸びており、1999年に215万トンから2004年には639万トンにまで跳ね上がっている。出入国者数も1999年の58万人から2004年には84万人近くにまで伸びている。一方、東寧の貨物量は1999年の19.8万トンから2004年の27万トンと、道路に限定された税関の限界を露呈させている。ただ、東寧が中ロ間の国際バスやトラック輸送にとって重要な税関となっていることから、出入国者数は1999年の18.7万人から2004年の50万人へと2倍以上の伸びを示している。中ロ間道路1本に依存する東寧にとって、人の往来とトラック輸送が発展の鍵となっている。

東寧商務局で聞き取りできることは多くなさそうだと判断し、三岔口税関に

向かった私たちは，互市貿易区の建設中の巨大な貿易センターを見て，さきほどの印象を考え直さなければならないと感じた。いや，それは東寧が確実に国境貿易の街として発展していることを証明するものではなく，どちらかといえば，道路税関1本だけのこの街にこれほど巨大で充実した施設が果たして釣り合うのかという驚きでもあった。

図14-4　綏芬河商務局
出所：筆者撮影。

ここには，30万 m² の貿易センターの広大な敷地（大阪ドーム約15個分）のほかに，倉庫スペース15万 m²，小居住区として20万 m² が用意されている。貿易センター内には，ホテルやカジノが準備されており，商品展示会場には6000ブースが用意されている。すでにこれらのブースは，80％が契約済みで，貿易センターそのものは2005年

図14-5　東寧互市貿易区
出所：筆者撮影。

9月18日に試験開業，10月18日に正式開業されるという（その後の状況については第16章，第17章を参照）。

　この貿易センターのブースは，年間賃借料6000元のリースによるか，45年契約による購入が可能である。ロシア側からの投資はないというが，そもそもこの施設は，対ロ輸出を図る施設であるから，顧客は中国人でなくロシア人である。貿易センターは24時間操業の予定で，彼岸のポルタフカだけでなくロシア人ならばだれでもビザなしで施設内に入ることができ，24時間体制の通関業務によって，何度でも往来が可能なこと，50キロ以下の輸出の関税が免除されることなど，ロシアへの担ぎ屋貿易促進拠点の様相を示している。この貿易セン

ターのブース販売を行っている東寧中ロ互市貿易区遠東商貿有限公司のセールスマネージャーである孟磊氏は，この貿易センターが開業されることになれば，列車による担ぎ屋貿易はなくなるだろうと豪語した。つまり，綏芬河―グロデコヴォの担ぎ屋たちは，面倒な出入国手続きや限られた列車の本数に悩まされることのないこの貿易センターを利用するようになるということである。

　私には，この巨大な貿易センターが，これまでの中ロ間の担ぎ屋貿易の上等な組織化であるように思えた。しかし，はたしてこの施設の規模に見合う東寧の中ロ間担ぎ屋およびトラック輸送貿易が実現するのだろうか。開業前の私たちの冷めた感想を覆してくれるかどうか，その答えは，次に視察される方々の観察にお願いしたい。

④ 物流組織化としてのトラック輸送ターミナル

　中ロ国境貿易にとって，担ぎ屋貿易を除けば，鉄道輸送とトラック輸送が基本である。ウラジオストクの太平洋地理学研究所のアレクセイ・ランキン氏によれば，沿海地方と黒龍江省の木材関連の貿易は，5年前までは9割が鉄道輸送によるものだったという。近年，水運が3分の1程度までシェアを伸ばし，トラック輸送のシェアも1割程度にまで高まっているそうだ。原木輸出を例に取ってみよう。ロシアのNGOフォレストクラブの調べによると，グロデコヴォ―綏芬河の2000年の鉄道輸送量は203万7000 m^3で，ロシアから中国への原木輸入のおよそ35%，黒龍江省への原木輸入の約9割強を担っている。東寧のトラック輸送による原木輸入は，7479 m^3で，やはりロシアの原材料輸出においてトラック輸送の力はそれほど大きくない。逆に，日用品，食品，建材など中国からロシアに輸出される貿易品目は，トラック輸送が活躍できる。

　冒頭に述べたように，担ぎ屋貿易が支配的であるという思い込みを捨てて，組織化された貿易の姿を国境に見ようとするならば，トラックターミナルや倉庫が運営されている現場を見るべきだと私たちは考えていた。綏芬河税関に向かう道すがら，トラック用倉庫が建設されている風景を車の窓から眺めながら，私は物流企業への訪問を楽しみにしていた。私たちが訪問したところは，黒龍江省万阳経貿集団有限公司（万阳集団）という企業で，綏芬河とウスリースクとの間の国際物流も手がけている企業であった。私たちは，後に，ウスリース

クの中国人市場近くにこの企業がロシアと合弁で開設している建材の卸売市場を見ることになる。

万阳集団のトラックターミナルには，ロシアのカマズといった代表的なトラックが荷降ろしを行っていた。ロシア人のトラック運転手と立ち話をしていると，大津定美教授がいたずらな質問をした。

図 14-6　万阳集団トラックターミナル
出所：筆者撮影。

「僕たちは，ちょっとビザの問題があって困っているんだけど，トラックに乗せてウスリースクまで乗せてくれないか？」

「そりゃだめだ。税関では荷物は全部検査されるから，とてもじゃないが無理だ。」

ひまわりの種皮を片手で器用に剥きながら，渋い顔をして運転手は答えた。まじめな顔をした大学教員のロシアへの不法入国相談という冗談と，なるほど国境検査は厳しそうだねぇと感概深げな表情に，私は笑いを隠した。

道すがらのトラック用倉庫の建設や街中の国際物流企業の看板，そして訪れた万阳集団の風景だけでは，とても中ロ間の貿易が十分に組織化され，担ぎ屋貿易以上にトラックや鉄道によるコンテナ輸送が重要な役割を果たしているといえるのかどうかはわからない。それでも，私たちの見た風景は，これまでとかく中ロ国境貿易＝担ぎ屋貿易としてきた構図に疑問を呈するに十分であったと私は感じている。

5　中ロ国境を越える

綏芬河駅で，出国手続き待ちをしていた。好奇心旺盛な私たち日本人は，こここそ担ぎ屋貿易の現場なりということで，デジカメ片手にうろうろしていた。若い警備官が飛んできて，写真を撮ることは許されていないこと，撮った写真は消去するように，激しく迫った。しばらくすると上司を連れてきて，再び注

図14-7 綏芬河駅税関前
出所：筆者撮影。

図14-8 陽気な担ぎ屋たち
出所：筆者撮影。

意された。「ここでは，写真を消去するだけで済むが，ロシア側じゃ写真機没収だから気をつけたまえ」とのことだった。

パスポートコントロールでの検査には時間がかかった。同行した大学教員たちは中国やロシアでの現地調査の猛者ばかりで，パスポートに数え切れないスタンプがあり，検査員は中国入国スタンプを探すのにうんざりした様子だった。ロシアへのビザがウラジオストクの太平洋地理学研究所による業務ビザであったことも，彼らには珍しかったそうである。パスポートコントロールを通過し税関を抜けたところで，先ほど大声で私たちに迫っていた若い警備官が，緊張していた顔を緩め，「日本人か？」と私に英語で訊ねてきた。「そうだよ」と答えると，彼は手をさし伸ばし「再見！(さようなら)」と笑顔で私の手を握った。

綏芬河とグロデコヴォの間にある国境は，トンネルの上にある。日本には陸上国境がないために，陸上国境を越えるわくわくした気持ちは格別である。欧州内はビザもいらず，日本のパスポートを見せるとろくに検査もしてくれない。ロシアがもつ国境を越えるときの楽しみは，日本人であっても，いろいろな検査を経ないと通れない国と国との境目を意識させてくれる点である。ただ，綏芬河とグロデコヴォの国境は真っ暗闇だったので，なんだか損をした気持ちだった。綏芬河とグロデコヴォの間の鉄道は，ロシアと中国の列車が相互に乗り入れすることができるようになっている。軌道の幅が異なる両国の列車相互乗

り入れのために、レールは4本引かれていた。

　ロシアのグロデコヴォ駅は、新しく塗り直された駅舎であった。中身はそれほど改装されていない。モスクワの空港でパスポート検査を待っていると、早めに並んだつもりが結局、列の最後尾に置いてきぼりになることが多い。同行する中国研究の先生方は、ロシアに入国したからには、後はロシア研究の方々にお任せしたい気分だったので、私は張り切って担ぎ屋たちの通路狭しと並ぶ大きな荷袋を乗り越えていかなければならない。担ぎ屋たちの荷袋は、ひとつ25キロ。ひとりで2袋運ぶ。まだ小学校低学年にしか見えない小さなロシアの女の子が、大きな荷物を引きずりながら進んでいく。その母親は、キャベツのように丸々としたロシアン・マムの底力で、子供の分を含め3つの荷袋を引きずる。時折、手配師のロシア人なのか、大声で「早く運べ！」と怒鳴る。ビザなし観光渡航のための書類のせいか、それとも担ぎ屋グループごとの手続き組織化なのか、彼らの入国書類にはグループの名簿が記載されていた。入国手続きもグループで、税関手続きもグループで行っていて、私たちは、いくつかのグループの荷袋群を乗り越えて行った。

⑥　中国人市場の街ウスリースクにて

　グロデコヴォに着いたその日の午後にウスリースク市庁に訪問し、聞き取り調査をする予定になっていた。しかし、ウスリースクに向かう途中の道で、口蹄病の消毒のため、なかなか車が進まず、聞き取り調査は延期となった。中国から陸上交通によってもたらされる口蹄病の脅威は、陸上国境を有する国のソフトなセキュリティ（非軍事的なセキュリティ）にとって焦眉の問題である。日本のように、「水際」で脅威を防止することとは大きく異なる風景であろう。

　あわててグロデコヴォを出発した私たちには、手持ちのルーブルがわずかしかなかった。ウスリースクの街中を駆けずり回ってルーブルの交換所を探したが、どれも店を閉めていて交換はかなわなかった。中国人移民が経営するホテル兼商店に訪れ、換金を頼んでみたが、どこの馬の骨ともわからない日本人を信用してはくれなかった。結局、私たちは、次の日に、極東地域で最も大きなウスリースクの中国人市場で、ルーブルに換金することになった。

　翌朝、ウスリースク市庁を訪問して聞き取り調査を行った後、私たちは、そ

図14-9 ウスリースク中国人市場
出所:筆者撮影。

の中国人市場を見学することにした。ウラジオストクにもスポルチーブナヤという中国人市場があるが、ウスリースクの中国人市場は、規模と賑わいの点で極東随一である。ここにはあらゆるものが売られている。多くの商品が、ちょっと見るだけでも、担ぎ屋があの荷袋で運べるような代物ではない。多くの品物は、中国からコンテナで運んでくるんだよと、私たちの車の運転手が教えてくれた。

ウスリースクの中国人市場に見られる中国製日用品や野菜・果物・食品の数々、それらはロシアの消費市場になくてはならない存在である。一方、ハルピンや牡丹江の一般消費市場で見られるロシア製品は、みやげもの屋のマトリョーシュカなど非常に限られている。黒龍江省からロシアに輸出されるものが、食品、日用雑貨、建材など、日常的にロシア人の生活に欠かせないものであるのに対し、沿海地方が中国に輸出しているものは、木材、原材料、石油、化学肥料など、一般市民の目には映らないものばかりである。こうした貿易関係を相互補完的な関係として説明することを、両国の研究者たちや行政府の人たちも好む。こうした相互補完性なくして両国境地域を維持できないことは確かであろうが、人口が減少し、モノも作らなくなったロシア極東地域が、この相互補完性のお題目のもと、どのような未来が描けるのか、私にはわからなかった。中口国境の相互補完的でありながらアンバランスな姿は、相互補完性なるものがロシア極東を食いつぶしているかのように映る。

そうした懸念とそこから生み出される摩擦を、両国は敏感に感じているのかもしれない。ウスリースク市は、ロシア側国境地帯に中口合弁の工業団地を構想中であるし、綏芬河市では、原材料中心の輸出から、高付加価値の輸出へと転換を図るロシア政府の政策を受けて、中国企業はロシアでの現地生産への投資を始めているという。しかし、東寧の互市貿易区の貿易センターは開業間近というのに、対岸のポルタフカでは、互市貿易区の整備が5分の1程度しかで

きていない。原材料の産出と輸出に偏ってきた産業をいかにして加工産業へと再編していくかは，極東地域の相変わらずの課題なのであるが，投資資金も集まらず，インフラ整備もままならない。工業団地では3000人，互市貿易区では6000人の雇用を創出するとウスリースク市は豪語するものの，人口が減少するロシア極東，特に国境寒村地域にそれだけの人材を集めることは難しく，結局，不足分は中国人移民労働者を採用することになる。このちぐはぐさは，天然資源が豊富とはいえ，その貿易利益が地域経済の発展に一向に寄与せず，人口流出とともに地域の自律・拡大を放棄せざるを得なくなっているロシア極東地域の縮図である。ロシアはその豊富な天然資源のおかげでどれほど苦しいときにも貿易は黒字であった。ロシア側統計によれば，沿海地方も，1998年から2002年までは常に貿易黒字を記録していたが，2003年からは再び貿易赤字に転落した。黒龍江省の対ロ貿易統計では，今年7月対ロ貿易は88.5％増加し6.1億ドルに達し，そのうち71.2％（4.5億ドル）が輸出であることから，大幅な出超となっている。(5) この傾向は，今後も続くものと考えられる。たしかに，黒龍江省にとってロシア極東は主要な輸出先である。とはいえ，中国全体にとって魅力のある天然資源をもつロシア極東も，黒龍江省にとっては魅力のある輸入品をもつ地域ではないのだ。

7　旅の終わりに

私たちの旅の終着点は，ウラジオストクである。新鮮な驚きに満ちた中ロ国境越えを終え，ウラジオストクの見慣れた街並みを歩きながら，私は考える。私の住む富山は，環日本海経済圏が注目を浴びて以来，日本海を介した対岸地域との交流に力を注いできた。対岸交流に熱心なわが国の日本海側諸自治体は，コンテナ船，客船，航空機により，ロシアのウラジオストクへ，そして中国の大連，ハルビン，上海へと放射線状に交流を広げてきた。大陸の国境地域では，それら放射線の先端が陸上国境を越えて結ばれている。北東アジアの発展を展望すると，わが国からの放射線状の交流・物流の軌跡を追うだけではなく，陸上国境を通じて循環し環となる軌跡を考えなければならない未来があるように思えた。海上国境しか持たない私たちは，常に自らの地域を放射線状の交流の基点として考えがちである。ダイナミックな交流・物流の環を描く構想力こそ

図14-10　富山ウラジオストク友好庭園
出所：筆者撮影。

が，北東アジアには求められるのではないだろうか。

ウラジオストク経済・サービス大学のキャンパスの横手に，のんびりとした日本調の空間がある。富山からウラジオストクへと伸びた交流の先端を象徴する「富山ウラジオストク友好庭園」（森本庭園）である。これまでの北陸のロシアとの交流の努力の一端を示すものである。ウラジオストク経済・サービス大学の学生と思しき若者が，夏のウラジオストクの日差しを避けて，この庭園の木陰でおしゃべりをしている。

現時点で，中ロ国境貿易が，日本を基点とした物流にどれほどの意義を持つかどうかはわからない。綏芬河市でも，東寧でも，もちろん日本の投資は熱烈歓迎されている。しかし，綏芬河市の軽工業品が日本の市場とつながるには，まだまだ時間がかかりそうだ。綏芬河から中ロ国境を越えてナホトカにいたる貿易ルートは想定できるものの，綏芬河市で製造される日用製品は，「ロシアの経済発展水準に応じた品質」であって，まだ日本の市場には耐えられないという。日本の市場に向けて製造されるようになるには，まずロシア市場で確固とした地位を築く必要があると彼らは言う。

さて，本章冒頭の課題の結末について，やはり述べておかなければならない。私たちの研究グループのなかでも，意見は分かれる。担ぎ屋貿易による街の賑わい抜きには，この国境地域の経済は考えられないし，相当量の貿易に担ぎ屋貿易が貢献しているとする意見と，想像していたよりも国境貿易は鉄道・トラック・河川運輸により十分に組織化されており，国境貿易は新しい段階に入っているのではないかとする意見である。この国境地域において担ぎ屋たちの元気な姿が途絶えることはない。それでも，黒龍江省とその企業の並々ならぬ中ロ国境貿易にかける意気込みと期待を背景に，物流の組織化が進展していることを否定する理由も見当たらない。残念ながら，担ぎ屋貿易そのものの物流におけるシェアは把握できない。中国からロシアへの輸出量が飛躍的に増加する

なか，私たちはたかが担ぎ屋貿易による国境貿易と，中ロ国境貿易を侮ることはもうできない。中ロ国境貿易は，担ぎ屋貿易が主役の国境貿易からより組織化された国境貿易へと変貌している。

●注
（1） 中国では，出入国ポイント（口岸）を，第一類と第二類とに分けている。第一類は，第三国の人員，貨物，商品，輸送手段の出入国を認めた出入国ポイントであり，第二類は，指定された隣接する国の人員，貨物，商品，輸送手段の出入国を認めた出入国ポイントである。それゆえ，第二類の出入国ポイントでは，第三国の市民や商品を通過させることはできない。ただし，第一類でも，国は特定の制約を加えることができる。2000年12月現在，中国には，陸・海・空を含め，243の第一類出入国ポイントをもつ。
（2） 同期化とは，時差による税関業務時間のずれをなくす手段として，同じ時間帯に業務を行うようにすることである。
（3） これらのデータは，1999年については，岩下明裕『中・ロ国境4000キロ』からの引用。2004年については，それぞれの商務局での聞き取りによる。
（4） 2005年，ハルビンの企業が中国最大の対ロ投資事業となるパルプ工場（生産規模60万トン）建設事業および森林総合開発事業に着手するという（『人民網』2005年3月16日）。
（5） 中華人民共和国国家統計局サイト www.stats.gov.cn による。

第15章
中ロ国境貿易の盛況と拡大する明暗

大 津 定 美

1　綏芬河の繁栄とグロデコヴォの沈滞

　中ロ国境を列車で越える，それはなぜか私のささやかな夢になっていた。その夢が2005年8月末に叶えられた。北東アジア経済連携の実像を垣間見ようという研究者仲間8人で，まずはハルビンや牡丹港を訪問したのち綏芬河市に入った。ここはかつての東支鉄道中国側の国境駅で，鉄道はここからトンネルを抜け，ロシア側の国境駅グロデコヴォへ，さらに沿海地方のウスリスクそして終点のウラジオストクへと続いている。綏芬河—グロデコヴォ間の距離はわずか15キロ，しかし途中の軌道幅変更や対向列車待ちなどで時間は1時間半もかかる「長旅」だった。まさに「トンネルを過ぎるとそこはロシアだった」となるが，山や谷の国境地帯はやはり特別の感慨をもたらすものであった。しかし，何といっても強烈な印象は，乗車駅と降車駅のあまりにも大きな対照性，あるいは非対照性であった。たしかにグロデコヴォ駅のホームや駅舎はお化粧直しで新しくなっており，それなりの変化は目視できるが，周辺の様子はほとんど変わっていない。税関があるとはいえ，通関が終わると，人も荷物もどこかに姿を消し，あとは田舎の停車場そのものだ。それに比べて，目覚しい発展振りの綏芬河駅は大都会のようだ。真新しいビルやマンションが立ち並び，わずか10年で実質人口10万近い都市に変貌をとげた。成長の理由はいうまでもなく，国境が開かれたことによる，ロシアとの貿易取引の急成長に他ならない。綏芬河市の繁栄はグロデコヴォ（を含むパグラニチヌイ）にはない。どうして同じ国境貿易の恩恵が，隣同士の街に等しく及ばないのか。この疑問を手がかりに，中ロ国境が抱える経済的・社会的問題を以下に探ってみよう。

2 開放と関係改善

（1） 中ロ国境確定

　中ロ国境が抱える問題といっても，中ロ関係はいま歴史上稀に見る平和な時代にあるというから，外交や軍事などの分野には大きな問題はない。地球上の多くの地域で，国境線をめぐって熱い戦争や緊張が続いているのは昔も今も変わらない。しかしこの地域だけは例外的といっていいほど平穏で友好的なムードが漂っている。いうまでなく，1960～70年代をとおして，長らく凍りついていた中ロ関係がソ連の崩壊と中国の開放政策で，1980年代末から温暖な春風がどっと吹きよせた。アムール川の氷が解けはじめ，90年代に入ると，人や物資が大量に国境を越えはじめた。さらに，21世紀に入ると，長らく懸案であった満州里地域やアムール河沿いの国境線の画定もにわかに現実化した。具体的には「中ロ善隣友好協力条約」（2001年7月）で「双方は領土要求をしない」，「残された係争地の解決に努力する」ことがうたわれ，2004年10月にはプーチン大統領の北京訪問によるサミットで，アムール河ハバロフスク近くの「2つの島の領有権」が確定し，ついに中ロ国境問題は最終的に決着した。これは愛琿条約や「満州国」いらいの150年近くにわたる中ロの係争が終わったという意味で，実に歴史的な出来事といってもよい。

　かつて20世紀はじめに起こった「ブラゴヴェシチェンスクの中国人大虐殺」や中ロ冷戦時代にダマンスキー島を巡って両国国境警備隊が熱い砲火を交わした経験は，いまや両国人の親愛に満ちた相互訪問やアムール川の「渡河水泳大会」などに象徴される友好ムードでかき消されている。2004年には，中ロ両軍の「合同軍事演習」が大々的に行われ，中ロ蜜月時代を誇示する「一大ショー」が演出された，と言っても過言ではない。

　本章では，中ロ国境問題の外交や軍事などにからむ国際政治にからむ問題は取り上げない。これに関しては，岩下昭裕氏の好著（章末の文献参照）があり，最近の動きは詳述されている。中ロ国境がなぜかくも良好な関係になったか，その背景には，90年代から本格化したグローバリゼーションという名のアメリカナイゼションの進展があり，特に9・11以後の国際関係の急変があることも付け加えておかねばならない。

しかし，これはあくまでも，国家間の関係としての国境問題の平穏さであって，国境を挟んだ両国の地域住民の間の日常性になっているかどうかは別の問題である。世界中のどこでも，またいつの時代も，一つ壁を挟んで住む住人はお互いに不満をもち敵対しなければならいという事実は変わらない。中ロ国境を挟んで住む地域住民は，モスクワと北京がどんなに友好善隣を演出しようと，同じシナリオをステージで演じてばかりいるわけにはいかないのである。国境貿易や出稼ぎなどで多くの利益と相互依存にありながら，国境を挟んで密輸や不法移民など，熱いドラマが日常的に展開されている。地域住民の間では国民感情はあまり良好とはいえないばかりか，時には深刻な問題も起こる。主にロシアのマスコミ情報からではあるが，いかに若干紹介してみよう。

（2）　中ロの対比――あまりにも大きな違いは？
　国境を4200km以上にわたって共有する中ロ両国は，等しく社会主義から市場経済への歩みを強めているが，中心部のモスクワや北京・上海と遠く離れた辺境のロシア極東と中国東北3省は，その経済社会の内部構造の違いはきわめて大きい。土地が無限に近くあり人口は減りつつあるロシアと3省だけでロシア全体のそれに近い人口を擁しかつ比較的耕地や資源に乏しい中国。またロシアには自然資源やエネルギー資源が豊富で，成長が止まらない中国にはそれが不足している。こうした国境の後背地の状況の大きな違いは，経済的相互補完の可能性を大きくしており，システムとメカニズムの設計を上手くすれば，地域連携の絶大な成果が期待されることはいうまでもない。また，両国以外の朝鮮半島や日本も含めた北東アジア諸国全体の将来の運命も，この地域連携の成否に大きく依存していることも，多方面であらためて認識されはじめている。しかし，同時に，EUや北米についで地球上の「成長の3地域」に属している東アジアのなかで，こうした連携のための制度化とルール作りが最も遅れているのが北東アジアだということも確かで，そうした「大状況」の制約を忘れずに，さしあたり国境を挟む地域での中ロ連携の可能性という「小状況」に目を向けることにしよう。

（3）　綏芬河
　国境隣接地域の住民生活という視点から，まず取り上げねばならないのは，

両地域の経済的関係，特に国境貿易とそれに従事する人々であろう。

中ロ国境で物資と人の流れが大規模に見られる地点は3カ所ある。いずれも黒龍江省で，①西側の満州里―ザバイカリスク（鉄道と陸上），②中ほどの黒河―ブラゴヴェシチェンスク（水運）そして，③東側の綏芬河―グロデコヴォ（鉄道と陸路）の3地点である。いずれもしっかりした税関事務所を構え，両国の大事な「顔」接触点である。

ここでは前にも触れた③綏芬河からはじめよう。綏芬河市の人口は1万人程度の小さな町であったが，1987年ロシアとの貿易再開いらい，「北の深圳」を目標に，都市建設がはじまり，福建や上海の資本を呼び込むかたちで，急成長し今では5万人近い人口を抱えているという。しかし，立ち並ぶビルや新しい商店街の賑わいをみると，非登録の実住人口を合わせ実際の人口は，この数字をはるかに超えていると思われる。5年前に訪れた黒河市も同じく急速に成長し，公式には10万人との話であったが，実際にはもっと多いと言われている。ここの商務庁での聞き取りによると，対ロ貿易に携わる商社は554社にのぼり，うち343社は製品の加工・製造にも携わっているという。製品はもちろん中国のほかの地域からもやってくる。これらの対ロ輸出物資は，綏芬河からは主に鉄道で運ばれる。年間の貨物取扱量（往復で）は2004年には650万トンにおよび，この5年間に約3倍に急成長した。処理能力は1000万トン以上あるというからさらに増加するであろう。また，人の移動を「出入国者数」でみると，04年に84万人（延べ）となり，これも5年前と比べて5割がた延びている。うち綏芬河市からロシアへの「労務輸出」は05年上半期に675人で，その数は若干減少傾向にある（この地域，特に東寧との「競合」関係について，本書第1章，第3章が詳しい）。

その後の報道でも，綏芬河の国境貿易は高成長を続けており，2005年の出入国人数，輸出入貨物量とも歴史上最高を記録した。1～10月の記録では，綏芬河国境で輸出入した貨物量は637万トンに上り，昨年同期に比べ22.3％増えている。出入国者は102万人で，初めて100万人の大台を突破した。中国人のパスポートの取り扱いが厳しくなりロシアへの観光客が急減したにもかかわらず，綏芬河へのロシア籍観光客が大幅に増加したことが寄与しているという（『黒龍江日報』2005年11月20日，ERINA『北東アジアウォッチ』より）。

③ 国境を越える物資と商品

（1） 担ぎ屋貿易

　ところで，中ロ国境の貿易といえば，商社同士の組織的取引（一般貿易）と「担ぎ屋貿易」との2つの形があることはつとに知られている。後者は，ロシア人の場合でいうと，観光ビザで国境を越え，1～2日滞在して，衣料品や軽量家電などの買い付けをし，帰国して販売する形式であるが，これも自ら仕入れ・販売（露天商やバザール）する人々（これを仮に「自営担ぎ屋」といっておこう）と，小規模商社に雇われて旅費・労賃を受けとり，指定された物資を運ぶ（雇われ担ぎ屋）との2つに分化してきて，最近は後者の比重が多くなっている。いうまでもなく，「担ぎ屋貿易」は文字通り重労働であるにもかかわらずそれにメリットが感じられるのは，運搬業務はもとより，国境を越えるさいの「旅行者の手荷物」への免税措置があるからである。ロシアの税関では50kgまで無税である。自営型か雇われ型にかかわらず，この免税措置を利用するかたちで，物資が運ばれる（図15-1～図15-3）。

　さて，ソ連崩壊で経済が大混乱し，ロシア人買出し部隊の大軍がどっと国境を越えた。ロシア国境の，西側ではウクライナ，ポーランドへ，南ではトルコへ，そして極東では中国へ。さらに中国人が大量の商品を担いでロシアに殺到し，90年代初めにはユーラシア大陸は一大「担ぎ屋大陸」となった。1990年代半ばの推計では，ロシアの担ぎ屋貿易は，輸入消費財の約30％を占めるという（1996年）（上垣，2005，170頁）。

　これは戦後の混乱期，経済体制の転換期の現象であろうが，さて中国の経済成長が続きロシアの回復も続いてきた。混乱期のシンボルである担ぎ屋貿易は極東では減少して，正常な貿易取引に席を譲りつつあるのか，それとも相変わらず幅を利かせているのか。中ロ国境の経済関係を，国境の現場で観察しようとするときのポイントの一つはこれである。

　担ぎ屋貿易で取引される商品は，繊維，メリヤス，衣類，皮革製品，毛皮，靴などの軽工業品。輸入量は，ロシアの西側国境ではこうした製品のうち担ぎ屋の占める比重は，20～30％だが，極東ではそれが60～80％という（『ロシア新聞』2006年1月26日）。

図15-1　綏芬河駅
出所：筆者撮影。

図15-2　綏芬河駅待合室
出所：筆者撮影。

極東では，何千人という人が，主に農村部から「雇われ担ぎ屋」として出稼ぎに出て，家族を養ってきた。このメカニズムは何年にもわたって機能してきた。「雇われ担ぎ屋」の平均賃金は，1日500ルーブル程度（20米ドル弱）の小額だ。しかしそれでも月に3回4回と出れば，他にはこれといって仕事のない村の暮らしには結構な額で，電気代や薪の支払いにあてることができる（『ロシア新聞』2006年2月27日）。こうした地域における「雇用効果」が否定できない。

ところで，この担ぎ屋貿易の総額がどのくらいになるか，一般貿易との比重はどうか，である。また，上記の貿易額の統計数字のなかに担ぎ屋貿易が含まれるのかどうか。免税であるから，通関統計には表れない。しかし，その規模はきわめて大きいのは明らかだから，これを無視して2国間の貿易動向を論ずるのは一面的のそしりを免れない。しかし中国とロシアの貿易統計でその扱いは異なる。ロシアの統計には含まれていないことが知られているが，中国ではある「推計」によって含まれている，とする説がある。さて，ここで，国境を越える物資や商品の移動を検証しようとするとき，重要な問題がある。

（2）　密輸とヤミ取引

　国境や税関がテーマになると，必ずや密輸やヤミ取引が話題になる。武器や

麻薬などの国際犯罪は別としても、極東の中露国境でも種々の物資の密輸が大きな問題となる。とりわけ、ロシアのWTO加盟が現実の問題となり、両国の貿易も国際貿易の一般ルールに従わねばならなくなる。両国の中央政府はこの面でも神経を尖らせているが、極東の貿易実務に明るい人のあいだでは、両方とも「無法地帯」に近いと言われている。これも移行期の特殊性か、ロシアや中国の特殊性なのか、その評価にかかわる大きな論点の一つである。

図15-3　担ぎ屋部隊の到着（グロデコヴォ駅）
出所：筆者撮影。

　ロシア側の状況を見てみよう。『ロシア新聞』（2003年11月19日）に一つの記事が載った。

　「グロデコヴォ税関の所長ルスラン・バシコが交通警察と極東税関の安全保障部の係官によって、自分のオフィスで逮捕された。彼は1年前に就任、起業者の不正な荷物証明を見逃してやり、部下にはいくつかのコンテナーの検査をしないように指示を出していた。

　グロデコヴォ税関は貨物量の伸び率では筆頭で、輸入貨物量は毎年100万トンずつ増加している。そのために、つい最近ここに特別鉄道税関『パグラニチヌイ』の開設記念式が行われた。その発意者は税関局の大佐バシコであった。

　一月前『パグラニチヌイ』税関を1台の貨物車が中国からロシアに向けて通過した。荷主は税関に積荷は挽き割り材という通関証明を提出、税関職員は精査せずにウスリスク方向へ通した。途中のズビンスカヤ駅でなぜか検査された。積荷は挽き材でなく皮革や毛皮、靴など大衆消費財が入っており、その価額は1万米ドル以上に相当と評価された。グロデコヴォ税関は観察下に置かれることになり、捜査には連邦保安局所属沿海地方管理局の専門家が貼り付けられた。直ちにわかったことは、この国境では申告書偽造で儲けているグループがいくつかあるということで、国に関税収入として入るべき数百万ルーブル相当が彼らの懐に入っている。そのグループの捜査によって、グロデコヴォ税関の所長

逮捕となったのである。捜査のはじめには，バシコの罪は職務怠慢によるものと見られていたが，捜査を進めるにつれて，所長の『怠慢』は実は刑法典の『役職の地位を利用した横領』項目に該当することが判明した。このグループの何人かは現在なお尋問中」。

　極東税関の幹部が不正行為の疑いをもたれたのはバシコが初めではない。その前任の大佐ドミトルクとヤクシェフスカヤの件があり（2002年6月28日逮捕，320万ルーブルの損害），関係した旅行会社も処罰された。これは，いわば一般貿易の不正行為であり，どこの国境でも見られるが，極東ではその規模と頻度が大きいという。

(3) 木材不法伐採

　「森に深く分け入ると，不法伐採・闇の木材搬出が見えてくる」（『ロシア新聞』2004年8月19日」）。

　極東の木材の95％はロシア国境を越えて中国へ行くといわれている。また，ロシアの森林で営業しているのはロシアだけでなく中国の会社もあるとも。

　合法的にロシアの森林で木材搬送に働いている中国人は，ハバロフスクでは591人，ユダヤ人自治州では33人，アムール州では663人だ。沿海地方では中国人の贈賄が発覚し，ハバロフスクでは中国人による買収が取りざたされている。中国人は極東における木材ビジネスの最もアクティヴな参加者である。伐採現場での直接取引，文書の偽造，中国への木材搬出など。専門家の推計では，不法伐採の輸出材は年間1億米ドルをくだらないという。

　また，連邦自然資源省の推計によると，連邦財政は年間55億ルーブルを失っている。しかし，所得税や関税収入を勘案すると10億になり，合計65億の損失になる（約2億米ドル強）。そして，不法伐採と搬出はこれに近い量に達するという。不法伐採はロシア全体では，公式伐採分の30％に達しており，いくつかの州では50〜70％にも及ぶという。極東では状況は特に厳しく，「林業コンサルティング」の見積もりでは不法伐採の量はロシア第一であり，その不法搬出は年間4000万から5000万ドルに達する。こうしたヤミがなくならないのは，山のなかで監督が困難，地域住民の所得が低い，また太平洋近接諸国との距離は近く，買い手はおおむね木材の生産地がどこかには頓着しない。丸太のこれら諸国への輸出は03年には前年比40％の増加，2200万m^3に達している（『ロシア

新聞』2004年8月19日）。

(4) 熊掌の密輸

中国人密猟グループが熊192頭分の熊掌数百個を持ち出し，沿海地方検察ウスリスク支部がこれを押えた（『ロシア新聞』2004年3月23日）。

ウスリー税関職員と国境警備隊員はポルタフカ通関所で大密輸集団を拘束した。中国人が沿海地方から中国へ持ち出しを画策したもので，密輸の規模は衝撃的だ。熊の足（掌）数百個，これには実に熊192頭が射殺された計算になる。その価額は，極東税関の見積もりでは約250万ルーブル，しかしこれはロシアでの公式価格で，中国では，そして東南アジア諸国の闇市場ではどこでも，その数倍になる。自然資源の損失は計り知れない。同じ密輸グループの荷物には，49kg もの蛙の肉汁・油脂もあり，これだけの量を集めるには少なくとも10万匹の蛙が殺された計算になる（1匹の蛙からは0.5gしか油類似物質は採取されない）。

沿海地方やハバロフスク地方では，中国人がアムール虎や極東の豹の毛皮だけでなく，アマガエルをも何百トンも国外へ持ち出そうとしていることは，極東の住民はよく知っている。熊の掌や熊の胆もそうで，みな中国料理の高価な珍味食材あるいは漢方薬として評判が高い。ロシア人狩猟者が中国人密猟者に手を貸しているケースもしばしばある。

ウスリータイガに生息する野生動物の捕獲や不法売買は，東洋医学の必要に応えるというかたちで，すでに以前から行われていると見られており，中ロ国境ではこうした窃盗団による違法な輸送貨物が拘束される事件がかなり頻繁に発生している。中国ではアムール虎の骨やほかの部位の不法取引に対して刑事責任を重くする（なかには死刑を）法律がすでに採択されたと言われるが，その実効のほどは定かでない。

また別の例では，中露国境近くの寒村から出てきた中国人数人が，ロシア側の山中に分け入り，毛皮獣の生け捕り用の罠を仕掛けていたところを，ロシア国境警備隊ビキン軍管区の隊員によって拘束された。このとき彼らは，マイナス30度のなかを夏靴だけで，足首から下はすでに凍死状態，拘束後，隊の医務室で手当て。彼らの話では，極寒のなか生活苦から，止む無く出てきたという。中国側では毛皮獣も取り尽くされていないし，木材伐採の監視は厳しいという。

年初からこの種の事件はいくつか繰り返されている（『独立新聞』2001年1月17日）。

このように極東では，森林（木材資源）・野生動物（熊，虎）・野生植物（薬草）など，規制あるいは禁止されている諸資源の供給地が国境地帯と重なっている場合が少なくない。

（5） 中ロ貿易の全体動向

こうした密輸やヤミ取引は当然ながら公式の貿易統計には含まれていない。だが，公式にも，中ロ間の貿易はこのところ目覚しい成長を続けている。ロシア側から見ると，対中国貿易は2004年輸出101億，輸入は74億ドル強で黒字が続いている（ロシアの対外取引は2780億ドルで，そのなかで対中国が占める比重は，輸出で6.2％，輸入で5.7％と，ドイツやイタリアについで大きな相手国となりつつある）。近年の動きは，輸出・輸入ともに増加傾向にあり，特に石油・ガスの国際的値上がりにより，取引額は大幅に増加している。2000年の52億ドル強と比較すると成長が著しい。なお，バーター取引の比重が大きく，特にロシアの対中武器輸出は多くの場合バーター取引によって行われているといわれ，その額は不明の部分が多い。これに上記の巨額のヤミや密輸を入れると，貿易パートナーとしての中国の比重は，とりわけ極東ロシアにとっては，極めて大きなものとなる。

中国側の統計からも同じ傾向が確認される。黒龍江省統計局は2005年7月の対外貿易リポートを発表した。それによると，黒龍江省の対ロシア貿易が急激に拡大してきている。7月の一般貿易，辺境貿易を含むすべての対ロシア貿易の総額は6.1億ドルで，前年同月比88.5％増となった。内訳は，輸出が4.5億ドルで同160％増，輸入が1.6億ドル，同6.6％増であった。対ロ輸出の大幅な伸びが7月における黒龍江省全体の貿易の伸びを引っ張ったことになる（中国国家統計局サイト http://www.stats.gov.cn，2005年9月30日）。

（6） 担ぎ屋貿易の終焉？

ところで，こうした中露貿易の急増は，最初にあげた一般貿易と国境貿易ではどちらの形態がより大きく寄与しているのであろう。今回の調査で，綏芬河駅の税関前の大勢の男女ロシア人と彼らが列車に持ち込む大型ビニール袋の山

を見かけた（図15-1，15-2，15-3参照）。それは典型的な担ぎ屋さんたちで，50人以上はいる。この光景は，なお担ぎ屋貿易が大きな比重を占めていることを，示唆しているように思われた。しかし同時に，同市商務局での聞き取りでは，鉄道貨物の急増も指摘されていたから，正確な比重は計りがたい。

最近この担ぎ屋貿易の今後に大きな影響を与えるロシア政府の決定が報道された。ベリホフ連邦税関局長の談話によると，近く国境での荷物持込に対する制限が強化される（『ロシア新聞』2006年1月26日）。近く規則改正があり，個人持込品の免税上限は従来の50キロから35キロに引き下げられ，持ち込み頻度も週1回から月1回まで削減，また持ち込み商品額の免税範囲は6万5000ルーブルから1万5000ルーブルに引き下げられる。これ以上はすべて，商品価額の30％の関税を課される。この新規則の実施には，ロシア連邦関税法典の改正が必要で，免税範囲の確定の問題も残っている。とはいえ，2005年の国庫への関税収入は2兆1020億ルーブルで，2004年よりも8827億ルーブル多い。2006年は規則改正でさらに増収が見込まれる。

実は政府は規制強化を模索していることはすでに，2005年初めから新聞でも書かれていた（『ロシア新聞』2005年1月19日など）。そして，別の報道によると，新通関規則は，すでに2月26日から実施に移された（G・バランヂナ連邦経済発展貿易省外国貿易登録と税関部長談。『ロシア新聞』2006年2月27日）。同女史によると，担ぎ屋＝チェルナキの肩に運ばれてくる外国商品は3割がた値上がりする恐れがある。影響は，伝統的な担ぎ屋商品の衣類や玩具類の値上がりになり，「協力者」＝「雇われ出稼ぎ」の稼ぎに大きく響くことにもなる。また，旅行会社も「旅行」の斡旋に，また「招待状」や切符の手配などの仕事にありついてきた。こうして，外国商品の持ち込み規制の強化は，20年近い歴史をもつ担ぎ屋貿易を終焉に導く可能性が強い。

もし「担ぎ屋貿易」が締め出されると，雇用や安価な消費財の供給という恩恵を受けてきた，国境を挟んだ地域社会はどうなるのか。他に雇用が創出され，小売業の効率化によって消費者が助かるのであればよいが，失業と物価上昇のダブルパンチとなりかねない懸念もある。もちろん「切り捨て」には別の手で対応するのが庶民であるのも否定できないのだが。4～5年前，ブラゴベシチェンスクで，通関手続きの改正に抗議して，税関の前で大勢の「担ぎ屋」が座り込みとストを展開したことがある（『アムール・プラウダ』2001年9月6日）。同

市には「担ぎ屋」はおよそ1000人いるといわれていた。今回の税関規制の改変には，まだそうした動きは伝えられていない。

　こうした規制強化は，ロシアのWTO加盟に関連しており，海外から揶揄されるロシア税関の懐の甘さを気にしている「市場原理派」のG・グレフ経済発展貿易省大臣は，今回のロシア税関・税政改革には890億ルーブル投入し「地球上最高の税関を作る」と豪語しているという（『ロシア新聞』2006年2月4日）。はたしてこうした思惑通りに運ぶのか，それとも担ぎ屋はしぶとく生き残るのか。今後も目を離せない。

4　中ロ国境を越える人々

（1）観　光

　人々はいろいろな動機から国境を越える。中国の経済成長の恩恵が東北地方にも及び，ロシア極東にもモスクワの好景気のおすそ分けが届いてくる昨今では，中ロ国境を越える人々の最大集団は「観光客」である。先述の担ぎ屋も形式上は観光客の場合も多いが，実質観光も最近は若干増えている。高所得層はより遠い外国まで観光に出るが，余裕のない国境隣接地域の住人たちも，「お隣り」には関心がある。ロシア側・中国側ともそうである。

　ウラジオストク市はこの4～5年，外国人観光客で溢れかえっている。ここで外国人とはいうまでもなく中国人である。市内の中級のホテルはほとんど中国人で「占拠」されている。入れ替わり立ち返りやってくる。ホテルの営業係数はそれで維持される。ブラゴベシチェンスクなどでは，対岸の黒河に向けてホテルの屋上から輝くネオンが中国人客を誘い，地下のカジノは中国人客で賑わっている（中国国内ではカジノ禁止）。

　ブラゴヴェシチェンスクの税関統計によると，通関人数は以下のようである。

　この表15-1からは，ロシア側から中国へ出て行く人数が，逆に入る人数よりも多いこと，だが国境通過人口の数は，毎年延べ23～25万人で，中ロ双方向で，かなり安定していることがわかる（2003年の急減はSARSとの関係である）。また，これといって観光資源のないブラゴ市では，「観光客」の大部分はなお出稼ぎ要員とみてよく，この数字には国境越えを繰り返すリピーターが含まれている。それを今仮に年に1人10～12回（隣のチタ州では15回という）とすると，

表 15-1 ブラゴベシチェンスク 税関の通関統計

(単位:人)

	1998年	1999年	2000年	2001年	2002年	2003年
中国への入境	248,911	257,557	292,902	247,713	215,604	234,225
内 ロシア国民	132,128	138,575	130,147	118,018	109,472	130,896
内 観光客	109,120	102,232	85,919	70,074	46,174	22,307
外国人（中国人)	116,783	118,982	162,755	129,695	106,132	103,329
内 観光客	60,674	63,455	73,675	51,832	45,163	37,119

出所：www.amurobl.ru/index.php?r=4&c=1895&p=562

ロシア側・中国側に絶えず「通勤」している担ぎ屋は4～5000人という計算になる。

2002年夏中国政府はロシアを観光適格国と認定，政府の予測では2003年には20万から30万人の観光客がロシアを訪れる。これは極東へではなく，ロシア中央部への観光客である。その市場規模は4000万ドルと見積もられている。

少し前の記事では（『コメルサント』紙2002年12月7日），2001年中国人のロシアへの観光客は約50万人（ロシア国家統計委員会），しかし本当の観光客は少なく，大部分は極東の国境貿易に携わるチェルナキだ。極東の旅行会社にとって，中ロ担ぎ屋の送り出しと受け入れが収入のベースであるとされているが，この3～4年で実観光客も増えているから，両者の比重はより計りにくくなっている。

しかし，同じ観光客の流れでも，その絶対数が異なると，あるいは差が大きいと，異なった「副作用」がもたらされることがある（（4）参照）。

（2） 労務輸出

他方，国境を越える人のなかには，仕事を求めて動く集団がいる。中国側からは「労務輸出」といわれる労働契約に基づいた国家間労働移動である。もう一つは，不法・半不法も含めた「出稼ぎ労働」集団である。この背景には，ロシア極東の過少人口問題と中国の過剰人口問題とが背中合わせになっているという事情があり，ここにももう一つの巨大アンバランスが口を開けている。

▶沿海地方　ロシア側から見ると，たとえば沿海地方では住民が西部ロシアへと流出する傾向が一貫して続いている。過去10年間に約20万人の人口減少が記録されている。とはいえ，沿海地方の住民が逃げていく生活

表15-2 アムール州への外国人労働者

(単位：1000人)

	1995	1996	1997	1998	1999	2000	2001	2002	2003
中　　国	0.7	1.0	0.7	0.8	0.6	0.5	0.6	2.4	5.2
北　朝　鮮	7.0	4.6	3.8	3.3	2.4	2.7	2.9	3.4	3.3
CISおよびバルト諸国	2.2	1.5	1.3	1.7	1.1	0.6	0.6	0.6	0.7
計	9.9	7.1	5.8	5.8	4.1	3.8	4.1	6.4	9.2

出所：Trud i zanyatosti Amur. obl. 2004, 2006.

上の困難は外国人にとっては脅威とはならず，その空白を活発に埋めていく動きがみられる。

最近旧ソ連の共和国からの外国人出稼ぎ労働が目立って増えてきた。また，朝鮮人，ベトナム人もある，しかし大部分は中国人である。2003年に，種々の理由合わせて中国からの入国者は，23万人以上である。2004年初め現在，沿海地方で外国人労働力を利用している法人・個人企業は400社以上。多くは商業・公共給食・バザールでの仕事で，次に人気があるのは建設業，次に農業となっている。2003年沿海地方に与えられた外国人労働者の採用可能枠（クオータ）は1万3500人。他方，非合法労働・犯罪などで捜査・拘束され，国外退去となったのも38件ある。また，ロシアに入国後，ロシアを通過して海外へという「トランジット移民」もあり，そうしたチャンネルを抑制しようと政府は努力しているが，有効な手立てはないし，その数もわからない。

▶**アムール州**　　アムール州を例に，人の国境越えをいま少し具体的にみよう。アムール州で労務契約により働いている外国人労働者は，表15-2が示しているように98年通貨危機後まで減少したが，2001年以後増加に転じている。出身国別では，最大は北朝鮮からであるが，2003年に初めて中国が多くなり，総計は95年の水準に近づいている。

極東には中国人が常時何人ぐらいいるか，マスコミでは100万などというのもあるが，現実にはいま少し控えめで，50万を超えない。2002年の人口センサスでは，ロシア全体の中国人が3万5000人で，極東管区には9700人となっている。アムール州では同じセンサスで851人となっているが，この数字はあまりリアルでない。人口調査に応じるか否か，中国人本人の自由だからである。

統計上からは，ロシア領内に合法的に滞在する中国人は2つのタイプに分かれ，そのうち，①最も少ないのは，ロシア国籍取得者あるいは定住許可を得た

表15-3 ロシア極東における外国人労働力の利用（2003年）

地　域	労働者数*	内　訳（出身国）					
		中　国		北　朝　鮮		CIS諸国	
		総数，人	%	総数，人	%	総数，人	%
極東全体	48,349	20,619	42.6	7,250	15.0	13,454	27.8
サハ共和国	3,207	572	17.8	0	0.0	2,546	79.4
ユダヤ人自治区	1,109	1,039	93.7	41	3.7	17	1.5
チュコト自治区	4,588	0	0.0	0	0.0	2,797	61.0
沿海地方	11,643	8,308	71.4	1,713	14.7	379	3.3
ハバロフスク地方	9,955	4,528	45.5	1,957	19.7	2,265	22.8
アムール州	9,233	5,237	56.7	3,269	35.4	727	7.9
カムチャッカ州	4,588	0	0.0	0	0.0	2,797	61.0
コルイマ自治区	341	2	0.6	0	0.0	339	99.4
マガダン州	1,782	526	29.5	0	0.0	1,234	69.2
サハリン州	1,903	407	21.4	270	14.2	353	18.5

注：＊：労働者数は中国・北朝鮮・CISの総計を超えているが，これはなおこれ以外の国からも誘致されているからである。
出典：E・モトリチ「極東ロシアにおける外国人労働力」（大津，2005，129頁）。

中国人で，100人に満たない。政府は定住許可の発給には，特に国境を接する地域には，厳しい制限を敷いており，2003年には定住許可発給はゼロだった。②次に多いのは「労務契約」によってロシアに滞在する人たちで，移民局のデータでは600人から5400人まで年によってぶれがある。

長い間，特にビザなし渡航のもとでは，商売に不法就労する者が多く，発覚してアムール州から中国へ強制送還された人は2003年だけで301人に及ぶ。

極東全体では，表15-3のような地域的分布を示す。出身国によっても，就労地によっても，バラツキが大きいことがわかる。

（3）軋　轢

中国人の出稼ぎ労働者が増え観光客が街に溢れてくると，極東ロシア住民の多くは，その経済的恩恵を否定するのではないにしても，立ち居振る舞いの違いへの違和感や集団行動への脅威感などが蓄積して，次第に反中国人感情を募らせる。その理由や規模について多くの社会学的調査もなされている。モスクワと北京が「友好ムード」を演じても地元での深刻な対立が両国関係の悪化につながりかねない。そしてそうした懸念も強まっている。

ウラジオストクの海洋学校の学生寮に住む，中国人・北朝鮮人へ60人のスキ

ンヘッドがバットで殴りかかる事件がおきた（『ロシア新聞』2004年4月23日）。外国人学生は多数が怪我。寮の警備員も静止できず，警察に通報したが2時間もあとになって到着，逆にスキンヘッドの親たちがかけつけ，寛大な措置を要求したという。こうした人種的偏見に基づく極右派の攻撃が，厳重な取締りを受けないという事例も増えている。

　ウラジオストク在住中国人経営者協会の副会長スー・レイ氏が，タイヤ交換をしようと車をとめて車外へ出たところを，待ち構えた数人が飛び掛り，棒で殴り殺された。沿海地方に住む中国人は，殺害されてもその犯人が見つかるという期待をもつものはいない。スー・レイ氏の葬儀で，殺害犯の情報収集のために，人々はお金を集め，情報提供者への賞金を掛けた。沿海地方の警察に対する猜疑心がかくも深いのには根拠がある。2003年の冬，ウラジオストク市の大学で勉強していた中国人学生が殺された。その青年は1000ドルの「委託」で殺された。2006年の冬には，中国人のレストラン経営者が殺された。犯罪はまだ解明されていない。

（4）　新たな動き

　新たなプラスの動きとして，商品と人の移動だけでなく，科学技術面でも基地建設など協力の幅を広げる方向が目指されている。黒龍江省の会議では，対ロシア経済貿易・科学技術の協力基地建設が省政府委員会，省政府の重要課題であるとし，黒龍江省の対外開放の拡大，全省の経済発展の加速，旧工業基地振興の実現に重要な意義を持っていることが強調された。ロシアエネルギー原材料への投資協力，輸出入加工基地，農産品生産加工基地，科学技術協力基地の建設およびロシア向けルートと国境地域の建設を強化することが黒龍江省の対ロシア経済貿易・科学技術協力の基地建設における主な内容とされた（『黒龍江日報』2005年8月10日，ERINA『北東アジアウォッチ』No.20）。

　他方ロシア側では，アムール州の人口問題とりわけ労働力不足は深刻である。生産性の引き上げや地元の労働力の利用ではもはやとても追いつかない事態が2～3年後に迫っている。2005年域内への流入は2万4000人で，そのうち6000人は対外移民である。アムール州にとっては今やより組織的にこの道を模索しなければならない。ゼーヤ川のダムやバム鉄道には，域外から労働力を計画的に引き入れることを考えざるをえない。こうした状況のなかで，2006年2月11

第15章　中ロ国境貿易の盛況と拡大する明暗　297

〜12日，アムール州ブラゴヴェシチェンスクで「人口と移民」に関する一大コンファレンスが開かれた。学者や行政職員など850人が集まり，「アムール地方における人口動態と移民政策；社会・経済・法・医療エコロジの諸側面」を討議した（http://www.amurobl.ru/index）。

図15-4　ウラジオストク駅
出所：筆者撮影。

他方，懸念材料としては，中ロ国境では大きな比重を占めるアムール川とその環境問題における中露の協力が大きな課題となってきている。それは，2005年11月13日吉林市石油化学工場で起こった爆発事故で，松花江へと流出した有害物質ベンゼンが，アムールを下ってロシア領の広範な地域住民・ハバロフスク市への被害をもたらした（現在も）事件である。黒龍江省ハルビン市でも21日，同市中心部の水道管を全体的に検査，修理するため，22日から4日間停水することが通知された。通知を受けた市民は先を争って飲用水を買い，一部の商業施設では品切れになった（『人民網日本語版』2005年11月22日）。

図15-5　ロシアの学生たち
出所：筆者撮影。

黒龍江省とハバロフスク地方政府はその対策をめぐり，また情報提供が不十分で時間がかかりすぎるなどの問題をめぐって双方に不信感が強まり，それでなくとも必要な国際協力体制が十分に組めないという懸念が強い。河川に数十トンの有毒物質が混入したことを中国の管理当局が発表したのは11月23日のことだった（jusMEDIA 12月16日）。

他方，3月8日国際婦人デーの代表団交換について，アムール州代表団が黒

図15-6 移民問題研究者（ウラジオストク）
出所：筆者撮影。

河市を訪問した。また今年は，中国で「ロシア連邦年」として，各地で見本市や展示会，フォーラム開催など，盛り沢山の企画が立てられている。これらは，善隣友好を盛り上げようと必死の努力が重ねられていることの証左であろう。

中ロ国境を挟む地域の経済，モノとヒトの動きを中心に，国境問題を見てきた。「はじめに」でも触れたように，両国国境を鉄道でこえるというだけで，外交関係の良好さとは別の地域住民の生活局面のあまりにも大きな落差という今日の状況が見えてきた。成長の中国と極東ロシアの停滞と，その背後にある人口圧力と流出との，あまりにも大きな差異と対照である。毛沢東はかつて「差異は対立を含む」と書いた（「矛盾論」）。中ロ国境の両側のあまりに大きな違いは，すぐには対立や抗争に転化する恐れはなさそうである。その差異を乗り越えて，善隣関係を強化しようという両国の必死の努力は，北東アジア全体の国際環境にとっても貴重である。

■ ■ ■

●参考文献
岩下明裕（2003）『中ロ国境4000キロ』角川書店。
上垣彰（2005）『経済グローバリゼーション下のロシア』日本評論社。
大津定美編（2005）『北東アジア国際労働移動と地域開発』ミネルヴァ書房。

第16章
中国東北地域とロシア・北朝鮮国境地域の経済・貿易・人の移動

横田高明

1 地域研究と北東アジア

　地域研究の王道は，文献研究，フィールドワーク（現地調査），そして学問体系を形成するディシプリン（discipline）だと考えている。中国が1978年末に改革・開放政策を採用して市場経済への移行を進め，ロシアが体制転換を実施する過程で，国境地域が大きく変貌している。国境地域が開放されることで人やモノの往来が盛んになり，経済が活性化してきた。我々第三国人も，通関地によっては国境を越えることが可能になっている。

　筆者は毎年のように，大学の休暇を利用して東アジアや北東アジア地域の現地調査に出かけるが，2005年以降は中国東北地域とそれがロシア，北朝鮮に接する地域で，数人の仲間や現地スタッフなどと一緒にフィールドワークを行ってきた。しかし，我々の調査に対しては様々な制約もあり，限られた条件のもとで実施しているので，調査の積み重ねが大切である。国境地域は今後さらに大きな変化を遂げていくものと思われるが，ここに記したことは調査時点での実情報告である。

2 板門店と朝鮮半島経済協力の現状

　2005年の夏は韓国と北朝鮮（朝鮮民主主義人民共和国）との国境地域にある板門店，さらに中国が北朝鮮と国境を接する吉林省延辺朝鮮族自治州に出かけた。板門店は，1953年7月27日に締結された朝鮮戦争（韓国では「韓国戦争」という）休戦協定に基づいて設置された非武装地帯である。我々は日帰りツアーに参加したが，料金は昼食つきで7500円ほどだった。訪問者は「……敵の行動（活

300　第Ⅲ部　中ロ国境貿易の現場

図 16-1　北朝鮮の国旗掲揚塔
出所：筆者撮影。

動）によっては危害をうける，または死亡する可能性がある。……事変・事件を予期することはできないので国連軍，アメリカ合衆国および大韓民国は訪問者の安全を保障することはできないし，敵の行う行動に対し，責任を負うことはできない」と書かれ，守るべき注意事項などすべての指示に従うとの書類に署名することを要求された。

　緊張のなかで垣間見た北朝鮮の兵士たちは，比較的のんびりとした印象であった。また，かつて軍事分界線を挟んで南の大成洞自由の村と北のキジョン洞村にある国旗掲揚塔の高さを競ったが，北朝鮮の160mに対して韓国側が100mで諦めたという塔には，巨大な国旗（北朝鮮国旗は横18m，縦14m，295kg，韓国国旗は横18m，縦12mといわれる）が風に棚引いていたし，中央を通過する軍事分界線を境に向かい合って開催する軍事停戦委員会本会議場や76年のポプラ切断事件の切り株跡，帰らざる橋などを見学できたことは有意義であった。

　経済協力事業としては，韓国の資本・技術と北朝鮮の土地・労働力を結合したかたちで，北朝鮮の開城（ケソン）に2000万坪の工業団地と都市開発が計画され，2003年6月に着工，1年後の04年6月に敷地の整備が完了した。第1段階の分譲は100万坪であり，同年8月にはモデル団地に韓国企業が入居を開始するとともに，12月には2企業が生産活動に入った。同じく12月には，生産活動を支えるための電力供給について両国間で合意し，韓国電力供給公社は05年3月からモデル団地に対して1.5万kwの電力供給を開始した。将来は高圧送電10万kwまで拡大する予定である。

　工業団地への人員往来と物資輸送は，1998年に現代グループ会長が1001頭の牛を北朝鮮に寄贈するため，同グループが国境のイムジン川に「統一大橋」を建設，道路を整備したが，開城まではこれが利用されている。2005年6月時点で韓国企業4社が操業しており，これら企業に雇用されている従業員は約1000名との説明だった。06年8月時点では15企業が工場を建設，うち11企業がすで

に操業しており，北朝鮮労働者約5000人と韓国人技術者など500人が働いているとのことである。なお，開城工業団地および金剛山観光事業を推進し，経済協力事業を支えるための道路は，京義線と東海線の連結区間工事がすでに完了し，04年11月から人員・車両・物資の往来が行われているといわれる。

一方，鉄道についても韓国と北朝鮮を結ぶ京義線（ソウル―新義州）が，朝鮮戦争時に断絶されたままになっていたものを同じく2000年6月の平壌（ピョンヤン）における南北首脳会談を契機に復旧，連結することで合意した。韓国側の工事が先行し，04年11月には開通予定であったが，同年7月に韓国政府が，東南アジアの第三国に滞在していた脱北者460名以上を一括して入国させたことに北朝鮮が反発し延期となった。

その後，両国当事者間で話し合いが行われ，朝鮮半島南北縦貫鉄道「京義線」は07年5月17日に試運転，同年12月11日に韓国の汶山駅から北朝鮮の開城工業団地最寄の板門駅まで約16.5kmの区間で，貨物列車が週5回，平日のみ1日1往復の定期運行として開始された。限られた区間とはいえ，南北間定期運行は56年ぶりのことである。

③ 中国延辺と北朝鮮・ロシア沿海地方との貿易・人の往来

中国と北朝鮮との経済・貿易関係や人の往来については，吉林省（面積18.74万km^2，人口2709万人）延辺朝鮮族自治州（4.35万km^2，217.7万人，うち都市人口140.2万人で同州の64.4%，漢族59.3%・朝鮮族37.7%・その他3%）で多くの情報を得ることができた。特に新中国建国前の1949年4月1日に創立され，17の学部を持つ延辺大学では，大学概要の説明の後，延辺地域の経済，北朝鮮経済の現状や中朝貿易の実態について専門研究者から説明を受けるとともに意見交換を行った。04年の延辺自治州の対外貿易額は5.7億ドル，うち対北朝鮮貿易はその37%，2.1億ドルである。中国の04年対北朝鮮貿易額は13.9億ドルだから，その15.1%を延辺自治州が担っていることになる。

輸出品は衣類，食料品，家電製品など，輸入品は海産物が主で，北朝鮮がロシアに木材伐採などのために労務輸出した見返りに受け取った木材などもみられる。北朝鮮経済の現状は厳しく，子どもを含めた脱北者の実状も現地でつぶさに観察することができた。さらに延辺自治州における外資系企業は累計600

余件で，うち韓国系企業が3分の2，日本企業の投資は20数件とのことである。業種はアパレル関連や木材加工などへの投資が比較的多い。

珲春市はロシアと北朝鮮に接し，ロシアとの国境線の長さは323.7km，図們江（北朝鮮は「豆満江」）を境に北朝鮮との国境線は139.5km である。同市の面積は5200km^2，人口は21.6万人で，うち朝鮮族と漢族がそれぞれ45％，満族9.3％で残りはその他民族である。中国語（漢語）以外にも朝鮮語は勿論のこと日本語やロシア語を話す人も多いといわれる。93年には国務院の批准を得て国境経済開発区が建設され，2000年5月には輸出加工区，01年2月には中ロ互市貿易区（通商貿易区）も設置された。

同市の04年の対外貿易額は2.1億ドル（輸出1.5億ドル，輸入0.6億ドル）で，ロシアとの間で個人による1回につき50kg・3000元（約4万2000円）以下の免税取引も活発に行われている。このような民間貿易の拡大などから，2010年頃までには貿易，投資額とも飛躍的な伸びを見込んでいるようだ。また2,3日間から1週間のツアー旅行も活発化しており，04年の人の往来はロシアとの間で入国者8万6048人，出国者8万4881人，合計17万929人，北朝鮮との間では入国者12万6947人，出国者12万7241人，合計25万4188人となっている。

ロシアのザルビノ港やポシェット港に通ずる珲春の長嶺子税関は，91年10月に第1類税関として道路税関が建設され，99年12月には第三国人も通過可能な鉄道税関が開設された。年間の取扱い能力は，貨物60万トン，人の往来100万人である。96年の貨物通過量は7143トンであったが，01年には5万171トンに増加しているし，人の往来も同じく4278人から21万6000人に増えた。中国側からロシアに向かう貨物の大部分は，ロシアの港を経由して韓国や日本に再輸出されるし，旅客はウラジオストクなどへ観光に行く人が多い。

05年8月に訪問した時の長嶺子税関は，ロシア人観光客が扇風機や掃除機，DVD，衣料品などを大量に買い込んでバスで帰国するところに遭遇し，ロシアからは大量の袋詰め干鱈が持ち込まれていた。しかし06年8月に再度訪問してみると，珲春からロシア・ザルビノ港やポシェット港を経由する鉄道輸送ルートは，貨物が少ないうえにクラスキノ税関の設備が不十分で手続きに時間がかかるため，1年ほど動いていないと知らされた。

95年に開通した北朝鮮との間の圏河道路税関は，第三国人も通過可能な第1類税関であり，貨物と人間の取扱い能力は年間60万トン，100万人である。

2000年末までの累計は約35万トンと40万人である。単年では貨物が，96年の2万3770トンから2000年に15万9840トン，さらに01年16万2390トンに増加した。人の往来は同じく1万1990人から12万7350人，そして16万2090人となった。我々は近くまで行くことが許されなかったが，中国から荷物を積んだトラックが橋を渡っていくのが観察できた。

図16-2 ロシア人観光客とトウモロコシを売る農民
出所：筆者撮影。

この道路は北朝鮮の羅津・先鋒の港に通じており，通過した貨物の大部分は，羅先港を経由して韓国に輸出されるとのことである。

06年8月に琿春市政府責任者から聞いたところでは，中朝国境の圏河税関を通って羅先港までの輸送ルートが注目されているものの，その道路状況や北朝鮮の消極的対応などから思うような進展が見られないようだ。1934年に作られた港までの66kmの道路はカーブが多いうえに未舗装で，雨天や冬季には大型トラックが走行できない。中国側は600mのトンネルを含む新道路の建設を提案しているが，資金手当てや北朝鮮の反応が明確でなく，着工の目処は立っていないとのことである。

④ 外資系企業と輸送ルート

琿春には外資系企業が約70社操業しており，韓国系約50社，日系企業はアパレルや水産品加工，石材加工など10社程度と少なく，短期出張者を除けば駐在員も10人ほどである。ある日系アパレル企業は製品を約20時間かけて大連までトラック輸送し，さらに船で日本の名古屋や大阪港まで運んでおり，所要日数は計5～7日間とのことだ。琿春辺境経済合作区には土地面積10万m^2の日本工業園が建設予定だが，今後企業数が増加して貨物量が増えれば，輸送ルートの整備は避けられない課題である。

北朝鮮の南陽市と図們江を挟んで対岸に位置する図們市（1142.6km^2，人口

13.5万人のうち朝鮮族8万人）は，第1類税関の「図們口岸」を持ち，高さ13.8mの国門をくぐると，そこには1941年に完成した「図們大橋」で北朝鮮に繋がっている。橋の高さは水面から約6m，広さは同じく6m，積載重量13トン，長さ514.9mのほぼ中央にある国境線まで，我々も歩いていくことができる。ただし1人20元（280円）の入場料金が必要である。なお図們市の04年の対外貿易額は，輸出4200万ドル，輸入6600万ドル，合計1億800万ドルであった。

図們江が日本海と接する15km手前に，中国・北朝鮮・ロシアの3国境界の中国東南端に防川村がある。この地区には91年までは軍人以外は入れなかった。しかし中ロ間で結ばれた東部国境協定では，日本海への出口を持たなかった中国に対して，図們江を下って日本海へ出航できる中国船の権利をその9条で明文化した。また92年に，鄧小平が呼びかけた「三沿政策」（沿海地域の発展に加えて，沿江＝河川沿いと沿辺＝国境沿いを発展させる）が打ち出されたことから，政府と軍部隊の批准を得て省級旅游風景区に指定され，02年には国家級旅游風景区に格上げされた。

江沢民・李鵬・朱鎔基・胡錦涛・劉華清等の国家指導者が同地を視察したが，93年10月に完成した「望海閣」から日本海方面を眺めると，1950年に建設され，52年開通の「朝口鉄橋」が見える。この鉄橋は水面からの高さが11mと低く，また川の水深も浅いので漁船以外は航行が難しいといわれている。長さは560mあるが，向かって右5橋脚は北朝鮮，左3橋脚はロシアがそれぞれ建設したもので，よく見ると北朝鮮側の欄干の高さが低いことが分かる。ここの年間貨物通過可能量は450万トンである。鉄橋を挟んで北朝鮮豆満江市工人区は750戸，人口3000人余で鉄道員と家族，農民などが住んでおり，木材加工工場もある。一方，ロシア側のハサンは人口2300人余である。

加えて，筆者にとって長年の懸案であった長白山（北朝鮮は「白頭山」）にも，道路がよくなったことで延吉市から丸1日がかりだが日帰りで行くことができた。山の麓までバスで行き，四輪駆動車に乗り換えカーブの多い斜面を20分ほど走ると火山灰地に到着する。そこからは滑らないように注意しながら急坂を徒歩で登っていく。北朝鮮との国境をまたぎ，延辺自治州の長白山自然保護区内にある休火山だが，山頂に天池と呼ばれる火山湖がある。山頂付近の天文峰（標高2670m）から断崖約500m下に群青色に澄み切った湖水，その色が微妙に

変化する幻想的な風景は，まさに絶景ということば以外に思い当たらない。

湖面は東西約3.5km，南北4.6kmで，最深部は384mとのことである。湖面の半分から先は北朝鮮領で，対岸の崖には湖面まで下りられる細い道がついていた。1カ月後には雪が降るとのことだが，我々が訪れた05年8月下旬は日本から持参した厚い防寒衣は不要であった。

図16-3 防川から見た「朝ロ鉄橋」
出所：筆者撮影。

5 中国黒龍江省国境地域の経済と貿易動向

05年夏にはいったん帰国し，再び調査に出かけた。中国黒龍江省のハルビン，牡丹江，そして綏芬河から列車で国境を通過し，車に乗り換えてロシア沿海地方のウスリースク，さらにウラジオストクを訪問した。06年夏も前年同様に中ロ・中朝国境調査に出かけた。

中国の国境全長は2万2800kmで，北朝鮮・ロシア・カザフスタン・キルギス・タジキスタン・モンゴル・アフガニスタン・パキスタン・インド・ネパール・ブータン・ミャンマー・ラオス・ベトナムの14カ国と接している。うち中国とロシアの国境線（東部国境）の長さは4300kmであり，中ロ国境の70％，約3000kmは黒龍江省が占めている。また同省国境線のうち，2000kmがアムール河（黒龍江）国境である。さらにウスリー河（烏蘇里江）が国境河川として流れており，そこにはロシア側と対を成して税関が数多く設置されている。その南部も陸続きでロシア沿海地方に接している。

中ロ（旧ソ連）国境を規定する条約は，東部国境に関しては1858年締結の愛琿条約，60年11月に締結された北京条約があるが，ロシア帝国と清国との間で定められた国境線の規定は，圧倒的にソ連に優位なものであった。そこでペレストロイカを進めるソ連は，中国との「不平等」な国境線を見直すための関係

改善に乗りだし、1964年以降中断していた国境画定交渉を87年2月に再開した。

87年10月には中ソ国境間で実験的に貿易と人の移動を開始し、翌88年に黒龍江省政府は黒河や綏芬河市を国境振興試験区に認定した。89年5月半ばに北京を訪問したゴルバチョフは、鄧小平と「中ソ和解」で一致し、両国の交渉はさらに加速されることになる。91年5月16日には江沢民がモスクワを訪問、同行した銭其琛とベススメルトヌィフ両外相間で中ソ東部国境協定が調印された。その数カ月後の12月にはソ連邦が崩壊した。また、1952年以来軍事機密都市として外国人の立ち入りが制限されていた軍港ウラジオストクは、92年に開放都市となった。

2004年の中ロ貿易額は往復212.3億ドルで、中国の30.3億ドルの輸入超過である。また黒龍江省（45.39万 km^2、3817万人、漢族・満族を中心に46民族が居住）の対ロ貿易額は中国全体の18％の38.2億ドルであり、省全体の56％がロシアとの貿易額となっている。これには国境貿易・一般貿易・民間貿易があり、同省の対ロ国境税関は25カ所で、うち河川15、陸路4、空港4、鉄道2となっている。同年の貨物取扱量は821.6万トン、人の往来は229.7万人である。また河川や陸路、鉄道などでロシアの港に荷物を集結し、韓国・日本に船で輸出される貨物もある。

同省のロシア向け労務輸出は93年に約2万2000人でピークを記録したが、03年以降ロシアが受け入れ制限をしているため、04年は3388人である。多くは野菜栽培や建築関係の仕事に従事している。木材伐採もある。出稼ぎ者は農民がほとんどだが、保険代や手続費が高く、認可までに時間がかかるため、近年は中国内で働いた方が高収入という状況もみられる。しかし将来、手続き費が下がりロシア経済が発展すれば、建築・建設関係の労務輸出拡大の可能性は大きい。

また中国は国有企業改革の過程で、失業保障と失業保険制度を合併し、2年間の失業保険を支払った後は本人と企業との関係は無くなる。レイオフは経済不況によるのでなく、市場経済浸透下の失業と認識しているようだ。多くの潜在失業者を抱える中国では、労働・社会保障部（省）や民生部を中心に対策を検討しているが、一部地域では老人介護ボランティアなどで働いた時間を記録しておき、将来自分も受けられる時間銀行を設立した。この制度は、資金不足を補うものとして注目されている。

6 変貌する国境の町の経済活動

　我々が訪問した牡丹江市（地級行政市，4.06万 km²，271万人）は，04年のロシアとの間の貨物取扱量666万トン（能力1200万トン），往来人員130万人（計算上は約134万人，能力200万人）で，87年の中ロ貿易回復以来，増加傾向がみられる。99年はそれぞれ234.8万トン，76.7万人であった。また04年対ロ貿易額は往復28.5億ドル，うち輸出14.8億ドル，輸入13.7億ドルでほぼバランスがとれている。この往復貿易額は，黒龍江省の対ロ貿易総額の74.6％である。

　牡丹江市の管轄下にあり，75年に東寧（県級行政）から分離した綏芬河（当時は鎮級行政）は，「北の深圳」を目指して福建・浙江・上海企業などの投資を積極的に誘致し，木材加工工場などを含めた新興都市建設が積極的に行われ活気で溢れている。第1類税関をもつ綏芬河市の貨物取扱量は，ロシアのグロデコボ駅まで軌道幅の異なる双方の列車が往来できる4本レールの線路が数年前に完成したことから，積み替えが従来の綏芬河駅中心からグロデコボ駅も加わって，2カ所に増えたことで輸送量増加に拍車がかかった。

　綏芬河市の04年貨物取扱量は，99年の215万トンから約3倍の639万トン（能力1100万トン）となり，牡丹江地区全体の96％を占めている。また出入国者は84万人（99年58万人）で同じく63％を占め，第三国人の通過も可能である。対ロ輸出品は紡績・ニット製品，靴，建材，日用品，農産品，輸入品は木材，パルプ，化学肥料，ゴムなどである。なおロシアから中国への木材輸送は，5年ほど前までは鉄道が約90％を占めていたが，近年そのシェアが約50％に下がり，代わってロシアの港からの貨物船輸送が30％余，トラック輸送が10％余で残りが河川輸送となっている。

　99年に合意した中ロ互市貿易区は，中国側では輸出基地の役割を果たしつつあり，対ロ投資に対しても積極的であるが，ロシア側との間に温度差がみられる。綏芬河市にある対ロ貿易会社は05年7月現在554社，生産加工企業343社で，ほとんどが内資企業である。また同市の対ロ労務輸出は05年1～6月で675人（前年同期比200人増），年間延べ1200人を突破する可能性がある。

　1年後に綏芬河市を再訪してみると，人口は倍増の約10万人になっていた。市人民政府指導者の説明では，05年の対ロ貿易額は往復30億ドル，ロシアから

の木材を中心とする貨物輸入量720万トン，石炭や野菜などの輸出量50万トンで，06年は輸出入合計が40億ドルになるとの予測であった。市内にあるロシア人向け「青雲市場」と呼ばれる小店舗の入った高層ビルでは，ロシア人が人民元で衣料品や履物，下着類，雑貨品などを購入していた。

　もう1つの東寧県では，綏芬河市から国内線鉄道の延長工事を03年から開始し，05年前半には国境道路税関へ向かう途中に近代的な駅舎も完成したが，05年9月初めには開通していなかった。東寧の中心地から10km余にある東寧（三岔口）税関はロシアのポルタフカ税関に隣接し，ウスリースクまでは直線で約60km，ウラジオストクも150kmと比較的近い。東寧からウスリースクまで国際線バスが直通運転されているので，国境周辺の人々や「運び屋」にとっては便利である。加えて，綏芬河市とも高速バス40分で結ばれている。

　東寧のバスターミナルで聞いた話では，ウスリースク方面への国際線バスは1日24往復も運行されているとのことであった。現時点では道路税関のみの集計だが，04年の貨物取扱量は27万トン（能力100万トン），出入国者数約50万人である。第1類税関だが互市貿易中心のため，第三国人の通過はできない。99年の貨物取扱量が19.8万トン，往来人数が18.7万人であったから，この間に人間の移動は2.7倍に増加したものの，貨物取扱量は思うように増えていないことが分かる。同県の05年の対ロ労務輸出は1000人程度を見込んでいた。

　05年8月末の東寧訪問時には，中央部門からの資金協力（建設費の50％余）や山東煙台新世紀企業の投資を得て，巨大な中ロ互市貿易区が東寧税関に隣接して建設中であった。04年7月に省長とロシア沿海地方知事との間で合意され，商品交易センター30万m^2（6000ブース，屋外5万m^2），倉庫・運輸施設15万m^2，事務所ビル15万m^2，住宅区20万m^2で，中ロ国境第1位の大市場を目指したものである。05年8月末時点ではすでに8割のブースが売却済みで，購入者はロシア企業もあるが大部分は中国企業や個人であった。45年間の使用権買取りが主だが，リース方式もある。互市貿易区での購入商品は1人50kgまで免税扱いとの説明を受けた。東寧は，この互市貿易区の成功に期待をかけていた。[1]

　06年8月に再び巨大な「中ロ互市貿易区」を訪問した。報道では05年10月18日に開設記念式典が盛大に実施されたとのことだが，行ってみると噂に聞いていた通り，まったくの閉鎖状態にあったのには改めてビックリ仰天した。05年8月時点で6000ブース中8割が売却済みと説明を受けたが，それらはどうなっ

たのか。ロシア側に中国ほどの積極性が見られなかったとの説明だが，大風呂敷を広げすぎたのであろう。さらに中国側では中国人が簡単に越境できなくなり，パスポート取得に2週間が必要になったし，一方ロシア政府は06年2月から，中国からの個人持ち込み品の免税範囲を重量，金額ともに引き下げている。これを超えた部分は，商品価格の30％が課税されるとのことだ。

図 16-4　家具工場で働く労働者
出所：筆者撮影。

　互市貿易区に隣接する東寧税関では，出入国者数が04年の約50万人から05年には64万人になっているので，出入国の条件が厳しくなっても人の往来は増加していることになる。また05年の対ロ貿易額は道路通関貨物を中心に輸出額が約11億ドル，輸入額が3億ドルで，東寧県の大幅出超となっている。また，綏芬河より一駅牡丹江寄りにある綏陽駅から線路が延長された新設の東寧駅までは，1日3往復の貨物列車が走っているとのことだが，4階建ての大きな駅舎では労働者を数人見かけただけの閑散としたものだった。石炭や食料品，化学肥料などを運んでいるという話だ。

　東寧県にあるロシア産オウシュウアカマツなどを食卓，椅子，食器棚，ベッドなどの家具に加工する工場では，従業員が組み立てや人手を多用して彫刻を施し，紙ヤスリをかけたり塗装作業に追われていた。集合材に加工する工場も見学したが，これら製品は日本や韓国，欧米に輸出するとのことだ。

7　国境の運び屋と中国人マーケット

　ロシア沿海地方の04年対外貿易額は，対前年比45.3％増，27.6億ドル（輸出10.7億ドル，輸入16.9億ドル）であった。6.2億ドルの貿易赤字であるが，主な相手国は日本9.4億ドル，中国8.3億ドル，韓国5億ドル，アメリカ1億ドルの順である。特に日本からの中古車輸入が大幅増となり，輸出1.9億ドルに対して

輸入7.5億ドルで大幅入超を記録し,往復貿易額が前年比45％増で中国を抜いて第1位に躍進した。主な対日輸出商品に水産物,木材,非鉄金属などがあり,輸入は中古車以外に重機械類がある。

さらに中ロ国境地域には互市貿易区があるが,上海資本などで建設された綏芬河貿易区は比較的上手く稼動しているものの,ロシア側のグロデコボ貿易区は未完成であった。ウスリースクには極東最大といわれる約1000店舗をもつ自由市場(「中国人市場」とも呼ばれる)があり,経営者の9割が1年のワーキングビザをもつ中国人である。そこで売られる商品は衣料品や靴などの軽工業品が多く,中国人に雇われたロシア人が,中国から鉄道やバスで1人50kg(当時)までの免税範囲で運んできた品物がほとんどで,他に若干の韓国・トルコ製品が見受けられた。

我々は綏芬河駅から列車で国境を越えてグロデコヴォ駅を目指したが,ロシア人が数人ずつのグループで1人50kgの免税範囲の荷物を2袋に分け,袋を上下に重ねて引きずりながら出国審査所を通って列車に乗り込んでいった。彼らの人数は,正確には分からないが,50人ぐらいは目にすることができた。袋は横1m,縦幅50cmほどの丈夫なビニール製で,上の真ん中に一直線のファスナーが付いており,中身は衣類がほとんどであった。この袋は長四角なのでロシア語でキルピッチ(煉瓦)と言われており,彼らをフォナルキ(提灯)つまり「運び屋」と呼称しているようだ。彼らの多くは朝早くバスで国境を越えて中国に入り,荷物を受け取って,ハルビン始発,綏芬河駅9時30分の402号列車で帰っていく人が多いので,彼らを別名でチェルノキ(杼,シャトル),いわゆる「担ぎ屋」とも呼んでいる。

綏芬河駅からグロデコヴォ駅までの乗車時間は正味1時間30分ほどだが,時差が3時間あるので現地時間14時頃に到着した。到着駅では再び大勢の担ぎ屋に遭遇したが,大量の荷物で入国審査所の入り口が塞がれてしまい,彼らが行き過ぎるのを待つほかはなかった。子どもづれの担ぎ屋や若い女性も含まれており,聞くところでは子どもも大人と同様に1人50kgまで免税で持ち込めるとのことであった。税関担当者と知り合いの担ぎ屋もいるようで,その人たちは比較的早く通関していったように感じたし,途中で1人の税関員が我々を気の毒に思ったのか,荷物の間を何とか通り抜けて長蛇の列の前のほうに案内してくれた。通関して出たときには,すでに通関を済ませた運び屋の多くは消え

ていたし，2つほどの「煉瓦」の山と後から通関して出てくる「煉瓦」を運ぶための車が数台止まっているだけだった。

我々はグロデコヴォ駅から車でウスリースク市まで移動し，自由市場や中国人が経営する建材卸売市場などを見学した。自由市場の店舗は1坪ほどの上まで高く陳列した衣料品店からもう少し広い面積の靴屋や日用品店があり，それらの場所代は月額1500～1700ルーブル（約6000～6800円），売られている商品単価は上着450～750ルーブル，パンツ700ルーブル，防寒上着1700ルーブル，セーター650ルーブルで，仕入れ値の3～4倍程度とのことである。担ぎ屋の手間賃は昼食付き150から300ルーブル（約600～1200円）と安く，数日おきに1往復する人が一般的といわれた。また，中国人に雇われている建材卸売市場のロシア人販売員2人の月給は6000ルーブル（約2万4000円），9000ルーブル（約3万6000円）と本人が答えてくれた。

図16-5　ウスリースクの「中国人市場」
出所：筆者撮影。

8　ウラジオストクからフェリーとバスを乗り継いで中国延辺へ

ウラジオストクは，ムラヴィヨーフ・アムールスキー半島南端に位置し，丘陵地帯に広がった坂道の多い港町である。国立極東大学傍のケーブルカーで鷹ノ巣展望台へ上り，そこから眼下に金角湾を眺めると，市街に沿って長く切れ込んだ湾にはロシア太平洋艦隊の軍艦や貨物船，商船が停泊しているのがよく見える。メインストリートのスヴェトランスカヤ通りには，帝政ロシア時代の重厚で美しい建物が立ち並んでいたのが印象的だった。

また街中を走る車の多くは日本製で，中古車市場で日本車は95％を占めているとのことだ。車の販売価格は3000ドルから4万5000ドルと幅が広い。05年4月の市民平均月収は8775ルーブル（約3万5000円）だが，ウラジオストクには約5万人の高額所得者がいるので，高価な車を買う人もいるようだ。生産後3

年間は新車扱いで、7年を超えると排他的高関税を設定して排除する政策を採っていると、担当者が話してくれた。ウラジオストクの車両保有台数は約25万台で、2.5人に1台という高水準にある。車検は毎年あるが、あまり厳しくないようだ。

閑話で恐縮だが、同市内のある寿司店は、日本から食材を輸入しているため値段が高いにもかかわらず、ロシア人で満席の日が多いといわれる。ちなみに05年8月現在、沿海地方内の登録在留邦人は72名なので、観光客を別にすれば日本人の利用者はあまり多くないはずである。04年に青森県産高級リンゴ「富士」を5トン輸入し、市内の商店などで1個約400円で販売したところ3週間で完売したというし、日本産紙オムツも人気が高いという。ウラジオストクから直航便のある富山や新潟に買い物ツアーがでていると聞いたが、これは確認していない。

筆者は、07年9月にもウラジオストク市を訪問する機会があった。国際会議で「中国のエネルギー需給動向と北東アジア」と題して報告した後、この港からフェリーとバスを乗り継いで中口国境を越え、吉林省延吉市の延辺大学で集中講義を行うため移動した。軍艦も停泊する港の隅の船着場で、朝の8時30分に旧型フェリーに乗船した。フェリーは、車以外に定員200人ほど乗れるスラブヤンカ行きだが、乗客のほとんどが中国人観光客で、他にロシア軍人など10数人が乗船していた。

正規運賃は250ルーブル（1200円）だが、購入方法が分からなかったので、日本の旅行社で事前にこの10倍以上の料金を払って手配をお願いし、チケットをホテルまで届けてもらった。アムール湾を2時間40分ほど航行して静かな港町・スラブヤンカに到着し、そこからは定期マイクロバスの本数が1日2本程度と少ないため、中国人観光客がチャーターした観光バスに同乗させてもらった。中国国境手前で1時間以上待機した後、長嶺子税関を通過したのは中国時間12時30分頃だった。乗船から実質7時間経過したことになる。

国境で延辺大学手配の車に乗り換え、途中の琿春市内にある北朝鮮出資の「妙香山」という食堂で遅い昼食をとった。中二階のある独立した建物で、北朝鮮から派遣された10数人の女性がてきぱきと働いていたのが印象に残った。講義の合間に、中朝国境地域の竜井三合辺境地域を訪問した。小さな川を隔てた北朝鮮の町は会寧である。橋を渡って国境を通過する車両も人間もなく閑散

としていた。この近辺は松茸の産地として有名である。松茸を取引する小さな店がいくつかあり，その一つに立ち寄ったが，個人には積極的に販売してくれなかった。延吉市内に戻ってホテルのフロアーの一角を占める北朝鮮経営の食堂に入り，松茸や特別料理を注文し早めの夕食をとった。その際，服務員に勤務状況などを聞こうとしたが，明確な返答は得られなかった。

図16-6 開放されたウラジオストクの港
出所：筆者撮影。

　このように東西冷戦構造の崩壊や社会主義諸国が市場経済へ移行する過程で，北東アジア地域でも大きな変貌を遂げている。各国や地域の経済が大きく変化・発展するとともに，国境を超えた協力関係が展開されつつある。経済連携強化や相互補完的貿易の増大，人の移動が活発になってきた。これらの現地調査は筆者にとって，2国間・多国間協力拡大の必要性を再確認するとともに，グローバリゼーションが進展するなかで同地域の更なる飛躍を願う貴重な旅となった。

●注
（1）ロシア政府は06年2月から，中国からの個人持ち込みの頻度を7日から30日間に1回へと変更するとともに，免税範囲を重量では従来の50kgから35kgに引下げ，金額も6万5000ルーブルから1万5000ルーブル（約7万円）に減額した。

●参考文献
横田高明「現地で見た北東アジア国境地域の経済・貿易・人の移動」『JC ECONOMIC JOURNAL』㈶日中経済協会，2005年12月号。
―――「中国東北国境地域と全面開放を目指す琿春口区の現状」『JC ECONOMIC JOURNAL』㈶日中経済協会，2006年10月号。
―――『中国における市場経済移行の理論と実践』改訂第2刷，創土社，2007年4月。

第17章
国境を越えた経済交流活性化の新たな試みと課題
―― 2006年夏,綏芬河・東寧・琿春 ――

松 野 周 治

1 中ロ・中朝ロ国境経済交流調査の目的と日程

2006年8月5日(土)から8日(火)にかけて黒龍江省東部中ロ国境地域(綏芬河および東寧)並びに吉林省延辺朝鮮族自治州・琿春を訪問し,国境を越えた経済交流の実態を調査した。綏芬河および東寧では前年9月に実施した調査を補足する(未調査箇所ならびに新規プロジェクト)とともに,1年後の事態の進行を確認するために訪問した。琿春では,この間新規に進出した日本企業の訪問を中心として,中朝ロ国境地域における新たな事業展開の現状と今後の課題について検討した。調査日程は下記の通りである。

8/5(土)　関西国際空港13:10発・中国南方航空CZ696→ハルビン15:10着。
　　　　　黒龍江省社会科学院東北アジア研究所・宋魁所長,杜穎・同副研究員(通訳)と合流。
　　　　　ハルビン21:08発(N23次,夜行寝台列車)。
8/6(日)　綏芬河6:40着。
　　　　　金秀蘭(中国共産党綏芬河市委員会副書記・綏芬河市常務市長),楊加男(同常任委員・副市長),許新(綏芬河市商務局副局長)等諸氏との朝食懇談会。
　　　　　綏芬河(遠東)集団汽車運輸公司で,物流に関するヒアリングを実施(王徳財・副総経理)。
　　　　　綏芬河辺境経済合作区計画ならびに製品展示場見学。
　　　　　綏芬河市からバスで東寧県に移動。鄒雲起・副県長(対外経済

貿易担当）の出迎えを受ける。

綏芬河・ポグラニチヌイ中ロ貿易総合体（中俄綏波貿易総合体）プロジェクト見学。

吉信東南木業有限公司，華海木業公司見学。

東寧税関対口貿易浙江加工貿易区（東寧口岸対俄貿易浙江工貿園区）見学。

東寧税園賓館泊。

8/7(月)　東寧7：10発，バスで牡丹江経由，琿春17：30着。

趙得南・琿春辺境経済合作区管理委員会副主任主催夕食会（朴珍舜・同区経済発展局副局長，及川英明・小島衣料〔琿春〕服装有限公司執行董事参加）。

佰匯賓館泊。

8/8(火)　小島衣料（琿春）服装有限公司訪問・見学。

琿春市人民政府蔡旭陽・副市長を訪問，ヒアリング（同外事弁公室・趙斌副主任，同弁公室接待科・李泰俊科長が同席）。

株式会社小島衣料・小島正憲代表取締役主催昼食会。

琿春市12：30出発，延吉市14：30着。延辺大学経済管理学院で学術懇談会を開催（玄東日院長，朴承憲教授・前院長，権哲男博士参加）。

延吉空港17：20，中国南方航空CZ6624で大連に向け出発。

[2]　綏芬河——中ロ国境貿易の大動脈における大規模プロジェクトの試み

　20世紀はじめ，ロシアが中国東北を横断し，綏芬河からロシアに入るルートで中東鉄道を完成させて以降，同地は中ロ貿易の経由地として発展を遂げた。(2) その役割は，1950年代末以降の中ソ対立等を背景にして一時後退していたが，1980年代末の中ソ関係修復とともに復活し，近年の中国経済の発展とロシア経済の回復を背景に拡大している。

　こうした中ロ貿易をさらに発展させるとともに，経済協力の分野を貿易以外にも拡大するため，「綏芬河—ポグラニチヌイ国境地帯通商貿易・経済協力区（PTEK）」（中国側での呼び名は「中俄綏波貿易総合体」，すなわち「綏芬河・ポグラニ

チヌイ中ロ貿易総合体」）建設プロジェクトが中ロ共同投資事業として進められていた（図17-1）。同プロジェクトは，ロシア沿海地方，チタ州，アムール州の３カ所に国境商業コンプレクスを設置し，区域内への中ロ両国市民の往来手続きを簡素化するという1998〜99年の中ロ政府間協定を基礎にしたものである(3)。国境をはさんで中国側1.53km^2，ロシア側３km^{2}の区

図17-1　「綏芬河・ポグラニチヌイ中ロ貿易総合体」完成予想図
出所：筆者撮影。

域内に，第１段階として中ロ貿易のためのショッピングセンター，ビジネスマンならびに観光客用のホテル建設，第２段階としてスキー場などリゾート開発，中ロ双方ならびに第３国向けの輸出加工地域の設立が構想されており，すでに第１段階として，ロシア側地区のビジネス・コミュニケーション・センター（床面積2615m^2），小規模ホテルおよび従業員寮が2006年６月に，中国側の５つ星ホテル「世茂假日飯店」（Holiday Inn）（300室），および巨大貿易・展示センター（床面積８万4000m^2）が2006年８月に完成している。同センターは約1800区画（14〜15m^{2}が中心）に分けられ，入居者の募集が進行中であった。同区の開発を担っているのは，中国側は上海・世茂集団であり，すでに10億人民元を超える資金を投入し，2010年の全体計画の完成までに合計100億人民元を投資するとの説明がなされた。ロシア側のカウンター・パートナー「ZAO（閉鎖型株式会社）"プリモリエ"」は上記，第１段階の諸施設建設に約５億ルーブルを投じている。

　同区に建設された中国側施設は，８月16日に開業し[4]，先行して完成したロシア側施設とともに，中ロ貿易の新たな拠点としての役割を果たすはずであった。しかし，同区の前提条件であるビザなし往来（貿易業者，個人の買付け，レジャー，輸出加工に従事する労働者など）や無関税輸出入についてロシア中央政府からの認可が得られず，商業施設はほとんど利用されないままとなっている。国境をはさんで綏芬河と接するロシアのポグラニチヌイは，同区を特別経済区と

する認可をロシア中央政府に働きかけてきたが実現せず，2006年9月に完成した次節で見る東寧のショッピングセンターと同様の事態に見舞われている。

　上記のプロジェクト構想にも含まれているように，綏芬河は貿易，物流の単なる通過点にとどまらず，貿易品の製造拠点としての役割も拡大しようとしている。国務院の批准を1992年に得た綏芬河辺境経済合作区の枠組みの下，2006年8月時点で木材加工96社，機械電気9社が活動している。吉信東南木業有限公司（2005年1月成立）は日本の技術を導入し，従業員130名で集成板を月間2000m³生産し（11月には3000m³に増産する計画），そのほとんどを輸出（主として日本，一部韓国へ）している。原料のロシア材は，シベリアで山林を購入し，自分でトラック輸送してくるとのことであった。2003年に生産を開始した華海木業は，黒龍江省華宇工貿集団に属し，従業員300名で，集成材（主として日本向け），家具（米国ならびに国内向け）に年間2万m³生産しているとのことであった。なお，辺境経済合作区の計画説明施設兼商品展示場には，こうしたロシア材加工製品に加え，小型TV（ロシア向け）も展示されていた。

③　東寧——大規模投資の空転とさらなる新規プロジェクト

　綏芬河から南へ約40kmに位置する東寧は，ウスリスクまで53km，ウラジオストクまで153km（綏芬河と比べてそれぞれ57km短い）という地理的優位性を生かし，中ロ貿易の中継地としての役割を拡大するため，国境をはさんだロシアの町，ポルタフカと協力し，「東寧—波尔塔夫卡（Poltavka）互市貿易区」構想の展開を試みている（図17-2，図17-3）。

　同構想は，国務院の認可（2000年）の下，黒龍江省の重点建設項目に位置づけられ，東寧県党委員会ならびに県政府プロジェクトとして実施されていた。中国，ロシア各6km²，総計画面積12km²の大規模プロジェクトであり，2004年4月末，中国側の第1期工事（計画工事期間2004年から2007年）として中ロ商品交易センターの建設が開始され，2005年9月時点で，センターの中心ビルディングならびにホテル等が6.5億元の投資で完成し，第2ビルディングおよび中ロ国境をまたぐ橋などが建設中であった。なお，プロジェクトの資金を提供し，センターの建設と入居者募集（最小区画は10m²，大小合わせて約6000区画）等を担っているのは，山東省の民営企業「烟台新世紀置地投資有限公司」（計画

総投資額は115億元）であった。販売代表は，東寧中俄互市貿易区遠東商貿有限公司ならびに東寧遠東房地産開発有限公司であるが，烟台資本が約3割を出資するとともに，販売と管理を受託していた。なお，計画では，第2期工事として中ロ双方に，中国投資加工区を建設し（服装・靴・帽子，建築内装・補修，電子ソフト，日用雑貨・工芸品，金物，家電など），中国の東南沿海地域の産業を移転し，対ロシア軽工業品輸出基地を建設することとなっていた。

図17-2　東寧—ポルタフカ互市貿易区「商品を売りにロシアに行こう」
出所：筆者撮影。

ただし，第1期工事で商品交易センターならびにホテル等が完成してからほぼ1年後の2006年8月に再び現地を訪れてみると，人影は無く，建物は使用されていなかった（図17-4）。2005年9月の調査時点では，全店舗区画の80％が販売済みとい

図17-3　東寧—ポルタフカ互市貿易区「ロシア人は50kgまで関税免除。1日何回でも往復可能」
出所：筆者撮影。

う説明があり，中国各地の商人，ロシア辺境都市で活動している中国商人，烟台物業公司，ウラジオストク商業銀行，東寧県の公安，工商管理，衛生等の機関が進出，2005年10月18日には開業式典を実施したという報道があったにもかかわらず，センターは正式営業には至らなかった。その原因は，貿易区内のビザなし通行，ならびに一人50kgまでの関税免除というセンター営業の前提が満たされなかったためである。この点について，2005年9月調査の際に現地でなされた説明は一貫したものでなかった。交易センターの区画販売責任者は，「関税免除等はすでに合意済みであり，中ロ政府の良好な関係からまったく問

320　第Ⅲ部　中ロ国境貿易の現場

図17-4　東寧―ポルタフカ互市貿易区メインビルディング
出所：筆者撮影。

図17-5　東寧駅
出所：筆者撮影。

題ない」と述べていた。しかし，東寧県商務局での聞き取りでは，担当者がビザ，関税に関する上記の優遇措置を説明したところ，上席者がそれを否定するという一齣があった。

ロシアに入ってからの調査においても同様であった。ロシア極東の物流中心地であるウスリスク市庁舎で，市会議員（ポルタフカで自動車取引市場を経営）は，東寧と積極的に協力して事業を展開すること，また，中国側に続いてロシア側の対中国国境地域にも，市場を建設するとともに，製造業も誘致すること，そのために30haの土地を確保済みであることなどを述べた。ところが，ウラジオストクでのロシア連邦移民局の関係官の発言は次のようなものであった。東寧―ポルタフカ互市貿易市場についての中国側が宣伝している内容は，地方間の取り決めであり，国境通過点の新設に必要な，国家間（中央政府）の新たな協定は，まだ締結されていない。実際には，後者が正しく，東寧における中ロビザなし往来や無関税取引はモスクワ中央政府の承認を得られず，それらを基礎に中ロ貿易の一大拠点を作り上げるという東寧の計画は，実現できていない。

巨額の投資がなされた中ロ商品交易センター構想が空転する一方で，近接してもう1つの開発プロジェクト「東寧口岸対俄浙江工貿園区」（対ロシア工業貿易区）建設工事が，「東寧―波尔塔夫卡（Poltavka）互市貿易区」の枠組みの下で進行していた。商品交易センターには山東資本が導入されていたのに対して，

工業貿易区の建設は浙江（紹興）資本が担っていた（工業貿易区管理委員会主任など）。同区の面積は2.81km²，区内には工場のほか，29階建ての浙江企業会館ならびに高級マンションなどを建設することが計画されていた。2006年8月時点で，2000万人民元を投下して，第1期工事35haの工場用地建設が9月完工予定で進められており，引

図17-6　東寧駅プラットフォーム
出所：筆者撮影。

き続き，第2期工事も10月に完成するとのことであった。ロシアとの近接性や税関手続き等の利便性を生かした，木材などロシア資源加工，様々なロシア向け商品製造のための工場立地（企業の独自建設並びにフロア借りの両方）が図られていた。

　東寧とロシアは現在，道路で結ばれており，活発な物流が展開されているが，鉄道での連結も構想されている。すでに2003年10月に豪華な駅舎（図17-5）ならびにプラットフォームが完成し，牡丹江方面への鉄道線路が敷設されている（図17-6）。ただし，調査時点で鉄道は付近で採掘される石炭の南方（華北等）への輸送（貨車，1日3台）に使用されているだけであり，ロシア鉄道との連結は将来の課題である。

4　琿春——日本資本の進出と物流ルート問題

　吉林省東南部延辺朝鮮族自治州の琿春市では，ロシア，北朝鮮と国境を接し，貨物，人間移動の窓口（長嶺子の対ロシア税関，圏河および沙坨子の対北朝鮮税関）が存在するという地理的優位性を生かした発展が図られている。1992年の国務院による琿春の対外開放と，辺境経済合作区設立の承認を契機に，道路や税関の整備，ロシアに向けた鉄道敷設（完成しているものの未利用状態が継続）など，様々なインフラ建設が進められている。ただし，現時点でも，ロシア，北朝鮮との近接性を生かした物流ルートは開拓されていない。2005年11月に琿春に進

出した日本資本を例にして問題状況を把握したい。

岐阜市に本社を置く小島衣料株式会社は1990年代から華中地域（現在，上海，武漢，黄石）でアパレル生産を展開しているが(6)，賃金上昇と優秀な労働力を確保する問題に直面するなか，琿春辺境経済合作区に進出し，日本市場向け小ロット高品質の婦人服を生産している（全量輸出。なお，華中の工場は，欧米向けの大ロット，低価格品を生産）。当初，標準工場のフロアを賃借りし（図17-7，図17-8），従業員180人で出発したが，急速に生産を拡大し，2006年秋には独自の新工場（8300m^2）を建設している（2007年5月段階で従業員700余人）(7)。同社が琿春に進出した重要な理由のひとつは近接する北朝鮮あるいはロシアの港湾を利用し，日本海ルートで日本に製品を運ぶ可能性が存在することであった。日本海ルートの開拓のため，同社が各方面に働きかけた結果，日本，ロシア，中国，韓国の4カ国共同出資の「北東アジアフェリー会社」が，新潟，ロシア・トロイツァ（旧ザルビノ），韓国・束草を結ぶ航路を運航することが合意された。しかし，出資比率等をめぐって各国間の意見がまとまらず，運航開始は2007年秋以降にずれ込んでいる(8)。その結果，同社は引き続き約20時間を費やして大連まで製品を運び，同港を利用して日本に輸出している。

琿春から陸路で2時間の距離にある北朝鮮の羅津港についても現在，利用不可能である。2005年7月，琿春市東林経貿有限公司・琿春辺境経済合作区保税

図17-7　小島衣料がフロア借りをしていた標準工場
出所：筆者撮影。

図17-8　小島衣料（縫製ライン）
出所：筆者撮影。

有限公司と北朝鮮の羅先市人民委員会経済合作社が合弁会社「羅先国際物流合営公司」（資本金6090.4万ユーロ，中朝折半，中国側は3000万余りの資金と設備・建築材料を投資，北朝鮮側は，道路，港湾を現物出資）を設立することで合意し，同「公司」が圏河－羅津間の道路を改修するとともに，羅津港第3埠頭（既存）・第4埠頭（新設）を使用すること（50年無償），また，羅津港付近に工業園区および保税区を設置することで合意したと報じられ⁽⁹⁾，2006年8月8日の蔡・琿春市副市長からのヒアリングでも確認された。ただし，現在に至るまで合意が実行された形跡を見いだすことができない。

ロシアあるいは，北朝鮮の港湾を利用することによって大連港ならびにその東に位置する丹東港の混雑，大連までの長距離輸送等の限界を突破し，物流コストを引き下げることは実現できておらず，琿春における事業展開を制約している。

■　■　■

● 注――――――
（1）　調査は科学研究費補助金研究（基盤研究B，平成16～18年度）「北東アジア諸国の経済連携強化と地域社会開発――中国・ロシアのWTO加盟と極東地域の雇用創出・ソーシャルネット構築の課題」の一環として実施され，研究代表者の大津定美，研究分担者の松野周治，横田高明，坂田幹男，大西広，堀江典生，雲和広が参加した。調査先の手配等において，黒龍江省社会科学院東北アジア研究所の宋魁所長，小島衣料（琿春）服装有限公司・及川英明執行董事から特別の援助を得た。両氏ならびにヒアリングに応えていただいた各位に対し，この場を借りて感謝したい。
（2）　張鳳鳴『中国東北與俄国（蘇聯）経済関係史』中国社会科学出版社，2003年，108～109頁。
（3）　『ダーリニボストーク通信』645号，2006年3月27日，4頁。
（4）　「人民網」日本語版，2006年8月17日，http://j.peopledaily.com.cn/2006/08/17print20060817_62297.html。
（5）　『ダーリニボストーク通信』690号，2007年2月26日，2～4頁。
（6）　小島正憲『中国ありのまま仕事事情』中経出版，2007年。
（7）　琿春市人民政府網「中国琿春」http://www.hunchun.gov.cn「小島衣料的"三級跳"」2006年12月14日，http://www.hunchun.gov.cn/hcxw_wz.asp?id=667，同

「琿春市項目建設紀事」http://www.hunchun.gov.cn/hcxw_wz.asp?id=1333。
(8)『新潟日報』2007年5月30日。ただし，環日本海経済研究所（ERINA）が配信する『北東アジアウォッチ』No.65, 2007年6月8日より。なお，「北東アジアフェリー会社」は本社を韓国・束草におき，2008年12月に設立された（『日本経済新聞』2008年10月30日，2009年2月18日）。国際定期フェリー船が2009年6月29日より運航を開始したが，就航後2ヶ月間の実績は芳しくない（『同』2009年5月26日，8月24日）。
(9)「新浪財経」網，http://finance.sina.com.cn/j/20050926/1422199294.shtml。

第18章
北東アジア国境地域点描
―― 満州里と開城 ――

大西　広

1　満州里の様子

　筆者が満州里を見学したのは，2005年8月のことである。その3カ月前，瀋陽で開かれた「日中経済協力会議」に参加した際，満州里の属するホロンバイル盟（市）の発展改革委員会の関係者にお会いしたのがきっかけで8月に参って説明をお聞きすることとなった。その説明自身はやや一般的なものであったが，まずは輸入について05年のこの時期までにすでに原油だけで700万トンに達し，年内に1000万トンに達すること，それ以外には木材（200万m³強），鉄くず，各種鉱石を輸入していること，原油はまずは大慶などに運ばれてそこで精製されることを教えられた。また，輸出については，果物，野菜，アパレルなどの軽工業品が中心となっており，これら輸出入を合わせると04年は1400万トン強，05年の予測は1800万トンとなると言われた。この数字だけからでも，その急速な伸びを知ることができる。

　ところで，このホロンバイル盟というのは，県級の満州里市を含む広大な地域をエリアとしていて，その中心都市であるハイラル市（これも県級）と満州里とは200km弱も離れている。そのため，筆者らは発展改革委員会への訪問の前日にタクシーを丸一日貸切りして往復400km弱の旅に出た。ハイラルとこの満州里を隔てるこの区間はホロンバイル大草原といって8万km²の面積を持つ。日本の総面積が37万km²だから，これがどれほどの広さであるかを想像されたい。関東平野一個分ではとても間に合わない。ともかく，これだけの距離を隔てても，ここではまだ同じ「ホロンバイル盟」となっていて，その一部として我々の目指した満州里という（そのひとつ下のランクの）県級の市に到達する。こうした空間的スケールが我々のそれといかに違っているかを感じざる

をえない。実際，ここ満州里を通過する貨物はウラル山脈の向こうから届くものもあれば，またこちらからヨーロッパ地域まで送り出すものもある。それに比べれば，200kmというのはほんの少しの距離だと言わざるをえない。

　この満州里とハイラルとの両市の関係も興味深い。満州里は国境に面する特別地域としてそのふたつの開発区は国家級の認定を受けているが，これはハイラル市の開発区が自治区級に留まっているのとの対照をなしている。しかし，やはりハイラルはこれらすべての地域を包括するホロンバイル市の中心として，満州里の貿易を管理する位置にあり，貨物輸送の中継や石炭を使ったエネルギー・重化学工業基地となっている。ハイラルは「満州国」時代，ソ連との戦争に備えた地下要塞があり，またそこで激戦が行われたことから日本人にもよく知られているが，その現在は傘下となった満州里の貿易によって成り立つ重要な商工業都市に変貌しているのである。ちなみに，ここハイラルの人口は26～7万人で，うちモンゴル族が30％，漢族が70％となっているとのことである。内モンゴル自治区でも都市部であるため他地区と同様，やはり漢族の方が多くなっている。

　ともかく，その距離をタクシーで飛ばしたのであるが，基本は高速で走れる直線道路ではあっても，そのところどころで工事がなされているためその部分はデコボコでなかなか疲れる旅であった。この工事は盛り上がった道路の下をおそらく牧畜が通過できるようにするためのもので，まさにそこに「大草原」としての本来の産業がある。途中にはいくつかモンゴル族のゲルが観光用に作られていて私も帰りにはそこで夕食をとった。

　そういう大草原であるから，目的地の満州里についてみると大変見晴らしがよく，国境を渡る鉄道の中国側をまたぐ大型ゲートに上るとロシア側の積み替え駅の様子もよく観察することができた。また，ちょうどそのゲートに登っている最中に中国側からロシア側に抜ける貨物列車の車列を2便見ることができたのは幸運であった。そのうち，第一の車列はロシア側石油タンク車が空車となって帰るところのもので，その何十台ものタンク車の頂上にあるバルブの付近にはつい先ほど油を出したところであることを伺わせる汚れが生々しかった（図18-1）。これらの石油は中国入境直後数百mのところにある中国側タンクに注入がされている。ロシア側と中国側の車両の線路の幅が異なっているため，国境付近のこの区間しか双方の車両は出入りできないためである。

それからもうひとつ，中国側からロシア側に移動中の貨物列車の車列を見たが，そこで特に印象的であったのは，その車列の後方に並べられた中国製トラックとライトバンの車列であった（図18-2）。

　中国の自動車産業は輸入から外国企業による国内生産を経て輸出の段階に入りつつある。その輸出先が低価格で余計な設備を排したものを必要としている新興工業諸国である。その現場のひとつがここ満州里にあった。満州里でも道路税関があり，また互市貿易区の計画があると聞いているが，やはり鉄道貨物の量の多さには適わない。先の発展改革委員会の説明によると道路の通関量は輸出入を含めて年300万トンということであるから比較にならない。その点では，

図18-1　満州里でのロシアの石油タンク車列
出所：筆者撮影。

図18-2　満州里を越える中国のロシア向け自動車輸出
出所：筆者撮影。

黒河や東寧や綏芬河などの互市貿易区で見た取引品目とはまったく異なる国家間貿易の実態を垣間見ることができた。なお，ここで「担ぎ屋」をしているのは誰かと聞いたところ，中国人，ロシア人とも同数程度であると答えられた。私が新疆ウイグル自治区とカザフスタンとの国境で見た担ぎ屋のほとんどは中国側のウイグル族，綏芬河で見た担ぎ屋のほとんどはロシア人であったから，この「同数程度」との比率はこの場に特徴的なものと思われる。ロシア側に輸出される物資の総量を付近に住む少数のロシア人では運びきれないというのが理由ではないかと私は考えている。

② 「北朝鮮国内の韓国」開城工業団地訪問記

　国立大学教員は，法人化で非公務員になったはずなのにまだまだ公務員時代の多くの制約を受けていて，出張の形で北朝鮮を訪問することができない。外務省から事務室を通じて正式に聞かされた理由は「国交のない国は研究する必要がない」とのことである。戦時中，アメリカは日本のことを一生懸命に研究していたが，残念ながら日本国外務省にはそのような資質がない。仕方ないので，有給休暇をとって私費でこの興味ある工業団地を訪問した。2006年8月下旬である。

　実際，行ってみて「百聞は一見にしかず」とはこのことと感じた。開城の旧市外から少し軍事境界線よりに離れた広大な丘陵地を大規模に平地化し，続々と工場が建てられつつある。実はこの1年半前に軍事境界線の韓国側にあるトラサン展望台から建設中のこの地を望遠鏡で観察したことがあるが，当時は望遠鏡の角度の問題でまだ工場を目視することができなかった。しかし，来てみるとその実態が手にとるようにわかる。最終的には100万人が住む大都市にするという，4期から構成される全体計画の第一期のそのまた初期段階にすぎないが，訪問した開城工業地区管理委員会は韓国側と北朝鮮側が階を違えて共存する建物で，その全容の説明を受けた視聴覚ルームはここが北朝鮮かと不思議に思うほどの最新鋭の設備で派手なプロモーションビデオを英語で聞いたのち，いくつかの説明を受けた。この説明員も北朝鮮の人間と聞いたが，驚くほど英語が上手でまた身なりもソフィスティケートされている。いいかえると，ここはもう韓国なのだというべきだろうか。ちなみに，この開城工業団地の電力は南から供給されており，電話も韓国のKT（韓国テレコム）が引いている。さらに，現地北朝鮮の労働者は利用できないとの情報があるがファミリーマートも進出していて必要なものはすべて買えるようになっている。この工業団地には軍事境界線を越えて韓国側から200～300人の技術者，経営陣が毎日バスで通っているとのことである。

　そこで，訪問した2つの企業を紹介すると，まず1社目は「大成ハタ」と名のつく何と日韓合弁の企業であった。ここは韓国企業専用となっているが，韓国に本社があり，韓国側出資比率が90％のこの企業は「韓国企業」と認定され

てここへの進出が許可されている。日本側の出資者は「ハタ」という名の大阪にある企業のようで生産工程の水とシステムの管理で2名が常駐で技術指導をしている。製造しているのは化粧品の容器で，その性質からしてしっかり高級感の漂う容器となっている。そして驚いたのは，製品を梱包する箱に「made in Korea」とはっきり書かれてい

図 18-3 「大成ハタ」工場で見た「Made in Korea」と書かれた箱
出所：筆者撮影。

たことである（図18-3）。この訪問から帰国した直後，06年8月24日の『日本経済新聞』夕刊によれば，ASEANがこの工業団地の製品のうち100品目をそのまま韓国製と認める決定を行ったとのことであるが，この「大成ハタ」は韓国国内でラベルを貼るという程度の「加工」はして日本などに供給しているという。ただし，この商品についてのことではないが，アメリカは韓国国内での加工の比率を問題にしているという。

05年9月に進出し，この時点でほぼ丸1年が経過しているということであるが，ひとつの容器の生産でも多くの加工工程があり，さらに製造している容器の種類の多いこの作業はかなり流れ作業として確立しているように思われた。韓国側からは28人，現地従業員は562人（3カ月前の資料では400人）となっているが，個々の工程は1人から数人の規模に分割される。手が器用でまじめに働く労働者を最も必要とするタイプの労働集約型企業と理解される。ただし，成型機の性能も重要で，「AOKI」とのプレートのついた日本製のものを使っていた。

なお，労働者の賃金は月70ドルというから当時のレートでは8500円程度となり中国元にすると650元程度となる。これは大きくいって中国延辺自治州あたりの賃金と同程度といえようか。もちろん，これは約60～70km南の韓国の賃金水準の半分以下と見られるが，それでも公務員賃金が3000ウォン＝150円程度とされる北朝鮮の平均賃金とは比べ物にならない。よって開城の人々はここで働きたいと強く思っているが，その決定は北側の労働管理局，具体的にいえ

図 18-4 「大成ハタ」駐輪場に並ぶピカピカの自転車
出所：筆者撮影。

図 18-5 「シンウォン」の工場で働く北朝鮮の労働者たち
出所：筆者撮影。

ばここの場合特区開発総局の職業斡旋部門が握っているという。どの工場にも労働者専用の自転車置き場があってピカピカの自転車が並んでいた（図18-4）。その程度は楽に買える生活水準を労働者は得ることができるようになっている。

訪問したもうひとつの企業は「シンウォン（Shinwon）」という韓国のアパレル・ブランドの工場であった（図18-5）。この企業は自社として5つのブランドを持っていて、ここで作った製品は全量韓国国内向けに供給するという。確かにこれだと上述のような製造地の問題が発生しない。この会社は現在社の全製品の3～5％程度をここで作っているが、今後17％程度に拡張するという。それでも、ここでの製品は全量韓国国内に供給し、輸出品は韓国国内で作ったものにすることができる。うまいやり方であると感心した。

なお、雇っている労働者は韓国側から8人、北側からは556人となっているが、翌月にはそれぞれ9人、840人に増やすという。こうした急拡大のために従業員の訓練も重要で現在250人が実習中であるという。これによって現在10のラインが動いているのが、新たに5つのラインが動くようになる。また、賃金水準は67～70ドル／月であるといわれたので、先の「大成ハタ」と同程度である。が、これ以外に食費やシャワー代などいろんな支出があって実際は金額換算で120ドル／月程度かかっているといわれた。実際、食堂も見せてもらっ

たが，大変綺麗で韓国製のお菓子の箱が並んでいたから，こうしたものが毎日提供されているのであろう。ただし，「大成ハタ」ではこの点は聞きそびれたので，比較できない。

　いずれにせよ，日本にも時に新聞などでこの工業団地の状況が報道されるが，実際に見るとその物凄さがよく分かる。もっと北朝鮮の実情を知らねばならないと強く感じた訪問であった。

索　引

あ　行

阿拉山口　120, 121, 123
アルタイ　123
移民管理　147
イワノフカ　144
ウスリースク　48, 268, 275, 308, 310
　　──の中国人市場　276
ウドカン銅鉱　197
ウラジオストク　58, 61, 145, 268, 277, 295, 311
ウラジオストク演説　5
裏日本　5
エネルギー　125
　　──安全保障　143
　　──中長期発展規画要綱（2004〜2020年）
　　　137, 140
延吉市　313
煙台市　35
煙台中ロハイテク技術産業化モデル基地　202
延辺朝鮮族自治州　40, 47, 301
黄禍論　11
オムスク　123

か　行

外国人法　148
外国人労働者　149
外国直接投資　167
外国投資の地域的な分布　175
海洋油田　128
科学技術協力　195
　　対ロシア──　206
隠れた貿易　71
加工貿易型企業　218
カザフスタンの原油　136
担ぎ屋（貿易）　56, 95, 96, 228, 268, 272, 278,
　　285, 286, 290, 310, 327
金沢港　34
華南経済圏　25
韓国　161
　　──の対ロ直接投資　221
韓国企業の対中国投資・進出　212, 213
関税同盟　80
韓中経済連携　211
　　──のジレンマ　217
韓中交流　215
韓中相互渡航者数　215
広東核電集団　139
環日本海経済圏　4, 209
韓米ＦＴＡ協定　226
韓ロ経済連携　219
北九州市　35
北朝鮮銀行　227
北朝鮮の核開発疑惑　31
北朝鮮の核武装化　225
北朝鮮の対ロ債務問題　234, 236
北朝鮮の労務輸出　235
京義線　301
局地経済圏　24
局地的市場圏　24
極東・ザバイカル地域の長期発展プログラム
　　60
極北地域リストラクチャリングプログラム　61
苦難の行軍　233
クラスノヤルスク演説　5, 23
グローカライゼーション　34
黒河　121, 123
グロデコヴォ　121, 268, 270, 272, 274, 275, 281,
　　287, 310, 311
経済特区　24
経済連携

地域間——　3
　　地方間——　3
　　中朝——　209
計算可能一般均衡（CGE）モデル　242, 248
開城　41, 300
開城工業団地　223, 224, 226, 232, 233, 328
圏河道　302
原子力エネルギーの平和的利用に関する協力覚書　109
現代自動車　220
互市貿易（区）　123, 196, 308
交換条件　256
厚生水準　255
光陽　41
国内資源配分の効率性　251
国有企業改革　46
黒竜江省中口科学技術協力・産業化センター　202
国連開発計画（UNDP）　25
国連制裁決議　231, 234
国連貿易開発会議　169
小島衣料株式会社　322
国家エネルギー指導グループ　138
国境貿易　9, 87, 90, 113, 267
雇用許可制度　161
コリアン・アイデンティティー　33
コリアン・ネットワーク　35
コルガス　120-122
ゴルバチョフ　22
金剛山　41, 301
金剛山観光　224
金剛山観光事業　224, 232
琿春（市）　48, 49, 121-123, 230, 302, 303, 315, 321

さ 行

最低賃金の段階的引き上げ　218
材木加工産業　186
ザバイカリスク　134, 136

サハリン・プロジェクト　139
サハリン-1　177
サハリン-2　177
サハリン開発　59
サハリン大陸棚　177
ザルビノ　302, 322
三角貿易　229
産業別輸出構造　248
三線建設　41
三大環境災害　140
三岔口税関　268-270
資源依存・資源依存型経済　46, 52
資源外交　107
資源開発　56
資源ナショナリズム　102
実質GDP（経済成長）に及ぼす効果　254
下関市　35
上海協力機構（SCO）　79
就業査証　147
周辺性　4
儒教文化圏　22
松花江汚染　142
勝利油田　127
仁川　41
仁川市　35
新義州　301
新疆油田　128
人口減少　12
人口流出　55
新星石油公司　128
瀋陽　41
森林資源共同開発に関するロシア・中国間合意　191
綏芬河（市）　120-123, 268, 270, 281, 283, 284, 307, 315, 316
綏芬河—ポグラニチヌイ国境地帯通商貿易・経済協力区（PTEK）　316
綏芬河辺境経済合作区　318
スコヴォロジノ　123, 135

図們江地域開発　22, 25-27, 40, 209, 230
図們市　303
スラビヤンカ　312
税関
　綏芬河――　268, 269, 272
　第一類互市貿易――　269
　第一類国際――　269
石油の共同備蓄基地　145
瀬戸際外交　238
戦略的産業　101
総合市場　230
相互補完　6, 7
ソウル　301
束草　322

た 行

第11次五カ年規画　132
対外開放政策　14
対北朝鮮経済制裁網　236
対北朝鮮制裁措置　225
対北朝鮮ビジネス　227
大規模伐採会社　189
大慶　123
大慶油田　127
大慶ルート　103
タイシェット　135
太平洋ルート　104
太陽政策　222
大連　49, 50
対ロシア輸出加工基地　200
多国間協力　25
多地域CGEモデル　243, 261
ダマンスキー島事件　87
ダリイントルグ　9
タリム油田　128
地域経済格差　54
地域経済協力　79
地域統合　79
チャーター便貿易　98

中国海洋石油　140
中国海洋石油オーストラリア探鉱開発有限公司　139
中国脅威論　11, 110, 149
中国国家863プロジェクト　203
中国石油吉林石化の爆発事故　141
中国石油天然ガス集団公司（CNPC）　128, 134
中国石油天然気集団（CNPC）　100
中国朝鮮族　33
中国東北振興戦略　41
中国の対北朝鮮投資　229
中国向け木材輸出　183
中ソ対立　8
中ソ東部国境協定　306
中朝経済協力　228
中朝親善　229
中朝貿易　228
中ロエネルギー協力協議　105
中ロ科学技術協力　201, 203
中ロ善隣友好協力条約　87
中ロの投資協力関係　100
中ロの兵器貿易　99
中ロ貿易　68, 89, 113, 290
中ロ労働力移動　147
長慶油田　128
長江三峡ダム発電所　139
朝鮮半島の南北経済交流　222
長嶺子　302
朝ロ経済協力　234
朝ロ経済連携　235
朝ロ貿易　234
全斗煥　23
青島市　35
珍宝島事件　87
敦賀港　34
出稼ぎ労働者　72, 148, 197
テクノパーク　202
テロ支援国家　238

索引 335

電力協力　107
投資パスポート　180
東寧　120, 122, 268, 307, 308, 315, 318
東寧―波尓塔夫卡（Poltavka）互市貿易区　318
東寧口岸対俄浙江工貿園区　320
東北現象　15
東北振興　15, 43, 50, 89
東北等老工業基地振興戦略　15, 41
富山　34
トランスネフチ（TRANSNEFT）社　134
トロイツァ　322

な 行

ナウシュキ　134
ナホトカ　185
南北共同鉱山開発　225
南北経済交流　222, 230
南北交易（商業性取引）　232
南北交易収支　231, 232
南北縦断鉄道　235
南陽市　303
南聯北開　15
二国間経済交流　7
二国間経済連携　3
日中省エネルギー・環境総合フォーラム　143
盧泰愚　23
盧武鉉政権　209

は 行

バーター取引　65
灰色清関　96, 196, 199
ハイラル　326
朴正熙　23
ハルビン　52, 141, 268
板門店　299
東シベリアの原油パイプライン　134
非合法的な貿易慣行　94
非正規移民問題　149

非組織貿易　91
平壌　301
プーチン大統領　32
釜山（市）　34, 35, 41
不正輸出　189
不法移民数　11
不法滞在者　72
ブラゴヴェシチェンスク　282, 284, 292, 297
兵器貿易　99
ペテルブルク　54
ペレボズナヤ　135, 145
辺境経済合作区　40
貿易統計の食い違い　94
防川村　304
北東アジア開発銀行　31
北東アジア経済圏　36
「北東アジア経済中心国家」宣言　219
北東アジアにおける二国間経済連携　210
北東アジアフェリー会社　322
ポグラニチヌィ　316
ポシェット　302
牡丹江　120
牡丹江市　120, 268, 270, 307
ホロンバイル　325

ま 行

丸太輸出　185
満洲里　122, 134, 282, 325
モスクワ　54

や 行

ヤミ取引　77
ユーラシア・ランドブリッジ　25
ユコス（YUKOS）社　134, 136
輸出増値税の還付率引き下げ　218

ら 行

羅先市　230
羅津　49

羅律・先鋒自由経済貿易地帯　27, 30, 32
ルクオイル（LUK Oil）社　136
連邦移民局　149
労働割当（クォータ）　151
労務合作（労働者派遣）　157, 158
労務輸出　72, 154, 293
ローカル・イニシアティブ　5
ロシア・アムール州製油所　144
ロシア企業の対外直接投資　172
ロシア材木輸出業者　187
ロシア石油大手ユコス　101
ロシア先進技術　204
ロシア連邦極東管区におけるFDI　175
ロスネフチ（ROSNEFT）社　136

口朝友好善隣協力条約　237
6ヵ国協議　237

アルファベット

APEC（アジア太平洋経済協力）　13, 61
ASEAN　81
CIS諸国　152
FDIパフォーマンス指数　169
GATT（関税貿易一般協定）　241
GTAPセンター　244
GTAPデータ・ベース　248
WTO（世界貿易機構）　72, 241
WTO加盟　74, 189, 241, 250

著者紹介（執筆順，＊は編著者）

＊堀江　典生（ほりえ・のりお）　**第1章・第8章・第14章**

　　編著者紹介参照。

坂田　幹男（さかた・みきお）　**第2章・第12章**

　1949年　山口県生まれ。
　1981年　大阪市立大学大学院経済学研究科後期博士課程単位取得満期退学。
　現　在　福井県立大学経済学部・大学院教授。博士（経済学）。
　主　著　『北東アジア経済論』ミネルヴァ書房，2001年。
　　　　　「キャッチ・アップ型工業化と国家資本主義」『北東アジア地域研究』（北東アジア学会編）第14巻，2008年。
　　　　　『北東アジア事典』（編著）世界書院，2006年。
　　　　　『中国経済の成長と東アジアの発展』（編著）ミネルヴァ書房，2009年。

＊松野　周治（まつの・しゅうじ）　**第3章・第17章**

　　編著者紹介参照。

雲　和広（くも・かずひろ）　**第3章・第10章翻訳**

　1969年　大阪府生まれ。
　1999年　京都大学大学院経済学研究科博士後期課程学修認定退学。
　現　在　一橋大学経済研究所准教授。
　主　著　*Migration and Regional Development in the Soviet Union and Russia: A Geographical Approach*, Beck Publishers Russia, Moscow, 2003.
　　　　　Soviet Industrial Location: A Re-examination, *Europe-Asia Studies,* vol. 56, no. 4, June 2004.
　　　　　Экономическая география и регионы России（共著）, Торговая политика и значение вступления в ВТО для развития России и стран СНГ: Руководство, Дзвид Г. Тапр編，Всемирный Банк，2006.
　　　　　Interregional Migration in Russia: Using an Origin-to-Destination Matrix, *Post-Communist Economies,* vo.19, no.2, 2007.
　　　　　「ロシアの長期人口統計」（共著）『経済研究』（一橋大学経済研究所）第59巻第1号，2008年。

＊大津　定美（おおつ・さだよし）　**第4章・第15章**

　　編著者紹介参照。

馬　紅梅（まー・ほんめい）　**第5章**

　　　　　中国・山東省生まれ。
　2003年　京都大学大学院経済学研究科博士課程修了。経済学博士取得。

現　在　松山大学経済学部准教授。
主　著　「アメリカの対中政策の変遷」清野良栄・中嶋慎治編『東アジア経済の発展と日・米・欧の諸相』晃洋書房，2006年。
「Russian-Chinese Trade, Investment and Energy Cooperation: Mutual Interests and Mutual Distrusts」『松山大学論集』第18巻第6号，2007年。
"The Chinese Traders in the Primorsky Krai in 2007", *Far Eastern Studies*, Vol. 7（富山大学極東地域研究センター編）2008年。

大西　広（おおにし・ひろし）第6章・第13章・第18章

1956年　京都府生まれ。
1985年　京都大学大学院経済学研究科博士後期課程修了。
1989年　経済学博士（京都大学）取得。
現　在　京都大学大学院経済学研究科教授。
主　著　『「政策科学」と統計的認識論』昭和堂，1989年。
『資本主義以前の「社会主義」と資本主義後の社会主義』大月書店，1992年。
『グローバリゼーションから軍事的帝国主義へ』大月書店，2003年。
『チベット問題とは何か』かもがわ出版，2008年。
『現場からの中国論』大月書店，2009年。

横田　髙明（よこた・たかあき）第7章・第16章

1944年　埼玉県生まれ。
1973年　関東学院大学大学院経済学研究科修士課程修了。
現　在　大阪産業大学経済学部教授，博士（経済学）。
主　著　『中国における市場経済移行の理論と実践（改訂）』創土社，2007年。
「中国のWTO加盟とアジア」㈶アジアクラブ編『多角的視点からみるアジアの経済統合』文眞堂，2003年。
「WTO/FTAと日中経済関係」㈶日中経済協会編『対中ビジネスの経営戦略』蒼蒼社，2003年。
「対外貿易」㈳中国研究所編『中国年鑑 2009』毎日新聞社，2009年。

アンドレイ・ベロフ（Andrey Belov）第9章

1959年　ロシア・レニングラード州生まれ。
1984年　レニングラード大学大学院経済学博士号を取得（Ph.D.）。
現　在　福井県立大学経済学部教授。
主　著　『Реформа бюджетного социализма: вертикальный аспект』СПБГУ Санкт-Петербург, 2002.
『ロシア・東欧経済論』（共著）ミネルヴァ書房，2004年。

アレクセイ・ランキン（Lankin Alexey）第10章

現　在　ロシア科学アカデミー極東支部太平洋アジア地理学研究所主任研究員。

李　傳勛（り・ちゅあんしん）**第11章**

現　在　黒龍江大学ロシア研究センター所長。

高　鐘煥（こ・じょんはん）**第13章**

1959年　韓国生まれ。
1992年　フランクフルト大学大学院で経済学博士号を取得。
現　在　韓国・釜慶大学校人文社会学部国際地域学科教授。
主　著　*Ökonomische Analyse von Energie- und Volkswirtschaft auf der Basis allgemeiner Gleichgewichtsmodelle*, Europäische Hochschulschriften（一般均衡模型に基づいたエネルギー経済と国民経済の相互連関性に関する分析）, Bd. 1420, Verlag Peter Lang: Frankfurt/Wien/Paris/New York, 1993.
"What Would a Korea-Japan-China FTA Bring to Us? A Study on Its Economic Impact using a Dynamic CGE Model", *International Area Studies Review,* Vol. 9, No. 3, 2005.
"Eastern Enlargement of the EU and its Economic Impact: A CGE Approach", *The Kyoto Economic Review,* Vol. LXXV, No. 1, 2006.
"NAMA Negotiations in the WTO and Its Impact on Automotive Industry: A CGE Approach", *Journal of Economics (Korean-German Economic Association),* Vol. 36, 2006.
"A Korea-EU Free Trade Agreement and Analysis of its Economic Effects using a Dynamic CGE Model", *The Journal of Contemporary European Studies,* Vol. 26, No. 3, 2008.

表　正賢（ぴょ・ちょんひょん）**第13章**

1970年　韓国生まれ。
現　在　京都大学大学院経済研究科博士課程在学中。
主　著　「気候変化協約への韓国の対応について(1)――CGEモデルを用いた炭素税の効果分析」『経済論叢』第177巻第2号，2006年。
「気候変化協約への韓国の対応について(2)――CGEモデルを用いた炭素税の効果分析」『経済論叢』第178巻第2号，2006。
Effect analysis of the carbon tax using a CGE model――A Comparative analysis of China and Korea, 京都大学COEディスカッションペーパー121。

編著者紹介

大津　定美（おおつ・さだよし）

　　1938年　北海道生まれ。
　　1969年　京都大学大学院経済学研究科修士課程単位取得退学。
　　現　在　神戸大学名誉教授，大阪産業大学非常勤講師。
　　主　著　『現代ソ連の労働市場』日本評論社，1988年（サントリー学芸賞受賞）。
　　　　　　Ооцу, Садаеси, Советский рынок труда, Взгляд японсокого специалиста. Мысли, Москва, 1996, сс.345.
　　　　　　『経済システムと企業構造』（編著）ミネルヴァ書房，1990年。
　　　　　　『経済システム転換と労働市場の展開——ロシア・中・東欧』（編著）日本評論社，1999年。
　　　　　　『ロシア・東欧経済論』（共編著）ミネルヴァ書房，2004年。
　　　　　　『北東アジアにおける国際労働移動と地域経済開発』（編著）ミネルヴァ書房，2005年。
　　主訳書　B. ブルス著『社会化と政治体制——東欧社会主義のダイナミズム』新評論，1982年。

松野　周治（まつの・しゅうじ）

　　1950年　和歌山県生まれ。
　　1979年　京都大学大学院経済学研究科博士課程単位取得退学。
　　現　在　立命館大学経済学部教授。
　　主　著　『東北アジアビジネス提携の展望』（共編著）文眞堂，2004年。
　　　　　　『東北アジア共同体への道——現状と課題』（共編著）文眞堂，2006年。

堀江　典生（ほりえ・のりお）

　　1965年　京都市生まれ。
　　1998年　大阪市立大学経済学研究科後期博士課程単位取得退学。
　　現　在　富山大学極東地域研究センター教授。
　　主　著　「中央アジアのエスニック・ロシア人——シベリアへの帰還という選択肢」大津定美編『北東アジアにおける国際労働移動と地域経済開発』ミネルヴァ書房，2005年。
　　　　　　「ロシアにおける移民政策の転換と人間安全保障——ソフト・セキュリティ論の不安をめぐって」『環日本海研究』第12号，2006年。
　　　　　　「ロシアの職業と職務の変容——遺制としての旧ソ連型職業分類」『比較経済研究』第46巻第1号，2009年。
　　　　　　『現代中央アジア・ロシア移民論』（編著）ミネルヴァ書房，2010年。

中ロ経済論
──国境地域から見る北東アジアの新展開──

2010年7月20日　初版第1刷発行　　　　　　　　　　　検印廃止

定価はカバーに
表示しています

編著者	大津　定美
	松野　周治
	堀江　典生
発行者	杉田　啓三
印刷者	中村　知史

発行所　株式会社　ミネルヴァ書房
607-8494　京都市山科区日ノ岡堤谷町1
電話代表　(075)581-5191番
振替口座　01020-0-8076番

© 大津定美・松野周治・堀江典生，2010　　中村印刷・兼文堂

ISBN978-4-623-05504-3
Printed in Japan

大津定美・吉井昌彦 編著
ロシア・東欧経済論
A5・288頁
本体3,200円

加藤弘之・上原一慶 編著
中国経済論
A5・336頁
本体3,200円

大津定美 編著
北東アジアにおける国際労働移動と地域経済開発
A5・440頁
本体6,800円

坂田幹男 編著
北東アジア経済論
A5・256頁
本体3,500円

坂田幹男 編著
中国経済の成長と東アジアの発展
A5・284頁
本体5,000円

中川涼司 著
中国のIT産業
A5・376頁
本体4,800円

李　海峰 著
中国の大衆消費社会
A5・274頁
本体4,500円

田中道雄・鄭　杭生・栗田真樹・李　強 編著
現代中国の流通と社会
A5・248頁
本体4,200円

富山栄子 著
ロシア市場参入戦略
A5・360頁
本体5,500円

小島修一 著
二十世紀初頭ロシアの経済学者群像
A5・380頁
本体6,000円

―――― ミネルヴァ書房 ――――
http://www.minervashobo.co.jp/